Gesellschaftliches Engagement von Benachteiligten fördern – Band 3

Benedikt Sturzenhecker, Thomas Glaw, Moritz Schwerthelm

Gesellschaftliches Engagement von Benachteiligten fördern – Band 3

Kooperativ in der Kommune: Demokratisches Engagement von Kindern und Jugendlichen fördern (KoKoDe)

| **Verlag** Bertelsmann**Stiftung**

Bibliografische Information der Deutschen Nationalbibliothek

Die Deutsche Nationalbibliothek verzeichnet diese Publikation in der Deutschen Nationalbibliografie; detaillierte bibliografische Daten sind im Internet unter http://dnb.dnb.de abrufbar.

Die gendergerechte Sprache wird in diesem Band durch das Setzen des * Gendersternchens gewährleistet.

2. Auflage 2023

Verantwortlich: Sigrid Meinhold-Henschel
Lektorat: Heike Herrberg
Herstellung: Sabine Reimann
Umschlaggestaltung: Elisabeth Menke
Umschlagabbildung: © Benedikt Sturzenhecker
Satz: werkzwei Detmold
Druck: LD Medienhaus GmbH & Co. KG, Dortmund
ISBN 978-3-86793-904-1 (Print)
ISBN 978-3-86793-905-8 (E-Book PDF)
ISBN 978-3-86793-906-5 (E-Book EPUB)

www.bertelsmann-stiftung.de/verlag

Inhalt

Vorwort

„Ändern kannst du sowieso nichts“ – dieses Lebensgefühl wird von Kindern und Jugendlichen in empirischen Studien immer wieder geäußert. Es bezieht sich allerdings weniger auf ihr Aufwachsen im privaten Umfeld, haben sich doch in Deutschland Aushandlungsprozesse zwischen Erziehenden und Kindern in der Familie weiter etabliert. Die jüngste Shell-Jugendstudie aus dem Jahr 2019 stellt heraus, dass sich das Verhältnis zwischen Kindern und Erziehenden kontinuierlich verbessert.

Ganz anders sieht es für die große Mehrheit der jungen Menschen aus, wenn man auf den öffentlichen Raum schaut. Viele junge Menschen melden dazu in Befragungen zurück, dass ihre Stimme nicht oder nur wenig zählt. Die Gesellschaft erlaubt sich mithin, die in zahlreichen rechtlichen Normen, zum Beispiel der UN-Kinderrechtskonvention, Landes- und Kommunalverfassungen, dem Kinder- und Jugendhilferecht/Sozialgesetzbuch VIII, verbrieften Rechte auf Partizipation in hohem Maße zu ignorieren.

Daran mitzuwirken, Kindern und Jugendlichen eine hörbare Stimme zu geben, ist ein wichtiges Anliegen der Bertelsmann Stiftung, das wir seit vielen Jahren verfolgen. Deshalb wurde im Jahr 2009 die Initiative „jungbewegt – Für Engagement und Demokratie.“ gestartet. Zielsetzung ist es, Kindertagesstätten, Schulen und Jugendarbeit dabei zu unterstützen, jungen Menschen Chancen für die Mitgestaltung ihres Umfeldes zu eröffnen. Von Anfang an standen dabei sowohl die einzelne Einrichtung als auch die Frage der sozialräumlichen und kommunalen Vernetzung im Fokus. Die Herausforderung: Partizipation junger Menschen muss in den Binnenstrukturen der Einrichtungen durch entsprechende Qualifikationen pädagogischer Fachkräfte gestärkt werden – der Blick darf aber an den Türen der Häuser nicht enden, wenn die Lebenswirklichkeit der Kinder und Jugendlichen im Mittelpunkt stehen soll. Ein besonderes Anliegen ist es uns, dabei auch diejenigen einzubeziehen, die mit gesellschaftlichen Ausgrenzungen konfrontiert sind, sei es durch ihre ethnische, kulturelle oder soziale Herkunft, ihren Bildungshintergrund, ihre sozioökonomische Lage, ihr Geschlecht oder ihre Religion.

Hier setzt das Konzept „Gesellschaftliches Engagement von Benachteiligten fördern“ (GEBe) an, das auf Initiative der Bertelsmann Stiftung unter wissenschaftlicher Federführung von Professor Dr. Benedikt Sturzenhecker (Universität Hamburg) erarbeitet wurde. Es war zunächst auf die Benachteiligten als wichtigste Zielgruppe der Offenen Kinder- und Jugendarbeit bezogen. GEBe wurde in zwei Phasen entwickelt. In der ersten Phase (2012 bis 2015) wurde erprobt, wie lebensweltliche Themen Anlass der Partizipation von Kindern und Jugendlichen in Einrichtungen werden können. Darauf aufbauend wurde in der zweiten Phase (2015 bis 2018) der Ansatz im Rahmen einer Exploration mit dem Nachbarschaftsheim Berlin-Schöneberg weiterentwickelt, um Einrichtungen dabei zu unterstützen, sozialräumliche Dimensionen einzubeziehen. Wenn Kindern und Jugendlichen zum Beispiel in ihrem Kiez Freizeitmöglichkeiten fehlen oder sie aus ihren informellen Treffpunkten verdrängt werden, können diese Probleme nur kooperativ mit Akteuren des Sozialraums und der Kommune bearbeitet werden. Hierfür benötigen die Fachkräfte vertiefte Kompetenzen.

So entstand ein erweitertes Konzept. Es fokussiert nicht ausschließlich auf benachteiligte Kinder und Jugendliche, sondern bezieht sich auf alle jungen Menschen, die in Stadtteilen oder Bezirken von Einrichtungen der Kinder- und Jugendhilfe erreicht werden. Es geht nun nicht mehr nur um Offene Kinder- und Jugendarbeit, sondern auch um alle Angebote für Kinder und Jugendliche im jeweiligen Sozialraum, zum Beispiel die Kindertageseinrichtungen, die Ganztagsbetreuung, die Eltern- und Erziehungsberatung, die Schulsozialarbeit, die Jugendkulturarbeit, die Jugendverbände und Vereine oder auch die Hilfen zu Erziehung. Ebenso sind im Sozialraum die lokale Politik und Verwaltung, die Gemeinwesenarbeit, Baugenossenschaften und Geschäftsleute einzubeziehen.

Mit den nun drei Bänden zur Förderung gesellschaftlich-demokratischen Engagements von Kindern und Jugendlichen schlagen wir differenzierte und erprobte Praxiskonzepte vor. Sie setzen bei den lebensweltlichen Themen der Kinder und Jugendlichen an und greifen ihre Handlungsstile und politischen Artikulationsweisen auf. Nur so können wir dazu beitragen, dass junge Menschen ihr Recht auf Mitwirkung an Gemeinwesen und Gesellschaft wahrnehmen können.

Unser besonderer Dank gilt an dieser Stelle Professor Dr. Benedikt Sturzenhecker für die langjährige Zusammenarbeit. Seine innovativen Impulse haben unsere Handlungsansätze immer wieder geschärft. Wir danken Thomas Glaw und Moritz Schwerthelm für die engagierte Begleitung der Explorationsphase mit dem Nachbarschaftsheim Berlin-Schöneberg und die Dokumentation ihrer Arbeit in diesem Band, ebenso allen weiteren Autorinnen und Autoren, die mit ihren Beiträgen die Bezüge unserer Arbeit zu den aktuellen fachwissenschaftlichen Debatten herausgearbeitet haben.

Wir freuen uns, wenn diese Publikation Ihnen neue Ideen für Ihre Arbeit gibt, und hoffen, dass Kinder und Jugendliche mehr und bessere Möglichkeiten bekommen, gehört zu werden und demokratisch Einfluss auf die Belange ihres Lebens in Gemeinwesen und Gesellschaft zu nehmen.

Bettina Windau
Director
Programm Zukunft der
Zivilgesellschaft

Sigrid Meinhold-Henschel
Senior Project Manager
Projektleitung „jungbewegt –
Für Engagement und Demokratie."
Programm Zukunft der
Zivilgesellschaft

Anleitung zur Lektüre

Benedikt Sturzenhecker

Dieses Buch besteht aus zwei Teilen:

A | der Begründung, dem methodischen Konzept und den konkreten Prozesserfahrungen zum Modellprojekt „Kooperativ in der Kommune: Demokratisches Engagement von Kindern und Jugendlichen fördern (KoKoDe)“ sowie

B | einer Vertiefung der GEBe-Methode – Gesellschaftliches Engagement von benachteiligten Kindern und Jugendlichen fördern –, die dem Modellprojekt KoKoDe zugrunde liegt.

Der Band wendet sich vor allem an Fachkräfte aller Felder der Kinder- und Jugendhilfe sowie an die Träger dieser Organisationen. Es geht also um die Kita, Offene Kinder- und Jugendarbeit, Ganztagsbetreuung, Schulsozialarbeit, Jugendkulturarbeit, Familienbildung, Stadtteilarbeit usw.

Zu Teil A

Für Fachkräfte und Träger wird gezeigt, wie man in den Einrichtungen die lebensweltlichen Themen der Kinder und Jugendlichen entdecken, sie mit diesen dialogisch klären und gemeinsam angehen kann – dafür steht die GEBe-Methode. Auf dieser Basis können die Einrichtungen im Stadtteil, im Dorf, in der Kommune kooperieren und gemeinsam ihre Adressat*innen darin unterstützen, die entdeckten Themen, Konflikte und Problemstellungen selbst vor Ort einzubringen und in der Kommune demokratisch umzusetzen.

Insbesondere der zweite Aspekt wird in diesem Teil des Buches betont: Es geht darum, wie die Einrichtungen der Kinder- und Jugendhilfe ihre Vereinzelung überwinden und ausgerichtet an den Themen und Interessen der jungen Menschen die Kommune als demokratisches Handlungsfeld kooperativ eröffnen können. Die schon lange bestehende Forderung von Partizipationskonzepten, Sozialraumorientierung und Bildungslandschaften, die Kinder und Jugendlichen zu unterstützen, als Subjekte und Bürger*innen nicht nur ihre Einrichtung, sondern auch das gesellschaftliche Leben und Arbeiten vor Ort demokratisch mitzubestimmen und mitzugestalten, wird mit dem KoKoDe-Modell umgesetzt.

Wie grundsätzliche Arbeitsweisen dabei aussehen könnten und wie das alles in einem konkreten Praxisprojekt funktioniert hat, wird im ersten Teil des Buches erläutert.

Zunächst führt *Benedikt Sturzenhecker* in die konzeptionelle Begründung und in die methodische Arbeitsweise des KoKoDe-Modells ein. Anschließend beschreibt *Thomas Glaw* die Ziele, die methodischen Schritte und konkreten Erfahrungen, Erfolge sowie Schwierigkeiten der praktischen Realisierung des Modells anhand des Nachbarschaftsheims Schöneberg in Berlin. *Thomas Glaw* hat das von der Bertelsmann Stiftung geförderte und von *Benedikt Sturzenhecker* begleitete Projekt als Koordinator geleitet. Möchte man als Fachkraft oder Träger wissen, wie die vorgeschlagenen Arbeitsweisen umgesetzt wurden und ob und wie sie funktioniert haben, sei dieser Text empfohlen.

Auch der dann folgende Beitrag schildert konkrete Praxiserfahrungen. Innerhalb des Modellprojekts KoKoDe fand am Standort Steglitz-Nord des Nachbarschaftsheims Schöneberg ein konkretes Projekt mit unterschiedlichen Einrichtungen der Kinder- und Jugendhilfe im Stadtteil statt. Es hat erprobt, wie man als Kita, als Ganztagsschule oder in der Offenen Jugendarbeit die lebensweltlichen Themen der Kinder und Jugendlichen zusammen entdecken und aufgreifen kann. *Nina Vormelchert* hat dieses Teilprojekt als Koordinatorin geleitet und stellt die Prozesserfahrungen vor. Die beteiligten Jugendhilfeeinrichtungen entdeckten nicht nur die ihre Adressat*innen betreffenden Themen, sondern kooperierten auch mit anderen Organisationen im Viertel, zum Beispiel mit einer Baugenossenschaft, einer Kirchengemeinde und einer Seniorenwohnanlage, um die Projekte zu realisieren.

Benedikt Sturzenhecker fasst dann die methodischen Vorgehensweisen aus den Projekten zusammen und folgert daraus sehr konkrete Arbeitsschritte und Handlungsweisen für die Praxis, um demokratisches Engagement von Kindern und Jugendlichen in der Kommune kooperativ zu realisieren. Fachkräfte und Teams können in diesem Beitrag ganz konkrete Anleitungen und Anregungen für ihre Arbeit finden.

Im KoKoDe-Projekt des Nachbarschaftsheims Schöneberg wurden die Fachkräfte aus den unterschiedlichen Einrichtungen der Kinder- und Jugendhilfe des Trägers zunächst in der GEBe-Methode geschult und bei deren Umsetzung im Projekt unterstützt. *Moritz Schwerthelm*, der diese Fortbildungen mit durchgeführt und die Projekte gecoacht hat, stellt die Methoden und Arbeitsweisen für die Qualifizierung der Fachkräfte vor.

In einem weiteren Beitrag wird reflektiert, welche Probleme und welche Erfolge Fachkräfte bei der Umsetzung der GEBe-Methode auf dem Weg zur gemeinsamen Förderung demokratischen Engagements in der Kommune hatten. In drei Evaluationsprojekten hat *Benedikt Sturzenhecker* gemeinsam mit Studierenden der Universität Hamburg Fachkräfte zur Realisierung der Arbeitsweise befragt. So entstand eine Auswertung, die offen und ehrlich positive Entwicklungen, aber auch bestehende Schwierigkeiten aus Sicht der Fachkräfte benennt. Daraus ergeben sich wiederum Anregungen für eine Verbesserung der Arbeitsweise und ihrer Implementierung in der Praxis.

Am Schluss des ersten Teils gibt *Stephan Maykus* als Experte für Bildungslandschaften noch eine konzeptionelle Rahmung. Er zeigt, warum das Modellprojekt des Nachbarschaftsheims Schöneberg und der Bertelsmann Stiftung sehr konkrete Hinweise für eine demokratische Gestaltung von Bildungslandschaften gibt. Damit wird eine eigene theoretische Begründungsperspektive auf eine Kooperation geliefert, die die Kinder und Jugendlichen, ihre Themen, Probleme und Interessen, aber auch ihre Handlungsfähigkeit in der Kommune in den Mittelpunkt stellt.

Zu Teil B

Das Modellprojekt KoKoDe und seine Arbeitsweisen fußen auf der GEBe-Methode. Diese wurde zwar für die Hauptzielgruppe der Offenen Kinder- und Jugendarbeit – nämlich Benachteiligte – entwickelt, zeigt sich aber als ebenfalls gültig und nützlich für alle anderen Felder der Kinder- und Jugendhilfe und ihre Zielgruppen.

Im zweiten Teil des Buches werden die Arbeitsweisen des Projekts um einen wichtigen Aspekt ergänzt. KoKoDe bezieht sich auf die Unterstützung des demokratischen Handelns der Kinder und Jugendlichen in der Kommune. Die kann aber nur erfolgreich sein, wenn die Fachkräfte und Einrichtungen der Kinder- und Jugendhilfe selbst über Konzepte und Kompetenzen für eigenes jugendpolitisches Handeln vor Ort verfügen. Beide Seiten müssen zusammenkommen: die Förderung des demokratischen Handelns der jungen Menschen, ausgehend von deren Lebensweltperspektive, *und* das politische Handeln der Fachkräfte und Einrichtungen mit Blick auf politische Analysen, Netzwerkstrategien und konkrete Einmischung in Jugendpolitik vor Ort.

Werner Lindner hat in den vergangenen Jahren besonders für die Kinder- und Jugendarbeit pointiert herausgearbeitet, dass und wie sie sich in die kommunale Jugendpolitik einmischen kann und muss. Für dieses Buch hat er dazu einen neuen Text erarbeitet, der den zweiten Teil eröffnet. Darin begründet und beschreibt der Autor, wie die kommunalpolitischen Aufgaben der Kinder- und Jugendhilfe beschaffen sind.

Zu diesem Thema hat Werner Lindner zusammen mit Winfried Pletzer vor zwei Jahren ein wichtiges Buch herausgegeben *(Kommunale Jugendarbeit,* Weinheim 2017). Diesem Band haben wir zwei Texte entnommen, die bedeutende methodische Ergänzungen für politisches Handeln der Kinder- und Jugendhilfe in der Kommune enthalten. *Marco Althaus* referiert sehr greifbar die Grundsätze der Politikberatung für die kommunale Jugendlobby – was also Fachkräfte wissen und tun müssen, um lokale Politik zu jugendpolitischen Themen beraten und beeinflussen zu können. *Herbert Schubert,* ein ausgewiesener Experte für Netzwerkgestaltung, gibt Wissen und konkrete methodische Hinweise zur Identifizierung und Gestaltung von Netzwerken in der Kommune.

In den bisherigen Publikationen zur GEBe-Methode wurde ein wichtiges Thema der lebensweltnahen Partizipation von jungen Menschen in Einrichtungen der Kinder- und Jugendhilfe nur am Rande erwähnt: wie Differenz und Unterschiedlichkeit mit dem Anspruch auf gleichberechtigte demokratische Teilnahme verbunden werden können. Kinder und Jugendliche sind auf verschiedene Weise unterschiedlich und das hat Folgen dafür, wie sie sich in demokratische Mitentscheidung und Mithandlung einbringen können. Will man gleiche Beteiligung als Recht für alle sichern, muss man Differenz und Ungleichheit erkennen und bewusst damit umgehen.

Wie Differenz und Ungleichheit zusammenhängen und welche benachteiligende Wirkung sie auf unterschiedliche Menschen haben können, erläutern *Melanie Plößer* und *Benedikt Sturzenhecker* in ihrem Text zur Differenz und Demokratie im Partizipationsalltag der Kinder- und Jugendhilfe. Es wird gezeigt, dass für den Gleichheitsanspruch von Demokratie die doch real bestehende Ungleichheit reflexiv erkannt und bewusst in der sozialpädagogischen Forderung nach Demokratiebildung berücksichtigt werden muss. Ganz konkrete Reflexionsfragen, die sich für die praktische Nutzung in Teamsitzungen anbieten, prägen diesen Artikel. *Benedikt Sturzenhecker* geht anschließend noch einen Schritt weiter und schlägt methodische Arbeitsweisen vor, wie in der Praxis der Kinder- und Jugendhilfe konkret eine differenzbewusste Demokratiebildung gefördert werden kann.

In den letzten drei Beiträgen des Buches geht es um Vertiefungen und Erfahrungen mit der Methode. Zwei Fachkräfte, die am Berliner KoKoDe-Modellprojekt des Nachbarschaftsheims Schöneberg teilgenommen haben, *Jenka Doris Bühler* und *Anja Henatsch,* entwickeln Verbindungen zwischen der von ihnen angewandten Methode der gewaltfreien Kommunikation und der GEBe-Methode – ganz konkret ausgerichtet an ihren Erfahrungen mit beiden Arbeitsweisen in der Jugendkulturarbeit.

Alicia Picker nutzt die Modelle der Theorien zu erfahrungsbasiertem Lernen aus der Psychologie, um Lernprozesse von Fachkräften im Umgang mit der Methode zu beleuchten. Deutlich werden dabei Krisen und Potenziale solcher Lernprozesse im Umgang mit GEBe.

Schließlich berichtet *Annalena Uhlenbrock* aus einem Forschungspraktikum, in dem sie zwei Jugendpfleger des Kreises Gütersloh zu deren Erfahrungen mit der GEBe-Methode befragt hat. Sie zeigt, wie ein Kreisjugendamt die Fachkräfte der offenen Jugendeinrichtungen bei der Realisierung der Methode beraten sowie methodisch bewusstes Handeln und fachliche Reflexion nachhaltig stärken kann.

A | „Kooperativ in der Kommune: Demokratisches Engagement von Kindern und Jugendlichen fördern (KoKoDe)" – Methodisches Konzept, Modellprojekt, Evaluation für Träger und Fachkräfte der Kinder- und Jugendhilfe

Wie Kinder- und Jugendhilfe kooperativ in der Kommune demokratisches Engagement von Kindern und Jugendlichen fördern kann

Benedikt Sturzenhecker

In diesem Beitrag wird die Weiterentwicklung der Methoden zur Förderung gesellschaftlich-demokratischen Engagements von (benachteiligten) Kindern und Jugendlichen (GEBe-Methode) in der Offenen Kinder- und Jugendarbeit entworfen und begründet. Dabei geht es darum, wie man nicht nur in den Einrichtungen der Kinder- und Jugendhilfe demokratische Partizipation ermöglichen kann, sondern auch davon ausgehend Kinder und Jugendliche unterstützt werden können, ihre Themen und Anliegen öffentlich in der Kommune zu präsentieren, sie mit anderen zu debattieren und sich schließlich an demokratischen Entscheidungen und deren Umsetzung zu beteiligen. Dies sollte nicht nur bezogen auf einzelne Einrichtungen geschehen – indem etwa eine Kita oder ein Jugendzentrum ausschließlich mit ihren beziehungsweise seinen Teilnehmer*innen in die politische Öffentlichkeit gehen würde –, sondern die unterschiedlichen (sozial-) pädagogischen Einrichtungen sollten dabei auf der lokalen Ebene kooperieren. Dieser konzeptionelle Ansatz wurde in dem Modellprojekt „**Ko**operativ in der **Ko**mmune **de**mokratisches Engagement von Kindern und Jugendlichen fördern" (kurz KoKoDe) erprobt und weiterentwickelt. Das Projekt wurde von der Bertelsmann Stiftung im Rahmen des Projekts jungbewegt gefördert und vom Autor in Kooperation mit dem Nachbarschaftsheim Schöneberg e. V., einem großen Träger der Kinder- und Jugendhilfe in Berlin, durchgeführt.

Mit den hier verwendeten Begriffen einer lokalen Ebene und/oder Kommune sind zunächst die Orte gemeint, an und in denen die Kinder und Jugendlichen leben. Dazu gehören nicht nur die pädagogischen Institutionen, die Wohnhäuser, die Familien und die öffentlichen Aufenthaltsorte, an denen Menschen sozial interagieren und arbeiten, sondern auch deren Zusammenhang als ein „Ort aus Orten" (Richter 2018) wird hier als Kommune bezeichnet. Kommune wird dabei verstanden als Netzwerk räumlicher, sozialer, wirtschaftlicher und politischer

Strukturen und Handlungspraxen, in dem die Kinder und Jugendlichen, ebenso wie die Erwachsenen, lokal Mitglieder sind als demokratische Bürger*innen. Damit wird angenommen, dass sich die lebensweltlichen Handlungsorte mit den Orten und Handlungsformen einer politischen Öffentlichkeit und demokratischen Kommune überschneiden. Dort, wo Menschen leben und arbeiten, ihr Leben produzieren und reproduzieren, Erziehung und Bildung gestalten, dort sind sie auch beteiligungsberechtigte Bürger*innen der demokratischen Kommune.

Prinzipiell gilt es in einer demokratisch orientierten Sozialpädagogik, den Kindern und Jugendlichen nicht nur demokratische Beteiligung an ihren pädagogischen Orten zu eröffnen, sondern ihnen auch zu ermöglichen, als Mitglieder in der politischen Öffentlichkeit der Kommune mitzuhandeln und mitzuentscheiden und so die kommunale Demokratie mitzugestalten. Das Netz aus Orten, in dem Kinder und Jugendliche lokal beziehungsweise kommunal leben, soll für sie bewusst und begreifbar werden, indem sie sich selbst darin als berechtigte Mitglieder und Mithandelnde erkennen und verwirklichen können. Idealerweise sollten sie nicht als partikulare Gruppe („Jugend") und Objekte pädagogischer Fürsorge und Betreuung behandelt werden, sondern sollten immer in Bezug zu anderen Institutionen und Gruppierungen mit Blick auf das Gemeinwesen selbst handeln können.

Ein ausgezeichneter Ansatz dafür bestünde darin, dass die lokalen (sozial-)pädagogischen und bürgerschaftlichen Einrichtungen – Kinder- und Jugendhilfe, Schule, Vereine, Kirchen und so weiter – so kooperierten, dass sie ihre Adressat*innen unterstützen, sodass diese ihre Themen, Interessen und Konflikte selbst in die gemeinsame lokale Öffentlichkeit bringen und sich an Diskussion, Entscheidung und Umsetzung beteiligen könnten. Es geht also in dem hier vorgeschlagenen Konzept darum, wie eine solche demokratische Engagementförderung durch Zusammenarbeit (sozial-)pädagogischer Organisationen in der Kommune gestaltet werden könnte.

Diese konzeptionelle Idee fußt auf Grundlagen, die in dem Konzept „Gesellschaftliches Engagement Benachteiligter in der Offenen Kinder- und Jugendarbeit fördern (GEBe)" seit 2012 im Projekt jungbewegt der Bertelsmann Stiftung entwickelt, erprobt und publiziert wurden (Sturzenhecker 2015b; Sturzenhecker und Schwerthelm 2015). Diese methodischen Orientierungen richten sich zunächst darauf, wie demokratisches Engagement, das Mitentscheiden und Mithandeln von Kindern und Jugendlichen *in* einer sozialpädagogischen Einrichtung – hier der

Offenen Kinder- und Jugendarbeit – ermöglicht werden können. Das GEBe-Konzept bezieht sich auch auf parallel in jungbewegt entstandene Praxismodelle der Förderung von Demokratiebildung in der Kita (Knauer, Sturzenhecker und Hansen 2011; Hansen und Knauer 2015). Beide Konzepte weisen schon darauf hin, dass Demokratiebildung in Kita und Jugendarbeit sich nicht ausschließlich auf die eigenen Einrichtungen beschränken darf, sondern dass ein Übergang in die demokratische Kommune nötig ist. Dies war allerdings nicht der methodische Kern dieser Projekte, sondern der richtete sich auf die Demokratisierung der Binnenverhältnisse in den sozialpädagogischen Einrichtungen.

Als nächster Entwicklungsschritt wurde daher in einem Explorationsprojekt von jungbewegt in Kooperation mit dem Nachbarschaftsheim Schöneberg e. V. in Berlin erprobt, wie die Förderung gesellschaftlich-demokratischen Handelns von Kindern und Jugendlichen auch außerhalb der Einrichtung, nämlich in der Kommune, auf Basis der GEBe-Methode umgesetzt werden könnte. Dabei sollte der Fokus von der Offenen Jugendarbeit auf andere Felder der Kinder- und Jugendhilfe – besonders Kita, sozialpädagogische Arbeit an Ganztagsschulen, Jugendkulturarbeit, Familienbildung – erweitert und nicht mehr auf die Zielgruppe benachteiligte Kinder und Jugendliche begrenzt werden.

Im Folgenden gibt es noch einmal eine Kurzeinführung in die GEBe-Methode, da ihr Ausgangspunkt in der Wahrnehmung der alltäglichen beziehungsweise lebensweltlichen Themen und Interessen der Kinder und Jugendlichen liegt, auf die in der konzeptionellen Erweiterung zu KoKoDe aufgebaut wird. Danach werden die methodischen Grundideen von KoKoDe zunächst im Überblick erläutert und abschließend wird begründet, warum dieses Konzept für eine Demokratiebildung mit Kindern und Jugendlichen in der Jugendhilfe *und* in der Kommune relevant ist.

Von den lebensweltlichen Themen der Kinder und Jugendlichen ausgehen – Grundprinzipien der GEBe-Methode

Die methodischen GEBe-Vorschläge (Sturzenhecker 2015b; siehe zum Folgenden auch Sturzenhecker 2019) gehen von zwei wichtigen Annahmen aus: zum einen, dass menschliches Handeln immer gesellschaftliches Handeln ist, und zum anderen, dass pädagogische Einrichtungen als Gesellschaft im Kleinen (als „embryonic society", Dewey 1907) angesehen werden können, in denen und von denen ausgehend gesellschaftlich-demokratisches Handeln angeeignet werden kann.

Die erste Annahme beruht auf theoretischen und empirischen Positionen, die Menschen als angewiesen auf Kooperation und Verständigung ansehen. Menschliche Lebensbewältigung funktioniert nur intersubjektiv, in Koordination und Kooperation zwischen den Beteiligten. Menschen können ihr Leben nur produzieren und reproduzieren, wenn sie zusammenarbeiten. Leben und Überleben von Menschen gestaltet sich somit in Gesellschaft. Menschen sind auf Kooperation (Tomasello 2010) angewiesen und müssen dazu kommunizieren. Solche Kommunikation erfolgt grundsätzlich als Verständigung über das, was gemeinsam gelten soll (Habermas 1981). Von Geburt an sind Menschen von den gesellschaftlichen und kulturellen Arten und Weisen der Gestaltung einer solchen Kooperation und Lebensbewältigung geprägt – und gleichzeitig doch auch fähig, diese wieder ihrerseits zu beeinflussen. Menschliches Handeln ist insofern immer gesellschaftliches Handeln, gekennzeichnet durch „Bestimmtsein" und „Bestimmendsein" (Seel 2014: 244), als beeinflusst werden und beeinflussend, geprägt werden und selbst prägend, als Teil-Sein (der passive Aspekt) und -nehmend (der aktive Aspekt).

Wenn aufeinander bezogenes Handeln so organisiert ist, dass die Einzelnen gleichrangig an öffentlichen Diskussionen und Entscheidungen zur Gestaltung des Gemeinsamen, des Politischen teilnehmen können, kann das als Demokratie bezeichnet werden (Richter et al. 2016: 121). Damit ist zunächst ein symbolisches Ideal von Demokratie formuliert, das in seinen Umsetzungsweisen weder festgelegt ist noch als Ideal je vollständig erreicht wird. Aktuell zeigt sich gerade, dass viele Menschen in demokratischen Staaten das Gefühl haben, nicht gleichrangig an öffentlichen Prozessen teilnehmen zu können, sondern ausgeschlossen zu sein. Das gilt besonders für Kinder und Jugendliche und unter ihnen noch einmal speziell für benachteiligte junge Menschen.

Man kann das als eine Entfremdung von Demokratie bezeichnen. Diese ist in der deutschen Bevölkerung weit verbreitet. Zwar stimmen laut der „Mitte-Studie" (Decker, Kiess und Brähler 2016: 52) 94,2 Prozent der Bevölkerung „Demokratie als Idee" zu, aber Brähler und Decker finden für 2010 (Brähler und Decker 2010: 98), dass etwa 94 Prozent der Befragten angeben; „Leute wie ich haben sowieso keinen Einfluss darauf, was die Regierung tut." Rund 90 Prozent sagen: „Ich halte es für sinnlos, mich politisch zu engagieren." Die Idee der Demokratie finden alle gut, aber Möglichkeiten, sich selbst daran zu beteiligen, sieht eine überwältigende Mehrheit nicht.

Die GEBe-Methode zielt nun darauf, dass das grundsätzliche Vermögen von Menschen, gesellschaftlich zu handeln und Konflikte auszuhandeln, auch für (benachteiligte) Kinder und Jugendliche konkret umsetzbar wird, diese also Möglichkeiten erhalten, sich aktiv mit ihren Positionen und Interessen in strittige gesellschaftliche Fragen einzumischen, mitzudiskutieren und Lösungen zu suchen, mitzuentscheiden und mit anderen Entscheidungsfolgen verantwortungsvoll zu tragen.

Die Bezeichnung von Kindern und Jugendlichen als Benachteiligte bezieht sich einerseits auf problematische Lebenslagen und begrenzte Ressourcen; andererseits nimmt sie damit aber auch eine generalisierende Zuschreibung vor, die riskant ist. Gerade aus Sicht des Demokratieideals gelten die Beteiligten nicht als defizitär, sondern als gleichberechtigt und fähig, sich gleichrangig in die demokratischen Debatten und Entscheidungen einzubringen. Auch von daher ist es problematisch, Kinder und Jugendliche auf die defizitorientierte Zuschreibung „benachteiligt" zu reduzieren. Ziel des GEBe-Konzepts ist es allerdings zu ermöglichen, dass Kinder und Jugendliche trotz und jenseits ihrer Benachteiligung aktiv und fähig an Demokratie partizipieren können. Die Methode eignet sich in diesem Sinne für alle jungen Menschen, die gleichzeitig als different/ungleich *und* gleichberechtigt/gleich fähig thematisiert werden (zum Zusammenhang von Differenz und Demokratie siehe den Text von Plößer und Sturzenhecker im zweiten Teil dieses Bandes). Die GEBe-Methode als ausschließlich auf Benachteiligte zu reduzieren, wäre also nicht angemessen.

Die zweite Annahme des methodischen Ansatzes richtet sich darauf, wo und wie Menschen solche Erfahrungen der demokratischen Mitentscheidung und Mitverantwortung machen können. Das Konzept sieht zunächst die Möglichkeit, dass Kinder und Jugendliche schon ab frühestem Alter in ihren pädagogischen Einrichtungen als gleichrangige demokratische Mitentscheider*innen agieren können. Das ist der Fall, wenn man eine pädagogische Einrichtung als eine „embryonic society" (Dewey 1907: 31 f.) versteht: als eine Gesellschaft im Kleinen, in der genau wie in der großen Gesellschaft die Ermöglichung und Bewältigung des gemeinsamen Lebens mit den Betroffenen zusammen entschieden und verantwortet werden kann. Wenn Kinder und Jugendliche in einem Jugendhaus, einer Kita oder in einer Ganztagsbetreuung handeln, tun sie das nicht privat, quasi isoliert von den anderen, sondern ihr Handeln erzeugt die Gesellschaft der pädagogischen Einrichtung mit, ebenso wie ihr Tun seinerseits davon beeinflusst wird. Daher setzt GEBe an diesem Handeln an und entdeckt darin die lebensweltlichen Themen der jungen Menschen, weil sich diese immer schon in ihrem Handeln in der „embryonic society" ausdrücken.

Wenn Kinder und Jugendliche unterstützt werden, sich in diese kleine Gesellschaft bewusst öffentlich einzubringen, und sich als demokratische Subjekte, also als Selbst- und Mitbestimmer*innen der Gesellschaft der Einrichtung erfahren und erkennen können, beginnt gesellschaftliches Engagement. Die Kinder und Jugendlichen wollen und können das gemeinsame Leben in der Einrichtung mitgestalten und mitbestimmen. Ist solch ein gesellschaftliches Engagement durch die Prinzipien von Demokratie strukturiert, kann es als gesellschaftlich-demokratisches Engagement bezeichnet werden.[1]

Die methodischen Schritte von GEBe

Die GEBe-Methode geht davon aus, dass man die Themen und Handlungsweisen gesellschaftlich-demokratischen Engagements von Kindern und Jugendlichen nicht pädagogisch vorzugeben hat, sondern sie im alltäglichen Handeln der Kinder und Jugendlichen entdecken muss. Eine Vorgabe von Themen wäre schon ein Bruch mit der Vorstellung, dass Menschen sich selbsttätig durch ihr Handeln Gesellschaft aneignen und dabei als Subjekt entwickeln und Gesellschaft verändern, ebenso wie sie von Gesellschaft beeinflusst und verändert werden. Wenn sie aber die aktiv Handelnden sind und aus ihrer lebensweltlichen Perspektive ihre Gesellschaft auf ihre Weise herstellen, wäre es verfehlt, die Inhalte und Aneignungsweisen vorweg zu bestimmen – zumindest nicht, wenn man ihre Selbstbildung fördern will.

Der *erste Schritt* besteht somit darin, zu beobachten und zu dokumentieren, was die Kinder und Jugendlichen im Alltag einer Einrichtung tun. In diesem ohne einen genauen Blick oft als normal, trivial oder unbedeutend erscheinenden

1 Im Folgenden werden die Begriffe gesellschaftliches Engagement und demokratisches Engagement synonym verwendet. Grundsätzlich zielt die Arbeitsweise auf die Ermöglichung und Förderung demokratischen Engagements ab – daher wird vorrangig dieser Begriff verwendet. Roland Roth (2003) hat darauf hingewiesen, dass gesellschaftliches Engagement allein noch keine spezifische Qualität darstellt, denn auch in autoritären oder faschistischen Gesellschaften engagieren sich Menschen; daher die Unterscheidung demokratisches Engagement.

Handeln steckt schon die große Gesellschaft – ebenso wie die kleine Gesellschaft der Einrichtung thematisiert wird. Kinder und Jugendliche formulieren ihre gesellschaftlichen Themen, Interessen und Konflikte selten explizit, sondern zeigen diese durch ihre Handlungsweisen. Es braucht daher eine Art Übersetzung zwischen dem, was man pädagogisch sehen kann, und den darin erkennbaren Inhalten.

Daher widmen sich in einem *zweiten Schritt* die Fachkräfte ihren Beobachtungen und versuchen, darin die für die jungen Menschen wichtigen Themen ihres gesellschaftlichen Handelns in der Einrichtung und der sie umgebenden Gesellschaft zu erkennen. Sie wählen die Themen aus, die ihnen aus Sicht der Kinder und Jugendlichen besonders wichtig erscheinen – und nicht die, die sie für pädagogisch wertvoll halten.

Im *dritten Schritt* präsentieren die Fachkräfte den Kindern und Jugendlichen, was sie meinen, verstanden zu haben. Sie geben den Kids eine Rückmeldung zu den wichtigen Themen und Aneignungsweisen und gehen darüber mit ihnen in einen Dialog, in dem zunächst in einem gemeinsamen Verstehens- und Verständigungsprozess geklärt wird, um was es gehen kann und soll. Die Fachkräfte antworten auf das Handeln der Kinder und Jugendlichen mit einer Rückmeldung oder Resonanz. Erst eine solche Antwort eröffnet den Dialog, indem er den Kindern und Jugendlichen deren Eigenes spiegelt und sie doch auffordert, in Aushandlung mit den Fachkräften das Eigene und Gemeinsame genauer auszudrücken – kurz: gemeinsam herauszufinden, zu welchen Themen welcher Handlungsbedarf in der kleinen und großen Gesellschaft besteht. Solche Resonanzen sollen nicht nur sprachlich erfolgen, sondern medial möglichst vielfältig gestaltet werden.

Hat man gemeinsam herausgefunden, um was es den Kindern und Jugendlichen wirklich geht, welche Themen sie tatsächlich motivieren und für sie wichtig sind, kann man im *vierten Schritt* mit ihnen zusammen Handlungsschritte entwickeln, wie diese gesellschaftlichen Themen angegangen werden sollen. Es gilt dann, kleine und große Projekte zu gestalten, in denen die Kinder und Jugendlichen so viel eigenes Entscheiden, Handeln und Verantworten übernehmen wie nur irgend möglich. Solche Projektthemen zu unterschiedlichen Inhalten, Interessen und Konflikten können sich auf die kleine Gesellschaft der Einrichtung beziehen oder auch auf die umgebende Kommune beziehungsweise den Stadtteil, das Dorf oder Ähnliches. Wichtig ist dabei, die Kinder und Jugendlichen zu unterstützen, eigenaktiv gesellschaftlich zu handeln, also ihre lebensweltlichen Themen selbst in die Hand zu nehmen und das gemeinschaftliche Leben in der Einrichtung der Kinder- und Jugendhilfe und/oder Kommune zu gestalten.

Ein Beispiel: Beschreibt man solche Projekte abstrakt, mag der Eindruck entstehen, es gehe um große und grundsätzliche politische Themen und Interessen. In der Realität ist das jedoch ganz anders: Die Projekte beginnen mit ganz kleinen, alltäglichen und zunächst oft unauffälligen Themen und Handlungsweisen, bei denen es überhaupt darum geht, dass sich die Kinder und Jugendlichen als Mitbestimmende und Handelnde erfahren können. Im Modellprojekt des Nachbarschaftsheims Schöneberg zum Beispiel beobachteten Mitarbeitende von Kita, Grundschulganztagsbetreuung und Offener Kinder- und Jugendarbeit parallel, dass allen Kindern das Thema „Bauen" besonders wichtig war. In der Kita und der Grundschule wurden mit Lego und besonders mit Kaplasteinen große, fantastische Bauwerke erstellt, im Jugendhaus spielten Kinder immer wieder das Computerspiel Minecraft, eine Art digitale Lego-Welt. Ohne die Beobachtungsaufgabe der Methode hätten alle Teams dieses Thema für nebensächlich gehalten. Durch die Methode aufgefordert, spiegelten sie den Kindern, dass „Bauen" wohl ein Thema wäre, und die Kinder begannen sofort eine Diskussion darüber.

Zunächst schien es ihnen besonders wichtig zu sein, dass die Fachkräfte die Aktivität überhaupt erkannten, anerkannten, wertschätzten und unterstützten. Dabei wurden aber auch Probleme deutlich: Die Lego- und Kapla-Bauer kritisierten, dass ihre Bauwerke oft zerstört, nur von wenigen gesehen und wertgeschätzt würden und immer wieder abgebaut werden müssten. Im Gespräch stellte sich heraus, dass diese Kinder an einer Fotodokumentation ebenso interessiert waren wie an einer öffentlichen Ausstellung der Fotos und ihrer Bauwerke. Bei den Minecraft-Spielern wurde deutlich, dass sie, teils hoch engagiert und sehr kompetent, fantastische materielle und soziale Welten bauten, die aber von niemandem außerhalb der Mitspielergruppe überhaupt wahrgenommen wurden.

Die Fachkräfte erkannten, dass es starke thematische Parallelen in allen drei beteiligten Einrichtungen gab und dass die Kinder sich auf der Spiel- beziehungsweise Symbolebene als kompetente Konstrukteure von sozialmateriellen Räumen zeigten. Und: Obwohl die Kinder in ihren sozialräumlichen Spielwelten sachlich und sozial fähig handelten, spielten diese Tätigkeiten in gesellschaftlichen Settings der Einrichtungen keine Rolle – das heißt, die Kinder waren zwar virtuelle Gestalter*innen von Sozialräumen, aber kaum reale Mitgestalter*innen am Sozialen. Im Sinne von KoKoDe ging es dann darum, wie die Einrichtungen kooperativ das Thema „Bauen" in die Öffentlichkeit ihrer Einrichtungen und schließlich in den Stadtteil bringen könnten (zur ausführlichen Beschreibung des Projekts siehe den Beitrag von Nina Vormelchert in diesem Band).

Durch GEBe und KoKoDe sollen die Kinder und Jugendlichen erfahren können, dass in der Einrichtung ihre Themen gelten, ganz gleich, wie sonderbar oder gar abseitig diese den Fachkräften zunächst erscheinen mögen. Die Kinder und Jugendlichen müssen in die Lage versetzt werden, das soziale Leben in der Einrichtung selbst zu gestalten, ihre Interessen umzusetzen, sich gemeinsam Regeln zu geben und deren Umsetzung zu prüfen und zu verbessern. Sie müssen erfahren können, dass sie in der Einrichtung und im Stadtteil sichtbar und hörbar werden – dass sie also ihre Stimme erheben können und Resonanz erhalten. Nur wenn sie gleichrangig in die intersubjektive Verständigung über die öffentlichen Angelegenheiten der Community eingebunden sind, können sie sich als aktive und (gleich-)berechtigte Teilnehmer*innen an Demokratie erfahren.

Arbeitsprinzipien im KoKoDe-Ansatz

Diese Arbeitsweise ist nur sinnvoll, wenn die Einrichtungen und Fachkräfte der Kinder- und Jugendhilfe sich – etwa mithilfe der GEBe-Methode – auf die lebensweltlichen Themen, Interessen und Konflikte der Kinder und Jugendlichen einlassen. Die einzelnen Einrichtungen müssen insofern eine demokratische Partizipationsorientierung haben. Dabei geht es darum, die Betroffenheit der Kinder und Jugendlichen zum Thema einer gemeinsamen demokratischen Aushandlung zu machen, Rechte und Verfahren der Mitentscheidung und des Mithandelns zu klären und den Kids – zumindest in Projekten – die Möglichkeit einzuräumen, sich als Mitbestimmende der kleinen Gesellschaft in der Einrichtung zu erfahren.

Ist das der Fall, werden die Fachkräfte entdecken, dass viele Themen und Interessen der jungen Menschen nicht auf die Einrichtung beschränkt sind, sondern sich auch auf andere Handlungsfelder beziehen: auf Familie, die Schule, den öffentlichen Raum, den kommerziellen Raum, den virtuellen Raum und so weiter. Die Beschränkung liegt oft eher aufseiten der Fachkräfte, die nur auf ihre Pädagogik in ihrer Einrichtung fixiert sind und die Vernetzung und Verhaftung ihrer Teilnehmenden mit dem umgebenden sozialen und politischen Raum kaum wahrnehmen, geschweige denn aufnehmen. Bei der KoKoDe-Methode geht es also darum zu differenzieren, welche lebensweltlichen Themen der Kinder und Jugendlichen für diese auch eine wichtige Bedeutung außerhalb der Einrichtung haben und sich damit auf soziale und politische Räume und Verhältnisse im Stadtteil, im Dorf und der politischen Kommune beziehen.

Ein Beispiel: In einer Jugendeinrichtung beobachteten die Fachkräfte, dass die Jugendlichen – meist minderjährige Jungen arabischer oder türkischer Herkunft – auf der Straße vor dem Jugendhaus Shisha rauchten, damit in der Öffentlichkeit auffielen und vom Ordnungsamt des Platzes verwiesen wurden. Die Fachkräfte versuchten, mit den Jungen in ein Gespräch zu kommen, und erfuhren, dass die Beteiligten das Shisha-Rauchen als zentrales Symbol eines persönlichen und teilkulturellen Selbstentwurfs betrachteten. Das Verbot, in der Einrichtung zu rauchen, wurde allerdings von den Fachkräften durchgezogen und es entstanden damit mehr Konflikte als vorher, die letztlich zur Ausgrenzung des Themas führten.

Das Thema „Shisha-Rauchen" beinhaltet also ein großes Spektrum offenliegender, aber auch unterschwelliger Bedeutungen. Schon in seiner Entstehungsgeschichte zeigt es einen erkennbaren politischen Bezug zur Öffentlichkeit: Die Jungen haben sich mit dem sie präsentierenden und repräsentierenden kulturellen Symbol öffentlich gezeigt, sind damit aber nicht anerkannt, sondern verbannt worden. Ihre ohnehin bestehenden Erfahrungen gesellschaftlicher Marginalisierung oder gar Exklusion wiederholten sich. Das setzte sich auch im Jugendhaus fort, weil ihre Interessen dort zwar zunächst dialogisch entfaltet, dann aber auf die Frage von Regelbruch und Regeleinhaltung reduziert wurden. Letztlich lautete die Botschaft, die Jungen sollten sich anpassen; in der Öffentlichkeit der Kommune und in der Binnenöffentlichkeit des Jugendhauses. Die Chance, sich über das Thema als anerkanntes und berechtigtes Mitglied der sozialen und politischen Kommune vor Ort zu erkennen, wurde verpasst. Das Ziel von KoKoDe, sich in die öffentliche

Aushandlung von Interessen und Regeln einzubringen, konnte nicht realisiert werden. Ebenso wie der Versuch misslang, mindestens in der kleinen Gesellschaft Jugendhaus die eigenen Lebensverhältnisse zu gestalten und nicht Objekt von Regeln – und regelnden Interventionen der Fachkräfte – zu sein, sondern Subjekt der gemeinsamen Gestaltung von Regeln.

Dabei wäre selbstverständlich die Debatte über öffentliches Rauchen von Minderjährigen zu führen gewesen – aber eben mit einer Thematisierung der Jugendlichen als artikulationsfähige und vernünftige Mitbürger*innen, die versuchen, ein Problem des Gemeinwesens zu lösen. Zudem wurden auch die anderen lokal am „Shisha-Problem" beteiligten Personen und Gruppierungen nicht einbezogen; weder das Ordnungsamt noch Anwohner*innen, die sich beschwert hatten. Die Fachkräfte des Jugendhauses zogen das Projekt aus der Öffentlichkeit heraus, quasi hinter die Mauern der eigenen Einrichtung. Kommunikation und Kooperation mit anderen in der Kommunalöffentlichkeit fanden nicht mehr statt. Damit ging es nicht mehr um Interessen von jungen Mitbürger*innen, sondern um ein pädagogisches Problem mit jugendlichen Klient*innen innerhalb der Einrichtung.

In einem nächsten Schritt von KoKoDe gilt es, die Grenzen der eigenen Einrichtung zu überschreiten und zunächst auf Ebene der Fachkräfte eine Vernetzung mit anderen Einrichtungen der Kinder- und Jugendhilfe herzustellen. Vernetzung bedeutet, dass man sich kennt, sich kontaktieren kann und sich auch – zumindest gelegentlich – trifft und austauscht. Die einzelnen Einrichtungen müssen also zunächst feststellen, welche anderen entsprechenden Institutionen lokal nahebei tätig sind, um mit ihnen Kontakt aufnehmen zu können.

Der KoKoDe-Ansatz sieht vor, zunächst hauptsächlich andere Einrichtungen der Kinder- und Jugendhilfe ins Zentrum von Vernetzung und gemeinsamer Demokratiebildung zu stellen. Das hat folgende Gründe:

- Es geht zunächst um die Zielgruppe der Kinder und Jugendlichen, für die insgesamt die Einrichtungen der Kinder- und Jugendhilfe zuständig sind. Ohnehin verlangt das SGB VIII, dass sich die Kinder- und Jugendhilfe in die Gestaltung der Lebensverhältnisse der Kinder und Jugendlichen einbringt und dabei auch kooperieren soll. Die lokale Zuständigkeit verdichtet sich im örtlichen Jugendamt, das als Verwaltung und Jugendhilfeausschuss nicht nur den Übergang in die Kommunalpolitik bietet, sondern auch die Kinder- und

Jugendpolitik kommunal betreiben muss. Mithilfe der Jugendhilfeplanung sollen Bedarfe erhoben und angemessene Einrichtungen und Dienste geplant und realisiert werden. Es gibt also immer schon eine eigene Schnittstelle der Kinder- und Jugendhilfe zwischen den sozialpädagogischen Einrichtungen (auch Trägern) und kommunaler (Jugendhilfe-)Politik. Die einzelne sozialpädagogische Einrichtung ist damit ohnehin Element einer kommunalpolitischen Struktur, die sie mit den anderen Einrichtungen der Kinder- und Jugendhilfe teilt.

- Neben der formalen Zuständigkeit ist zudem zu erwarten, dass es viele konzeptionelle Gemeinsamkeiten zwischen den sozialpädagogischen Handlungsfeldern gibt. Obwohl sich Felder der Frühpädagogik, der Kinder- und Jugendarbeit sowie der Hilfen zur Erziehung als getrennt voneinander erleben und dies auch in eigenen Theorie- und Konzeptentwicklungen gespiegelt sehen, gibt es doch einen großen geteilten Bestand fachlicher Grundannahmen und Arbeitsprinzipien: zum Beispiel die Bildungsorientierung, die Subjektorientierung und die Lebensweltorientierung, in denen große Schnittmengen der professionellen Wissensbestände und Deutungsmuster der Fachkräfte bestehen. Es ist also anzunehmen, dass eine sozialpädagogische Verständigung eine gewisse gemeinsame fachliche Basis hat, die sich auch eignet, gemeinsam Perspektiven der Demokratiebildung in und zwischen den Einrichtungen und in der Kommune zu entwickeln.
- Hinzu kommt, dass ein – wie auch immer konzeptionell konkret verstandener – Sozialraumansatz in vielen Kommunen und Jugendämtern verbreitet ist, der sich mindestens in gemeinsamen Sozialraumkonferenzen oder Ähnlichem niederschlägt. Es gibt also schon Vernetzungssettings, in denen man sich trifft und kennenlernen kann. Häufig betreiben solche Konferenzen eher Steuerungspolitik von oben. Sie arbeiten daran, Defizite bei Kindern und Jugendlichen abzubauen, deren soziale und gesellschaftliche Lebenslage zu verbessern, Konflikte zu bewältigen und Benachteiligungen auszugleichen. Obwohl solche Arbeitsweisen unverzichtbar sind, beinhalten sie doch das Risiko, dass Kinder und Jugendliche zu Objekten wohlmeinender sozialpädagogischer Strukturen und Zugriffe werden. Um nicht bei einer solchen Verkürzung sozialpädagogischer Sozialraumarbeit stehen zu bleiben, schlägt der KoKoDe-Ansatz vor, dass sich die lokalen Organisationen der Kinder- und Jugendhilfe und ihre Fachkräfteteams Arbeitsweisen

aneignen, in denen die Orientierung an den lebensweltlichen Themen der Kinder und Jugendlichen im Zentrum der Kooperation steht. Damit startend, kann eine demokratiebildende kommunale Sozialpädagogik entwickelt werden, in denen die jungen Menschen als Subjekte *und* als Bürger*innen der Einrichtungen *und* des Gemeinwesens unterstützt werden, sich selbst für ihre Anliegen einzusetzen und demokratische (Jugend-) Politik mitzugestalten.

Selbstverständlich kann eine sozialpädagogisch kommunale Orientierung die anderen Akteure vor Ort nicht ignorieren. Sie muss auch weitere pädagogische Organisationen, besonders die Schule, und sicher auch zivilgesellschaftliche Organisationen wie Vereine und Initiativen einbeziehen, ebenso wie die lokale Kommunalpolitik. Hinzu kommen religiöse Organisationen und Einrichtungen, die unter Umständen für die Zielgruppen wichtig sind. Immer wieder haben Kinder und Jugendliche auch mit Polizei und Ordnungsamt zu tun, die dann ebenfalls einzubeziehen wären. Da für Kids auch die kommerziellen Welten große Bedeutung haben, wird man auch diese nicht grundsätzlich ignorieren oder vermeiden können. Aber auch ganz normale Mitbürger*innen vor Ort, die nicht in irgendeiner Weise organisiert sind, können zu Partner*innen von Kooperation und Demokratiebildung werden.

Dennoch wird hier vorgeschlagen, zunächst mit Vernetzungen in der Kinder- und Jugendhilfe zu beginnen und auf der Basis einer gemeinsamen sozialpädagogischen Fachlichkeit demokratiebildende Kooperationen zu entwickeln. Weil eine solche Arbeitsweise die lebensweltlichen Themen und Handlungsweisen der Kinder und Jugendlichen in der Kommune ins Zentrum stellt, werden sich von dort immer Bezüge zu anderen Akteur*innen ergeben. Die Vernetzung sollte in zwei Schritten vorgenommen werden:

- Man beginnt mit den räumlich und inhaltlich nah beieinander liegenden Einrichtungen der Kinder- und Jugendhilfe im Einzugsgebiet. Für sie richtet man ein regelmäßiges Vernetzungstreffen ein, bei dem es ausschließlich darum geht, sich über die aktuellen beobachteten Themen der Kinder und Jugendlichen auszutauschen und Ansatzpunkte für Kooperationen und Projekte zu finden.
- Hat man einen solchen Inhalt benannt, ergeben sich daraus oft Bezüge zu thematisch bedeutsamen anderen Partnern aus den lokalen Strukturen. Wer diese inhaltlich relevanten Player jeweils sind oder sein können, kann mit einer

thematischen Netzwerkkarte der Kinder und Jugendlichen herausgefunden werden (siehe dazu den methodischen Vorschlag unten). Man schafft dann für das jeweilige Projekt notwendige und geeignete Kooperationsgremien. Doch Vorsicht: Es geht darum, dass die jungen Menschen sich selbst als Akteur*innen in ihrer Kommune erfahren. Die Fachkräfte und ihre Gremien müssen also immer aufpassen, dass sie den Kids solche Handlungsspielräume eröffnen – statt sie ihnen durch eigene Intervention zu nehmen.

Voraussetzungen für die Einführung von KoKoDe

Welche Voraussetzungen sind notwendig, um Kooperationsgremien zur Demokratiebildung im kommunalen Sozialraum einzurichten und zu vernetzen? Zunächst einmal muss es eine aktive Kerngruppe von mindestens zwei Fachkräften einer Einrichtung oder eines Trägers geben, die KoKoDe betreiben wollen, die für den Arbeitsansatz brennen, also hoch motiviert sind, ihn zu realisieren. Diese Mitarbeiter*innen im Kern des Projekts müssen verstanden und erprobt haben, worum es bei GEBe geht; das heißt, sie müssen in der Lage sein, in ihrer eigenen Einrichtung bei den lebensweltlichen Themen der Kids anzusetzen und deren demokratische Mitgestaltung des Lebens und Arbeitens in der Einrichtung zu ermöglichen. Es müssen also gewisse Vorerfahrungen mit GEBe oder mit der Umsetzung einer Subjekt- und Partizipationsorientierung vorhanden sein.

Ein solches Kernteam muss dann planen und entscheiden, wie es welche anderen Organisationen und Fachkräfte vor Ort in KoKoDe einbeziehen will. Dazu braucht man zunächst einen Überblick über die grundsätzlich vorhandenen anderen Einrichtungen im Einzugsgebiet und eine Bewertung der bisher bestehenden Beziehungen, Vernetzungen und Kooperationen. Auch dazu erstellt man eine Netzwerkkarten-Grafik. Anhand eines solchen bewertenden Überblicks über die Netzwerke der Jugendhilfeorganisationen kann man entscheiden, wen man auf welche Weise einbeziehen möchte. Dabei ist empfehlenswert, eher klein und qualifiziert zu beginnen, also nicht das gesamte Spektrum abzubilden, sondern die Organisationen einzubeziehen, mit denen es bereits positive Kontakte und Erfahrungen gibt oder die räumlich so nahe liegen, dass sie einbezogen werden müssen. Zu Beginn unseres Modellprojekts mit dem Nachbarschaftsheim Schöneberg ging es darum, dass Kinder- und Jugendhilfeeinrichtungen dieses Trägers, die teils in Sichtweite liegen, als Erstes sich vernetzten und kooperierten. Obwohl sie sich räumlich so nah waren, hatten sie sich vorher nur bei großen Sitzungen oder Konferenzen des gemeinsamen Trägers gesehen und nicht über die Grenzen der Handlungsfelder hinweg zusammengearbeitet, schon gar nicht zur Förderung kommunalen demokratischen Engagements der eigenen Adressat*innen.

Wenn klar ist, wen man beteiligen will, müssen diese Fachkräfte und Einrichtungen für das Projekt gewonnen werden. Das scheint am besten zu gelingen, wenn man bereits über erfolgreiche Demokratiebildung mithilfe der GEBe-Methode aus der eigenen Einrichtung berichten kann und auch Beispiele für Möglichkeiten demokratischer Partizipation in den Handlungsfeldern der angepeilten Partnerorganisationen hat. Zudem sind Rahmenbedingungen zu klären wie Zeitbedarfe, Zeitrhythmen, Räume und Personalressourcen. Für das Kernteam selbst und für die anderen zu Beteiligenden muss klar sein, welche Zeit allein die Kooperation der Fachkräfte in Anspruch nimmt und was daraus auch an Aufwand für mögliche Projekte folgen könnte. Das heißt, man muss auch eine Diskussion darüber führen, ob die Beteiligten Arbeitsansätze wie KoKoDe für fachlich so zentral halten, dass sie dafür Ressourcen einbringen wollen. Das Projekt muss also von Leitungen und Trägern aktiv gefördert werden.

Die Ressourcenfrage muss auch im Kernteam selbst geklärt werden: Man muss also wissen, wer wie viel Zeit in die Koordination der Kooperation, die methodische Vorbereitung und Projektumsetzung investieren kann. Das bedeutet auch, dass man mit dem eigenen Träger eine solche fachliche Schwerpunktsetzung vereinbaren und hinsichtlich der Ressourcen umsetzbar machen muss. Das Kernteam muss unter sich, aber auch in Kooperation mit den anderen Netzwerkpartnern Aufgaben und Rollen der gemeinsamen Arbeit klären. Es wird zunächst Aufgabe dieses Teams sein, Kooperationstreffen der Fachkräfte methodisch anzuleiten und Diskussionen sowie Entscheidungen zu moderieren.

Es empfiehlt sich nicht nur, mit einigen engagementbereiten Fachkräften und Einrichtungen zu beginnen, sondern auch möglichst bald zu den Themen der Kinder und Jugendlichen inhaltlich zu arbeiten. Die KoKoDe-Methoden müssen in der Praxis erprobt werden. Erst dann ist zu erkennen, was wie funktioniert oder auch nicht. Über gemeinsame konkrete Erfahrungen mit der Förderung von – auch noch so kleinen oder zunächst als unbedeutend erscheinenden – Projekten der Demokratiebildung von ausgewählten Kindern und Jugendlichen wird die tatsächliche Kooperation gestärkt sowie das gemeinsame Lernen.

Lange Theoriediskussionen zu Beginn – „Wir müssen erst mal ein gemeinsames Demokratieverständnis erarbeiten" – sind eher hinderlich, obwohl es ohne ein gewisses gemeinsames Grundverständnis auch nicht gehen wird.

Im Zentrum der Kooperation: Die lebensweltlichen Themen der Kinder und Jugendlichen

Hat man eine Vernetzung geschaffen und will tatsächlich in kooperatives Handeln zur gemeinsamen Förderung demokratischen Engagements der Adressat*innengruppe der beteiligten Einrichtungen kommen, müssen die Themen der Kinder und Jugendlichen im Zentrum stehen. Das kann nur funktionieren, wenn die beteiligten Fachkräfte und Einrichtungen in ihrem Alltag das Handeln ihrer Adressat*innen so beobachten, dass sie a) überhaupt die Themen erkennen, welche die jungen Menschen schwerpunktmäßig beschäftigen, und b) entdecken können, inwieweit darin inhaltliche Potenziale des demokratischen Engagements in den Einrichtungen selbst und darüber hinaus in der Kommune enthalten sind.

Der erste gemeinsame Arbeitsschritt wird also darin bestehen, sich klarzumachen, wie solche Beobachtungen angelegt werden (siehe die Anregungen und methodischen Anleitungen zum Beobachten in GEBe-Band 2; Sturzenhecker und Schwerthelm 2015). Einerseits ist zu reflektieren, wie solches Beobachten – auch auf Dauer – gelingen kann. Andererseits geht es darum, die Themen der Kinder und Jugendlichen zu entdecken. Die Fachkräfte sollten sich über die Beobachtungen in ihren Einrichtungen austauschen und sich auch für die Förderung des demokratischen Engagements zunächst nur in den Einrichtungen Anregungen geben.

Ist eine solche Themenfindung alltäglicher geworden, gilt es, die lokale Relevanz der über die Einrichtungsgrenzen hinweg gemeinsamen Betroffenheit zu entdecken und sie kooperativ in ein Projekt umzusetzen. Dazu wird weiter unten eine detaillierte Methode vorgeschlagen. Kurz gefasst geht man so vor:

- Verschiedene Themen aus den unterschiedlichen Einrichtungen auf einer Wandzeitung sammeln und sich gegenseitig erklären.
- Überschneidungen beziehungsweise Gemeinsamkeiten von Themen entdecken.
- Mögliche Themen für gemeinsames Handeln nach folgenden Kriterien bewerten: Welche Themen haben Potenzial, die Grenzen der Einrichtung zu

überschreiten und in die Öffentlichkeit des Sozialraums, der Kommune zu gelangen? Das heißt, welche Themen spielen nicht nur in den Räumen der Einrichtungen eine Rolle, sondern haben auch draußen Potenziale? Auf welche anderen Orte und Akteure beziehen sich die Themen möglicherweise – welche Akteure sind also über die Einrichtung hinaus davon betroffen? Welche Themen sind für die unterschiedlichen beteiligten Kinder und Jugendlichen warum besonders wichtig oder vorrangig? Welche Themen erscheinen zunächst spaßig und positiv, welche konfliktreich und problematisch? Welche Themen werden noch von anderen Beteiligten im Einzugsgebiet vorangetrieben? Welche Überschneidungen, Unterstützungen, aber auch gegenseitigen Behinderungen und Konkurrenzen kann es da geben? Mit welchen Themen gibt es bereits Erfahrungen demokratischer Partizipation, etwa in Projekten der einzelnen Einrichtungen? Was kann man daraus lernen?

- Ein Thema für einen kooperativen Ansatz auswählen.
- Erste Möglichkeiten finden, wie das Thema – gerade auch in seinen die Einrichtung überschreitenden Perspektiven – zurück in einen Dialog mit den Kindern und Jugendlichen der eigenen Einrichtung gebracht werden kann.
- Gespräche mit den Kindern und Jugendlichen führen und prüfen, ob und wie das Thema für sie relevant ist und was möglicherweise wie daran geändert werden müsste, um es attraktiver zu machen – dabei muss auch ermöglicht werden, dass sich das Thema im Dialog ändert und das ursprüngliche Thema durchfällt.
- In der nächsten Sitzung des Kooperationsgremiums sich über die Ergebnisse des Gesprächs mit den Kindern und Jugendlichen austauschen – oder sie direkt am Gremium beteiligen.
- Handlungsansätze zur projekthaften Bearbeitung des Themas sammeln und bewerten; Orte und Settings des Betretens von Öffentlichkeit jenseits der eigenen Einrichtung auswählen; methodischer Entwurf zur Artikulation der beteiligten Kinder und Jugendlichen und zur demokratischen Kommunikation und Auseinandersetzung mit anderen Beteiligten in der kommunalen Öffentlichkeit – dabei muss fachlich entschieden werden, welche Öffentlichkeit für welches Thema und für welche Adressat*innen(gruppe) geeignet ist, denn nicht jeder Konflikt kann öffentlich bearbeitet werden und nicht jede Person ist ohne Weiteres bereit und in der Lage, in beliebigen Formen von Öffentlichkeit zu handeln.

- Erste Erfahrungen des öffentlichen demokratischen Handelns mit den beteiligten Kindern und Jugendlichen auswerten.
- Nächste Arbeitsschritte im Projekt entwickeln.

Die Themen der Kinder und Jugendlichen sollen bei KoKoDe im Vordergrund der Kooperation stehen. Doch kann es auch sinnvoll sein, Themen an die Kinder und Jugendlichen heranzutragen. Wenn man unter der Perspektive der Förderung gesellschaftlich-demokratischen Engagements Themen entdeckt, bei denen man begründen kann, dass sie für die Beteiligung in der Kommune relevant sind, kann man sie den Kids in den Einrichtungen vorschlagen. Was die Pädagog*innen für wichtig halten, ist zunächst mal immer nur ein Angebot, das im Dialog mit den Adressat*innen geklärt werden muss. Es geht nicht darum, die jungen Menschen zu etwas zu motivieren, was sie nicht wollen. Nur wenn man mit Themenvorschlägen an das für sie Relevante anknüpfen kann, werden sie sich engagiert beteiligen. Daher ist eine dialogische Aushandlung über das Was und Wie der pädagogischen Vorschläge immer geboten.

Themen, die nicht direkt von den Kindern und Jugendlichen kommen, aber für sie wichtig sein könnten, sind die Planungen und Entscheidungen der Kommune, die Kinder und Jugendliche betreffen. Solche Themen werden aber nicht nur von der kommunalen Politik und Verwaltung gesetzt, sondern können auch aus Handlungsstrategien und inhaltlichen Orientierungen anderer Organisationen im Einzugsgebiet kommen, ebenso wie von zivilgesellschaftlichen Akteuren.

Themen werden aus der Sicht von KoKoDe also potenziell von vier Seiten eingebracht:

- von den Kindern und Jugendlichen – diese Themen sind geprägt in teils sehr unterschiedlichen Gruppierungen des Alters, der Lebenslagen, der teilkulturellen Orientierung und so weiter,
- von den Einrichtungen der Kinder- und Jugendhilfe – diese Themen entstehen aufgrund der Aufgabenstellungen,
- von den unterschiedlichen im Stadtteil wichtigen zivilgesellschaftlichen Akteuren (Initiativen, Vereinen, Projekten) und
- von den lokal tätigen anderen Organisationen (der Erziehung/Bildung, der Hilfe, der Ordnung, der Wirtschaft, der Freizeit, der Gesundheit und so weiter)

Diese Akteursgruppen sollten nach der Vorstellung einer partizipativen Demokratie ihre Themen, Interessen und Konflikte in öffentliche kommunale Diskurse einbringen, sie gemeinsam – immer unter Einbezug kommunaler Politik – diskutieren, Lösungen aushandeln und Umsetzung sowie Mitverantwortung realisieren. Die Aufgabe der verfassten Kommune mit Politik und Verwaltung wäre, einen solchen bürgerschaftlichen Diskurs zu ermöglichen und zu unterstützen. Dabei ginge es um den Einbezug möglichst aller betroffenen Menschen und Gruppierungen – mit dem Ziel, Ausgrenzungen aus dem demokratischen Prozess zu vermeiden. Zunächst muss immer ein demokratisch-argumentativer Streit um die unterschiedlichen Perspektiven auf die Themen möglich gemacht werden, der aber schließlich in Entscheidungen münden muss. Sofern das inhaltlich jeweils relevant ist, liegen wichtige Entscheidungen bei den demokratischen Gremien der Kommune, aber vieles wird auch in den Verhandlungen zwischen den Beteiligten lösbar sein.

Kinder und Jugendliche – in der Unterschiedlichkeit ihrer Milieus, Lebenslagen, Bildungsformen und so weiter – sollten so unterstützt werden, dass sie an solchen öffentlichen Diskursen teilnehmen können. Sie müssen sowohl die Möglichkeit haben, ihre eigenen Themen zu äußern, als auch, sie mit anderen Betroffenen diskursiv auszutragen. Die Öffentlichkeit wird zu einer Arena, in der Themen, Interessen und Konflikte eingebracht und ausgestritten werden können. Die Kids müssen aber auch mit Themen anderer Beteiligter in der Kommune konfrontiert werden, die sie als Mitbürger*innen angehen. Das gilt nicht nur für die Themen, die die verfasste Kommune aufgrund politischer Entscheidungen und Planungen setzt – darauf beziehen sich die unten genannten Gemeindeordnungen zur Beteiligung von Kindern und Jugendlichen –, sondern auch für die Themenstellungen, die andere Akteure im Gemeinwesen beschäftigen.

Dieses Ideal könnte man grafisch so abbilden, dass es eine Gleichberechtigung der beteiligten Akteure gibt, Themen öffentlich einzubringen und sie – gefördert und gebündelt durch die verfasste Kommune – diskutiert und entschieden zu sehen (siehe Abbildung 1).

Abbildung 1: **Ideale Verbindung von Themen gesellschaftlich-demokratischen Engagements in Öffentlichkeit und Kommune**

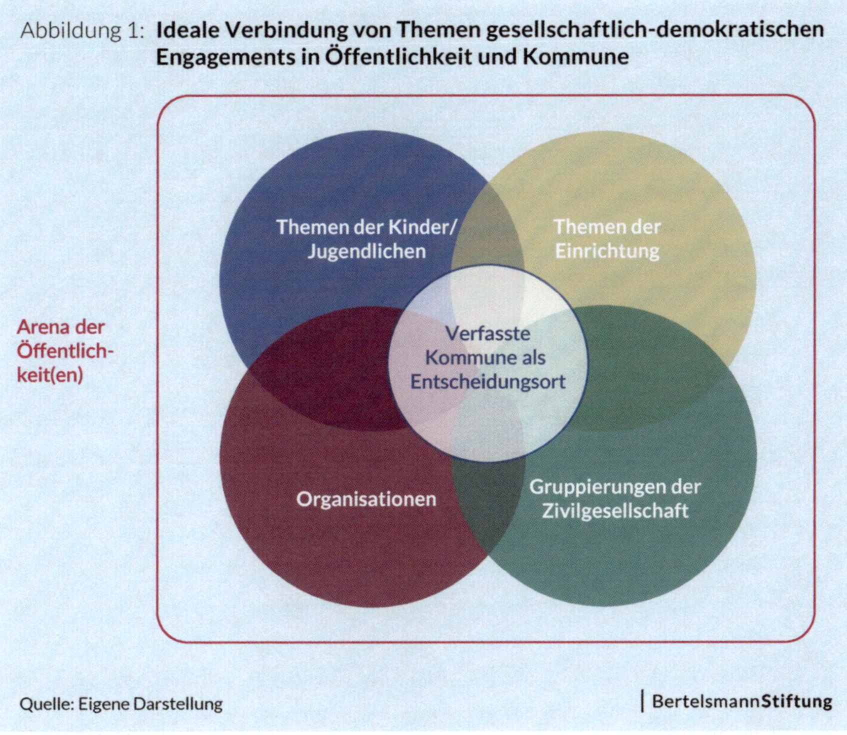

Quelle: Eigene Darstellung | BertelsmannStiftung

In der Realität – so die hier aufgestellte Hypothese – läuft es jedoch häufig anders. Gerade wenn man die Perspektive von Einrichtungen der Kinder- und Jugendhilfe betrachtet, stellen diese im Alltag häufig die institutionellen Themen und Aufgaben in das Zentrum ihres Handelns. Diese beziehen sich im Wesentlichen auf ihre pädagogischen Aufgaben und kaum auf ihre Integration in öffentliche Diskurse und politische Prozesse der Kommune. Die kommunal relevanten Themen der Adressat*innen und der anderen Akteure ihrer sozialräumlich-politischen Umwelt fließen damit nur wenig in das Handeln der Einrichtungen ein. Diese betrachten sich als Inseln in den Öffentlichkeiten der Kommune und höchstens mittels ihrer Träger und in Bezug auf die Aushandlung von Rahmenbedingungen mit der verfassten Kommune als politische Akteure. Nur sehr selten nehmen die Einrichtungen ihre Aufgabe wahr, das gesellschaftlich-demokratische Engagement ihrer Adressat*innen in der Kommune zu fördern, indem sie bei deren Themen ansetzen. Grafisch lässt sich das wie in Abbildung 2 darstellen.

Abbildung 2: **Häufige Realität: Wenige Überschneidungen zwischen Jugendthemen und politischer Kommune, Organisationen und Zivilgesellschaft**

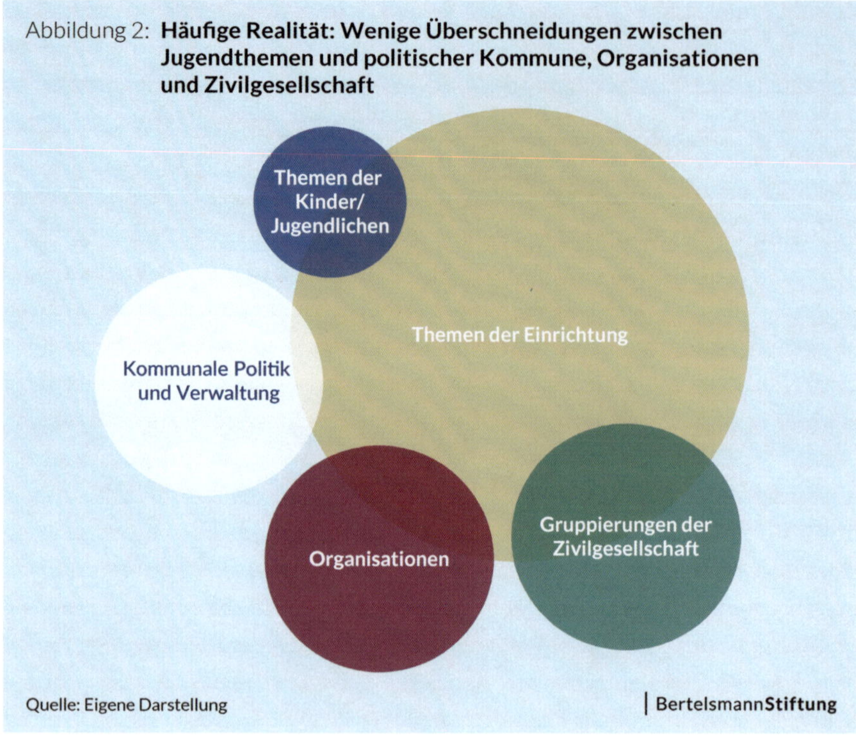

Quelle: Eigene Darstellung | BertelsmannStiftung

Folgt man den KoKoDe-Prinzipien, stellt man die Themen der Kinder und Jugendlichen ins Zentrum der Förderung gesellschaftlich-demokratischen Handelns durch die Einrichtung. Obwohl aus Sicht der Kinder- und Jugendhilfeeinrichtungen genau diese Förderung politischen Handelns ihrer Adressat*innen im Zentrum stehen muss – zumindest was diesen Teil ihres Aufgabenspektrums angeht –, müssen auch die Themen der anderen Akteure und die öffentlichen Aushandlungsprozesse dazu für die Kinder und Jugendlichen zugänglich gemacht werden. Daher sind auch diese Akteursgruppen in die Förderung gesellschaftlich-demokratischen Engagements seitens der Einrichtungen einzubeziehen. Insgesamt geht es darum, die Einrichtungen (eben auch in Kooperation) mit ihren Adressat*innen in die demokratisch-politische Arena der Kommune einzubringen – auch als Mitakteure der gemeinsamen Verantwortung für die Kommune (siehe Abbildung 3).

Abbildung 3: **Im Zentrum der Förderung: Themen der Kinder und Jugendlichen zu gesellschaftlich-demokratischem Engagement in der Kommune**

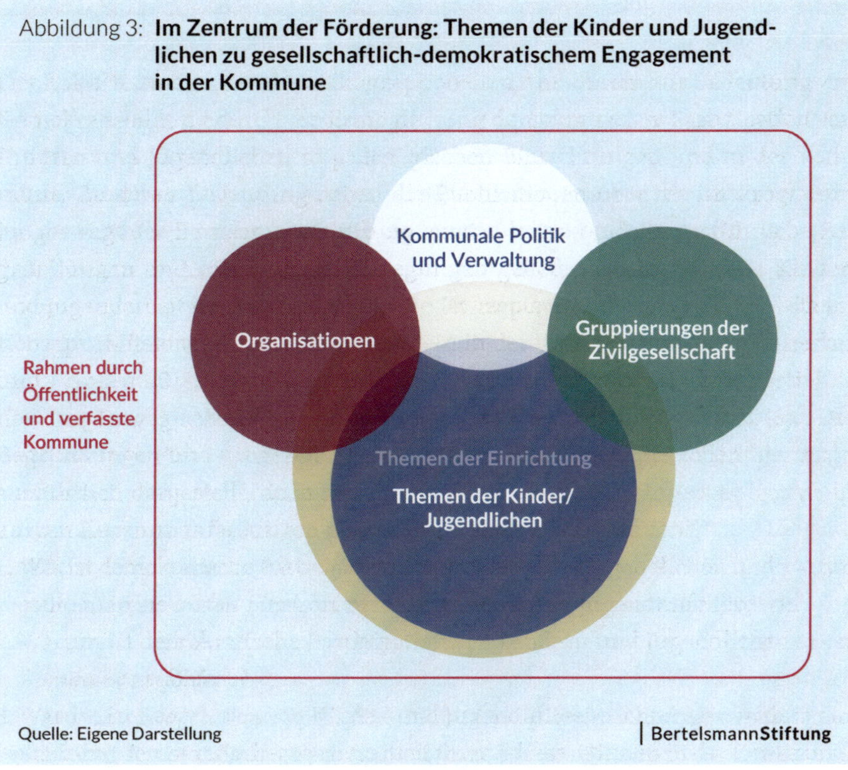

Quelle: Eigene Darstellung | BertelsmannStiftung

Es geht somit auch darum, die Perspektive der Kinder und Jugendlichen nicht nur auf deren Themen, Interessen und Konflikte zu richten, sondern sie auch umgekehrt mit den Themen, Interessen und Konflikten des Gemeinwesens zu konfrontieren. Das bedeutet ebenfalls, sie zu unterstützen, ihre Sicht- und Handlungsmöglichkeiten zu erweitern. Denn gerade für Kinder und Jugendliche in benachteiligten Lebenslagen kann es sonst zu einer Einschränkung ihrer Möglichkeiten kommen, Themen zu entwickeln, die ihre Ressourcen und Handlungsmöglichkeiten stark erweitern würden. Eine solche Grundhaltung und Handlungsweise kann mit Bourdieu als „Habitus der Notwendigkeit“ bezeichnet werden. El-Mafaalani (2014: 19) erklärt das so: „Untere Schichten zeichnen sich nach Bourdieu durch einen Habitus der Notwendigkeit aus, ein Habitus also, der bei der Wahrnehmung einer Situation die Funktionalität, Anwendbarkeit oder eben die Notwendigkeit in den Vordergrund stellt. Dies erscheint plausibel, da die

Sozialisationsbedingungen in unteren Schichten durch Knappheit an ökonomischem Kapital (Geld, Besitz) und kulturellem Kapital (Wissen, Bildung), aber auch an sozialem Kapital (soziale Netzwerke, Anerkennung) gekennzeichnet sind und der Habitus auf ein Management dieser Knappheit ausgerichtet ist. Im Zustand höchster Knappheit muss permanent gefragt werden, ob etwas auch wirklich notwendig ist, wofür man etwas macht, ob es ‚etwas bringt', welcher konkrete Sinn dahintersteckt. Ein Kind, das in diesen Verhältnissen aufwächst, entwickelt eine ‚Mentalität', in der solche Nutzenabwägungen in allen Lebensbereichen handlungsleitend werden, unter anderem auch in der Schule."

Beschränkt auf solche Notwendigkeiten, haben Kinder und Jugendliche aus benachteiligten Lebenslagen oft wenige Vorstellungen darüber, was außerhalb des Gegebenen für sie gut, nützlich, einforderbar wäre. Beispielsweise sind die armen Kinder in unserem Berliner Modellprojekt häufig sozialräumlich vollkommen beschränkt auf ein kleines Gebiet ihrer Stadtteile. Sie bewegen sich wenig darüber hinaus und sehen kaum, was es sonst noch in Berlin, in Deutschland oder in der Welt für sie geben könnte. Wenn man nicht auch solche Möglichkeiten an sie heranträgt und für sie erkennbar macht, bleiben sie in den Bedingungen der Notwendigkeit verhaftet. Aus der Aufgabe der Kinder- und Jugendhilfe, Bildungsgerechtigkeit auszuweiten und auch den benachteiligten Kindern und Jugendlichen Möglichkeiten einer breiten Weltaneignung zu eröffnen, erwächst hier zudem die Perspektive, ihre Themen und Interessen zu erweitern. Daraus können dann wiederum Inhalte für ihre eigene demokratische Selbstvertretung in der Kommune erwachsen.

So sehr also der KoKoDe-Ansatz darauf besteht, die Themen der Kinder und Jugendlichen ins Zentrum der Förderung ihres gesellschaftlich-demokratischen Engagements zu setzen, so gilt es doch auch, dafür zu sorgen, dass diese Themen erweitert werden, ebenso wie die jungen Menschen mit den Themen, Interessen und Konflikten anderer Akteure im Gemeinwesen zu konfrontieren.

Doch warum das alles? Begründungen für KoKoDe

Der KoKoDe-Ansatz beruht auf konzeptionellen Annahmen zur Bedeutung von Demokratiebildung durch die Ermöglichung demokratischer Partizipation von Kindern und Jugendlichen in pädagogischen Einrichtungen und in der Kommune. Zu deren Bedeutung haben die Publikationen über die im Programm jungbewegt der Bertelsmann Stiftung entstandenen Modelle ausführliche Begründungen und methodische Anregungen geliefert: für die Offene Kinder- und Jugendarbeit im Rahmen des GEBe-Konzepts und für das Feld der Kita im Konzept „Mitentscheiden und Mithandeln in der Kita" (Knauer, Sturzenhecker und Hansen 2011; Hansen und Knauer 2015; zur demokratischen Partizipation in pädagogischen Organisationen generell vgl. Richter et al. 2016).[2] Die Begründungen und konzeptionellen Ansätze dieser Konzepte sollen hier nicht ausführlich dargestellt, doch wesentliche Begründungsstränge wenigstens in kurzen Zusammenfassungen noch einmal verdeutlicht werden:

1. Was ist demokratische Partizipation von Kindern und Jugendlichen und warum sollte man sie *in den Einrichtungen* der Kinder- und Jugendhilfe fördern?
2. Warum ist demokratische Partizipation von Kindern und Jugendlichen *in der Kommune zu fördern*?
3. Warum ist *Kooperation* von Kinder- und Jugendhilfeeinrichtungen wichtig zur Stärkung demokratischer Partizipation ihrer Adressat*innen in der Kommune?

Was ist demokratische Partizipation von Kindern und Jugendlichen und warum sollte man sie in den Einrichtungen der Kinder- und Jugendhilfe fördern?

Das Konzept bezieht sich auf partizipatorische Demokratiekonzepte, für die Demokratie nicht nur ein Verfahren zur Bestimmung von Regierungen ist, sondern Mitsprache und Mitbestimmung der Bürger*innen beinhaltet, ebenso wie deren Beteiligung an Entscheidungen in den gesellschaftlichen Handlungsfeldern und Institutionen. Demokratie ist mit Dewey (1916/1985) nicht nur eine Regierungsform, sondern auch eine Lebensform, deren Prinzipien für die gemeinsame Regelung der Fragen des Zusammenlebens in Kraft sind. In ihrem

2 Auf der Website des Instituts für Partizipation und Bildung (www.partizipation-und-bildung.de/) finden sich zahlreiche Literaturangaben und Downloads weiterer Texte zur Vertiefung der genannten Konzepte sowie zu Handlungsansätzen demokratischer Partizipation in der Krippe, in den Hilfen zur Erziehung und in der Schule.

symbolischen Kern (Richter et al. 2016) geht es bei Demokratie darum, dass die Mitglieder von Entscheidungsgemeinschaften gleichberechtigten Zugang und gleichrangige Teilnahme an Verhandlungen und Entscheidungen haben, und zwar zu Frage- oder Problemstellungen der kooperativen Lebensführung. Wer von Entscheidungen und ihren Folgen betroffen ist, hat auch das Recht, dabei mitzubestimmen, aber auch die Pflicht, Entscheidungen zu respektieren, mithandelnd umzusetzen und die Folgen zu verantworten. Habermas (1981) formuliert das demokratische Prinzip als die Einheit von „Urhebern und Adressaten" gemeinsamer Entscheidungen. Demokratie ist ein Versuch, alle (das Volk, altgriechisch: „demos") gleichberechtigt an der Ausübung der Herrschaft (altgriechisch: „kratia") zu beteiligen (vgl. zu den folgenden Argumenten auch Knauer, Sturzenhecker und Hansen 2016).

Überträgt man die Idee der Demokratie auf sozialpädagogische Einrichtungen, stellt sich dort die *Machtfrage*. In (sozial)pädagogischen Einrichtungen besteht zunächst keine Gleichrangigkeit der beteiligten erwachsenen Fachkräfte mit den Kindern/Jugendlichen. Stattdessen ist Erziehung immer von asymmetrischen Machtverhältnissen gekennzeichnet. Fachkräfte verfügen über viele Machtpotenziale: bei jüngeren Kindern besonders über körperliche Überlegenheitsmacht, aber auch insgesamt über Handlungs- oder Gestaltungsmacht, Verfügungsmacht, Definitions- oder Deutungsmacht, Mobilisierungsmacht usw. (Knauer, Sturzenhecker und Hansen 2011: 28 ff.).

Kinder brauchen Sorge, Schutz und Erziehung durch Erwachsene; sie sind darauf angewiesen, dass Erwachsene ihre Macht nutzen, um die Rahmenbedingungen gelingenden Aufwachsens herzustellen und zu sichern und Kinder angemessen in die gesellschaftlichen Handlungsweisen einzuführen, also Erziehung zu gewährleisten. Allerdings besteht damit auch immer das Risiko, dass die so auf die Erwachsenen Angewiesenen zu Objekten erzieherischer Macht werden. Die Geschichte der Erziehung zeigt bis heute, wie sehr diese Machtungleichheit zu Objektivierung, Machtmissbrauch, Grausamkeit und Unterdrückung führen kann. Will man solchen Machtmissbrauch verhindern, geht das nicht einfach dadurch, dass diese strukturelle Ungleichheit zwischen Erziehenden und Kindern verleugnet wird. Solche Versuche der Vertuschung von Machtverhältnissen führen eher zu einer Verschärfung des Missbrauchsrisikos, weil so den real abhängigen Kindern und Jugendlichen die Möglichkeit genommen wird, die Machtverhältnisse als solche zu benennen und sich öffentlich gegen sie zu wehren.

Die hier aufgenommenen Konzepte von GEBe und von „Mitentscheiden und und Mithandeln in der Kita" zielen darauf, einseitige Machtausübung in der Sozialpädagogik zu verhindern oder zu erschweren. Sie erkennen die unvermeidbare Machtungleichheit in der Sozialpädagogik an, meinen aber, dass eine Demokratisierung der Verhältnisse zwischen erwachsenen Fachkräften und Kindern und Jugendlichen eine Möglichkeit ist, Machtungleichheit und ihre negativen Folgen zu zähmen. Demokratie versucht ja gerade, Ungleiche (in Bezug auf ihre Macht, ihre gesellschaftlichen Ressourcen, Statusgefälle, Durchsetzungsfähigkeiten und so weiter) doch in eine faire und gleichberechtigte Aushandlung von Entscheidungen zu setzen. Für die demokratischen Entscheidungen sollte es nämlich nicht relevant sein, wer über welche Machtpotenziale und Überlegenheitschancen verfügt, weil grundsätzlich alle unabhängig von ihren Voraussetzungen gleichberechtigt zur Teilnahme und Mitwirkung an Entscheidungen sein sollten – so zumindest lautet der ideale Anspruch, der allerdings oft nicht eingelöst wird.

In sozialpädagogischen Einrichtungen hieße dies, die Teilnehmenden mit klaren Rechten der Selbst- und Mitbestimmung auszustatten und genau zu klären, wie Macht geteilt wird und wie man zusammen zu Entscheidungen und gemeinsam bestimmten Regeln und Handlungsweisen kommt. Eine öffentliche und differenzierte Klärung von Rechten, Rollen, Pflichten und Verantwortungen der Einzelnen und der Gemeinschaft ermöglicht Kindern und Erwachsenen, einerseits ihre Interessen zu vertreten, andererseits Unrecht zu benennen und sich gegen Machtmissbrauch zu wehren. Bei der demokratischen Strukturierung der Verhältnisse aller Beteiligten in sozialpädagogischen Einrichtungen und Arbeitsfeldern handelt es sich um eine demokratischn Teilung von Macht und damit um die Verhinderung von Grausamkeit, Ungerechtigkeit, „Willkür und Despotismus" (wie Janusz Korczak es nannte) der Fachkräfte beziehungsweise Erwachsenen.

Damit lässt sich das Thema der Demokratieerziehung ansprechen. Wenn Kinder und Jugendliche Erziehung brauchen, also eine Einführung in die Lebens- und Handlungsweisen einer Gesellschaft, um in dieser selbst aktiv und auch verändernd handeln zu können, dann müsste in einer demokratischen Gesellschaft Erziehung auch in Demokratie einführen. Wenn Demokratie eine Lebensform ist, die als Handlungsorientierung den gesamten gesellschaftlichen Alltag durchziehen soll – statt nur eine Regierungsform, an der man sich erst ab Erreichung des Wahlalters beteiligen darf –, dann müssten Kinder und Jugendliche sich von Beginn an der Demokratiepraxis beteiligen können. Wenn

Demokratie zudem nicht auf ein fixiertes und allzeit gültiges Verfahren festgelegt werden kann, sondern sich dauernd verändern muss, müssen auch alle Beteiligten, unabhängig von ihrem Alter, Demokratie immer wieder weiter und neu lernen. Wenn also Kinder mit der Kita das erste Mal eine gesellschaftliche Institution betreten, müssen sie dort auch auf die Lebensform Demokratie treffen und Demokratie lernen, indem sie aktiv mitentscheiden und mithandeln können.

Eine demokratische Erziehung als Einführung von Kindern und Jugendlichen in eine demokratische Gesellschaft muss die Adressat*innen „dialogisch" (Mollenhauer) befähigen, in dieser Gesellschaft möglichst selbstbestimmt und mitbestimmend zu handeln. Das wäre eine „Erziehung in Mündigkeit zur Mündigkeit" (Richter 1998: 69), also eine Erziehung, die das Gegenüber als mündiges Subjekt von Anfang an thematisiert und ihm oder ihr Verhältnisse der Ausübung von Mündigkeit anbietet. Es geht also in einer solchen Demokratieerziehung darum, dass die Einrichtungen der Kinder- und Jugendhilfe in ihren Binnenverhältnissen demokratisch strukturiert sind, sodass die demokratische Beteiligung der Kinder und Jugendlichen in ihnen selbstverständlich ist. Zu einer solchen Erziehung gehört auch, durch Fürsorge und Schutz Bedingungen – zuvorderst in den Einrichtungen – zu schaffen, die die demokratische Teilhabe aller Kinder und Jugendlichen sichern.

Erziehung bezeichnet hier die Tätigkeit der Erwachsenen beziehungsweise Fachkräfte. Demgegenüber ist die Selbsttätigkeit der Kinder als Bildung zu bezeichnen. Danach eignen sich Menschen – hier die Kinder und Jugendlichen – selbsttätig die Welt und Gesellschaft aktiv an, setzen sich dabei mit ihrer sozialen und gesellschaftlichen Angewiesenheit und auch mit deren be- und verhindernden Verhältnissen auseinander und ringen um mehr Subjekthaftigkeit. Bildung ist also gekennzeichnet durch soziale/gesellschaftliche Einbindung und Angewiesenheit, allerdings gerade dadurch, dass die Subjekte mit diesen Abhängigkeiten aktiv umgehen und sich gleichzeitig mit ihrer Hilfe und trotz ihrer Vorgaben eigensinnig selbst bilden. So verstandene Bildung ist ein unverfügbarer, offener und immer wieder auch krisenhafter transformatorischer Prozess. Die Selbstbildung des Subjekts kann nicht erzieherisch gemacht werden, ihr kann pädagogisch nur assistiert werden.

Dieses Bildungskonzept beschreibt einen breiten fachlichen Konsens in der Sozialpädagogik. Will man in der Praxis der Einrichtungen den Bildungsprozessen der Kinder und Jugendlichen assistieren, muss es darum gehen, die selbstbestimmten Bildungsthemen und Bildungsweisen der Kids mit ihnen zu erkennen und sie dialogisch in deren Realisierung und Ausweitung zu unterstützen. Solche selbstbestimmten Bildungsprozesse der einzelnen Subjekte müssen aber in sozialpädagogischen Einrichtungen mit den Projekten der anderen Teilnehmenden vermittelt werden. Selbstbildung muss ergänzt werden durch partizipatorische Bildung im Sinne einer gemeinsamen Aushandlung der Bildungsgelegenheiten für alle, durchaus auch im Sinne einer gemeinschaftlichen beziehungsweise kooperativen Betreibung von Bildungsprojekten.

Will man also erzieherisch Selbstbildung assistieren, ihre Rahmenbedingungen sichern und eine vielfältige und ausgedehnte Aneignung für alle Kinder und Jugendlichen möglich machen, muss das immer darauf fußen, die jungen Menschen in eine gemeinsame Regelung der Bildungsbedingungen in der Einrichtung einzubeziehen. Macht man das auf demokratische Weise, bietet man also Kindern und Jugendlichen an, mitbestimmend und mithandelnd die Gesellschaft der Einrichtung inklusive ihrer Bildungsprojekte zu gestalten, eröffnet man ihnen die selbsttätige Aneignung von Demokratie. Demokratie wird ihnen damit nicht von außen beigebracht, sondern als Handlungsmöglichkeit offeriert. Es entsteht Demokratiebildung, eine aktive Aneignung von Demokratie durch ihre Ausübung. Die GEBe-Methode kann insgesamt als ein Versuch betrachtet werden, auf die Bildungsprojekte und -prozesse der Kinder und Jugendlichen einzugehen, sie besser zu erkennen und stärker zu unterstützen, sie dann allerdings auch in demokratische Prozesse der gemeinsamen Entscheidungen und mitverantwortlichen Umsetzungen einzubetten.

Die demokratische Beteiligung von Kindern in Einrichtungen der Kinder- und Jugendhilfe ergibt sich aber auch aus rechtlichen Forderungen. Der § 45 SGB VIII schreibt für die Betriebserlaubnis von Tageseinrichtungen der Kinder- und Jugendhilfe vor, „Verfahren der Beteiligung“ vorzuhalten. Das SGB VIII und auch die UN-Kinderrechtskonvention schreiben weitere Regelungen der Partizipation von Kindern und der Berücksichtigung ihrer Meinung in der Gestaltung von Angeboten und Hilfen vor. Allerdings sind diese Rechte oft mit einem Vorbehalt versehen, nach dem Entwicklungsstand, Alter oder Reife hinsichtlich der Beteiligungsfähigkeit berücksichtigt werden müssen. Bezieht man sich stattdessen auf die Menschenrechte und vor allem die grundgesetzliche Sicherung der menschlichen Würde, gelangt man zu einer weitergehenden Interpretation und daraus folgenden Demokratiepraxis. Von der Pfordten (2016) zeigt, dass im Kern der

Menschenwürde die universelle menschliche Fähigkeit zur Selbstbestimmung liegt. Würde zu schützen, bedeutet also, das Recht auf Selbstbestimmung zu achten. Selbstbestimmung ist für alle Menschen ab Geburt anzunehmen.

Selbstbestimmung in sozialen und gesellschaftlichen Zusammenhängen – zum Beispiel also in den Einrichtungen der Kinder- und Jugendhilfe – muss sich zu einer Mitbestimmung ausweiten. Die Ermöglichung einer weitestgehenden Selbstbestimmung, die ihre Grenzen in der Selbstbestimmung der anderen findet und somit zur Mitbestimmung werden muss, kann als demokratisches Prinzip verstanden werden. „Als Menschen stehen Kindern in Deutschland auch die Rechte des Grundgesetzes zu. Das wird erkennbar an der Bestimmung von Kindern/Jugendlichen als ‚Subjekte' des Grundgesetzes, also als gleichberechtigte Träger dieser Rechte: ‚Außer Streit steht, dass das Grundgesetz bereits in seiner jetzigen Fassung die Subjektstellung des Kindes gewährleistet' (Eichholz 2008: 16). Die Annahme, dass Kinder Menschenrechte haben (ob durch UN-Konvention und/oder Grundgesetz), hat gravierende Folgen für die Pädagogik. Sie macht eine normative Orientierung des pädagogischen Handelns an demokratischen Grundwerten der Gleichberechtigung zur Mitentscheidung zum Ausgangspunkt der Pädagogik" (Knauer, Sturzenhecker und Hansen 2016: 37 f.).

Wurde hier begründet, warum Kinder und Jugendliche *in* den Einrichtungen der Kinder- und Jugendhilfe demokratisch partizipieren sollen – ohne dass damit die pädagogischen Verantwortungen für Schutz, Fürsorge, Ressourcensicherung, Sicherung von Zugangsgerechtigkeit in der Beteiligung und so weiter aufgehoben wären –, geht es bei den folgenden Argumenten um die Frage, warum solche Partizipation auch auf die Kommune ausgeweitet werden soll.

Warum ist demokratische Partizipation von Kindern und Jugendlichen in der Kommune zu fördern?

Das ergibt sich zunächst aus der schon oben geführten *rechtlichen Argumentation.* Wenn Kinder und Jugendliche „Subjekte des Grundgesetzes" sind, haben sie den Status als Bürger*innen. Damit gelten die demokratischen Partizipationsrechte auch für sie. Ohne hier die Frage eines Wahlrechts für Kinder diskutieren zu wollen, wird argumentiert, dass Kinder und Jugendliche ihr Recht auf Mitbestimmung besonders dort wahrnehmen sollten, wo sie täglich leben. Die Mündigkeitsunterstellung meint, dass alle Menschen Expert*innen sind, wenn sie konkret von etwas betroffen sind – anders gesagt: Betroffenheit bedeutet Expertise. Betroffenheit ist dort am stärksten, wo die Menschen im Alltag leben und arbeiten. Obwohl virtuelle Welten für viele Menschen (auch für Kinder und Jugendliche) zumindest geistige Lebens- und Handlungsorte darstellen, sind doch gerade die Notwendigkeit eines materiellen Lebensortes und die materielle Erhaltung des eigenen Lebens in Kooperation mit anderen an einem solchen Ort unaufhebbar. Man braucht ein Dach über dem Kopf, Orte der (Aus-)Bildung wie Schulen, Kitas und Jugendeinrichtungen, Verkehrsmittel und Verkehrsinfrastruktur, Läden und Märkte, Gesundheitseinrichtungen, Orte der Freizeitgestaltung und des Spiels, der Religionsausübung, der Geselligkeit, der Politik, der Rechtsprechung und so weiter. All diese Orte sind geprägt durch ihre materielle Örtlichkeit, aber ebenso durch das soziale Handeln, mit dem Menschen deren Bedeutung und deren Wirkungen überhaupt erst herstellen. Es handelt sich in diesem Sinne um soziale Räume beziehungsweise Sozialräume.

Üblicherweise sind solche Orte der Herstellung und des Erhalts des sozialen und materiellen Lebens auf einem Territorium zu einem Netz von Orten verbunden, das hier als Kommune bezeichnet wird. Der Begriff kommt vom lateinischen „communis", das „gemeinsam" bedeutet, zusammengesetzt aus dem Präfix „con" – das „mit" bedeutet – und „munis" mit der Bedeutung von „gefällig, dienstfertig". Gefällig bedeutet im Deutschen unter anderem, sich einen Gefallen tun, sich einen Dienst erweisen. Eine Kommune ist etymologisch also ein Ort, an dem Menschen einander gefällig handeln, an dem man sich gegenseitig Dienste leistet. Es handelt sich um eine Gemeinde, die nicht nur durch ihren territorialen Zusammenhang gekennzeichnet ist, sondern zentral durch das gegenseitige soziale Füreinander-Sorgen. Das Gemeinschaftliche, das im Begriff der Gemeinde zum Ausdruck kommt, spiegelt sich in der Mitgliedschaft der Bürger*innen in der politisch verfassten Kommune, wo Mitglieder auch das Recht auf Mitbestimmung haben. Kinder und Jugendliche sind in solche sozialen und politischen Gemeinschaften vor Ort eingebunden. Sie sind ebenso wie die Erwachsenen real und rechtlich Mitglieder der Kommune, also Bürger*innen.

Auf solche Erkenntnisse antworteten seit den 1990er-Jahren unterschiedliche Konzepte zur Stärkung der Partizipation von Kindern und Jugendlichen in den Kommunen. Das hatte beispielsweise zur Folge, dass Bundesländer wie Schleswig-Holstein oder Hamburg in ihren Gemeindeordnungen, also den kommunalen Verfassungen, starke Regeln zur Beteiligung von Kindern und Jugendlichen an kommunalen Entscheidungen schufen. So formuliert die Gemeindeordnung Schleswig-Holstein in § 47f: „(1) Die Gemeinde muss bei Planungen und Vorhaben, die die Interessen von Kindern und Jugendlichen berühren, diese in angemessener Weise beteiligen. Hierzu muss die Gemeinde über die Beteiligung der Einwohnerinnen und Einwohner nach den §§ 16a bis 16f hinaus geeignete Verfahren entwickeln. (2) Bei der Durchführung von Planungen und Vorhaben, die die Interessen von Kindern und Jugendlichen berühren, muss die Gemeinde in geeigneter Weise darlegen, wie sie diese Interessen berücksichtigt und die Beteiligung nach Absatz 1 durchgeführt hat." Ähnlich das Bezirksverwaltungsgesetz des Landes Hamburg für seine Kommunen, also die Bezirke: „§ 33 Beteiligung von Kindern und Jugendlichen. Das Bezirksamt muss bei Planungen und Vorhaben, die die Interessen von Kindern und Jugendlichen berühren, diese in angemessener Weise beteiligen. Hierzu entwickelt das Bezirksamt geeignete Verfahren."

Diese Gesetze waren Meilensteine auf dem Weg, Kindern und Jugendlichen ihre Bürger*innenrechte auch tatsächlich zu gewähren. So wichtig diese Schritte auch waren, bleibt doch kritisch zu bemerken, dass diese Regelungen nur eine Top-down-Partizipation vorsehen. Die mittels Demokratie als Regierungsform gewählten Gemeindevertretungen bestimmen Planungen und Vorhaben; erst dann prüfen sie, ob Kinder und Jugendliche davon betroffen sind und ob und wie sie beteiligt werden müssen. Der umgekehrte Weg würde stärker die Prinzipien einer partizipativen Demokratie berücksichtigen. Danach entstehen die Themen der zu entscheidenden Fragen aus den Interessen, Konflikten und Problemstellungen des Zusammenlebens in der Gemeinde. Diese werden in Öffentlichkeiten debattiert, finden darüber auch in die Meinungsbildung der Parteien und führen schließlich zu Entscheidungen der gewählten kommunalen Gremien.

Demnach müssten auch Kinder und Jugendliche Zugang zur kommunalen politischen Öffentlichkeit haben, um ihre Interessen zu artikulieren, um Konflikte und Probleme zu benennen und so Themenstellungen einer gemeinsamen Debatte und letztlich Entscheidungen selbst erzeugen und beeinflussen zu können. Insgesamt ergibt sich der empirische Eindruck, dass eine solche partizipative und öffentliche Demokratie bei den Erwachsenen nicht besonders gut funktioniert beziehungsweise im Wesentlichen beschränkt ist auf politisch ohnehin stark vernetzte und artikulationsfähige Teilgruppierungen. Damit entsteht das Risiko, dass solche politisch engagierten Gruppierungen ihre Teilinteressen mit dem Gemeinwohl verwechseln und sie, ohne große Beteiligung anderer Betroffener durchsetzen. Die Stärkung einer kommunalen, an die lebensweltlichen Themen und unterschiedlichsten Gruppeninteressen wirklich anknüpfenden Demokratie steht also ohnehin an.

Gerade die pädagogischen Organisationen haben hier den Vorteil, dass ihre Adressat*innen sich dort relativ kontinuierlich aufhalten und es damit auch Gelegenheiten gibt, strukturiert und unterstützt ihre lebensweltlichen Themen und ihre Betroffenheit in der Kommune zu erheben. Dann können sie pädagogisch unterstützt werden, ihre Themen, Konflikte und Interessen zu klären und diese in Bezug auf kommunale Öffentlichkeiten zu artikulieren. Anders als in den allgemeinen kommunalen Politikprozessen gibt es also eine Unterstützungsstruktur, die Kinder und Jugendlichen helfen kann, sich in die kommunale Demokratie einzubringen.

Hier zeigen sich die großen Chancen sozialpädagogischer Institutionen, sich als Feld demokratischer Mitgestaltung der Adressat*innen zu strukturieren und von dort Übergänge zu gesellschaftlich-demokratischem Engagement der Kinder und Jugendlichen in die Kommune zu eröffnen. Denn wer sich in Organisationen engagiert, beteiligt sich auch stärker allgemein politisch (European Commission 2013). Damit wird konzeptionell angenommen, dass eine kommunale Mitbestimmung von Kindern und Jugendlichen auf demokratisch strukturierten pädagogischen Institutionen beruhen muss. Ohne eine solche dauerhafte strukturell verankerte Demokratieerfahrung in den pädagogischen Einrichtungen verkommt die kommunale Partizipation schnell zu episodalen Spielweisen der Partizipation (Winklhofer 2000), die ohne eine Stützung durch den Alltag und die Lebenswelt der Kinder und Jugendlichen stark bestimmenden pädagogischen Institutionen kaum qualifiziert werden kann (Gerdes und Bittlingmayer 2012).

Mit den Konzepten und Initiativen, die demokratische Partizipation der jungen Menschen *in* den Einrichtungen zu stärken, entstand möglicherweise eine zu starke Konzentration oder gar Begrenzung auf die Demokratisierung der Binnenverhältnisse. Einrichtungen der Kinder- und Jugendhilfe sind allerdings *keine Inseln*. Sie sind nicht abgekoppelt von einer komplexen lokalen und gesamtgesellschaftlichen Umwelt, sondern vielfach mit dieser verbunden und von ihr beeinflusst. Das gilt erst recht für das Leben der Kinder und Jugendlichen in der räumlich-sozialen, wirtschaftlichen und politischen Welt ihres Stadtteils oder Dorfes. Durch ihr Handeln entsteht schon ein Netzwerk, das die verschiedenen Orte, Handlungsweisen, Interessen, aber auch Probleme und Konflikte in eine

Verbindung bringt. So entstehen in der Schule eine ganze Reihe von Themen und Problemen, die für die Kinder und Jugendlichen gar nicht auf diesen Ort beschränkt sind.

Das Problem, dass viele Schüler und Schülerinnen das Essen in der Ganztagsschule nicht nur stressig, sondern auch wenig wohlschmeckend finden, führt dazu, dass sie versuchen, andere Orte für Erholung und Essen zu finden. Sie versuchen, das Schulgelände zu verlassen, Kioske oder Dönerbuden aufzusuchen oder in der Nachbarschaft beziehungsweise in angrenzenden Grünzonen zu chillen. An solchen außerschulischen Orten stoßen sie aber wieder auf andere dort handelnde Menschen und deren Interessen. Es entstehen neue Chancen, etwa der Bildung, der Schließung von Freundschaften und Bekanntschaften, der Freizeitgestaltung, des Umgangs mit Nahrungsmitteln usw. Selten aber können die pädagogischen Einrichtungen wie Schule oder Jugendhäuser solche Verschränkungen von Räumen und Handlungsmustern jenseits der Grenzen der eigenen Einrichtungen erkennen oder gar handelnd einbeziehen. Die Kinder und Jugendlichen sind also immer schon Akteur*innen jenseits der Grenzen der Einrichtungen und handeln im Rahmen der räumlich-sozialen Verhältnisse der Kommune.

Dort sind sie als Einzelpersonen oder als Cliquen häufig den Machtsphären anderer Personen, Gruppierungen oder Institutionen ausgesetzt. Forschungen zum sozialräumlichen Handeln von Kindern und Jugendlichen zeigen, dass diese in den lokalen Machthierarchien oft an letzter Stelle stehen und wenig Einflussmöglichkeiten haben (zum Beispiel Reutlinger 2003; Scherr 2004; Sturzenhecker 2015a). Obwohl die Kinder und Jugendlichen Mitbürger*innen sind, wird ihnen doch nicht gleiches Recht eingeräumt, die öffentlichen Räume zu nutzen. Stattdessen kommt es häufig zu Kontrollen, Vertreibungen und Verbringung in pädagogische Einrichtungen. Mögen diese dann durchaus selbst wieder demokratisiert sein, bleibt diese Chance der jungen Menschen auf Partizipation jedoch schwach, wenn die pädagogischen Einrichtungen selbst nicht auf den Mangel an demokratischer Beteiligung ihrer Adressat*innen in der Umwelt eingehen. Der Blick der Einrichtungen muss sich also immer gleichzeitig auf ihre Binnenverhältnisse und deren Demokratisierung sowie auf die Außenverhältnisse richten, also auf die Unterstützung der Kinder und Jugendlichen auch in ihren sonstigen Lebensverhältnissen, um in den sozialen Räumen der Kommune als mitentscheidungsberechtigte Bürger*innen anerkannt zu werden.

Daher fordern landesweite Kampagnen wie „Handeln für eine jugendgerechte

Gesellschaft“ (jugendgerecht.de), demokratische Beteiligung und ein Mehr an Gerechtigkeit für Kinder und Jugendliche, besonders auf Ebene der Kommunen, durchzusetzen. Gefordert werden kinder- und jugendgerechte Kommunen und Regionen, „weil sie räumlich und politisch den jugendlichen Lebenswelten am nächsten sind. Hier sind die jungen Menschen unmittelbar betroffen, hier sind sie direkt ansprechbar“ (jugendgerecht.de). Handlungsmodelle einer kommunalen jugendgerechten demokratischen Beteiligung haben auch das Potenzial, die gesellschaftliche Inklusion von Kindern und Jugendlichen zu stärken. Diese werden – folgt man demokratischen Prinzipien – nicht als benachteiligte, defizitäre, problematische oder riskante Gruppierungen betrachtet und behandelt, sondern sind gleichberechtigte Mitbürger*innen, die, anerkannt als Mitglieder der kommunalen Demokratie, diese mitgestalten.

Insgesamt ist damit auch ein Argument verbunden, das Demokratie auf kommunaler Ebene besondere Chancen der konkreten Mitwirkung der Bürger*innen an lokalen Entscheidungen und kommunalen Handlungsweisen böte. Es sind heute viele konzeptionelle Ideen zu finden, die die Rettung der Demokratie in der Kommune verorten (zum Beispiel Barber 2013; Hüther 2013; Richter 2016). Angesichts von Globalisierung und postdemokratischen Phänomenen wird damit doch gerade einer kommunalen Zivilgesellschaft und Demokratie noch die Möglichkeit zugetraut, Erfahrungen konkreter Beteiligung an öffentlich-diskursiver Konfliktbearbeitung und gemeinsamer Entscheidung zu ermöglichen. Auch und gerade Kinder und Jugendliche sollen solche kommunalen Erfahrungen der Demokratiebildung machen können.

Warum ist Kooperation von Kinder- und Jugendhilfeeinrichtungen wichtig zur Stärkung demokratischer Partizipation ihrer Adressat*innen in der Kommune?

Die konzeptionelle Grundidee von KoKoDe ist nicht wirklich neu. Dass die Einrichtungen der Kinder- und Jugendhilfe lokal kooperieren sollen, ist eine alte fachliche Forderung. Dabei die Subjekte, ihre sozialräumlichen Lebensweisen und Themen in den Mittelpunkt zu stellen, ist ebenfalls keine neue Idee. Und trotzdem scheint die Kombination von beidem bisher so gut wie nicht erprobt zu sein. Das liegt meines Erachtens vor allem daran, dass die Versäulung der Arbeitsfelder in der Kinder- und Jugendhilfe sehr stark ist. Es liegt für Fachkräfte noch halbwegs nahe, sich mit anderen Einrichtungen aus dem eigenen Feld zusammenzutun und ein Handeln zu koordinieren, wahrscheinlich vorrangig im Feld der Legitimierung und Sicherung der eigenen Institutionen. Aber über die Arbeitsfeldgrenzen der Bereiche von Kita, Jugendarbeit, Ganztagsbetreuung, Familienberatung, Jugendkulturarbeit und Hilfen zur Erziehung hinweg ist eine Zusammenarbeit ungewohnt. Stattdessen ist die Handlungsperspektive stark begrenzt auf die eigene Einrichtung. Fachkräfte beschäftigt buchstäblich nur das, was in den Grenzen der eigenen Einrichtung – und das bedeutet auch der räumlichen Grenzen – stattfindet.

Wollen Fachkräfte und Einrichtungen eine solche Verinselung oder Versäulung überwinden, versuchen sie, Vernetzungstreffen zu organisieren, um die anderen Einrichtungen der Kinder- und Jugendhilfe – und vielleicht auch des Bildungssystems und der Zivilgesellschaft – an einen Tisch zu bringen, sich kennenzulernen und gemeinsame Kommunikationswege zu vereinbaren. Das geschieht besonders häufig mit Blick auf die Gestaltung von Bildungslandschaften, die in den letzten Jahren, stark von Schule ausgehend, in den Kommunen gefördert wurde (zum Aspekt der Bildungslandschaften im Verhältnis zum KoKoDe-Konzept siehe den Beitrag von Stephan Maykus in diesem Band).

Vernetzung und sogar eine Zusammenarbeit zwischen Einrichtungen der Kinder- und Jugendhilfe vor Ort bedeuten allerdings noch nicht, dass diese dabei die Themen der Kinder und Jugendlichen ins Zentrum ihrer Aufmerksamkeit und ihres Handelns stellen. Stattdessen herrscht oft eine rein organisationelle Koordinationsperspektive. Man prüft, welche Aufgaben sich überschneiden, wie Konkurrenzen zu verhindern sind und wie man stattdessen zusammen Aufgaben der Einrichtungen besser koordinieren und in Absprache erledigen kann. Solche Koordination ist sicher ein wichtiger Fortschritt, doch fehlt ihr der Einbezug der Menschen, um die es geht, nämlich der Kinder und Jugendlichen.

KoKoDe schlägt vor, bestehende Vernetzungen und Kooperationen beizubehalten, sie aber mindestens zu ergänzen durch eine Konzentration auf die Themen, Interessen und Konflikte der Kinder und Jugendlichen vor Ort. Es geht darum, sich darüber auszutauschen, wie sich diese Inhalte in den einzelnen Einrichtungen zeigen, und darüber hinaus zu erkennen, wo und wie sich darin eine gemeinsame Betroffenheit von Zielgruppen und Einrichtungen hinsichtlich der Verhältnisse vor Ort zeigt.

Aus Sicht der Subjekte ist ihre Lebenswelt ohnehin ein Zusammenhang, der durch die Interaktion mit anderen in den sozialräumlichen Verhältnissen vor Ort entsteht. Die Kinder und Jugendlichen trennen sich also nicht von den Zuständigkeiten von Organisationen, sondern leben ihr Leben, mit den darin enthaltenen Themen und Schwierigkeiten. Sie suchen nach Möglichkeiten und Ressourcen, wie sie ihre Bedürfnisse umsetzen und mehr Handlungsfähigkeit erringen können. Die inhaltliche und strukturelle Aufteilung der Aufgaben und Angebote der Einrichtungen scheint da eher ein Hindernis zu sein. Diese orientieren sich nicht an den vernetzten Lebensweisen und lokal eingebundenen Bedarfen ihrer Adressat*innen, sondern verlangen, dass sich die Kinder und Jugendlichen den Strukturen und Angeboten der Organisationen anpassen. In einer Kita soll man lernen, mit anderen zu sprechen und zu handeln, zu spielen und sich zu bilden, aber Probleme, die etwa auf dem Weg in die Kita entstehen, werden dort nicht aufgegriffen. Was auf diesem Weg gefährlich oder langweilig oder besonders interessant ist, wird in der Kita kaum thematisiert.

Die Wahrnehmung der kommunalen Umwelt durch die Kinder und ihr aktives Agieren darin könnten ein starkes inhaltliches Potenzial für eine Artikulation in demokratischen Öffentlichkeiten in der Kommune enthalten. Die Kinder entdecken oft eine ganze Reihe von Problemen, aber auch alternative Gestaltungsmöglichkeiten (zum Beispiel zur Gestaltung von Stadt, zum Umgang mit Müll, zu Handlungsweisen mit von ihnen als riskant empfunden Mitmenschen). In Jugendhäusern oder in Ganztagsbetreuungen wird häufig nicht darauf reagiert, was die Kinder und Jugendlichen in anderen pädagogischen Einrichtungen erleben, welche Handlungsweisen und Probleme im Stadtteil zwischen unterschiedlichen Gruppierungen und Szenen entstehen, welche Attraktionen und Potenziale kommerzielle Orte bieten. Die Teilnehmenden sollen die Angebote wahrnehmen, die die Fachkräfte mit dem besten Willen, ihnen gerecht zu werden, für sie in der Einrichtung mit den gegebenen Ressourcen und Rahmenbedingungen vorbereitet haben. Was draußen passiert und welche möglichen Wirkungen dies auch nach innen hat, wird nicht thematisiert. Damit wird verpasst, die demokratische Einflussnahme auf die Lebensverhältnisse außerhalb der Einrichtung zu unterstützen.

Auf eine weitere Kooperationsnotwendigkeit hat besonders die Diskussion um die Bildungslandschaften hingewiesen: die Übergänge zwischen den unterschiedlichen Institutionen von Bildung und Erziehung. Im Laufe der Biografie wechseln Kinder und Jugendliche von einer Institution in die andere, etwa von der Kita in die Schule, daneben ins Jugendhaus oder in den Sportverein. Die

Übergangsforschung zeigt, dass solche Passagen für die Subjekte anforderungs- und risikoreich sind. Handeln die Einrichtungen als Insel, kümmern sie sich nicht darum, wie ein Übergang von einer Einrichtung zur anderen aus Sicht der Subjekte zu gestalten wäre. Hier ergibt sich also ein besonderes kommunales Thema: auf welche Weise man möglichst gut und gerecht von pädagogischen Einrichtungen in andere übergehen kann. In den vergangenen Jahren haben viele lokale Bildungskonferenzen versucht, diese Übergänge zu analysieren und zu optimieren. Häufig haben sie dabei allerdings nur die institutionelle Perspektive betrachtet und gefragt, wie die vorherige Einrichtung die Kinder und Jugendlichen für die nächste Einrichtung vorbereiten muss – Paradebeispiel ist der Übergang von der Kita in die Grundschule – und wie eine Übergabe die Anforderungen und Kriterien der aufnehmenden Einrichtungen immer schon berücksichtigen kann.

Wie die Kinder und Jugendlichen selbst Übergänge in der Biografie, aber auch im Alltag zwischen den Einrichtungen beurteilen, welche Bedarfe sie selbst sehen und welche Probleme und Chancen sie erkennen, machen die Einrichtungen selten zum Thema – geschweige denn, dass sie die jungen Menschen als berechtigte und befähigte Mitplaner*innen ihrer eigenen Passagen an solchen Prozessen entscheidend beteiligen würden. Auch hier wäre eine Kooperation besonders der Kinder- und Jugendhilfeeinrichtungen nötig, um die demokratische Beteiligung der Kids an der Gestaltung dieser Übergänge möglich zu machen.

Ein weiteres Argument, beim Übergang demokratischer Partizipation von den Einrichtungen in die Kommune zu kooperieren, liegt darin, dass eine solche Zusammenarbeit beispielhaft für demokratisches Handeln in der Gemeinde sein kann. Überwinden die Einrichtungen ihre auf sich selbst zentrierte Perspektive, entdecken sie die komplexe Verbundenheit der Handlungsweisen vor Ort und praktizieren sie eine gleichberechtigte Kooperation mit anderen, zeigen sie an diesem Handeln bereits, wie Demokratie sein könnte. Denn diese muss Einzelinteressen und Differenzen berücksichtigen, sie aber auch in gemeinschaftliche Aushandlung zur Findung gerechter Lösungen einbringen. Die Sichtweisen, Interessen und Probleme von Einzelnen und spezifischen Gruppierungen müssen mit anderen gemeinsam Entscheidungen fällen, die möglichst für alle gut sind. In der Demokratie muss durch Kooperation und faire Konfliktaushandlung das Gemeinwohl hergestellt und gesichert werden. Solche demokratische Kooperation zwischen den Einrichtungen und ihren Beteiligten realisiert also bereits Demokratie. Kinder und Jugendliche können auf diese Weise unterstützt werden, über den Horizont der Einrichtung hinauszuschauen und mit anderen Beteiligten und Betroffenen anderer Einrichtungen in Kontakt und Kommunikation zu kommen. Gemeinsame Betroffenheiten können entdeckt und geklärt werden – und es wird möglich, sich zusammen öffentlich einzubringen und demokratische Politik vor Ort zu machen.

Literatur

Barber, Benjamin R. (2013). *If Mayors Ruled the World: Dysfunctional Nations, Rising Cities*. New Haven.

Brähler, Elmar, und Oliver Decker (2010). „Deprivation, Lebenszufriedenheit, Arbeitslosigkeit und Demokratie". *Die Mitte in der Krise. Rechtsextreme Einstellungen in Deutschland 2010*. Hrsg. Oliver Decker, Marliese Weißmann, Johannes Kiess und Elmar Brähler. Berlin. 97–105.

Decker, Oliver, Johannes Kiess und Elmar Brähler (Hrsg.) (2016). *Die enthemmte Mitte. Autoritäre und rechtsextreme Einstellung in Deutschland*. Gießen.

Dewey, John (1907). *The School and Society*. Chicago.

Dewey, John (1916/1985). *The Middle Works 1899–1924. Volume 9: Democracy and Education*. Hrsg. Jo Ann Boydston. Carbondale/Edwardsville.

Eichholz, Reinald (2008). *Kinderrechte ins Grundgesetz – Mehr Gerechtigkeit für Kinder*. Hrsg. Fraktion der SPD im Deutschen Bundestag. Berlin. 15–21.

El-Mafaalani, Aladin (2014). *Vom Arbeiterkind zum Akademiker. Über die Mühen des Aufstiegs durch Bildung*. Sankt Augustin und Berlin.

European Commission (2013). *European Youth: Participation in Democratic Life*. http://ec.europa.eu/youth/library/reports/flash375_en.pdf (Download 1.9.2019).

Gerdes, Jürgen, und Uwe-H. Bittlingmayer (2012). „Politische Partizipation und politische Bildung". *„Unsichtbares" Politikprogramm?* Hrsg. Wiebke Kohl und Anne Seibring. Bonn. 26–40.

Habermas, Jürgen (1981). *Theorie des kommunikativen Handelns*. Frankfurt am Main.

Hansen, Rüdiger, und Raingard Knauer (2015). *Das Praxisbuch: Mitentscheiden und Mithandeln in der Kita. Wie pädagogische Fachkräfte Partizipation und Engagement von Kindern fördern.* (7. Aufl. 2020). Gütersloh.

Hüther, Gerald (2013). *Kommunale Intelligenz. Potenzialentfaltung in Städten und Gemeinden.* Hamburg.

Knauer, Raingard, Benedikt Sturzenhecker und Rüdiger Hansen (2011). *Mitentscheiden und Mithandeln in der Kita. Gesellschaftliches Engagement von Kindern fördern.* Hrsg. Bertelsmann Stiftung. Gütersloh.

Knauer, Raingard, Benedikt Sturzenhecker und Rüdiger Hansen (2016). „Demokratische Partizipation in Kindertageseinrichtungen – Konzeptionelle Grundlagen“. *Demokratische Partizipation von Kindern.* Hrsg. Raingard Knauer und Benedikt Sturzenhecker. Weinheim. 31–46.

Reutlinger, Christian (2003). *Jugend, Stadt und Raum. Sozialgeographische Grundlagen einer Sozialpädagogik des Jugendalters.* Opladen.

Richter, Elisabeth, Helmut Richter, Benedikt Sturzenhecker, Teresa Lehmann und Moritz Schwerthelm (2016). „Bildung zur Demokratie – Operationalisierung des Demokratiebegriffs für pädagogische Institutionen“. *Demokratische Partizipation von Kindern.* Hrsg. Raingard Knauer und Benedikt Sturzenhecker. Weinheim. 107–129.

Richter, Helmut (1998). *Sozialpädagogik – Pädagogik des Sozialen. Grundlagen – Institutionen – Perspektiven der Jugendbildung.* Frankfurt am Main.

Richter, Helmut (2016). „Pädagogik des Sozialen – Bildungsbündnis in Demokratiebildung“. *Widersprüche* 142 (36). 47–59.

Richter, Helmut (2018). „Demokratie und Identitätsbildung“. *Handbuch Sozialraum. Grundlagen für den Bildungs- und Sozialbereich.* Hrsg. Fabian Kessl und Christian Reutlinger. Wiesbaden. 341–358.

Roth, Roland (2003). „Die dunklen Seiten der Zivilgesellschaft: Grenzen einer zivilgesellschaftlichen Fundierung von Demokratie“. *Forschungsjournal Neue Soziale Bewegungen* 2 (16). 59–73.

Scherr, Albert (2004). „Rückzugsräume und Grenzüberschreitungen“. *„Aneignung“ als Bildungskonzept der Sozialpädagogik.* Hrsg. Ulrich Deinet und Christian Reutlinger. Wiesbaden. 161–174.

Seel, Martin (2014). *Aktive Passivität. Über den Spielraum des Denkens, Handelns und anderer Künste.* Frankfurt am Main.

Sturzenhecker, Benedikt (2015a). „Sich einmischen in Raumkonflikte mit Kindern und Jugendlichen – Konzepte und Praxis Offener Kinder- und Jugendarbeit“. *Umkämpfter öffentlicher Raum. Herausforderungen für Planung und Jugendarbeit.* Hrsg. Christian Reutlinger und Raimund Kemper. Wiesbaden. 63–82.

Sturzenhecker, Benedikt (2015b). *Gesellschaftliches Engagement von Benachteiligten fördern – Band 1. Konzeptionelle Grundlagen für die Offene Kinder- und Jugendarbeit.* Unter Mitarbeit von Moritz Schwerthelm. (2. Aufl. 2016). Gütersloh.

Sturzenhecker, Benedikt (2019). „Förderung gesellschaftlich demokratischen Engagements in Qualitätskonzepten Offener Kinder- und Jugendarbeit“. *Partizipation und gesellschaftlich-demokratisches Engagement in der Jugendarbeit.* Hrsg. Paritätischer Wohlfahrtsverband LV Berlin e. V. 6–12.

Sturzenhecker, Benedikt, und Moritz Schwerthelm (2015). *Gesellschaftliches Engagement von Benachteiligten fördern – Band 2. Methodische Anregungen und Praxisbeispiele für die Offene Kinder- und Jugendarbeit.* (2. Aufl. 2016). Gütersloh.

Tomasello, Michael (2010). *Warum wir kooperieren.* Frankfurt am Main.

Von der Pfordten, Dietmar (2016). *Menschenwürde.* München.

Winklhofer, Ursula (2000). „Partizipationsspielwiesen? Kinder- und Jugend-Engagement: Ergebnisse einer Studie zu Beteiligungsmöglichkeiten in der Kommune“. *Sozial extra* 7/8 (24). 30–34.

Das Modellprojekt KoKoDe des Nachbarschaftsheims Schöneberg e. V. – Ziele, Arbeitsweisen, Prozesse und Erfahrungen

Thomas Glaw

Im Folgenden wird das Modellprojekt „Kooperativ in der Kommune demokratisches Engagement von Kindern und Jugendlichen fördern" (KoKoDe), umgesetzt im Nachbarschaftsheim Schöneberg e. V. (NBHS), dargestellt und reflektiert. Ziel des Projekts war, die konzeptionelle Arbeitsweise der Förderung demokratischen Engagements von Kindern und Jugendlichen durch die Kooperation unterschiedlicher Einrichtungstypen der Kinder- und Jugendhilfe in Stadtteilen einzuführen. Es ging darum, die vorgeschlagenen Ziele und Methoden zu erproben und ihre Möglichkeiten und Grenzen zu reflektieren. Die konzeptionellen Ziele von KoKoDe stimmen mit den satzungsgemäßen Zielen des Nachbarschaftsheims Schöneberg überein, der „Förderung der Selbsthilfe und des bürgerschaftlichen Engagements". Neben dieser inhaltlichen Kongruenz zeigte sich das Nachbarschaftsheim auch strukturell als ideal für das Modellprojekt, denn als großer, stadtteilbezogener Träger fast aller Sparten der Kinder- und Jugendhilfe in Berlin konnte es umfassend die kooperative Unterstützung demokratischen Engagements in der Kommune erproben.

In diesem Beitrag werden Erfolge und Hindernisse bei der Implementierung der Arbeitsweisen zur Förderung gesellschaftlich-demokratischen Engagements in der Kooperation unterschiedlichster Akteur*innen der Kinder- und Jugendhilfe sowie der Zivilgesellschaft herausgearbeitet. Diese Erfahrungen sollen anderen Trägern und Akteur*innen für den Transfer und die weitere Implementierung zur Verfügung stehen. Zunächst werden Hintergrundinformationen zum Träger gegeben und dessen Satzungsgedanke im Hinblick auf das gesellschaftlich-demokratische Engagement von Bürger*innen des Stadtteils dargestellt. Daran anschließend geht es um die Entstehung des Modellprojekts und dessen Wirkungsziele sowie das Konzept des Projekts, um darauf aufbauend dessen organisationale Struktur zu beschreiben und von der Umsetzung zu berichten.

Zum Abschluss werden die Erfahrungen in Bezug auf zwei der skizzierten Wirkungsziele aus sozialpädagogischer und organisationaler Perspektive reflektiert.

1. Informationen zu Träger und Projekt

Das Nachbarschaftsheim Schöneberg e. V. (NBHS) ist ein großer freier Träger von Angeboten und Einrichtungen der Kinder- und Jugendhilfe und weiterer Felder der Sozialen Arbeit im Süden Berlins. Das Angebot innerhalb der Kinder- und Jugendhilfe reicht von Angeboten der Eltern- und Familienbildung über Kindertagesstätten, Ganztagsbetreuung, Kinder- und Jugendarbeit bis zur Kulturarbeit. Darüber hinaus leistet der Verein Stadtteil- und Seniorenarbeit sowie Pflegearbeit über eine ausgegliederte gGmbH.

Verein und gGmbH agieren mittlerweile als sozialwirtschaftliche Unternehmen. Die Organisationsstruktur orientiert sich in ihrem Aufbau vor allem an den Arbeitsbereichen und verläuft von der Geschäftsführung über Bereichsleitungen und nachfolgend Einrichtungs- und Projektleitungen zu den Mitarbeiter*innen mit operativer Tätigkeit. Über rund zwölf Jahre hat sich durch ein enormes Wachstum des Trägers eine sehr differenzierte Organisation mit eigenständigen Fachbereichen und lokalen Zentren herausgebildet. Im Jahr 1999 waren noch 50, 2011 bereits knapp 1.000 Mitarbeiter*innen angestellt. Mittlerweile beschäftigen Verein und gGmbH etwa 1.100 Festangestellte. Der räumliche Aktionsbereich der Organisation weitete sich von ehemals einem Bezirk (Tempelhof-Schöneberg) auf die drei südwestlichen Berliner Bezirke (Charlottenburg-Wilmersdorf und Steglitz-Zehlendorf) und damit in der Fläche von rund neun auf 170 Quadratkilometer aus.

Das personelle Wachstum, die fachspezifischen Differenzierungen und die räumliche Ausweitung stellen die Organisation vor die Herausforderung, eine gemeinsame fachliche Identität weiterzuentwickeln, die auch eine konsequente Aufrechterhaltung des Satzungsgedankens in allen Organisationseinheiten sichert. Dieser Satzungsgedanke soll im Folgenden beschrieben werden.

Gesellschaftliches Engagement im Nachbarschaftsheim: Satzungsgedanke und Regionen

Das NBHS wurde nach dem Zweiten Weltkrieg mit dem Ziel gegründet, das Engagement der Einzelnen für sich und für die Gesellschaft zu stärken. Das verdeutlicht auch der Satzungszweck in § 1: „Der Zweck des Vereins ist die [...] Förderung der Selbsthilfe und des bürgerschaftlichen Engagements [...].“ Insofern kann als ein tragender Pfeiler der Organisation das gesellschaftlich-demokratische Engagement von Bürger*innen im Stadtteil angesehen werden. Zentrale Elemente wie Freiwilligkeit, Teilnahme und Teilhabe, Gemeinschaftlichkeit, Gemeinwohlbezogenheit und Ehrenamtlichkeit werden dabei berücksichtigt.

Ihr großes Wachstum stellt die Organisation vor die Herausforderung, bei den einzelnen Fachkräften sowie in den Handlungsfeldern und Regionen immer wieder einen gemeinsamen Bezug zum Satzungszweck der Engagementförderung herzustellen und zu sichern. Wie lässt sich aber in einem so großen und differenzierten Träger eine gemeinsame fachliche Identität und fachliche Grundlage erzeugen und erhalten? Hier entstand die Idee eines Zurück zu den Wurzeln, denn dieser historisch gewachsene Grundgedanke des NBHS ist weiterhin aktuell und angesichts von Individualisierung, kultureller Vielfalt und sozialen Spaltungen der Gesellschaft aktueller denn je.

Die Rückbesinnung auf gesellschaftlich-demokratisches Engagement als NBHS-Grundstein bot als übergeordnete Querschnittsaufgabe die Antwort auf die Herausforderung der Diversität der einzelnen Organisationseinheiten und auf die immer differenziertere Spezifizierung von professionellen Arbeitsfeldern und Fachgebieten.

Aus Sicht des Vereins ist die Förderung von Engagement somit weiterhin eine sinn- und zusammenhangstiftende Kernaufgabe. Das NBHS versteht sich als Partner der Bürger*innen aller Altersstufen bei der lokalen Entfaltung eines demokratischen Engagements. Dieses wird als aktive Aneignung der demokratischen Gesellschaft verstanden, also als Bildungsprozess und Teilnahme an einer demokratischen Herstellung guten Lebens für alle in ihren lokalen Nachbarschaften und darüber hinaus. Der Verein verfügt durch die Vielfältigkeit seiner Tätigkeitsfelder und die damit verbundenen Ressourcen und Kompetenzen über das Potenzial, Sozialräume und übergreifende Themen zusammenzuführen, also Gesellschaft als lokales Gemeinwesen lebendig zu gestalten und zu verändern. Daher gilt es, unterstützende Strukturen lokaler Demokratiebildung vorzuhalten, die partnerschaftlich und kooperativ demokratisches Engagement der Bürger*innen fördern. Dabei sollten die unterschiedlichen Einrichtungen, die entlang der biografischen Entwicklung von Kita bis Seniorenwohnheim die Entwicklung demokratischen Engagements begleiten, lokal ineinandergreifen. Statt fachspezifischer und lokaler Separation beziehungsweise Versäulung wird eine bereichsübergreifende Kooperation in lokalen Nachbarschaften angestrebt.

Basierend auf diesem Ansatz ging und geht es darum, den nächsten konsequenten Schritt der Weiterentwicklung des Satzungsgedankens zu vollziehen, indem die derzeitige bereichsspezifische Betrachtungsweise erweitert wird durch eine übergreifende und vernetzende Perspektive, die die Themen und Interessen der Bürger*innen ins Zentrum stellt. In der systematischen Umsetzung können somit nachhaltige Strukturen entstehen, die eine kontinuierliche Verankerung von gesellschaftlichem Engagement als Aufgabe der Einrichtungen innerhalb der Regionen ermöglichen.

Zeitlicher Projektverlauf

Die Erarbeitung einer verbindenden, engagementfördernden Arbeitsweise für die Fachkräfte und Einrichtungen des NBHS und die Entwicklung entsprechender regionaler Netzwerke fanden in einem projekthaften Prozess über einen Zeitraum von zwei Jahren statt. Die Projektzeiträume orientierten sich am Schuljahresrhythmus. Der Start war im Sommer 2015. Grob unterteilte sich der Verlauf daher in Prozessjahr 1 (Mai 2015 bis August 2016) und Prozessjahr 2 (September 2016 bis August 2017). Das Projekt erweiterte sich phasenweise: Von Jahr zu Jahr erhöhte sich die Teilnahme von Fachkräften und Einrichtungen, wodurch sich auch die Netzwerke sukzessive vergrößerten.

Die Beteiligten

Insgesamt nahmen an dem Projekt rund 110 Fachkräfte aus 26 Einrichtungen und Projekten des NBHS teil. 70 Prozent der Fachkräfte waren Einrichtungs- und Projektmitarbeiter*innen, 20 Prozent Einrichtungsleitungen und zehn Prozent Geschäftsführung, Bereichsleitungen und Fachberatungen aus den beteiligten Arbeitsbereichen Offene Kinder- und Jugendarbeit, Familienbildung, Ganztagsbetreuung an Grund- und Oberschule, Schulsozialarbeit, Stadtteilarbeit, Seniorenfreizeit.

Das Projekt bezog sich auf vier definierte Standorte sowie einzelne Einrichtungen, die in keiner räumlichen Nähe zu anderen NBHS-Einrichtungen lagen. Mit Blick auf die sozialräumliche Vernetzung fanden Austausch und Zusammenarbeit mit anderen lokalen Akteur*innen und Organisationen wie Grundschulen, Oberschulen, Kirchengemeinden, Seniorenheimen, Baugenossenschaften und anderen statt.

2. Wie kam es zu dem Modellprojekt?

Durch das Projekt „jungbewegt – Dein Einsatz zählt." der Bertelsmann Stiftung zur Förderung gesellschaftlichen Engagements benachteiligter Kinder und Jugendlicher in der Offenen Kinder- und Jugendarbeit (GEBe) kam das NBHS in Kontakt mit neuen und wirksamen Methoden der Stärkung demokratischer Teilnahme in sozialpädagogischen Einrichtungen und im Stadtteil. Das Jugend- und Familienzentrum JeverNeun des NBHS nahm ab 2012 an der Erprobung der GEBe-Arbeitsweise teil – und schnell wurde klar, wie sehr die Demokratieorientierung der Methode zu den Zielen des NBHS passte. Ebenso wurde für die Bertelsmann Stiftung deutlich, dass ein großer Träger mit lokaler Verankerung und (fast) allen Feldern der Kinder- und Jugendhilfe ideal geeignet war, um den Anspruch einer Kooperation der unterschiedlichen Felder bei der Förderung demokratischen Engagements von Kindern und Jugendlichen in ihren Stadtteilen methodisch zu erproben und voranzutreiben. Beide Seiten waren also motiviert zusammenzuarbeiten.

3. Die Ziele des Projekts

Die nachfolgenden Ziele des Modellprojekts KoKoDe wurden in verschiedenen Werkstattgesprächen gemeinsam von Vertreter*innen der Geschäftsführung, der Bereichs- und Einrichtungsleitungen sowie der operativen Ebene verschiedener Fachbereiche erarbeitet.

Eines der zentralen Ziele war, dass alle NBHS-Mitarbeiter*innen die Förderung gesellschaftlich-demokratischen Engagements – unabhängig vom Modellprojekt – als eine ihrer Kernaufgaben anerkennen und umsetzen. Dieses Handlungsziel bildete und bildet die konzeptionelle Klammer aller Einrichtungen und Arbeitsfelder des NBHS. Es soll wesentlich durch eine systematische regionale und sozialraumorientierte Vernetzung und Kooperation der sozialpädagogischen Einrichtungen erreicht werden. Diese Orientierung wirkt fachspezifischen Separierungstendenzen elementar entgegen und revitalisiert gleichzeitig den grundlegenden Satzungsgedanken und den Organisationszweck des NBHS.

Ziel war demnach zunächst, Wirkungen beim Fachpersonal zu erreichen, die dann wiederum Folgen für die Adressat*innen haben. Zielgruppe des Projekts waren die Fachkräfte und ihre Teams, im ersten Projektschritt vorerst beschränkt auf das NBHS-Personal. Das gemeinsame Fernziel der Weiterentwicklung des fachlichen Handelns des Personals liegt darin, dass Kinder und Jugendlichen, aber auch alle anderen Bewohner*innen der Nachbarschaften, in denen das NBHS arbeitet, aktiv an der demokratischen Mitentscheidung und -gestaltung ihres Stadtteils und seiner Institutionen teilnehmen können. So sollen und können sie zusammen soziale und demokratische Integration erzeugen und für ein gutes Leben der Einzelnen wie der lokalen Gemeinschaft sorgen.

Nachfolgend werden die Wirkungsziele des Projekts für die Zielgruppe Fachkräfte erläutert. Die Wirkungsziele benennen, welche Wirkungen durch das Projekt bei dieser Zielgruppe eintreten sollen.

Wirkungsziel I: Von den Engagementthemen der Kinder und Jugendlichen ausgehen

Die Fachkräfte können in der Förderung gesellschaftlichen Engagements von den lebensweltlichen Themen der Kinder und Jugendlichen ausgehen. Sie können deren Handeln beobachten, darin enthaltene Themen gesellschaftlichen Engagements entdecken, diese priorisieren und medial gestaltet in einen klärenden Dialog mit den Kindern und Jugendlichen zurückgeben und mit ihnen über die (projekthafte) Umsetzung von Themen entscheiden. Anders gesagt: Die Fachkräfte wenden die GEBe-Methode an.

Wirkungsziel II: Engagementthemen in Vernetzung und Kooperationen in das Gemeinwesen einbringen

Die Fachkräfte können in diesen Themen und Projekten die Möglichkeit beziehungsweise Notwendigkeit entdecken, diese über ihre Einrichtung hinaus in die Öffentlichkeit der Nachbarschaft und des Gemeinwesens einzubringen und die engagierten Kinder und Jugendlichen mit ihren Themen in Vernetzung[3] und Kooperation[4] mit anderen Akteur*innen des Sozialraums zu bringen. Das gilt a)

3 Vernetzung bedeutet hier, dass Akteur*innen umeinander wissen und gemeinsame Kommunikationsmedien nutzen.

4 Kooperation bedeutet hier, dass Akteur*innen gemeinsam handeln.

für aktuelle Engagementprojekte, aber auch b) bezüglich der Kooperation der Einrichtungen in der Förderung gesellschaftlichen Engagements entlang der Biografie.

Wirkungsziel III: **Demokratische Partizipationsrechte der Kinder und Jugendlichen strukturell verankern**
Die Fachkräfte schaffen unter Beteiligung der Adressat*innen kontinuierliche methodische Settings, die sichern, dass die Rechte der Kinder und Jugendlichen auf Mitentscheidung, Mitverantwortung und Mitgestaltung des Gemeinwesens a) in den einzelnen Einrichtungen, b) in den Kooperationen und Netzwerken des Engagements sowie c) der Politik der Kommune strukturell verankert und umgesetzt werden.

Wirkungsziel IV: **Arbeits- beziehungsweise Engagementweisen multiplizieren**
Die Fachkräfte multiplizieren ihre Erfahrungen und Arbeitsweisen zum gesellschaftlichen Engagement in die gesamte Organisation des NBHS. Sie weiten die Praxis der Förderung gesellschaftlichen Engagements aus und darüber hinaus die Kooperationen im Gemeinwesen.

Wirkungsziel V: **Qualitätskonzepte und Selbstevaluation entwickeln**
Die Fachkräfte erstellen Qualitätskonzepte, die gemeinsam für das NBHS und dann für einzelne Einrichtungstypen Wirkungs- und Handlungsziele (Qualitätsstandards) operationalisieren und festlegen sowie für den Zweck der Selbstevaluation Indikatoren der Ergebnis-, Prozess- und Strukturqualität der Förderung gesellschaftlichen Engagements enthalten. Das Qualitätskonzept dient somit der Orientierung, der Selbstevaluation und der Verbesserung der eigenen Praxis.

Die Reihenfolge der Wirkungsziele beinhaltet gleichzeitig die Abfolge, in der sie im Projekt erreicht werden sollten beziehungsweise in welcher sie dominant im Bearbeitungsfokus stehen. Die Bertelsmann Stiftung unterstützte die Auftaktphase des Projekts, in der die Wirkungsziele I und II und teilweise auch das Wirkungsziel III angegangen werden konnten.

4. Welchen Prinzipien folgte die Implementierung des Projekts?

Die Umsetzung des Projekts im NBHS umfasste in seiner grundsätzlichen Ausrichtung die gesamte Organisation mit all ihren Arbeitsfeldern wie Offene Kinder- und Jugendarbeit, Familienbildung, Kita, Ganztagsbetreuung an Grund-

und Oberschule, Schulsozialarbeit, Stadtteilarbeit, Seniorenfreizeit. Den Anfang machten allerdings ausgewählte exemplarische Hotspots in drei besonders geeigneten Stadtteilen. Das Vorhaben setzte darauf, dass jedes Arbeitsfeld den Auftrag der Förderung gesellschaftlich-demokratischen Engagements (fach-)spezialisiert für seine Adressat*innen und unter einrichtungsspezifischen Bedingungen umsetzt. Die Idee war, dass die Arbeitsfelder ineinandergreifen, um multiprofessionell durch Kooperationen gemeinsam und sich wechselseitig ergänzend an dem Ziel mitwirken, die Adressat*innen bei ihrem Engagement zu unterstützen.

Im Hinblick auf die Zielsetzung des Aufbaus nachhaltiger Strukturen wurde ein sich sukzessive ausdehnendes Projektdesign gewählt. Aufgrund der hohen Komplexität der Organisationsstruktur und der regionalen sowie fachspezifischen Verschiedenartigkeit wurde das Projekt an ausgesuchten Kernstandorten begonnen. Darüber hinaus wurde die Arbeit vorerst auch auf klar festgelegte Arbeitsbereiche und Einrichtungen begrenzt.

Wesentlich war der Ansatz, dass die Spezifika jedes Arbeitsbereichs erkennbar bleiben sollten, die Stärken der jeweiligen fachlichen Perspektive zum Tragen kommen und die Aufgaben entsprechend klar daran orientiert werden sollten. Gerade Arbeitsfeldern wie der Offenen Kinder- und Jugendarbeit oder Ganztagsbetreuung an Oberschulen stehen angesichts des gesellschafts- und fachpolitischen Wandels Veränderungen bevor. Daher sollte ihnen durch Fokussierung auf partizipative und engagementförderliche Handlungsstrukturen die Möglichkeit geboten werden, sich zu einer fachlich anerkannten, kooperativ eingebundenen nonformalen Bildungspartnerin zu etablieren.

Auch bei den jeweiligen Ausgangslagen zur Anwendung der GEBe-Arbeitsweise bestanden zwischen den Arbeitsfeldern grundsätzliche Unterschiede. So konnte im Bereich der Offenen Kinder- und Jugendarbeit bereits auf ein bestehendes Konzept zurückgegriffen werden. Die schulkooperativen Arbeitsbereiche hingegen gingen zunächst in eine Erprobungsphase der Arbeitsweise in ihrem Feld, an deren Ende die Auswertungen und das Formulieren von Handlungsempfehlungen oder sogar eines Qualitätskonzepts standen.

Wesentlich für die Planung und Umsetzung war, dass ein solcher Veränderungsprozess für alle Beteiligten machbar sein musste und dass an den schon reichhaltigen Erfahrungen und Praxen angesetzt werden sollte. Bereits bei der Projektplanung wurden die Einrichtungsleitungen und punktuell die Fachkräfte einbezogen. Die Machbarkeit sollte dabei in erster Linie durch die Integration einer kooperativen Arbeitsweise in die alltäglichen Handlungsstrukturen gewährleistet werden. Die vorhandenen Ressourcen der einzelnen Arbeitsfelder und Einrichtungen – etwa hinsichtlich Arbeitszeit, Infra-, Organisations- und Kommunikationsstrukturen – sollten entsprechend berücksichtigt werden.

Folgende konzeptionelle Prinzipien der Projekteinführung lassen sich zusammenfassend erkennen:

- Anerkennung der fachspezifischen Besonderheiten und Stärken der einzelnen Arbeitsfelder und ihrer Fachkräfte
- Motivierung der Beteiligung durch Perspektive auf fachliche Innovation, kooperative Integration und intensivierte Legitimation
- partizipative Einbeziehung der Fachkräfte und Teams in die Projektgestaltung
- Ansatz, bei ausgewählten Kernstandorten zu beginnen und von dort aus auszubauen
- Integration der Projektarbeit in den institutionellen Alltag
- Klärung und Bereitstellung der Ressourcen für die Projektarbeit

5. Strukturen und Akteur*innen, mit denen das Projekt organisiert und umgesetzt wurde

Im Folgenden geht es um die grundsätzlichen Strukturen und Arbeitsweisen zur Realisierung des Projekts im NBHS. Bezogen auf die Grundstruktur des Prozesses entstand folgende Visualisierung. Sie schafft einen Überblick über die Akteur*innen des Gesamtprozesses und sollte die Koordination der auf unterschiedlichen Ebenen verlaufenden Prozesse unterstützen.

Die Standorte des Projekts

Im ersten Jahr bezog sich das Projekt auf drei lokale Standorte. Um eine Vergleichbarkeit und umfassende Implementierung der Arbeitsweisen zu ermöglichen, war das erste Kriterium der Standortwahl die Zahl der NBHS-Einrichtungen und -Projekte an diesem Standort. Dies war vor allem mit Blick auf die strukturelle Entwicklung einer regionalen Vernetzung relevant. Ein zweites Auswahlkriterium war, dass die Standorte in unterschiedlichen (Berliner) Bezirken liegen sollten.

Auswahlkriterium Nummer drei berücksichtigte, welche Dynamiken und Strukturen der Vernetzung schon innerhalb eines Standorts bestanden und was notwendig war, um weitere Bewegungen in diese Richtung zu initiieren. Die Auswahl der Kernstandorte für die Implementierung des Projekts richtete sich also zusammengefasst nach

- der Anzahl der unterschiedlichen NBHS-Einrichtungen an einem lokalen Projektstandort,
- den vernetzungsförderlichen Bedingungen in der Kommune sowie
- der Qualität/Intensität bereits bestehender Netzwerke.

Im zweiten Prozessjahr kamen weitere Einrichtungen und Projekte sowie auch weitere Standorte hinzu. Mitunter befanden sich diese räumlich nicht in so nahe liegenden trägerinternen Netzwerken wie die des ersten Jahres. Ohnehin stand die Erweiterung der Kooperation und Vernetzung mit anderen Trägern und Partnern im zweiten Prozessjahr stärker im Fokus. Dies entspricht auch der zeitlichen Abfolge der Wirkungsziele. Bevor deren konkrete Umsetzung ausgeführt wird, gibt es zunächst einen Einblick in die unterschiedlichen beteiligten pädagogischen und sozialarbeiterischen Arbeitsfelder.

Die Arbeitsfelder und Einrichtungen des Projekts

Neben der Auswahl der Standorte wurden zu Projektbeginn die geeigneten Einrichtungen festgelegt. Dabei wurde zunächst die Erprobung des GEBe-Konzepts in den Einrichtungen anderer Arbeitsfelder eingeleitet – ausgehend von den Annahmen, dass

- die Förderung gesellschaftlichen Engagements sowohl für das NBHS als auch für die Demokratiebildung an sich einen zentralen Schlüssel darstelle,
- die GEBe-Arbeitsweise eine grundsätzliche pädagogische und sozialarbeiterische Anwendbarkeit habe und
- eine gleiche Zielsetzung sowie ein verbindendes Vorgehen die sozialräumlich und lebensbiografisch orientierten Kooperationen befördere.

Aufgrund des Teilziels, über das Thema der Förderung gesellschaftlichen Engagements einen Prozess der Qualitätsentwicklung im Fachbereich Offene Kinder- und Jugendarbeit durchzuführen, war die Teilnahme für die Einrichtungen dieser Arbeitsfelder obligatorisch. Durch die enge Verbundenheit zu den Feldern

Ganztagsbetreuung an Grundschule und Oberschule sowie Schulsozialarbeit und die Möglichkeit der Erarbeitung eines gemeinsamen nonformalen Bildungskonzepts gehörten auch diese Arbeitsbereiche verbindlich zum Kreis der Beteiligten.

Bei Berücksichtigung bestehender Netzwerke und mit der Zielsetzung, das Konzept einer regional und sozialräumlich orientierten Förderung gesellschaftlichen Engagements umfassend für alle NBHS-Arbeitsfelder umzusetzen, wurden exemplarisch beispielsweise Kindertagesstätten und die Familienbildung einbezogen. Da das Projekt eine prozessoffene Struktur hatte, war eine spätere Teilnahme anderer Arbeitsfelder durchgängig möglich und gewünscht.

Die Teilnahme war an den drei Standorten grundsätzlich für alle Arbeitsfelder und Einrichtungen möglich. Sie war dort verbindlich für:

- Einrichtungen der Offenen Kinder- und Jugendarbeit
- Ganztagsbetreuungen an Grundschulen
- Ganztagsbetreuungen an Oberschulen
- Schulsozialarbeit an Grundschulen
- Schulsozialarbeit an Oberschulen

Empfohlen, jedoch freigestellt war die Teilnahme für:

- Eltern- und Familienbildung
- Kindertagesstätten
- Stadtteilarbeit
- sozialkulturelle Arbeit

Prozesssteuerung

Der gesamte Prozess wurde von Beginn an wesentlich durch die sogenannte Steuerungsrunde gesteuert – ein Gremium, in dem Beteiligte unterschiedlicher Organisationsebenen mitwirkten. In Abständen von acht bis zehn Wochen trafen sich für zwei bis vier Stunden Vertreter*innen der Geschäftsführung, Bereichsleitung, Fachberatungen und später prozessverantwortliche Fachkräfte. In diesen Runden wurde jeweils der aktuelle Entwicklungsstand betrachtet und ausgewertet. Auf dieser Grundlage und bezogen auf die bereits beschriebenen Wirkungs- und daraus resultierenden Handlungsziele erfolgte eine abgestimmte Planung, die dann von der Prozesskoordination umgesetzt wurde. Die Zusammensetzung der Steuerungsrunde verdeutlicht auch die insgesamt partizipativ orientierte Arbeitsweise des Projekts. Unterschiedliche Leitungsebenen arbeiteten in der Runde zusammen und leiteten gemeinsam das Gesamtprojekt, auch wenn die endgültige Verantwortung bei der Geschäftsführung und dem Prozesskoordinator lag.

Prozesskoordination

Die Durchführung wurde zentral von dem vom NBHS bestimmten Koordinator (Thomas Glaw) koordiniert. Das NBHS stellte hierfür Personalressourcen zur Verfügung. Im ersten Jahr umfasste die Stelle 30 Stunden, im zweiten aufgrund einer Verschiebung von Aufgaben innerhalb der Organisation 20 Stunden. Folgende Aufgaben lagen im Verantwortungsbereich der Prozesskoordination:

- Koordination des gesamten Projekts
- offizieller Ansprechpartner für das Projekt, intern und extern
- Koordination und Vorbereitung der Steuerungsrunde
- Erarbeitung von Umsetzungsstrategien
- Entwicklung von Kommunikationsstrukturen, intern und extern
- Schulung trägerinterner Multiplikator*innen
- Entwicklung von Finanzierungsmodellen, zum Beispiel von Teilprojekten
- Begleitung einzelner Teams
- Dokumentation und Evaluation
- Aufbau von Kooperationen
- Öffentlichkeitsarbeit

Coaching der Prozesskoordination

Die Bertelsmann Stiftung unterstützte den Prozess innerhalb des NBHS unter anderem durch ein Coaching der Prozesskoordination. Durchgeführt wurde dieses Coaching von einem Team unter der Leitung von Benedikt Sturzenhecker in Abständen von sechs bis acht Wochen, in der Regel per Telefonkonferenz. Die Inhalte waren, ähnlich wie in der Steuerungsrunde, die jeweils aktuellen Entwicklungen, vor allem bezogen auf die Wirkungsziele. Zum Coachingteam gehörten auch Ariane Hoppler (Norfolk County Council) und Moritz Schwerthelm (Universität Hamburg), die mit dem Prozesskoordinator wesentlich für die Schulung und Begleitung der trägerinternen Multiplikator*innen verantwortlich waren.

Schulung trägerinterner Multiplikator*innen

Um das Ziel einer nachhaltigen Qualitätsentwicklung und -sicherung anstreben zu können, sollte das Projekt in der Breite von den Fachkräften in den Einrichtungen umgesetzt und mitgetragen werden. Dazu wurde ein Pool qualifizierter Fachkräfte aufgebaut, die als Multiplikator*innen innerhalb der Organisation agieren. Diese begleiten insbesondere die beteiligten Teams, können aber auch andere Funktionen und Aufgaben in den beiden Projektjahren sowie die anschließende Verankerung der Arbeitsweise übernehmen und verantworten.

Das NBHS hat in Kooperation mit der Bertelsmann Stiftung in den zwei Projektjahren 22 trägerinterne Multiplikator*innen qualifiziert. Die Schulungen orientierten sich am GEBe-Konzept, wurden allerdings mit Blick auf die Spezifika der Übertragbarkeit auf andere Arbeitsfelder, wie Kita oder Ganztagsschule, sowie der sozialräumlichen Vernetzung weiterentwickelt.

Alle Mitarbeiter*innen des NBHS hatten die Möglichkeit, an den Schulungen teilzunehmen. In erster Linie waren diese jedoch auf operativ tätige Fachkräfte ausgerichtet, um dem Prozess neben einer hierarchisch orientierten Organisationsstruktur eine basis- und vor allem peerorientierte Dimension zu geben. So konnten Leitungskräfte und Multiplikator*innen sich wechselseitig unterstützen. Die Schulung baute auf die Initiative und die Freiwilligkeit der Fachkräfte. Die tatsächliche Teilnahme wurde im Gespräch zwischen Fachkraft, verantwortlicher Leitung und Prozesskoordination abgestimmt.

Im ersten Projektjahr wurden Multiplikator*innen vornehmlich aus den Arbeitsbereichen Ganztagsbetreuung an Grund- und Oberschule, Schulsozialarbeit sowie Offene Kinder- und Jugendarbeit geschult. Im zweiten Jahr kamen Fachkräfte aus den Feldern Familienbildung, Kindertagesstätte und Stadtteilarbeit dazu. Darüber hinaus war eine hohe Präsenz der teilnehmenden Standorte wichtig und erwünscht.

Entsprechend ihren späteren Tätigkeiten übernahmen die Multiplikator*innen früh Verantwortung für einzelne Aspekte innerhalb des Projekts. Ihre Schulung fand daher in regelmäßigem Turnus als Arbeitsgruppe statt. Zu deren Aufgaben gehörten:

- Unterstützung der Planung und Reflexion des Gesamtprozesses
- Planung und Reflexion der Prozesse an den jeweiligen Standorten
- Begleitung der Fachkräfte und Einrichtungen bei der Umsetzung der GEBe-Arbeitsweise
  - bezogen auf das Beobachten und die schriftlichen Dokumentationen

- bezogen auf die Auswertung der Beobachtungen, das heißt die Explikation der Themen und Interessen gesellschaftlichen Engagements sowie deren Priorisierung für die weitere Arbeit
- bezogen auf die Gestaltung und Umsetzung von Projekten gesellschaftlichen Engagements, das heißt die mediale Gestaltung von Resonanzen zu den Themen und Interessen der Adressat*innen, die Eröffnung einer dialogischen Klärung zur Aushandlung gemeinsamer Themen des Engagements
- bezogen auf die Durchführung von Miniprojekten wen Engagements

- Entwicklung von Handlungskonzepten
- Organisation der Auftaktveranstaltungen, Zwischen- und Endauswertungstreffen
- Transfer in die jeweils eigenen Arbeitsbereiche
- Transfer ins NBHS und an andere Standorte

Die AG-Treffen nahmen im Durchschnitt rund eine Stunde pro Woche in Anspruch. Zwei Teilnehmerinnen der Schulung aus dem ersten Projektjahr wurden als Expertinnen zu Dozentinnen der Schulung im zweiten Projektjahr. Ziel war, im Sinne einer nachhaltigen Verankerung der Arbeitsweisen die externe Unterstützung sukzessive entbehrlich zu machen.

Einige der geschulten Multiplikator*innen übernahmen strukturelle Funktionen zur Weiterentwicklung der Förderung gesellschaftlichen Engagements in ihren Fachbereichen und der sozialräumlichen Vernetzung. Im Projektzeitraum gab es auch Veränderungen bei der Zusammensetzung der Multiplikator*innengruppe. Gründe waren Verschiebungen im Aufgabenbereich, Austritte aus der Organisation, Elternzeiten oder auch Entscheidungen gegen eine Fortführung der Tätigkeit als Multiplikator*in. Insgesamt haben rund zehn der geschulten Multiplikator*innen in unterschiedlicher Form diese Tätigkeit weitergeführt (siehe dazu den Beitrag von Moritz Schwerthelm in diesem Band).

Begleitung der Einrichtungsteams durch Multiplikator*innen und GEBe-Beauftragte

Die am Prozess beteiligten Teams der einzelnen Einrichtungen sollten ebenfalls beratend begleitet werden. Die besondere Herausforderung für deren Begleitung innerhalb des Modellprojekts bestand erstens darin, dass die GEBe-Arbeitsweise in andere pädagogische Felder übertragen werden sollte, und zweitens, dass die Teams und Einrichtungen nach und nach sozialräumlich vernetzt werden und kooperativ das gesellschaftliche Engagement junger Menschen fördern sollten.

Strukturiert begleitet wurden die Teams von dem Prozesskoordinator und den trägerintern ausgebildeten Multiplikator*innen. Letztere entwickelten mit den Teams, ausgehend von den jeweiligen Bedingungen, an sechs bis acht Terminen über einen Zeitraum von neun Monaten Formen einer eigenen, sich auf die GEBe-Methode beziehenden Arbeitsweise. Diese Teambegleitung war ein wesentlicher Grundstein für eine zielgerichtete und nachhaltige Qualitätsentwicklung in den Einrichtungen.

Neben dieser Begleitung der involvierten Teams durch die Multiplikator*innen haben vor allem in der Offenen Jugendarbeit auch einige qualifizierte Fachkräfte die Aufgabe sogenannter GEBe-Beauftragter übernommen, dafür zuständig, in ihrem eigenen Team für eine strukturelle Verankerung der GEBe-Arbeitsweisen sowie für die sozialräumliche Vernetzung Sorge zu tragen.

Kommunikations- und Dokumentationsweisen

Von Beginn an stand fest, dass eine gute Kommunikation – gerade im Hinblick auf die Komplexität der Prozesse, die Zahl der direkt und indirekt Beteiligten sowie den zeitlichen Rahmen – eine zentrale Herausforderung darstellt. Elementar für das Projektdesign war, die Erfahrungen aus dem Projekt allen Mitarbeiter*innen und Einrichtungen des NBHS über verschiedene Kanäle kontinuierlich zugänglich zu machen. Zu den Kommunikationsformen gehörten beispielsweise der Newsletter der Geschäftsführung, über den regelmäßig von verschiedenen Akteur*innen, wie Geschäftsführung und Projektkoordinator, oder aus konkreten Umsetzungen berichtet wurde. Um die Qualität zu sichern, wurden innerhalb der Projektstruktur weitere verbindliche Strukturen der Kommunikation geschaffen, wie nachfolgend beschrieben.

Kommunikation und Dokumentation über den Server des Trägers

Für die Dokumentation der Beobachtungen, die Ablage von Teamauswertungen und Protokollen sowie das Bereitstellen von erarbeiteten Materialien für die Praxis oder die konzeptionelle Weiterentwicklung wurde auf dem zentralen Server des Trägers ein Ordner mit Unterordnern eingerichtet. Alle Festangestellten haben einen personalisierten Zugang zum Server und somit die Zugriffsberechtigung für die Ordner erhalten. Der zentrale Unterordner nennt sich „Standorte" – darüber arbeiten bereichsübergreifend vor allem die Fachkräfte von Einrichtungen eines Kiezes, also eines kleinräumlichen Gebiets. Neben der Dokumentation bietet die Serverstruktur die Möglichkeit des Austauschs und der Kenntnisnahme von Prozessen in anderen Einrichtungen, an anderen Standorten oder von den Entwicklungen auf Organisationsebene.

Kommunikation über einen E-Mail-Verteiler

Allen fest angestellten Mitarbeiter*innen steht ein personalisierter E-Mail-Account zur Verfügung. Über diese Kommunikationsform fanden die aktivsten Formen des Austauschs und der Information statt. Für spezielle Gremien wie die Steuerungsrunde, die Standortnetzwerke und die Arbeitsgruppen wurden E-Mail-Verteiler geschaffen. Die Organisation von Terminen fand über zentrale servergestützte Kalender statt. Der Zugang zu einem Rechner wurde (nahezu) verbindlich in jeder Einrichtung ermöglicht.

Kommunikation in Gremien und anderen Treffen

Zur Gewährleistung der Vernetzung der Akteur*innen untereinander sowie der Transparenz der Prozesse und des Austauschs miteinander wurden – neben der beschriebenen Steuerungsrunde, dem Coaching der Prozesskoordination, der Arbeitsgruppe der Multiplikator*innen und der Begleitung der involvierten Teams – ganz unterschiedliche Formen von Treffen und Gremien eingerichtet. Um die Umsetzung der GEBe-Arbeitsweise sicherzustellen, wurden regelmäßige Teamsitzungen in den beteiligten Einrichtungen zu einem Qualitätsstandard, der schon mit Blick auf das Wirkungsziel V (Qualitätsentwicklung) systematisiert etabliert wurde. Ein besonderer Fokus lag auf dem Aufbau und der nachhaltigen Fortführung von Standorttreffen. Dies ist neben der Steuerungsrunde das einzige Format, das zusätzlich zu vorher existierenden Gremien entwickelt wurde und bestehen blieb. Ansonsten wurden bestehende Strukturen wie Leitungs- oder

Fachbereichsrunden im Projekt genutzt. Während der Phase der Projektteilnahme fanden Fachkräftetreffen temporär in unterschiedlicher Form statt.

Dokumentation

Die Dokumentation des Prozesses fand auf mehreren Ebenen statt. Wesentlich ist hierbei, dass in der GEBe-Arbeitsweise selbst die Dokumentation von Beobachtungen der Handlungsweisen und Themen der Adressat*innen eine grundlegende Rolle spielt. Die Dokumentationen wurden einerseits auf einem Server allen beteiligten Fachkräften zur Verfügung gestellt. Andererseits wurden einrichtungsbezogene Dokumentationen in einem analogen Ordner jeweils vor Ort abgelegt, sodass ein kontinuierlicher Zugang und Transfer möglich war. Zu Beginn des ersten Projektjahres hat die Prozesskoordination alle dokumentierten Beobachtungen quantifiziert: In den ersten vier Monaten wurden rund 300 dokumentierte Beobachtungen zu Handlungsweisen und Themen der Adressat*innen in den einzelnen Einrichtungen eingestellt. Im weiteren Verlauf, als der Fokus weniger stark auf der Erprobung und Auseinandersetzung mit dem Arbeitsschritt „Beobachten“ lag, verringerte sich die Zahl und pendelte sich pro Einrichtung monatlich auf zwei bis drei Beobachtungen je Fachkraft ein, was aus der Perspektive der Projektkoordination eine realistische und bearbeitbare Menge darstellt.

Auch die protokollierten Auswertungsgespräche und Begleittermine mit den Multiplikator*innen wurden – digital und analog – dokumentiert. So konnten sowohl Teamentwicklungen als auch Prozesse der Förderung gesellschaftlichen Engagements in ihrem Verlauf sichtbar werden. Ohnehin wurde in allen Gremien verbindlich Protokoll geführt. Die Gesamtdokumentation oblag der Prozesskoordination. Die gesamte Entwicklung wurde in Abständen von maximal drei Monaten in PowerPoint-Präsentationen, beispielsweise in der Steuerungsrunde und anderen Gremien, dargestellt.

Als besondere Form eines wirksamen Mediums haben sich sogenannte Pecha Kuchas bewährt: 20 Bilder zur Darstellung eines Prozesses werden in eine PowerPoint-Präsentation eingefügt; jedes Bild bleibt nur 20 Sekunden sichtbar, sodass eine Präsentationszeit von sechs Minuten und 40 Sekunden (20 Bilder à 20 Sekunden) entsteht, die von den Fachkräften parallel kommentiert wird. Die Pecha Kuchas wurden bei verschiedenen Anlässen eingesetzt, ob bei Abschlussveranstaltungen, Fachtagen oder Auswertungsrunden, etwa mit dem Jugendamt. Sie machen Spaß und verdichten bildhaft in kurzer Zeit zentrale Informationen.

Die Gesamtstruktur des Modellprojekts KoKoDe des Nachbarschaftsheims Schöneberg e. V. wird in Abbildung 1 zusammengefasst.

Abbildung 1: **Struktur, Kommunikation und Unterstützung im Projekt des Nachbarschaftsheims Schöneberg**

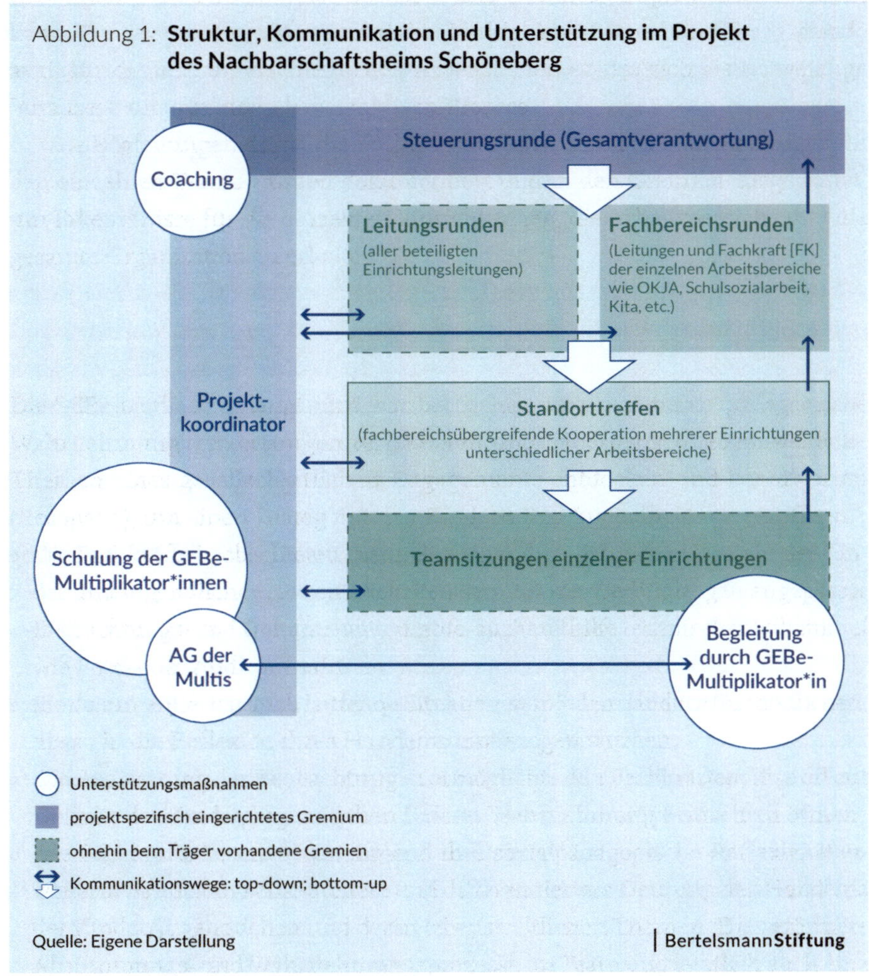

Quelle: Eigene Darstellung | BertelsmannStiftung

6. Welche Erfahrungen wurden mit der Arbeitsweise zur Förderung gesellschaftlichen Engagements (Wirkungsziel I) gesammelt?

Für die Teams bildete das Wirkungsziel I – also das Erproben und Anwenden der GEBe-Arbeitsweise zur Förderung gesellschaftlichen Engagements – zu Beginn die wesentliche Grundlage. Angedockt an die schon vorhandenen Erfahrungen in den Teams, setzten sich die Fachkräfte mit den Methoden der vier GEBe-Arbeitsschritte sowohl inhaltlich als auch organisatorisch auseinander. Methodisch fachlich wurden die Teams, wie beschrieben, von den Multiplikator*innen angeleitet und begleitet.

Die Teams fanden für sich Wege und Lösungen, wie die GEBe-Methode in den jeweiligen Alltag sowie die Einrichtungs- und Handlungsstrukturen integriert werden konnte. In welcher Form die Umsetzung in den Einrichtungen erfolgte, beschlossen die Teams eigenständig. Einerseits kann für die oft spezifischen Arbeitsbedingungen nicht eine einzige, normierte Arbeitsweise diktiert werden. Andererseits stellte diese individuelle Herangehensweise auch eine Herausforderung für die Synchronisation der Projektprozesse dar. Verbindend war in jedem Fall die Berücksichtigung der GEBe-Arbeitsschritte, die ihrerseits klassische Elemente professionellen Handelns darstellen.

Die Bedingungen für die Einführung der Methode waren in den einzelnen Arbeitsbereichen unterschiedlich. Die Offene Kinder- und Jugendarbeit konnte mit der Arbeitsweise auf ein Konzept zurückgreifen, das ursprünglich für dieses Feld erstellt worden war. Die Zielsetzung für dieses Arbeitsfeld lag daher – anders als in den anderen teilnehmenden Feldern – darin, dass bereits während der Erprobungsphase einrichtungsspezifische Lösungen und Anpassungen im Sinne einer Qualitätsentwicklung für den Fachbereich stattfanden. Hier galt es, schon im Laufe des Prozesses erste mögliche Empfehlungen für ein Qualitätskonzept (Wirkungsziel V) abzuleiten. Zu diesem Zweck fanden, neben der Begleitung durch Multiplikator*innen, zwei Fachtage und eine Werkstatt (siehe unten) statt. Zudem wurde mit dem Paritätischen Wohlfahrtsverband Berlin eine Broschüre zu Qualitätsstandards der kooperativen Förderung demokratischen Engagements von Kindern und Jugendlichen in der Kommune entwickelt.

Die anderen Felder standen vor der Herausforderung, zunächst erproben zu müssen, inwiefern die GEBe-Arbeitsweise für sie nutzbar war und gegebenenfalls adaptiert werden musste. Die Teams experimentierten mit der Methode und reflektierten ihre Erfahrungen in den Treffen mit den Multiplikator*innen. Ziel war herauszufinden, welche Spielräume in den einzelnen Feldern für die Anwendung der Arbeitsweise bestehen und wie diese implementiert werden kann. Ein gegenseitiges Verständnis bei Multiplikator*innen und Team, gerade auch für die teils unterschiedlichen Arbeitsfelder, erwies sich als notwendige Voraussetzung für einen konstruktiven Prozess.

Die Begleitungen durch die Multiplikator*innen und die Entwicklungen in den einzelnen Teams wurden dokumentiert und in den Gremien ausgewertet, um Erkenntnisse für die einzelnen Einrichtungen, die Arbeitsbereiche und die gesamte Organisation zu erhalten.

Überblick: Inwieweit wurde die Arbeitsweise zur Förderung gesellschaftlichen Engagements angeeignet (Wirkungsziel I)?

Die GEBe-Methode verlangt zunächst: beobachten, dokumentieren, pädagogische Wahrnehmungsverzerrungen reflektieren und hypothetisch lebensweltliche Themen eines gesellschaftlichen Engagements entdecken und beantworten (Resonanz), um einen Dialog mit den Kindern und Jugendlichen zu eröffnen.

- Die Fachkräfte beobachteten mehr als früher das alltägliche Handeln der Kinder und Jugendlichen. Sie entwickelten den Rahmenbedingungen angepasste Beobachtungs- und Dokumentationsstile, auch mithilfe technischer Hilfsmittel wie Foto- oder Audioaufnahmen.
- Sie dokumentierten auch laufende Situationen mit den Kindern/Jugendlichen, die so in die Reflexion ihres Handelns einbezogen wurden.
- Die Auswertung der Beobachtungen ermöglichte den Fachkräften, ihre oft auf Defizite der Kinder/Jugendlichen fixierte Wahrnehmung kritisch zu öffnen.
- Die Fachkräfte konnten zunehmend ihre sozialpädagogische Reflexivität erweitern. Es entstand eine breitere und differenziertere Deutung des Handelns der Kinder/Jugendlichen und deren lebensweltlichen Themen. Dies eröffnete Abstimmungs- und Wahrnehmungsprozesse im Team und letztlich auch eine konstruktive Irritation eingespielter und selbstreferenzieller Deutungs- und Handlungsroutinen.
- In diesen Reflexionen war die Übung hilfreich, sich immer wieder in die Perspektive der Kinder/Jugendlichen zu versetzen und aus dieser Position zu sprechen und die Auswertung zu kommentieren.

- Damit entwickelte sich methodisch für die Fachkräfte die Möglichkeit, die Themen und Sichtweisen der Kinder/Jugendlichen von den pädagogisch-organisationellen zu unterscheiden. Statt die eigene Perspektive dominant zu setzen, konnten die Themen/Probleme der Fachkräfte in der eigenen Organisationsentwicklung angegangen werden. Das machte frei(er), sich der Umsetzung der Themen von den Adressat*innen zu widmen.
- Die Anwendung der GEBe-Methode führte dazu, dass die Kinder/Jugendlichen mit ihren spezifisch lebensweltlichen Themen wieder verstärkte Aufmerksamkeit erhielten – vor allem in Bezug auf das Reflektieren und Handeln der Fachkräfte.
- So entdeckten die Fachkräfte neue (vorher oft ignorierte) Themen des gesellschaftlichen Engagements der Kinder/Jugendlichen in Bezug auf Einrichtung(en) und Stadtteil.
- Das prinzipielle Vorgehen von Beobachtung, Dokumentation und Auswertung führte dazu, dass die Fachkräfte auch in Situationen mit spontanem Resonanzbedarf offener die Themen der Kinder/Jugendlichen aufgreifen konnten als vorher. Dabei verzichteten sie zunehmend auf intervenierende, interpretierende oder gar sanktionierende Reaktionen, sondern gaben solche Antworten, die zu einem wechselseitigen Dialog aufforderten.
- In den Auswertungen konnten Teams mit vermindertem Handlungsdruck überlegen, wie sie auf das Handeln ihrer Adressat*innen und die darin enthaltenen Gesprächsangebote antworten.
- Die Teams konnten sich somit fachlich entscheiden, welche Medien dazu am besten geeignet waren, weil sie den Handlungsweisen der Adressat*innen entsprachen und mit dem identifizierten gesellschaftlichen Thema kompatibel waren. So konnte präzise begründet und entwickelt werden, welcher Inhalt in welcher Form den Kindern und Jugendlichen als Resonanz angeboten wurde. Damit war es möglich, demokratische Aushandlungsprozesse zur Gestaltung der Inhalte anzustoßen.

Erfahrungen in den einzelnen Arbeitsfeldern in Bezug auf Wirkungsziel I

Nach den allgemeinen Erfahrungen im Projekt KoKoDe geht es im Folgenden um Erkenntnisse hinsichtlich der jeweils beteiligten Arbeitsfelder.

Erfahrungen und Entwicklungen in der Offenen Kinder- und Jugendarbeit
Viele der geschilderten Vorgehensweisen und positiven Erfahrungen haben sich im Arbeitsbereich der Offenen Kinder- und Jugendarbeit mittlerweile als Qualitätsstandards etabliert. Die aktuell zehn NBHS-Einrichtungen der Offenen Kinder- und Jugendarbeit setzen die GEBe-Methode verbindlich um. Die Teams haben eigene Möglichkeiten der Umsetzung entwickelt, die sich jedoch verbindend in ihrer Struktur an den GEBe-Grundschritten orientieren.

Zusammenfassung: Erfahrungen und Entwicklungen in der Offenen Kinder- und Jugendarbeit (OKJA)

- Die Auswertung aktueller Themen der Kinder/Jugendlichen und daraus folgende demokratische Gestaltungsprozesse gesellschaftlichen Engagements wurden als verbindlicher Tagesordnungspunkt in allen trägerinternen Gremien des Arbeitsbereichs aufgenommen.
- An einem gemeinsamen Fachtag einmal jährlich präsentieren die Teams sich gegenseitig eine Auswahl an Prozessen gesellschaftlich-demokratischen Engagements aus ihren Einrichtungen.
- Alle Teams haben für sich eigene Qualitätsverantwortliche benannt, die a) für die Einhaltung der Verfahren und b) für die Verankerung in den Einrichtungskonzepten verantwortlich sind.
- Alle neuen Fachkräfte in der OKJA des NBHS werden einmal jährlich von geschulten Multiplikator*innen in die Methode eingearbeitet.
- Weitere wichtige Aspekte von Partizipation wurden strukturell verankert: Kinder/Jugendliche sollen in den NBHS-Einrichtungen der OKJA verbindlich bei der Einstellung von Personal mitbestimmen. In einigen Einrichtungen wurden zudem erste gute Erfahrungen mit der Beteiligung an der Konzeptentwicklung gemacht (Wirkungsziel III). Ferner werden in allen Einrichtungen über die Nutzung von Whiteboards in den offenen Bereichen die Themen der Kinder/Jugendlichen von ihnen selbst und den Fachkräfte kontinuierlich visualisiert.
- Die GEBe-Arbeitsweise führt dazu, dass Prozesse und Ergebnisse einer Stärkung der Selbst- und Sozialwirksamkeit der jungen Menschen fachlich genau begründet und beschrieben werden können.
- Damit ist auch die Qualität der OKJA als nonformale Bildungspartnerin konkreter und besser nach innen und nach außen beschreibbar geworden. Offene Kinder- und Jugendarbeit kann mithilfe der GEBe-Methode klarer ihre fach-

liche Spezifik, ihre Arbeitsweisen und Erfolge nach außen begründen und legitimieren. Die Arbeitsweise wurde verbindlich in die Zusammenarbeit mit den Jugendämtern in Zielvereinbarungen und Sachberichten sowie in die Wirksamkeitsdialoge aufgenommen.
- Partizipation und die Förderung gesellschaftlichen Engagements konnten sich über das Modellprojekt zum Wesensmerkmal und professionellen Selbstverständnis der Offenen Kinder- und Jugendarbeit des NBHS herausbilden.

Erfahrungen und Entwicklungen in Arbeitsfeldern der Kooperation mit Schule
Die Erfahrungen haben gezeigt, dass in den Feldern Schulsozialarbeit und Ganztagsbetreuung an Oberschulen die Kompatibilität mit der GEBe-Methode groß ist. In der Ganztagsbetreuung an Grundschulen wurde relativ schnell deutlich, dass die Aufträge beziehungsweise Erwartungen an den Arbeitsbereich von Schule, aber auch von Eltern gerade hinsichtlich Betreuung, Hausaufgaben und Essen sehr umfangreich waren, wodurch die Spielräume, nach der GEBe-Methode, also freigestaltend mit den Kindern arbeiten zu können, reduziert sind.

Zusammenfassung: Erfahrungen und Entwicklungen in Schulsozialarbeit und Ganztagsbetreuung

- Da die Fachkräfte über die GEBe-Methode besser als vorher begründen und planen können, wie sie aus sozialpädagogischer Sicht vorgehen wollen, wurde ihre Kommunikation beziehungsweise Kooperation mit Lehrkräften und Eltern verbessert.
- Die teils sehr großen Teams von Hauptamtlichen und Honorarkräften (bis zu 19 Personen in der Ganztagsbetreuung) konnten die GEBe-Methode in Teilteams qualifizierter anwenden als in den Großgruppen.
- Der schulische Rahmen führt zu zeitlich und inhaltlich begrenzten Möglichkeiten, auf die lebensweltlichen Themen der Kinder und Jugendlichen einzugehen. Die Methode hilft jedoch zu zeigen, wie wichtig diese Themen auch im Ganztag sind. Darauf aufbauend konnten die Rahmenbedingungen mit Blick auf die Ermöglichung der Förderung gesellschaftlich-demokratischen Engagements optimiert werden.

Erfahrungen und Entwicklungen in Kita und Familienbildung
Die Arbeitsfelder Kindertagestätten, Familienbildung und Stadtteilarbeit waren aus den oben in der Planung genannten Gründen weniger vertreten als die

bereits beschriebenen Bereiche. Daher werden hier nur einige Entwicklungen beschrieben.

Zusammenfassung: Erfahrungen und Entwicklungen in Kita und Familienbildung

- Die GEBe-Arbeitsweise ist anschlussfähig an fachliche Entwicklungen und methodische Praxis in Kindertagesstätten; das gilt besonders für die Beobachtungspraxis, die Orientierung an Selbstbildung und an den Fachdiskurs zur Partizipation.
- Die Methoden sind auch in der Familien- und Erwachsenenbildung verwendbar. Die grundsätzliche Position der GEBe-Methode, an den lebensweltlichen Handlungsweisen und Themen der Beteiligten anzuknüpfen und sie mit ihnen dialogisch zu entfalten, statt für sie Themen vorweg zu bestimmen, bewährte sich auch in diesem Handlungsfeld.
- Die Kompatibilität erkannten auch andere Kooperationspartner im Projekt – zum Beispiel Seniorenwohnheim, Seniorenfreizeit, Kirchengemeinde, Baugenossenschaft – und übernahmen sie in ihre eigene Arbeitsweise.

Erfahrungen und Entwicklungen mit strukturellen Veränderungen durch die Implementierung der GEBe-Methode

Neben den beschriebenen Erfahrungen in der Anwendung der GEBe-Methode zeigten sich organisatorische Aspekte, die Folgen für die Nutzung der Methode hatten und die übergreifend für alle Arbeitsbereiche beschrieben werden können.

Grundlegende Frage für die erfolgreiche Nutzung der Methode war immer wieder, inwieweit die Fachkräfte und Teams konsequent an den Themen der Zielgruppen ansetzten und arbeiteten oder inwiefern die Förderung gesellschaftlich-demokratischen Engagements (nur) als begrenztes Projekt verstanden wurde, um dann nach Projektende wieder zur Tagesordnung gewohnter Praxis zurückzukehren. Fragt man nach der Qualität der Implementierung der GEBe-Arbeitsweise, muss daher überprüft werden, ob diese Orientierung nachhaltig strukturelle Veränderungen zur Folge hat oder nur temporär verwendet wurde.

Zusammenfassung: Erfahrungen zu strukturellen Veränderungen in den Einrichtungen

- Die Projektarbeit forderte von den Teams, genaue Zeiten für die reflexive und pädagogische GEBe-Arbeit zu definieren. Das führte zu einem bewussteren

Umgang mit zeitlichen Ressourcen und zu präziseren Planungen. Die häufige Abwehr „Dafür haben wir keine Zeit“ wurde verringert.

- Die Implementierung der GEBe-Arbeitsweise fördert eine transparente digitale Kommunikation innerhalb des Trägers. Die Anwendung verlangt, Beobachtungen auch zwischen den kooperierenden Einrichtungen auszutauschen und dabei auf gemeinsame digitale Plattformen zurückzugreifen. Dabei geht es vornehmlich um transparente Kommunikationsstrukturen und inhaltlich definierte und damit abgegrenzte Foren. So müssen Dokumentationen nach Feldern geordnet werden, unterstützende Arbeitsmaterialien auffindbar und ein gegenseitiger Zugriff auf die Ordner der einzelnen Arbeitsfelder möglich sein. Eine solche technisch und inhaltlich geklärte Kommunikationsstruktur unterstützt auch die Dokumentation des gesamten Prozesses, die wiederum bei der Darstellung der Einrichtungen und des Trägers für die Legitimation nach außen ebenso wie für die Einarbeitung neuer Fachkräfte genutzt werden kann.
- Deutlich wurde, dass die Implementierung der GEBe-Arbeitsweise eine Organisationsentwicklung bedingt, die dann gelingen kann, wenn der kontinuierliche Zuspruch und die dauerhafte Unterstützung durch die verantwortlichen Leitungspositionen innerhalb der Organisation gesichert sind.
- Die Implementierung der GEBe-Methode in den unterschiedlichen beteiligten Tätigkeitsbereichen des Trägers erfordert eine kontinuierliche Unterstützung verantwortlicher Positionen. Zeitgleich mit dem Projekt kam es zu einer Umstrukturierung und zu personellen Neubesetzungen von Bereichsleitungen. Das behinderte mitunter, die Bedeutung der Einführung der Methode in den einzelnen Bereichen klar zu vermitteln.
- Deutlich wurde somit, dass der Anspruch der Partizipation von Fachkräften bei der Implementierung der GEBe-Arbeitsweise und der damit zusammenhängenden Organisationsentwicklung dann eingelöst werden kann, wenn die Organisation entsprechende Beteiligungsmöglichkeiten durch klare Kommunikations- und Leitungsstrukturen gewährleistet. Das gelang im Projekt nicht durchgängig.
- Die Beratung einzelner Teams durch trägereigene (Peer-)Multiplikator*innen – die in anderen Einrichtungen selbst als Mitarbeiter*innen die Methode umzusetzen hatten – unterstützte die Implementierung der GEBe-Arbeitsweise.

Um aufzuzeigen, welche strukturellen Rahmenbedingungen für die Einführung von KoKoDe besonders wichtig sind, sollen sie hier im Detail nochmals aufgeschlüsselt werden.

Die Implementierung der GEBe-Arbeitsweise führte zu einem bewussteren Umgang mit zeitlichen Ressourcen
Eine alle Teams verbindende Herausforderung war, sich Zeit für die Umsetzung der GEBe-Methode einzuräumen: Zeit für das Beobachten, Zeit für das Dokumentieren und Zeit für das gemeinsame Auswerten. Und auch die Organisation und Durchführung des dritten und vierten GEBe-Arbeitsschrittes, die klärenden Dialoge und Projekte gesellschaftlich-demokratischen Engagements, brauchen Zeit. In großen Teams bedeutet dies, Dienstpläne in den Blick zu nehmen, Vor- und Nachbereitungszeiten zu definieren und Vertretungen und Absprachen für die Praxis zu treffen. Diese Tätigkeiten führten im Projekt zu einer bewussten Sichtung und Auseinandersetzung sowie zu einem anderen Umgang mit den zeitlichen Ressourcen einzelner Fachkräfte und Teams. Für diesen Umgang entwickelten die Teams eigene Modelle, die ihnen ermöglichten, ihre pädagogischen Kernaufgaben (wieder) anzugehen.

Die Implementierung der GEBe-Arbeitsweise fördert eine transparente digitale Kommunikation innerhalb des Trägers
Für den teamübergreifenden Austausch wurde eine Serverstruktur entwickelt. Allerdings zeigte sich bereits zu Beginn, dass die technischen Voraussetzungen nicht in allen Einrichtungen bereitstanden. Also wurden Zugänge zum Server freigeschaltet oder personalisierte E-Mail-Accounts bereitgestellt. An anderen Stellen verhinderten die eingeschränkten Möglichkeiten die technischen Zugänge, weil die Teams beispielsweise auf die Infrastruktur der kooperierenden Schule angewiesen waren.

Die Kommunikation unterschiedlichster beteiligter Einrichtungen bei einem Träger verlangt im gemeinsamen GEBe-Projekt eine klare, computer- und internetgestützte Infrastruktur. Dabei geht es nicht nur um Hardware und Software, sondern vornehmlich um transparente Kommunikationsstrukturen und inhaltlich definierte und damit abgegrenzte Foren. So müssen Dokumentationen nach Feldern geordnet werden, unterstützende Arbeitsmaterialien auffindbar und ein Zugriff auf die Ordner der einzelnen Arbeitsfelder möglich sein. Eine solche technische und inhaltlich geklärte Kommunikationsstruktur unterstützt auch die Dokumentation des gesamten Prozesses, die wiederum bei der Darstellung der Einrichtungen und des Trägers für die Legitimation nach außen ebenso wie für die Einarbeitung neuer Fachkräfte genutzt werden kann.

Die Implementierung der GEBe-Arbeitsweise erfordert eine kontinuierliche Unterstützung verantwortlicher Positionen

Eine demokratieorientierte Arbeitsweise sollte die Partizipation der Fachkräfte an der Projektgestaltung anstreben. Voraussetzung dafür sind die transparente Darstellung des Prozesses und die Bereitstellung von Beteiligungsmöglichkeiten für Mitarbeiter*innen. Der Versuch, von Beginn an die Einrichtungen, Teams und Fachkräfte an dem Prozess und den Entscheidungen innerhalb des Prozesses zu beteiligen, war eine große Herausforderung, die – so muss im Rückblick gesagt werden – nicht durchgängig gelingen konnte. Hier kamen unterschiedliche Gründe zusammen. Zum einen fanden personelle Veränderungen in der Geschäftsführung statt. Innerhalb der zwei Jahre erweiterte sich die Geschäftsführung von zwei auf drei Personen und das Personal wechselte beispielsweise aufgrund von Elternzeit. Gleichzeitig fanden starke Veränderungen in den Bereichsleitungen statt. Die Bereiche wurden neu zugeschnitten. So erweiterte sich der Bereich der Schulkooperationen von einer auf zwei Personen mit bezirklichen Verantwortlichkeiten. Hier kam es zu einer Neubesetzung und einer Elternzeitvertretung. Auch die Bereiche Kindertagesstätten und Offene Kinder- und Jugendarbeit wurden neu besetzt. Der Wandel fand wesentlich im Herbst 2015 und Frühjahr 2016 statt, als das Modellprojekt gerade gestartet war.

Deutlich wurde, dass die Implementierung der GEBe-Arbeitsweise eine Organisationsentwicklung bedingt, die dann gelingen kann, wenn der kontinuierliche Zuspruch und die dauerhafte Unterstützung durch die verantwortlichen Leitungspositionen innerhalb der Organisation gesichert sind.

Die Partizipation der Fachkräfte bei der Implementierung der GEBe-Arbeitsweise gelingt durch die Gewährleistung klarer Kommunikations- und Leitungsstrukturen

Die starken Veränderungen in der Geschäftsführung und den Bereichsleitungen wirkten sich so aus, dass die notwendige Ansprechbarkeit in den Fachbereichen für die Projektkoordination nicht durchgängig gewährleistet war und somit im Prozess immer wieder neu er- bzw. geklärt werden musste. Die beiden Bereichsleitungen in den Schulkooperationen, aber auch die Bereichsleitung der Kindertagesstätten mussten zunächst die spezifischen Herausforderungen bewältigen, die mit einer solchen Einarbeitung verbunden sind, wodurch das Modellprojekt hintanstehen musste. Dieser Umstand wirkte sich auf die teilnehmenden Einrichtungen aus: Einerseits fehlte es an Orientierung im Prozess durch eine bereichsspezifische Argumentation zum Sinn und Zweck des Projekts; andererseits konnten gelegentlich Entscheidungen über die Bereitstellung benötigter Ressourcen nicht (schnell genug) getroffen werden.

In dieser Situation führten die Begleitung durch die Multiplikator*innen und der strukturelle Support des Projektkoordinators dazu, dass das Projekt und die damit verbundenen Aufgaben von den Teams mitunter als hierarchisch – im Sinne einer Top-down-Strategie – interpretiert wurden. Der fehlende fachspezifische Diskurs zwischen Teams, Einrichtungsleitungen und Bereichsleitungen zur Implementierung der GEBe-Methode kam aus oben genannten Gründen zu kurz und konnte die Beteiligungsmöglichkeiten bei der Organisationsentwicklung nicht durchgängig sicherstellen. Es kam zu Rollenkonfusionen und Irritationen bei einem Teil der Einrichtungen und die Freiwilligkeit der Beteiligung am Entwicklungsprozess wurde zeitweise infrage gestellt, obwohl zu Beginn des Projekts die Bereitschaft aller Teams abgefragt worden war und bestanden hatte. Deutlich wurde somit, dass der Anspruch der Partizipation von Fachkräften bei der Implementierung der GEBe-Arbeitsweise und der damit zusammenhängenden Organisationsentwicklung dann eingelöst werden kann, wenn die Organisation entsprechende Beteiligungsmöglichkeiten durch klare Kommunikations- und Leitungsstrukturen gewährleistet. Im Hinblick auf die Kritik an einer vermeintlichen Top-down-Strategie vereinbarten die Bereiche, dass eine weitere Teilnahme wie auch die Teilnahme neuer Teams nur nach der Bewilligung jeder einzelnen Fachkraft möglich sein sollte.

Multiplikator*innen unterstützen die Implementierung der GEBe-Arbeitsweise

Eine weitere Schwierigkeit, gerade im ersten Projektjahr, lag in der unterschiedlichen Qualität der Begleitung der Teams durch die Multiplikator*innen. Der Ansatz, die Schulung parallel zu den Begleitungen und somit ein gemeinsames Lernen von Multiplikator*innen und Teams zu initiieren, gelang bei der Mehrheit der Teams und wurde meist positiv aufgenommen, da deutlich wurde, dass alle Beteiligten gemeinsam an dem Projekt mitwirkten. In einigen Fällen brachte dieses Vorgehen jedoch auch spezifische Schwierigkeiten mit sich. Teilweise fühlten sich die Multiplikator*innen noch unsicher in der Umsetzung der GEBe-Methode und in den Strukturen des Projekts. Dies war zum Teil dadurch bedingt, dass die Multiplikator*innen Teams aus anderen Fachbereichen begleiteten. Eine solche fachbereichsübergreifende Begleitung war zwar von der Projektkoordination bewusst angestrebt worden, um Synergieeffekte zu ermöglichen, brachte jedoch die zusätzliche Herausforderung mit sich, dass Multiplikator*innen Teams beraten mussten, in deren Fachbereichen sie wenig Erfahrung hatten. Darüber hinaus führte dies dazu, dass die Implementierung der GEBe-Arbeitsweise in einigen wenigen Teams schwieriger war. Für das zweite Prozessjahr und die zweite Generation der Multiplikator*innen wurde daher das Schulungskonzept geändert: Eigene Praxiserfahrungen mit der GEBe-Methode beziehungsweise deren dreimonatige Erprobung wurden als Zugangsvoraussetzungen für die Schulung definiert. Es wurde also deutlich, dass Multiplikator*innen Teams dann wirklich durchgängig erfolgreich beraten konnten, wenn sie schon eigene Erfahrungen mit der Methode sammeln konnten.

7. Welche Erfahrungen wurden mit der sozialräumlichen Vernetzung und Kooperation (Wirkungsziel II) gemacht?

Die Förderung gesellschaftlich-demokratischen Engagements der Kinder und Jugendlichen besonders in ihrem Sozialraum und im Stadtteil war ein weiteres wichtiges Projektziel. Im Verständnis des Projektkonzepts vollzieht sich das gesellschaftlich-demokratische Engagement von Kindern und Jugendlichen in verschiedenen Teil-Gesellschaften und -Öffentlichkeiten. So liegt das Aktionsfeld sowohl in der jeweiligen Einrichtung als auch in dem umgebenden Stadtteil.

Im Folgenden geht es um die Erfahrungen in Bezug auf das zweite Wirkungsziel des Projekts, die sozialräumliche Vernetzung und Kooperation. Dabei wird zunächst chronologisch vom ersten und zweiten Projektjahr berichtet, um anschließend ein Beispiel – das Projekt „Wir und ich im Stadtteil“ – zu skizzieren, das die Potenziale einer solchen sozialräumlichen Vernetzung veranschaulicht.

Erfahrungen im ersten Projektjahr

Im ersten Projektjahr stand zunächst der Aufbau verbindlicher Vernetzungen zwischen den beteiligten Einrichtungen des NBHS und anderen Partnern vor

Ort im Fokus. Dazu wurden verschiedene Maßnahmen eingeleitet, die in den jeweiligen Regionen einen fachübergreifenden Austausch ermöglichten. Bereits der Projektauftakt fand bei einem gemeinsamen Treffen aller Fachkräfte eines Standorts statt. Hier wurden das Projekt sowie dessen Planung und Organisation vom Projektkoordinator vorgestellt. Zudem wurden die Fachkräfte in konzeptionelle Grundlagen und die Arbeitsweise zur Förderung gesellschaftlich-demokratischen Engagements eingeführt. Unterstützt wurde der Koordinator von den jeweils zuständigen Multiplikator*innen.

Zunächst wurde ein Kennenlernen der Akteur*innen untereinander angeregt. Dabei wurde auch deutlich, dass die Vernetzung und die Kooperation sogar innerhalb eines Trägers nicht durchgängig und selbstverständlich waren. Am Ende eines Projektauftakts wurde jeweils das Zusammenfinden von Multiplikator*innen und Teams organisiert. Dabei galt es, Verabredungen für die Begleitung zu treffen und einen ersten Termin zu vereinbaren. Die Auftaktveranstaltungen verliefen sehr unterschiedlich, da es an den Standorten zwischen vier und neun Teams gab und entsprechend zehn bis 40 Fachkräfte.

Parallel zu den Teambegleitungen fanden ab diesem Zeitpunkt alle zwei bis drei Monate verbindliche Standorttreffen mit den Einrichtungsleitungen statt. Mit diesen Treffen wurde ein institutionelles Format etabliert, das über die Projektinhalte hinaus auch der gemeinsamen Planung, Organisation und bewussten Nutzung von Ressourcen innerhalb eines Standortes dient.

Nach rund drei Monaten Projektlaufzeit wurde an jedem Standort mit allen Fachkräften Zwischenbilanz gezogen. Die Beteiligten hatten hier die Gelegenheit, sich über die ersten Erfahrungen mit der GEBe-Arbeitsweise und dem Projekt auszutauschen. Die Einrichtungsleitungen präsentierten Eco Mappings, die sie im Vorfeld erarbeitet hatten und die jeweils Kontakt- und Kommunikationsstrukturen der Vernetzungspartner*innen darstellten.

Am Ende des ersten Projektjahres gab es hinsichtlich der sozialräumlichen Vernetzung an jedem Standort eine Abschlussveranstaltung. Die Teams berichteten dort über ihre Förderung gesellschaftlichen Engagements in der Vernetzung und über die dabei entstehenden Schwierigkeiten. Alle Teams schilderten ihre selbst entwickelten Herangehensweisen und konnten Kritik und Vorschläge äußern.

Zusammenfassung: Erfahrungen der Ausweitung der Kooperation in den Sozialraum im ersten Projektjahr

- Das Kennenlernen der Fachkräfte der einzelnen Einrichtungen untereinander wurde stark positiv bewertet. Das lag auch daran, dass mithilfe der GEBe-Methode konkret an gemeinsamen Sachthemen gearbeitet werden konnte.
- Durch den Austausch über die in den Einrichtungen entdeckten lebensweltlichen Themen der Kinder/Jugendlichen wurde deutlich, dass deren Betroffenheiten weit über die jeweilige Einrichtung hinaus in den Stadtteil reichen.
- Die starke Partizipation der Fachkräfte bei der Entwicklung ihrer jeweiligen Kooperationen zwischen den unterschiedlichsten Handlungsfeldern im Stadtteil unterstützte die Zusammenarbeit.
- Die Einrichtungsleitungen aller Standorte vereinbarten, die sozialräumliche Vernetzung verbindlich und institutionalisiert über die regelmäßig stattfindenden Treffen zu verankern. Die Zusammenarbeit zu Themen der Kinder/Jugendlichen und der Förderung gesellschaftlich-demokratischen Engagements erfolgt mittlerweile überall in bilateralen beziehungsweise kleineren Vernetzungen zwischen zwei, drei, manchmal auch vier Einrichtungen an allen Standorten.
- Es hat sich bewährt, auf der Basis der GEBe-Methode spezifische regionale Besonderheiten zu berücksichtigen und eigenständige Kooperationsweisen zu entwickeln.

Erfahrungen im zweiten Projektjahr

Im zweiten Jahr stand die strukturelle Verankerung der regionalen Kooperationen stark im Mittelpunkt. Weitere Arbeitsfelder wie die Familienbildung oder die Stadtteilarbeit kamen hinzu. Diese neuen Beteiligten bewirkten eine erneute gedankliche Öffnung aller mitwirkenden Fachkräfte für die Umsetzung der GEBe-Methode und den Bezug zu den lebensweltlichen Themen der Kinder und Jugendlichen.

Zur Steuerung der Vernetzung wurden sogenannte Regionale Koordinator*innen benannt. Für jeden Standort erklärten sich jeweils Multiplikator*innen der ersten Generation bereit, diese neue Funktion zu übernehmen. Benedikt Sturzenhecker und der Prozesskoordinator begleiteten die Regionalen Koordinator*innen. Diese agierten in enger Absprache mit den jeweiligen Standortteams. Ziel war, die Vernetzungen so zu gestalten, dass Kooperationen, ausgehend von den Themen der Kinder und Jugendlichen, der Eltern und anderer beteiligter Adressat*innen, entwickelt werden konnten. Dies sollte im Sinne der GEBe-Methode immer so geschehen, dass die jeweiligen Adressat*innengruppen dialogisch unterstützt wurden, ihre eigenen Themen partizipativ und dabei möglichst eigenständig in den Öffentlichkeiten der Stadtteile umzusetzen.

Wie bei der Erprobung der GEBe-Methode sollten auch für die Vernetzung mehrere Herangehensweisen möglich sein und weiterhin an bestehenden Strukturen ansetzen. An zwei der Standorte gelang dies über die Standorttreffen und Kooperationen zwischen einzelnen Einrichtungen. Der dritte Standort organisierte ein sozialräumliches Projekt mit dem Titel „Wir und ich im Stadtteil“. Dieses Projekt nahm die KoKoDe-Idee auf, setzte sie in besonderer Form um und wird daher im Folgenden exemplarisch dargestellt (für genauere Ausführungen zur Umsetzung des Projekts siehe den Beitrag von Nina Vormelchert in diesem Band).

Ein Beispiel: „Wir und ich im Stadtteil“

Das Projekt „Wir und ich im Stadtteil“ fand in zwei Teilen im Herbst 2016 und von März bis Oktober 2017 statt. Die Finanzierung erfolgte über sogenannte Verbundmittel. Seit 2016 wird die Zusammenarbeit von Kinder- und Jugendhilfe und Schule in Steglitz-Zehlendorf flächendeckend in einer Verbundstruktur per Projektmittelfinanzierung umgesetzt. Sie zielt insbesondere auf die stärkere Verzahnung von Offener Kinder- und Jugendarbeit, schulbezogener Jugendsozialarbeit und Schule sowie darüber hinaus auf die Aktivierung aller Ressourcen des Sozialraums zur gemeinsamen Gestaltung der Bildungs- und Lebenswelten vor Ort.

Für die Erprobung von KoKoDe war die Entwicklung in Steglitz-Zehlendorf eine gute Gelegenheit, da neben der konzeptionellen Schnittmenge von Partizipation und sozialräumlicher Vernetzung durch eine Finanzierung strukturelle Substanz vorhanden war. Zudem konnte durch die Anbindung an die bezirkliche Struktur ein kritischer Blick von außen auf die Entwicklungen im NBHS geworfen werden. Zusätzlich unterstützte diese Verzahnung den Transfer in den bezirklichen und mittelbar in den Berliner Fachdiskurs. KoKoDe und die NBHS-Initiative trafen also auf schon vorhandene Bestrebungen des Bezirks, eine stärkere Kooperation zwischen den unterschiedlichen Einrichtungen lokal zu fördern. Die GEBe-Arbeitsweise konnte dafür sehr konkrete Methoden und Vernetzungsweisen anbieten. Was vorher bezirklich oft im Stadium der Forderung verblieben war, konnte nun Praxis werden.

Zu den Ausführungen von Nina Vormelchert in diesem Buch sei hier ergänzt, dass die Vernetzung gerade im zweiten Teil erweitert wurde durch Partner*innen anderer Organisationen und Professionen wie ein Seniorenwohnheim oder eine Baugenossenschaft, aber auch aus dem konfessionellen Bereich durch eine Kirchengemeinde. Bemerkenswert ist, dass alle neun beteiligten Institutionen (die teils zum Träger NBHS gehören, teils aber auch nicht) sich bereit erklärten, die GEBe-Methode experimentierend in Begleitung von Multiplikator*innen anzuwenden, um das Engagement ihrer jeweiligen Zielgruppe zu fördern. Die wesentliche Grundlage dieser Bereitschaft war ein schon bestehendes, vertrauensvoll miteinander arbeitendes Netzwerk, das einen konkreten Anlass für die Kooperation hatte: die Organisation eines gemeinsamen Straßenfests.

Zusammenfassung: Ausweitung der Kooperationen im Stadtteil im zweiten Projektjahr

- Als zentrale Erkenntnis fassten die beteiligten Partner*innen zusammen: Die Arbeitsweise war für alle anwendbar und half, die Themen und Interessen der Bürger*innen wahrzunehmen und deren Engagement zu fördern. Für das Gelingen einer sozialräumlichen Vernetzung und Kooperation sei a) das Engagement der einzelnen Fachkräfte und Einrichtungen wesentlich und b) die Unterstützung durch eine koordinierende Person beziehungsweise Stelle.
- Die positiven Erfahrungsberichte der verschiedenen Beteiligten wirkten motivierend für andere Regionen und Verbünde. Auch dort entstand Interesse an der Arbeitsweise.

8. Was ist zusammenfassend aus dem Modellprojekt KoKoDe zu lernen?

Abschließend seien die wichtigsten Erkenntnisse und Entwicklungen des KoKoDe-Projekts mit Blick auf die unterschiedlichen Kontexte zusammengefasst.

Qualitätsentwicklung der GEBe-Arbeitsweise durch KoKoDe, auch in der sozialräumlichen Vernetzung

Eine wesentliche Erkenntnis des Projekts ist, dass sich die GEBe-Arbeitsweise grundsätzlich auf andere Felder der Sozialpädagogik und Zivilgesellschaft übertragen lässt und auch auf andere (ältere) Adressat*innengruppen und ihre gesellschaftlichen Themen bezogen werden kann. Dazu muss jedoch der spezifische Rahmen der anderen Felder bei der Adaption der Methode beachtet werden. Dies gelingt dort, wo die Fachkräfte mit ihren Erfahrungen und ihrem Fachwissen konsequent an der Entwicklung beteiligt werden. Daher hat sich auch die Arbeit mit trägerinternen Multiplikator*innen bewährt, die die Implementierung der Arbeitsweise maßgeblich fördern, wenn sie selbst bereits Erfahrungen mit der Methode haben. Die Partizipation der Fachkräfte gelingt, wo Kommunikations- und Leitungsstrukturen klar und transparent sind.

Gleiches gilt für die sozialräumliche Vernetzung. Auch hier wirken die Partizipation der Fachkräfte und eine Projekttransparenz förderlich. Die Vernetzungen müssen, so die Erfahrung, für jeden Standort entwickelt werden, um die Besonderheiten einer Region zu berücksichtigen. Daran können die Fachkräfte mit ihrem Wissen und ihrer Kenntnis des Standorts intensiv mitwirken.

Qualitätsentwicklung durch KoKoDe in Bezug auf das professionell-pädagogische Handeln

Die beteiligten Fachkräfte nutzen die GEBe-Arbeitsweise heute regelmäßig und bringen die gesellschaftlichen Themen der Kinder und Jugendlichen in die sozialräumliche Vernetzung ein – womit Wirkungsziel I und II erreicht wurden. Im Projekt konnten sie erfahren, dass die Themen von Kids nicht nur in der jeweiligen Einrichtung von Bedeutung sind, sondern gesellschaftliche Relevanz für den Stadtteil haben. Durch die Erprobung der Methode haben die Fachkräfte gelernt, ihren vorher oft defizitorientierten Blick auf ihre Adressat*innen selbstkritisch wahrzunehmen und stattdessen die Potenziale und Anliegen in deren Artikulationsweisen zu erkennen. Insgesamt scheint das Projekt bei vielen der Fachkräfte zu einer größeren sozialpädagogischen Reflexivität und zu einer neuen pädagogischen Haltung geführt zu haben. Dies gelang vor allem dort, wo in Teamarbeit multiperspektivische Auswertungen der Dokumentationen unternommen und dafür strukturell Formate der Beratung geschaffen wurden. In vielen Teams wurde die GEBe-Arbeitsweise strukturell als Prinzip und Methode verankert. Die Aneignung einer neuen pädagogischen Haltung eröffnete einigen Einrichtungen, auch mutigere Wege der Partizipation zu beschreiten und diese strukturell etwa in Einstellungsverfahren pädagogischen Personals zu verankern.

Organisations- und Kooperationsentwicklung durch KoKoDe

Die Steigerung der sozialpädagogischen Reflexivität ist auch für die Organisationsentwicklung von Bedeutung, da sie sich auf unterschiedliche Aspekte professionellen Handelns in sozialpädagogischen Organisationen bezieht. So folgten aus der größeren Reflexivität die bewusstere Wahrnehmung von zeitlichen Ressourcen und ein bewussterer Umgang damit. Durch die Auseinandersetzung mit den Beteiligungsmöglichkeiten der Adressat*innen traten auch die Anliegen und Themen der Fachkräfte innerhalb des Trägers hervor. Im Projekt konnten diese von Verantwortlichen aufgegriffen und für die Organisationsentwicklung konstruktiv genutzt werden. So führte die Implementierung der GEBe-Methode teilweise auch zu einer positiven Veränderung der Rahmenbedingungen für das pädagogische Handeln innerhalb der Organisation. Dies gelang vor allem dort, wo die Beteiligung der Fachkräfte ausdrücklich gefordert und ermöglicht wurde und die GEBe-Arbeitsweise eine transparente (auch digitale) Kommunikation innerhalb des Trägers gefördert hatte. Die Fachkräfte in einer solchen Organisationsentwicklung zu beteiligen erfordert jedoch auch – so die Erkenntnis im Projekt – eine kontinuierliche Koordination und Begleitung durch verantwortliche Personen in der Organisation.

Besondere Bedeutung hatte die Implementierung der GEBe-Methode für das Arbeitsfeld der Offenen Kinder- und Jugendarbeit: Deren Qualität wurde beschreibbar, wodurch sie ihre Tätigkeiten in der Kooperation gegenüber anderen Akteur*innen deutlicher begründen und selbstbewusst darstellen konnte. Solche Erfahrungen wurden auch schon in der Evaluation des GEBe-Modellprojekts berichtet – in der sozialräumlichen Vernetzung bei KoKoDe wurde dies aber auch für andere Felder, wie die Schulsozialarbeit und die Ganztagsbetreuung, sichtbar. In Zeiten fehlender Anerkennung der sozialpädagogischen Profession ist dies eine wichtige Erfahrung.

Auch hinsichtlich der sozialräumlichen Vernetzung und Kooperation zeigt sich der Mehrwert der GEBe-Arbeitsweise. Sie verdeutlicht durch die Erläuterung von Themen der Adressat*innen im Stadtteil das gemeinsame Anliegen und Ziel der Kooperationspartner*innen. Deutlich ist aber auch hier, dass für eine solche sozialräumliche Vernetzung eine kontinuierliche und personell gesicherte Koordination benötigt wird.

Entwicklung des gesellschaftlich-demokratischen Engagements im Stadtteil

Das Modellprojekt KoKoDe hat die Entwicklung gesellschaftlich-demokratischen Engagements in den beteiligten Stadtteilen bedeutend gefördert. Es sind nicht nur neue Vernetzungen und Kooperationen unterschiedlichster Akteur*innen des Sozialraums entstanden, sondern diese nehmen sich die gesellschaftlichen Themen ihrer Adressat*innen zum gemeinsamen Ausgangspunkt. Damit sind diese Anliegen auch sinnstiftend für die Vernetzung und Kooperation. Wo Kooperationen vorher ins Leere liefen, weil ihnen ein gemeinsamer Anlass für die Zusammenarbeit fehlte, haben sie jetzt Themen, denen sie sich gemeinsam widmen können.

Wichtig für eine nachhaltige Entwicklung gesellschaftlich-demokratischen Engagements im Stadtteil ist auch die Verstetigung der im Modell entwickelten Arbeitsweisen. So wirken, wie oben beschrieben, die Erfolge bereits in andere Vernetzungen der Stadtteile; die GEBe-Methode wird in kommunale Gremien (zum Beispiel nach § 78 SGB VIII) transferiert und Träger treffen schriftliche Vereinbarungen zur Förderung gesellschaftlichen Engagements mit den Jugendämtern. Dies sind deutliche Zeichen dafür, dass die GEBe-Arbeitsweise und ihre Umsetzung in der sozialräumlichen Vernetzung als sinnhaft anerkannt werden und unterschiedlichste Akteure in den beteiligten Stadtteilen eine dauerhafte Verankerung über das Modellprojekt hinaus anstreben.

„Wir und ich im Stadtteil" – Umsetzung des KoKoDe-Projekts in Steglitz-Nord

Nina Vormelchert

Die Idee, gesellschaftlich-demokratisches Engagement bei Kindern und Jugendlichen zu fördern, wurde bereits 2015/16 in den Einrichtungen des Nachbarschaftsheims Schöneberg mit der GEBe-Methode umgesetzt. Im Folgeprojekt ging es darum, nicht nur in den einzelnen Einrichtungen GEBe zu praktizieren, sondern in Kooperation mit anderen Organisationen der Kinder- und Jugendhilfe (besonders des Trägers Nachbarschaftsheim Schöneberg e. V.) die Themen der Kinder und Jugendlichen in lokale Öffentlichkeiten zu bringen.

Am Standort Steglitz-Nord des Nachbarschaftsheims Schöneberg e. V. (im Folgenden: Nachbarschaftsheim) hatten sich die Vertreter*innen unterschiedlicher Einrichtungen der Kinder- und Jugendhilfe des Trägers – Kita, Ganztagsbetreuung in der Grundschule, Schulsozialarbeit der Grundschule, Offene Kinder- und Jugendarbeit – bereits informell in regelmäßigen Abständen getroffen. Hier wurde die Idee, demokratisches Engagement in Kooperation und Vernetzung gemeinsam zu stärken, von allen getragen. Ein guter Ansatzpunkt war, dass die Kita mit der Ganztagsbetreuung zum Thema „Übergänge" bereits vernetzende Ansätze entwickelte. Positiv war zudem, dass die Projekte finanziell gefördert werden konnten. Der Bezirk stellte Mittel zur Verfügung mit dem Auftrag, Jugendhilfe und Schule in Kooperation zu bringen. Damit gab es die Möglichkeit, für die einzelnen Projekte bis zu 300 Euro zur Verfügung zu stellen – insgesamt 1.500 Euro, die jedoch nur teilweise abgerufen wurden.

Vor diesem Hintergrund wurde das erste gemeinsame Pilotprojekt geschaffen: „Wir und ich im Stadtteil" lief von September bis Dezember 2016. Die einzelnen Projekte wurden der GEBe-Methode entsprechend ausschließlich von den Themen der Kinder und Jugendlichen ausgehend entwickelt.

Um den Prozess zu koordinieren, hatte sich ein Team mit drei Personen am Standort Steglitz-Nord gebildet, das die Netzwerktreffen jeweils plante, vorbereitete und durchführte. Das Team bestand aus dem Koordinator für gesellschaftlich-demokratisches Engagement im Nachbarschaftsheim, dem stellvertretenden Leiter des Ganztags an der Sachsenwald-Grundschule und der Autorin dieses Beitrags als Koordinatorin der Offenen Kinder- und Jugendarbeit im Jugend- und Familienzentrum JeverNeun. Eine Komponente, die unser Team zusammengebracht hatte, waren Erfahrungen mit dem GEBe-Konzept in der eigenen Arbeit und mit den Versuchen, die Arbeitsweisen und Methoden in das eigene Team zu implementieren. Denn das waren die Lernschritte der Multiplikator*innenschulung zu GEBe und KoKoDe im Nachbarschaftsheim Schöneberg, an der das Team parallel teilnahm.

Gemeinsame Projekte entwickeln

Dem KoKoDe-Ansatz entsprechend beabsichtigten wir, alle Einrichtungen der Kinder- und Jugendhilfe des Nachbarschaftsheims am Standort stärker zu vernetzen und Kooperationen an den Themen der Kinder und Jugendlichen in unseren Einrichtungen zu orientieren. Um diese Arbeit zu initiieren, wurden die Einrichtungen zu einem ersten Treffen eingeladen. Aus jedem Team sollten die interessierten Mitarbeiter*innen freiwillig teilnehmen können. Die sich dann anschließenden Arbeitsschritte – die unten ausgeführt werden – hier zunächst im Überblick:

1. Kinder und Jugendliche im Alltag beobachten und Beobachtungen verschriftlichen
2. Beobachtungsgeschichten gemeinsam auswerten und Themen der Kinder/Jugendlichen entdecken
3. Durch Rollenspiele eng an den Sprechweisen und Themen der Kinder/Jugendlichen bleiben
4. Entdeckte Themen in der Sprache der Kinder/Jugendlichen formulieren
5. Themen gemeinsam deuten, Defizitorientierung vermeiden und Interessen der Kinder/Jugendlichen hypothetisch herausarbeiten
6. Gemeinsamkeiten der Themen zwischen Zielgruppen der Einrichtungen erkennen und solche Themen priorisieren
7. Sich zu kleinen Kooperationsteams (mindestens zwei Einrichtungen) zusammentun und Themen weiterbearbeiten
8. Resonanzen zu den einzelnen Themen für die Kinder/Jugendlichen vorbereiten und mit ihnen in den Dialog kommen

9. Wenn die Kinder/Jugendlichen das Thema bestätigen, bringen sie es in die Öffentlichkeit der Einrichtung beziehungsweise im kommunalen Stadtteil.

Die pädagogischen Fachkräfte, die am Netzwerktreffen teilnahmen, waren im *1. Schritt* gebeten worden, Geschichten und Beobachtungen aus ihrem Alltag mitzubringen, die sie entsprechend der GEBe-Methode erhoben hatten. Wir erzählten uns die verschiedenen Beobachtungsgeschichten und versuchten im *2. Schritt* herauszufinden, welche Themen der Kinder und Jugendlichen im Kern der Beobachtungen zu entdecken waren. In den ersten GEBe-Versuchen hatten viele bereits die Erfahrung gemacht, dass eine solche Klärung von Themen oft zu ganz allgemeinen fachlichen Oberthemen führte (Sexualität, Identitätsentwicklung, Freundschaft usw.). Damit bestand aber die Gefahr, sich zu weit von den tatsächlichen Motiven und Interessen der Kinder und Jugendlichen zu entfernen. Es galt also, einen Weg zu finden, die Themenstellung zu analysieren und gleichzeitig eng an den Formulierungen und Motivationskernen der Kinder und Jugendlichen zu bleiben.

Als *3. Schritt* schlugen wir daher vor, dass die Fachkräfte in einer Art Rollenspiel die Perspektive der Kinder und Jugendlichen einnehmen sollten. Aus dieser Rolle heraus sollten sie die Themen kommentieren und in der Sprache der jungen Menschen bleiben. Entgegen unserer Befürchtung, dass sie Rollenspielelemente ablehnen würden, ließen sich alle sehr gut auf die Methode ein. Die Perspektive der Kinder und Jugendlichen blieb präsent und spiegelte sich auch in jugendadäquaten Begriffen.

Im *4. Schritt* wurden wichtige Merkmale aus den Erzählungen der Alltagsbeobachtungen für alle Teilnehmer*innen visualisiert. Die Fachkräfte versuchten, jeweils das Thema in der Sprache der Kids auf den Punkt zu bringen. Folgende Beispiele verdeutlichen den Perspektivwechsel der Fachkräfte zu den Kindern und Jugendlichen: „Ich brauch‘ noch mehr und andere Jugendliche!“, „Sich schön anziehen!“, „Ich organisiere gerne!“, „Der Platz zum Bauen reicht nicht!“, „Nur reden ist langweilig!“, „Wir wollen Geld verdienen!“.

Im *5. Schritt* kam es zu einer genaueren Deutung der eigentlichen Themen, die sich hinter den Beobachtungen verbargen. So verdichteten die Fachkräfte aus Sicht der Kids eine Beobachtung in der Aussage: „Nur reden ist langweilig“. In der ursprünglich eingebrachten Beobachtungsgeschichte beschrieben die Fachkräfte jedoch hauptsächlich, dass die Kinder sich durch permanentes

Fehlverhalten im Klassenrat stören würden. Die rollenspielerische Identifikation mit den Kindern und Jugendlichen führte dazu, dass wir uns als Fachkräfte nicht auf die Störung fokussierten, sondern erkannten, was deren potenzielle Ursache war. Es ging nicht um Störung – sondern die Kids machten Lärm, um auf ihr Problem mit dem „nur reden" aufmerksam zu machen. Auf diese Weise war es uns möglich, nicht nur näher an die Kinder und Jugendlichen mit den ihnen wichtigen Themen heranzukommen, sondern auch zu vermeiden, sie zu diagnostizieren beziehungsweise mit einem Defizitblick zu analysieren. Die einzelnen Beobachtungen wurden diskutiert und wir fassten die nach unserer Deutung als wichtig erkannten Themen zusammen: eigene Welten und Bauten konstruieren, Platzmangel beim Bauen (mit Lego und Kaplasteinen), Party feiern, Mitbestimmen und Klassenrat, zeigen, was wir können, Singen und Tanzen.

Diese Reihenfolge war dann auch unsere Priorisierung (*Schritt 6*). Manche der Themen zeigten sich in mehreren Einrichtungen (zum Beispiel „Konstruieren und Bauen" in Kita und Grundschule), andere bezogen sich eher auf Kinder und Jugendliche in einzelnen Einrichtungen („Party machen" nur im Jugendhaus).

Um nicht, wie vorher üblich, allein in der eigenen Einrichtung solche Themen ins Gespräch mit den Kids zu bringen, sondern einrichtungsübergreifend Kinder und Jugendliche in öffentlichkeitswirksame Projekte bringen zu können, hatten wir als *7. Schritt* eine Bedingung gesetzt: Mindestens zwei Fachkräfte aus unterschiedlichen Arbeitsbereichen sollten an einem Thema weiterarbeiten, damit tatsächlich über die Vernetzung hinaus konkrete Kooperationen stattfinden konnten. Die Fachkräfte haben sich dann für ein aus ihrer Sicht besonders relevantes und gemeinsames Thema ihrer Zielgruppe entschieden. Dadurch kamen Fachkräfte und Einrichtungen zusammen, die im Alltag zuvor für sich allein mit ähnlichen oder identischen Themen gearbeitet hatten.

Die nächste Aufgabe (*Schritt 8*) für die Teilnehmer*innen war, entsprechend der GEBe-Methode Resonanzen zu entwerfen, also den Kids eine Antwort auf das entdeckte Thema zu geben. Eine Themenstellung kann laut GEBe nur realisiert werden, wenn sie mit den Kindern und Jugendlichen ausgehandelt und von ihnen geteilt wird. Im letzten *Schritt (9)* ging es darum, für die im Dialog präzisierten Themen Arbeitsansätze zu finden und mit den Kids geeignete Projektschritte zu entwerfen, umzusetzen und diese öffentlich sichtbar werden zu lassen.

Vier Miniprojekte

Das *Klassenratsprojekt* ergab sich aufgrund einer Beobachtung in der Schulsozialarbeit an einer Grundschule (Klasse 1 bis 6), bei der es nach erstem Anschein um das Thema „Mobbing" ging. Bei der gemeinsamen Deutungsarbeit fiel auf, dass die Kinder, die in der Beobachtungsgeschichte scheinbar mobbten, auch den Klassenrat ablehnten. Es schien für die Schulsozialarbeit und auch die Lehrkräfte sehr schwierig, mit diesen Kindern beziehungsweise der Klasse zu arbeiten. Wir entdeckten in unserer hypothetischen Analyse hinter der Ablehnung des Klassenrates und dem Mobbing ein Thema, bei dem es um Unzufriedenheit der Jungen mit den bisherigen Formen der Mitbestimmung ging.

Um das Thema mit den Betroffenen in den Dialog zu bringen, nahmen sich die Fachkräfte vor, dreizügig zu verfahren: Zunächst sollte mit den Klassensprecher*innen der Schule besprochen werden, ob der Klassenrat aus ihrer Sicht ein gutes Instrument sei; und sie sollten gefragt werden, ob sie sich daran beteiligen wollten, die Kritik an den üblichen Formen der Mitbestimmung gemeinsam zu erforschen. Ein Kollege zeigte den Jungen, die mobbten, ein Bild des amerikanischen Präsidenten Trump und ging mit ihnen in den Dialog, um zu überprüfen, ob Mitbestimmung ihr Thema war. Er führte ihnen provokativ einen autoritären Oberbestimmer vor, um im Gespräch darüber zu hören, ob sie wirklich gegen Beteiligung waren und um was es ihnen genau ging. Am Beispiel Trump thematisierten die Jungen das Problem autoritärer Herrschaft und kamen dadurch auf das Gegenbild einer gemeinsamen, demokratischen Mitbestimmung.

Aus dieser Diskussion mit den (vorher als Mobber beschriebenen) Kindern im offenen Bereich des Jugendhauses entstand die Idee, auch die anderen Kinder, die in diese Klasse gehen, zu befragen, welche Form der Mitbestimmung sie sinnvoll und wirksam finden. In diesem Schritt der Resonanz und der gemeinsamen Diskussion wandelten sich die Kinder von Unzufriedenen zu konstruktiven Gestaltern der Mitbestimmung. Sie beachteten nicht nur ihre eigene Unzufriedenheit, sondern begannen, auch die anderen Kinder einzubeziehen. Damit wurde eine Perspektive auf die Schule als Gemeinwesen eröffnet. Die Fachkräfte begleiteten diesen konstruktiven Prozess in weiterer Kooperation.

Eine andere kooperative Gruppe von Fachkräften (*Baugruppe 1*) wählte das Thema „Konstruieren und Erhalten". Es entstand aus der Beobachtung des Alltags. Die Kinder beschwerten sich oft darüber, dass sie zum Wochenende ihre

Konstruktionen aus Lego und Kaplabausteinen abbauen mussten. Zudem wurde ein schön gebautes Modell in den Herbstferien von Unbekannten zerstört. Die Fachkräfte kannten schon aus vorangegangenen Gesprächen diese Kritik der Kinder und übersprangen den Dialog, indem sie den Kids eine Vitrine als Ausstellungsfläche für die Bauwerke besorgten. Außerdem ermöglichten sie ihnen, Fotos von den Bauwerken zu machen und diese öffentlich auszustellen (siehe Abbildung 1). So entstanden sehr viele digitale Fotos, und gemeinsam wurde überlegt, wie diese präsentiert werden könnten. Mit den Projektgeldern wurde ein digitaler Bilderrahmen gekauft, der im Chillbereich der Ganztagsschule installiert wurde. Die Kinder konnten dort nun ihre Fotos der eigenen Bauwerke präsentieren.

Abbildung 1: **Bauprojekt 1**

Quelle: Weinstein

Eine andere Gruppe (*Baugruppe 2*) entdeckte, dass das Konstruieren und Bauen sowohl in der Kita als auch in der Grundschule ein wichtiges Interessenfeld der Kinder war (siehe Abbildung 2). Die Ganztagsbetreuung in der Grundschule bietet regelmäßig Nachmittagsangebote, die sie Werkstätten nennt. Um den

Kita-Kindern auch mithilfe des Themas „Konstruieren und Bauen“ einen Übergang in die Grundschule zu ermöglichen, sollten sie in die Werkstätten eingeladen werden. Dieser Plan wurde allerdings nicht umgesetzt, denn die Rahmenbedingungen der einzelnen Einrichtungen – Schulzeiten, Schlafenszeiten in der Kita, Essenszeiten usw. – machen es schwer, gemeinsame Zeiten und Handlungsräume zu finden. Hier zeigt sich eine schon allein organisatorische Schwierigkeit der Kooperation von Einrichtungen, die gewohnt sind, lediglich ihre Voraussetzungen zu beachten, und es entsprechend kompliziert finden, andere Bedingungen zu berücksichtigen. Manche Projekte scheiterten also, weil die Fachkräfte aus verschiedenen Gründen nicht an den Themen und Interessen der Kinder und Jugendlichen dranblieben.

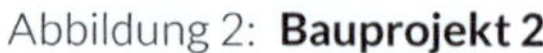

Abbildung 2: **Bauprojekt 2**

Quelle: Weinstein

Das von den Fachkräften priorisierte *Partyprojekt* entstand aus dem Entdecken der jugendlichen Themen „Geld verdienen“ und „gerne organisieren“. Hier waren zwei Kooperationspartner beteiligt: die Offene Kinder- und Jugendarbeit des Jugendhauses JeverNeun und die Ganztagsbetreuung der Sachsenwald

Grundschule. Als Resonanz sind die Kolleg*innen mit den Jugendlichen ihrer Einrichtungen in den Dialog gegangen, um zu klären, ob „Party organisieren" und damit auch „Geld verdienen" tatsächlich ihr Thema war – was klar bestätigt wurde. Für das Projekt standen 300 Euro zur Verfügung, die vom Jugendhaus bereitgestellt wurden.

Für das Geld kauften die beteiligten Kinder und Jugendlichen Mikrofone, mit denen sie auf der Party selbst singen und rappen konnten. Darüber hinaus wollten sie mit der Party Geld verdienen und haben das getan, indem sie dort Pommes frites verkauften. Bei den Vorbereitungen wurde allerdings deutlich, dass es nicht nur um Geld ging, sondern vor allem auch darum, sich bei der Party mit eigenen Tanz- und Singfähigkeiten zu präsentieren. Den Kids war es also wichtiger, eine Talentshow zu entwickeln – die dann auch umgesetzt wurde. Hier zeigt sich erneut, dass eine Prozessorientierung besonders wichtig ist: Selbst wenn ein Thema erkannt und von den Kindern und Jugendlichen bestätigt worden ist, zeigen sich im Prozess der Arbeit neue Themen, die sich entwickelt oder hinter dem zunächst genannten Thema gelegen haben.

Für jedes Projekt standen 300 Euro zur Verfügung. In den sonst üblichen Projekten sind es meist die pädagogischen Fachkräfte, die darüber entscheiden, wofür Geld ausgegeben wird. Hier aber haben die Kinder und Jugendlichen entschieden, wie das Geld für ihr Projekt verwendet werden sollte. Die Anträge für eine Finanzierung werden häufig von Fachkräften geschrieben und gestellt – das ist keine kindgerechte Beteiligungsform. Daher wollten wir, dass die Kinder sich Gedanken machen, was sie für ihren Prozess benötigten, und auch selbst abschätzen beziehungsweise recherchieren sollten, welche Kosten entstehen. Ziel war, sie einerseits weitestgehend zu Mithandelnden zu machen beziehungsweise ihnen das eigenständige Handeln und die Mitverantwortung nicht abzunehmen, sie andererseits aber doch wo nötig zu unterstützen. Allerdings war nicht in allen Projekten so viel Geld notwendig und es wurde nicht die gesamte zur Verfügung stehende Summe abgerufen. Fachkräfte glauben oft, dass Projekte nur funktionieren können, wenn viel Geld zur Verfügung steht, doch hier zeigt sich, dass Geld zwar fast immer notwendige, aber keine hinreichende Bedingung für mögliches Projekthandeln ist.

Von den Kooperationsprojekten in den Einrichtungen hinaus in die Öffentlichkeit

Als Koordinator*innen-Team haben wir den mitwirkenden pädagogischen Fachkräften einen Überblick über den gesamten zeitlichen und inhaltlichen Projektrahmen gegeben. Um uns weiter über den Fortgang der Kooperation auszutauschen, war noch ein weiteres Vernetzungstreffen mit allen Teilnehmer*innen vorgesehen, aber gleichzeitig auch ein Treffen der einzelnen Projektgruppen. Einerseits wollten wir Kooperationen durch die Zusammenwirkung in den einzelnen Projekten erreichen, andererseits aber auch einen Schritt in die kommunale Öffentlichkeit über die Einrichtungen hinaus wagen. Wir suchten nach einer Möglichkeit, alle Projekte der Kinder und Jugendlichen im Stadtteil sichtbar zu machen. Als Abschluss des gesamten Projektprozesses entschieden wir uns zunächst für eine Werkschau, bei der alle Beteiligten ihren Prozess und ihre Ergebnisse anderen Bürger*innen des Stadtteils präsentieren und mit ihnen diskutieren konnten. Diesen Teil – Öffentlichkeit herzustellen – haben wir beim zweiten Treffen konkret geplant.

Um die Kommunikation zwischen den präsentierenden Kindern und Jugendlichen und anderen Menschen im Stadtteil zu ermöglichen, galt es, einen methodischen Rahmen zu schaffen, der sicherstellte, dass die Kids Resonanzen von Bürger*innen aus dem Stadtteil erfahren konnten. Es ging darum, die interessierten Menschen zu ermutigen, den Kindern und Jugendlichen Rückmeldungen zu ihren Projekten zu geben und mit ihnen darüber in Austausch zu kommen. Besonders wichtig war uns, dass die Kids ein Feedback im Hinblick auf ihre Selbstwirksamkeitserwartungen bekommen konnten. Sie sollten beispielsweise folgende Erfahrung machen können: „Ach, ... so sehen mich die anderen, das haben sie über mich und unser Projekt verstanden“; „Ich werde hier respektiert und kann mich einbringen“.

Das war unsere prinzipielle Intention. Wir starteten aber mit einem kleinen Schritt, in dem zunächst die bisherigen Ergebnisse der Einzelprojekte in einer Werkschau einer ausgewählten Öffentlichkeit präsentiert wurden. Die Fachkräfte mussten dafür in ihren Teilprojekten mit den Kindern und Jugendlichen besprechen und planen, entscheiden und vorbereiten, wie diese ihre Projekte in der Werkschau zeigen wollten. Die Kids sollten entscheiden, wer zu der Schau eingeladen wurde. Dazu gehörten Eltern, Lehrer*innen, auch die Schulleitung,

Erzieher*innen und andere Fachkräfte aus den Jugendeinrichtungen sowie weitere Kinder und Jugendliche.

Die Vorbereitung der Werkschau orientierte sich ebenfalls am GEBe-Kreislauf. Dabei wurden immer wieder Fragen gestellt: Was ist vom letzten Mal bis heute passiert? Was wurde bei den Kindern und Jugendlichen wahrgenommen? Ist das Thema bei ihnen noch aktuell? Gibt es neue Themen? Wenn ja, welche? Wie geht es weiter? Was sind die nächsten Schritte? Welche Resonanzen/Vorhaben werden geplant? Wie und wo können die Kinder ihre Themen sichtbar machen?

Besonders wichtig war es, mit den Kindern und Jugendlichen zu planen, wie sie sich im großen Saal des Jugendhauses mit ihren Projekten präsentieren wollten. Sie konnten den Saal vor der Präsentation besichtigen, sich damit vertraut machen und für sich eine geeignete Ecke auswählen, wo sie ihre Themen und Werke sichtbar machen wollten. Die Kids sollten letztlich selbst darüber entscheiden, welche Öffentlichkeit und welche Orte sie wählen und wie sie ihre Themen präsentieren wollten.

Eine öffentliche Präsentation wie die geplante Werkschau erzeugt bei den Fachkräften häufig den Druck, gute Ergebnisse präsentieren zu wollen. Das verführt dann dazu, alles selbst in die Hand zu nehmen. Wir wollten uns stattdessen zurückhalten und die Kinder dabei unterstützen, die für sie geeigneten und machbaren Öffentlichkeiten und Präsentationsweisen auszuwählen und umzusetzen.

Die Werkschau war aus Sicht der Beteiligten letztlich sehr erfolgreich. Der Einladung folgten genug Menschen, die den Kindern und Jugendlichen sehr gute Rückmeldungen gaben. Teilweise haben die Projekte auch bei der Werkschau schon an ihren Inhalten weitergearbeitet. Jungen aus dem Klassenratsprojekt beispielsweise haben andere Kinder und Jugendliche ebenso wie Lehrkräfte zu ihrer Forschungsfrage interviewt. Die Direktorin der Grundschule hatte sich das Erklärvideo zum Klassenrat angesehen und war davon begeistert. Sie sprach das Thema auch auf der Werkschau mit den Jungen an und signalisierte damit deutlich, dass ihr das Thema wichtig war und es weiter in der Schule umgesetzt werden sollte. Die öffentliche Präsentation führte dazu, dass die Projekte in den einzelnen Institutionen bekannt und dort auch zusammen mit anderen weiter vorangebracht wurden.

Kooperationsprojekt Stadtteilfest

Entsprechend der Aufforderung von KoKoDe, Themen der Kinder und Jugendlichen in Kooperation der Jugendhilfeeinrichtungen in den Stadtteil zu bringen, beschlossen wir, die Vernetzung über die engeren Einrichtungen des Nachbarschaftsheims im Stadtteil hinaus zu erweitern. Nachdem die Einrichtungen und die Kids mit der Werkschau positive Erfahrungen gemacht hatten, wollten wir uns in eine größere Öffentlichkeit wagen. Dazu bezogen wir uns auf schon bestehende Vernetzungsstrukturen im Stadtteil Steglitz-Nord.

Wir luden neue Kooperationspartner*innen ein und insgesamt beteiligten sich an dem nächsten Projektschritt neun Organisationen: Domicil – Seniorenpflegeheim Bergstraße GmbH, Evangelische Lukas-Kirchengemeinde Berlin-Steglitz, Familienbildung des Jugend- und Familienzentrums JeverNeun (Nachbarschaftsheim), Ganztagsbetreuung der Sachsenwald Grundschule (Nachbarschaftsheim), Gemeinnützige Baugenossenschaft Steglitz eG (GBSt), Kita Jeverstraße (Nachbarschaftsheim), Offene Kinder- und Jugendfreizeit des Jugend- und Familienzentrums JeverNeun (Nachbarschaftsheim), Sachsenwald Grundschule und die Schulsozialarbeit der Sachsenwald Grundschule (Nachbarschaftsheim).

Unser Vorschlag war, das bereits seit Jahren veranstaltete Straßenfest auf neue Art für Kinder und Jugendliche, aber auch für die Zielgruppen der anderen beteiligten Organisationen als Öffentlichkeit zu erschließen. Übereinstimmend stellten wir fest, dass das Stadtteilfest sich zunehmend zu einer Veranstaltung der Hauptamtlichen entwickelt hatte und sich kaum noch Bürger*innen aktiv an der Gestaltung beteiligten. Die ursprüngliche Idee war allerdings, dass das Straßenfest von und für Nachbar*innen organisiert wird, also von allen, die im Stadtteil wohnen: kleinen und großen Kindern, Jugendlichen, Eltern, Familien, jungen und älteren Männern und Frauen. Unsere Frage war, wie es zu ermöglichen sei, dass die Nachbar*innen das Fest als ihr eigenes sehen, selbst aktiv werden und sich engagieren können. Hier sollten auch die Kinder und Jugendlichen aktiv beteiligt werden.

Wir informierten die hinzukommenden Organisationen über die GEBe-Methode und den KoKoDe-Ansatz. Dann schlugen wir ihnen vor, bereits im Rahmen des Nachbarschaftsheims ausgebildete GEBe-Multiplikator*innen in ihren eigenen Einrichtungen einzusetzen und mithilfe der Methode Themen ihrer Adressat*innen im Hinblick auf das Straßenfest zu entdecken und mit diesen zu realisieren. Das galt also zum Beispiel für das Altenheim, die Wohnungsgenossenschaft und die Kirchengemeinde. Die Fachkräfte stimmten zu und ließen sich auf die Methode und die Multiplikator*innen ein. In den weiteren Vernetzungstreffen informierten wir uns über die Themen. Dabei brachten wir auch die Projekte wie Klassenrat, Baugruppe, Party usw. aus der ersten Phase ein. Obwohl die an der Kooperation neu Beteiligten die Methode sehr gut fanden, klappte der Transfer von Beobachtungen und gemeinsamer Themenbestimmung in den Vernetzungskonferenzen nicht immer. Das hatte meistens profane Gründe wie Zeitmangel, Urlaub, Krankheit usw., doch wurde auch die ungewohnte Methode, eigene Aktivitäten ausgehend von den Adressat*innen zu planen, nicht immer konsequent umgesetzt.

Wir gingen davon aus, dass Menschen sich aktiv beteiligen und mitgestalten möchten, wenn sie ihre Interessen, Themen und Anliegen einbringen können. Die Nachbar*innen sind bereit, sich für die Gemeinschaft im Stadtteil aktiv zu engagieren, wenn sie ihre eigenen Themen darin wiederfinden und auch eigene Interessen verfolgen können.

Bei unserer gemeinsamen Sammlung von Themen und Interessen beschlossen wir, nicht nur auf die schon bekannten Projekte von Mitbestimmung in der Schule und Aktivitäten des Bauens und Konstruierens zu setzen, sondern auch die Perspektive der Bewohner*innen des Altenheims zu berücksichtigen, die das Straßenfest kritisierten, weil es für sie dort nicht genug Sitzgelegenheiten gab und sie ihre eigenen Interessen bisher kaum einbringen konnten. Sie wollten jedoch nicht nur Sitze und Stühle, sondern auch ihr begeistert betriebenes Malen von Mandalas in das Fest einbringen. Als weiteres Ergebnis der Kooperation mit dem Seniorenpflegeheim wurde später die Moderation auf der Bühne des Straßenfests von einem Bewohner des Altenheims gemeinsam mit einem Jugendlichen aus dem Jugendzentrum übernommen.

Um die Themen der Gruppen anzusprechen und die Gemeinsamkeit des Projekts zu verdeutlichten, wollten wir ein gemeinsames Plakat als Einladung zum Straßenfest entwickeln. Darauf sollten die unterschiedlichen beteiligten Bürger*innen und ihre Einrichtungen sich mit für sie wichtigen Symbolen und Zeichen präsentieren. In allen Einrichtungen wurden also die Teilnehmer*innen gebeten, Symbole zu zeichnen, auszuschneiden, zu fotografieren usw., die für ihre eigene Gruppe typisch waren. So haben die Kinder und Jugendlichen ihre Handys fotografiert, Screenshots von Konstruktionen in Minecraft eingereicht,

Mitglieder der Kirchengemeinde haben Fotos des Kirchturms und ihrer Bücherei mitgebracht, die Zirkusgruppe gab Zeichnungen vom Auftritt ab usw. Auf diese Weise entstand eine kleine Bildersammlung, die dann als Ausstellung im Jugendhaus, in der Ganztagsbetreuung und auf dem Straßenfest zu sehen war. Die einzelnen Gruppen präsentierten sich über die für ihre Interessen stehenden Symbole. An der Aktion beteiligten sich 42 „Künstler*innen" des Stadtteils.

Eine Grafikerin wurde beauftragt, alle Symbole in das Einladungsplakat zu integrieren. Die Entwürfe wurden immer wieder mit den Beteiligten abgestimmt, bis sich alle angemessen vertreten sahen. Das Plakat diente dazu, eine Community zu erzeugen, in der sich die unterschiedlichen Gruppierungen und Menschen präsentieren und zugehörig fühlen konnten. Die Aktion selbst bewirkte für alle schon diesen Zusammenhang und repräsentierte ihn auch für das Straßenfest (siehe Abbildung 3).

Bis zu diesem Schritt waren wir von März bis zu den Sommerferien 2017 gekommen. Nach den Ferien war es nicht einfach, wieder an die Kooperationen und Inhalte anzuknüpfen. Es musste geprüft werden, welche Projekte der Kinder und Jugendlichen und der Nachbarschaft noch aktuell waren. Insgesamt konnte allerdings an die gemeinsamen Themen angeknüpft werden und die Nachbar*innen engagierten sich ebenso wie die Fachkräfte dafür, die Themen umzusetzen.

Abbildung 3: **Straßenfestplakat**

Quelle: Dabitz

Das Straßenfest fand schließlich Mitte September statt. Durch die verschiedenen Aktionen engagierten sich zusätzlich zu denen der letzten Jahre über hundert Bürger*innen unterschiedlichsten Alters an der Gestaltung und der Organisation des Festes. Die unterschiedlichen kleinen Projekte bewirkten, dass die Beteiligten im eigenen Sinn Werbung für das Fest machten. Exemplarisch soll auf drei Projekte hingewiesen werden.

Das Seniorenpflegeheim gestaltete einen Stand mit Tischen und Stühlen, an denen die alten Leute zusammen mit Kindern und Jugendlichen Mandala-Malen anboten und die Besucher*innen des Festes dazu einluden. Es gab viele schöne Begegnungen über die Generationen hinweg. Mit den besseren Sitzgelegenheiten und ihrem Thema sahen sich auch die Senior*innen in das Straßenfest integriert und fühlten sich als aktive Beteiligte anerkannt.

Das Projekt Klassenrat präsentierte sich mit den Ergebnissen seiner Aktivitäten. Ausgehend vom Thema zeigte die Forschungsgruppe ihren Weg seit der Gründung über ihre Untersuchung des Themas „Mitbestimmung“ an ihrer Schule. Ihr Engagement war der Entwurf eines Fragebogens, mit dem rund 300 Kinder an der Schule zu ihrem Klassenrat befragt wurden. Insgesamt kamen 70 Fragebögen zurück. Außerdem interviewte die Gruppe in allen Klassen ab der dritten eine jeweils repräsentative Gruppe aus etwa vier Schüler*innen (insgesamt ca. 50). Durch das Engagement entstand eine breite Diskussion über das Thema „Beteiligung und Mitbestimmung“ in der ganzen Schule. Auf dem Straßenfest konnten die Ergebnisse präsentiert und mit weiteren Kindern, Jugendlichen und Erwachsenen diskutiert und erweitert werden. Dadurch wurde das Thema der Partizipation explizit auch auf dem Straßenfest eingebracht.

Das Thema „Bauen“ wurde in Kooperation mit der Baugenossenschaft präsentiert. Auf vielfältige Weise haben sich die jungen Menschen hier eingebracht. Bauwerke aus Kapla sind entstanden, wurden erhalten und konnten gezeigt werden. Die Kinder als Expert*innen digitalen Bauens, etwa in Minecraft, konnten ihr Wissen an andere weitergeben. So bauten sie auf dem Stadtteilfest Computer und Bildschirme auf und führten auch Erwachsene in dieses digitale Spiel ein.

Wir Koordinator*innen des Prozesses haben ebenfalls einen Stand gestaltet und die Bürger*innen über das Vorgehen im Projekt informiert und die Ergebnisse auf dem Stadtteilfest dokumentiert (siehe Abbildung 4).

Abbildung 4: **Präsentation des Projekts beim Straßenfest**

Quelle: Dabitz

Auch wenn die Fachkräfte teilweise in die Haltung zurückfielen, alles selbst organisieren zu wollen, wurde die Beteiligung der Nachbar*innen doch deutlich gestärkt und hier insbesondere der Kinder und Jugendlichen. Die GEBe-Methode und der Versuch, Themen der Bürger*innen im Stadtteil kooperativ in die Öffentlichkeit einzubringen, haben die beteiligten Fachkräfte und ihre Einrichtungen sehr positiv aufgenommen und als wichtige weitere Möglichkeit der Zusammenarbeit akzeptiert. Einige O-Töne der Beteiligten: „Es ist toll, wenn sich die Kinder für ihre Angelegenheiten einsetzen“, „Die Arbeitsweise funktioniert nicht nur für sozialpädagogische Fachkräfte“, „So zu arbeiten hilft, Achtsamkeit für Themen der Bürgerinnen und Bürger im Blick zu behalten“.

Methodische Vorschläge zur KoKoDe-Umsetzung

Benedikt Sturzenhecker

Die folgenden Methoden sind Vorschläge für Arbeitsweisen, die sich auf die Arbeitsprinzipien und Schritte des KoKoDe-Ansatzes beziehen. Sie wurden im Modellprojekt mit dem Nachbarschaftsheim Schöneberg e. V. erprobt und verbessert. Dabei haben die beteiligten Fachkräfte und Teams die Methoden auch für ihre eigenen Bedarfe eingerichtet, sie vereinfacht oder komplexer angelegt. Die Methoden sind keine Techniken, die man einfach nur nach Regel anwenden muss, sondern sie müssen immer auf die Rahmenbedingungen der jeweils beteiligten Fachkräfte, Einrichtungen und Zielgruppen eingerichtet werden.

Methode: Grundsätzliche Vorgehensweise zur Entdeckung thematischer Gemeinsamkeiten zwischen Kindern und Jugendlichen unterschiedlicher Einrichtungen der Kinder- und Jugendhilfe und deren Bearbeitung zur Förderung gesellschaftlich-demokratischen Engagements in der Kommune

Beteiligte/Zielgruppe

Fachkräfte in Kooperationskonferenzen

Felder der Kinder- und Jugendhilfe

Alle

Thema

Thematische Gemeinsamkeiten für kooperative Förderung demokratischen Engagements bei Zielgruppen entdecken und aufgreifen

Ziel

- Kooperative Besprechungen von Fachkräften unterschiedlicher Einrichtungen entdecken gemeinsame Themenstellungen ihrer Adressat*innen.
- Sie analysieren deren Potenzial mit Blick auf die Verwendung der Themen im Rahmen gesellschaftlich-demokratischen Engagements in der Kommune.
- Sie entwickeln gemeinsame Themenstellungen, die in einem Dialog mit den Kindern und Jugendlichen weiter geklärt werden und dann gemeinsam umgesetzt werden können.

Theoretischer Hintergrund

Die KoKoDe-Methode sieht Schritte eines fachlichen Analysierens und Verstehens des beobachteten Handelns von Kindern und Jugendlichen vor, bevor sie Ergebnisse davon wieder in den Dialog mit den Adressat*innen bringt. Fachkräfte müssen sich die Zeit nehmen, mögliche Gemeinsamkeiten zwischen den Themen ihrer unterschiedlichen Adressat*innen zu erkennen. Dies muss zunächst von ihrer Seite und stellvertretend für die Adressat*innen geschehen, weil diese sich im normalen Alltag der getrennten Einrichtungen gar nicht treffen und kennen. Damit ist allerdings nur ein erster Reflexions- und Handlungsschritt gemacht, der dann mit seinen Ergebnissen immer wieder in den Dialog mit den Kindern und Jugendlichen zurückgebracht werden muss. Nur das, was die Adressat*innen im Dialog bestätigen beziehungsweise sich darin aneignen (auch durch weitere Veränderungsprozesse), kann Grundlage für ein gelingendes gemeinsames Handeln im gesellschaftlich-demokratischen Engagement werden. Dabei ist allerdings auch immer wieder damit zu rechnen, dass die von den Fachkräften hypothetisch bezeichneten Themen nicht oder nicht in der gleichen Weise die Themen der Kinder und Jugendlichen sind. Dann werden weitere Dialoge mit den Adressat*innen und auch im Fachkräftekreis nötig.

Bezug zu demokratischem Engagement

Es wird davon ausgegangen, dass gesellschaftlich-demokratisches Engagement (DE) nur zustande kommt, wenn die Adressat*innen letztlich selbst die Themen und Handlungsweisen bestimmen. Fachkräfte müssen sie unterstützen, diese Themen zu klären und für die Adressat*innen Artikulationsweisen in Richtung kommunaler Öffentlichkeit zu finden und zu gestalten. Auch die weiteren Schritte der Entwicklung gemeinsamen Handelns müssen immer wieder an die Kinder und Jugendlichen zurückgekoppelt werden.

Vorgehensweise

Diverse Themen aus den unterschiedlichen Einrichtungen auf einer Wandzeitung sammeln und sich gegenseitig erklären. Dabei kann folgende, hier exemplarisch mit teilnehmenden Einrichtungen, ausgefüllte Tabelle verwendet werden:

Beobachtungen der Themen unserer Kinder und Jugendlichen in der Kita	Beobachtungen der Themen unserer Kinder und Jugendlichen im Jugendzentrum	Beobachtungen der Themen unserer Kinder und Jugendlichen in der Nachmittagsbetreuung im Ganztag

- Überschneidungen bzw. Gemeinsamkeiten von Themen entdecken
- Mögliche Themen für gemeinsames Handeln nach folgenden Kriterien bewerten: Welche Themen haben Potenzial, die Grenzen der Einrichtung zu überschreiten und in die Öffentlichkeit des Sozialraums, der Kommune zu gelangen? Das heißt, welche Themen spielen nicht nur in den Räumen der Einrichtungen eine Rolle, sondern haben auch Potenziale im alltäglichen sozialen Umfeld? Auf welche anderen Orte und Akteure (außer die eigenen Einrichtungen) beziehen sich die Themen möglicherweise? Welche Themen sind den unterschiedlichen beteiligten Kindern und Jugendlichen besonders wichtig oder vorrangig? Welche Themen erscheinen zunächst spaßig und positiv, welche erscheinen konfliktreich und problematisch? Welche Themen werden sonst noch von anderen Beteiligten im Einzugsgebiet vorangetrieben? Welche Überschneidungen, Unterstützungen, aber auch gegenseitigen Behinderungen und Konkurrenzen kann es in diesem Prozess geben? Mit welchen Themen gibt es bereits einzelne Erfahrungen demokratischer Partizipation, zum Beispiel in Projekten der einzelnen Einrichtungen? Was kann man daraus lernen?
- Ein Thema für einen kooperativen Ansatz auswählen
- Erste Möglichkeiten eruieren, wie das Thema, gerade auch in seiner die Einrichtung überschreitenden Perspektive, zurück in einen Dialog mit den Kindern und Jugendlichen in der eigenen Einrichtung gebracht werden kann

- Dialog mit den Kindern und Jugendlichen führen und prüfen, ob und wie das Thema für sie relevant ist und was möglicherweise wie daran geändert werden müsste, um es attraktiver zu machen (dabei auch ermöglichen, dass das Thema durchfällt)
- In der nächsten Sitzung im Kooperationsgremium Austausch über die Dialogergebnisse mit den Kindern und Jugendlichen oder deren direkte Beteiligung und Selbstvertretung im Kooperationsgremium
- Sammlung und Bewertung von Handlungsansätzen zur projekthaften Bearbeitung des Themas; Auswahl von Orten und Settings des Betretens von Öffentlichkeit jenseits der eigenen Einrichtung; methodischer Entwurf einer Artikulation der beteiligten Kinder und Jugendlichen und der demokratischen Kommunikation und Auseinandersetzung mit anderen betroffenen Beteiligten in kommunaler Öffentlichkeit
- Auswertung erster Erfahrungen öffentlichen demokratischen Handelns mit den beteiligten Kindern und Jugendlichen
- Entwicklung nächster Arbeitsschritte im Projekt ...

Methode: Mitentscheiden und Mithandeln der Kinder und Jugendlichen ermöglichen

Beteiligte/Zielgruppe

Fachkräfte

Felder der Kinder- und Jugendhilfe

Alle

Thema

Das Mitentscheiden und Mithandeln der Kinder und Jugendlichen fördern und eigenes fachliches Handeln auf Assistenz beschränken

Ziel

- Die Fachkräfte reflektieren, wie ihr eigenes pädagogisches Handeln möglicherweise die Aktivitäten der Kinder und Jugendlichen in deren Dynamik be- oder verhindert.

- Sie suchen nach Möglichkeiten, das Mitentscheiden und Mithandeln zu maximieren und eigenes Handeln auf die allernötigste Assistenz zu beschränken.

Theoretischer Hintergrund

In den Modellprojekten konnte immer wieder beobachtet werden, wie schnell die Fachkräfte Entscheidung, Verantwortung und Handlung an sich reißen. Kaum entdecken sie mit den Kindern und Jugendlichen ein Thema, einen Bedarf, einen Konflikt oder Ähnliches, entwickeln sie (pädagogische) Interventionen. Häufig nehmen sie dabei den Kindern und Jugendlichen die Chance auf Mitbestimmung und eigenständige sowie mitverantwortliche Umsetzung von Entscheidungen und von nächsten Projektschritten. Sie behandeln damit sie entweder als Kund*innen (für die sie Dienstleistungen erbringen) oder als Objekte von Hilfe (denen sie keine eigenständige Handlungsweise und -verantwortung zutrauen). Sie nehmen sich in der Zusammenarbeit mit Kindern und Jugendlichen die Chance, eigenständige Handlungserfahrungen gesellschaftlich-demokratischen Engagements (und seien die ersten Schritte noch so klein) zu machen.

Stattdessen sollte es darum gehen, dass die Fachkräfte stets analysieren, wie sie mehr Eigentätigkeit und Eigenverantwortung der Kinder und Jugendlichen herausfordern und anregen können. Es ginge darum, immer nach „Zonen nächster Entwicklung" (Wygotski) zu suchen, also sich zu fragen, wie Kinder und Jugendliche sich etwas mehr aneignen und mehr tun können, als sie bisher schon beherrschen. Das verlangt eine fachlich begründete Abwägung zwischen den Risiken der Unterforderung und denen der Überforderung. Ebenfalls ist es nötig, sich selbst eine fachliche Identität als Assistent*in von Bildungsprozessen – hier Prozessen der Demokratiebildung – zu geben. Das Selbstverständnis und die Wahrnehmung eigener fachlicher Selbstwirksamkeit hängen dann nicht davon ab, wie viel man für die Kinder und Jugendlichen tut, sondern wie sehr man sie unterstützt, sich selbsttätig zu bilden und Prozesse demokratischen Engagements zu entwickeln.

Bezug zu demokratischem Engagement

Das hier verwendete Verständnis von Demokratie sieht die Mitglieder kommunaler Entscheidungsgemeinschaften nicht als Kund*innen, die von den gewählten Vertreter*innen Dienstleistungen für ihre (partikularen) Interessen erwarten, oder die sich als passive Bürger*innen als Objekt der Entscheidung von (lokalen) Regierungen behandeln lassen. Stattdessen zielt das Konzept auf die Partizipation von als aktiv verstandenen Bürger*innen, die nicht nur wählen, sondern auch öffentlich Themen, Probleme und Konflikte einbringen und debattieren, gemeinsam Lösungen suchen sowie Entscheidungen treffen und diese auch mitverantwortlich selbst handelnd umsetzen. In diesem Sinne sollten die Kinder und Jugendlichen ebenfalls als solche aktiven Bürger*innen behandelt werden, die Unterstützung bei ihren Projekten gesellschaftlich-demokratischen Engagements von den Fachkräfte erhalten, aber nicht verunselbstständigt und entpolitisiert werden.

Vorgehensweise

Immer wenn Entscheidungen und Handlungsschritte anstehen, wird im Team folgende Tabelle ausgefüllt:

Was können die Kinder und Jugendlichen allein tun?	**Was müssen wir tun, um ihnen dabei zu assistieren?**	**Was müssen wir (allein) tun?**

Man versucht, möglichst viele Aktivitäten in der Spalte zu den Handlungsmöglichkeiten der Kinder und Jugendlichen einzutragen. Dann untersucht man, welche dieser Handlungen einen besonderen Assistenzbedarf mit sich bringen könnten. Was müsste man als Fachkraft tun, damit die Kinder und Jugendlichen möglichst viel und möglichst eigenständig handeln können? Immer wieder ist zu überlegen, ob der Assistenzbedarf wirklich berechtigt begründet werden kann. Es gibt allerdings stets Aufgaben, die nur die Fachkräfte erledigen können, besonders solche, die mit ihrem Schutzauftrag zu tun haben und mit der rechtlichen und wirtschaftlichen Gesamtverantwortung. Es sei noch mal darauf hingewiesen, dass eine so ausgefüllte Tabelle nur begrenzt gültig ist. Sie kann nicht ohne Weiteres auf andere Teilnehmende, Situationen und Themen übertragen werden, da immer gemeinsam und neu überlegt und ausgehandelt werden muss, wer was macht und machen kann.

Beispiel

In der Ganztagsbetreuung einer Grundschule wünschten sich die Kinder Möbel zum Chillen. Die Fachkräfte machten sich sofort ans Werk und besorgten schöne, neue Möbel.

Hätten sie die Tabelle verwendet, wären ihnen möglicherweise mehr Chancen eingefallen, wie die Kinder mehr Möglichkeiten des Mitentscheidens und Mithandelns hätten wahrnehmen können.

Die Tabelle ist hier exemplarisch einmal ausgefüllt worden:

Was können die Kinder und Jugendlichen allein tun?	Was müssen wir tun, um ihnen dabei zu assistieren?	Was müssen wir (allein) tun?
Eine Befragung bei allen beteiligten Kindern durchführen, wie man sich „Chillen“ eigentlich vorstellt	Deutlich machen, dass wir den Wunsch wichtig finden, aber dass auch geklärt werden muss, wer sich was genau darunter vorstellt; eine Befragung bei allen beteiligten Kindern durchführen, wie man sich „Chillen“ eigentlich vorstellt; Medien für die Befragung bereitstellen; Auswertungsmethoden vorschlagen; Publikation der Ergebnisse unterstützen; Medien der Prozessdokumentation vorschlagen und besorgen; Aufgaben und Verantwortlichkeiten für die Dokumentation verteilen	Eigenständige Dokumentation des gesamten Prozesses betreiben

Was können die Kinder und Jugendlichen allein tun?	**Was müssen wir tun, um ihnen dabei zu assistieren?**	**Was müssen wir (allein) tun?**
Klären, wer etwas anderes möchte (zum Beispiel Tanzen, Fußballspielen, Rumpflippen)	Darauf hinweisen, dass es auch andere Interessen und möglicherweise Minderheiten geben könnte; deutlich machen, dass auch deren Interessen erhoben werden müssen und sie Recht auf eine gemeinsame Abstimmung haben; unterschiedliche Positionen gegebenenfalls öffentlich dokumentieren	Prüfen, ob bestimmte Kinder bei der Befragung und der Diskussion herausfallen; mit diesen nach Möglichkeiten suchen, wie sie sich einbringen können
Eine gemeinsame Diskussion der Kinder und Jugendlichen über die Vorstellungen zum „Chillen“ durchführen	Systematische Planung einer solchen Diskussionsrunde anregen; mit den Kindern einen Plan machen; Notwendigkeit der Moderation klären; herausfinden, wer moderieren kann; Medien für die Moderation bereitstellen; möglicherweise selbst die Moderation übernehmen; bei der Dokumentation der Ergebnisse helfen	
Mögliche Möblierung und deren Preise im Internet prüfen	Zugang zu Internet und entsprechenden Webseiten eröffnen; auf die Notwendigkeit der Finanzierungsplanung hinweisen	
Einen Ausflug in ein Möbelhaus zum Probesitzen organisieren	Prüfen, ob die Kinder selbst Verkehrsmittel organisieren können; den Transport unter Umständen selbst übernehmen	Den Bus der Schule selbst fahren; Versicherungen klären; unter Umständen Einverständnis der Eltern einholen

Was können die Kinder und Jugendlichen allein tun?	**Was müssen wir tun, um ihnen dabei zu assistieren?**	**Was müssen wir (allein) tun?**
Das Budget der Ganztagsbetreuung für Möbel erkunden und eine Finanzierungsplanung machen	Für die Kinder das Budget der Ganztagsbetreuung offenlegen; ihnen beim Kalkulieren helfen; Ergebnisse dokumentieren	Entscheiden und den Kindern gegenüber begründen, warum wie viel Geld für die neuen Möbel zur Verfügung gestellt wird
Möglicherweise Anträge bei der Schule, beim Jugendhaus oder der Kommune für mehr Mittel stellen (herausfinden, wer dazu eingeschaltet werden muss, wie man einen Antrag schreibt, ihn verfassen und möglicherweise selbst vorstellen)	Auf mögliche Finanzquellen hinweisen; Antragsmöglichkeiten verdeutlichen; helfen, einen Antrag zu formulieren; öffentliche Präsentation und Begründung von Anträgen mit den Kindern vorbereiten	Anträge durch pädagogisches Begleitschreiben unterstützen; auf die Aspekte gesellschaftlich-demokratischen Engagements in Bezug auf den Antrag hinweisen
Eine Benefizaktion zum Fundraising durchführen	Ideensammlung vornehmen, wie Geld eingenommen werden könnte; gemeinsame Prüfung auf Realisierbarkeit (und Kosten) der Benefizaktion; Räume bereitstellen und Materialien; Arbeits- und Verantwortungsplan für die Durchführung der Aktion entwickeln	In der Institution Projekt bekannt machen und um Unterstützung werben
Einen Anschaffungsvorschlag erarbeiten und diesen noch mal zur Abstimmung stellen	Klärung des Vorschlags unterstützen; Entscheidungsverfahren bekanntmachen und mit Kindern auswählen; Mehrheitsverfahren und Minderheitsproblem erklären; Materialien zur Abstimmung bereithalten	Prüfen, ob alle Kinder gleichberechtigt an der Abstimmung teilnehmen können; möglicherweise Minderheiten schützen

Was können die Kinder und Jugendlichen allein tun?	**Was müssen wir tun, um ihnen dabei zu assistieren?**	**Was müssen wir (allein) tun?**
Möbel bestellen/kaufen und Transport organisieren	Kinder möglichst viele Bestell- oder Kaufschritte allein machen lassen; Transportmöglichkeiten mit den Kindern herausfinden	Geld abheben oder überweisen; Aufträge unterschreiben; Buchführung; Transporter fahren
Möbel aufbauen und Raum einrichten	Unter Umständen Helfer*innen zum Möbelschleppen organisieren; Plan der Aufstellung der Möbel mit den Kindern zeichnen; Aufgabenverteilung und Verantwortung klären	
Einweihungsfeier organisieren	Systematik der Planung einer Feier einbringen und mit den Kindern ausfüllen; Verantwortungen und Aufgaben verteilen	Mediale Rückmeldungen für einzelne Kinder und Gruppierungen vorbereiten, in denen öffentlich dokumentiert und anerkannt wird, wer was für das Projekt geleistet hat; gleichzeitige Hervorhebung von Einzelnen und der Gemeinschaftsleistung
Bericht über das Projekt für die Schülerzeitung oder die Website der Schule schreiben und publizieren	Artikelschreiben unterstützen	Website programmieren

Methode: In der Kooperation der Fachkräfte untereinander die Perspektive der Kinder und Jugendlichen stark machen

Beteiligte/Zielgruppe

Fachkräfte

Felder der Kinder- und Jugendhilfe

Alle

Thema

Es geht darum, wie auch in reinen Fachkräftesitzungen zur Entwicklung von Kooperation, wie die Perspektive der Kinder und Jugendlichen auf Themenstellungen und Vorgehensweisen erhalten bleiben kann.

Ziel

- Fachkräfte nehmen die Perspektive betroffener Kinder und Jugendlicher zu einzelnen Fragestellungen ein.
- Sie übernehmen bekannte, aus Beobachtungen gefolgerte oder empathisch erfühlte Positionen von Kindern und Jugendlichen, um Planungen von Fachkräften zu kommentieren, gegebenenfalls zu korrigieren.
- Fachkräfte reflektieren so die professionelle Deformation von Wahrnehmung und Herangehensweisen und versuchen, sich stattdessen auf Deutungen und Handlungsmöglichkeiten einzulassen, die für die beteiligten Kinder und Jugendlichen relevant sind.

Theoretischer Hintergrund

In Teamsitzungen und fachlichen Meetings, in denen Kooperationen zur Förderung gesellschaftlich-demokratischen Engagements von Adressat*innen aus unterschiedlichen beteiligten Einrichtungen geplant werden, wird leicht die Perspektive der Fachkräfte auf die Themenstellungen dominant. Im Modellprojekt zeigte sich zum Beispiel immer wieder, dass die Perspektiven ausschließlich auf die Grenzen der eigenen Einrichtung begrenzt und die realen sozialräumlichen Netzwerke der Kinder und Jugendlichen nicht mehr einbezogen wurden. Zudem zeigten sich des Öfteren professionelle Deformationen als starke Tendenz, sich immer wieder erzieherisch gegenüber dem Handeln von Kindern und Jugendlichen zu positionieren und diese zu Objekten pädagogischer Interventionen zu machen (mit Sätzen wie: „Die Kids müssen doch mal lernen, dass ...“).

Zudem zeigt sich oft auch eine Defizitperspektive, nach der das Handeln der Kinder und Jugendlichen problematisch ist, diesen nicht genug eigenständiges Handeln zugetraut werden kann und sie hilfs- und schutzbedürftig sind. An diesen Stellen gerät die Perspektive der Kinder und Jugendliche selbst aus dem Blick. Es ist dann nicht mehr relevant, wie diese das Thema und ihr Handeln sehen und was für sie wichtige Ansatzpunkte sein könnten, sondern die pädagogische Perspektive der Fachkräfte überwiegt. Damit kommen diese Arbeiten zu Handlungsansätzen, die häufig die teilkulturellen Handlungsstile und Prioritäten der Kinder und Jugendlichen nicht mehr treffen, für diese irrelevant und unverständlich werden. Es entstehen so artifizielle pädagogische Planungen, die nicht mehr mit den lebensweltlichen Perspektiven der Kinder und Jugendlichen in Kontakt stehen. Um das zu verhindern, gilt es, sich in den Fachgesprächen zur Gestaltung der Kooperation stets wieder auf die Perspektiven und Prioritäten der beteiligten Kinder und Jugendlichen einzulassen und diese ins Zentrum fachlicher Analyse und Planung zu stellen.

Bezug zu demokratischem Engagement

Nur wenn die Fachkräfte es schaffen, eng an den lebensweltlichen Themen der Kinder und Jugendlichen zu bleiben, können sie diese mit den Beteiligten in einem Dialog klären und tatsächlich motivierende Themen potenzieller gemeinsamer demokratischer Beteiligung in der Kommune entdecken und entwickeln.

Vorgehensweise

Methode 1: Fachkräfte übernehmen Rollen von Kindern und Jugendlichen in der Fachdiskussion

Entweder durchgängig in der gesamten Sitzung der Fachkräfte oder in einer reflexiven Sonderrunde versetzen sich einige der Beteiligten in Kinder und Jugendliche aus ihren Einrichtungen, die sie gut kennen und auf die sich das inhaltlich besprochene Thema beziehen soll. Sie überlegen, wie diese Kinder und Jugendlichen die Diskussion, die Deutungen und Planungen der Fachkräfte wohl kommentieren würden. Dabei versuchen sie, auch die Sprachmuster der jeweils ausgewählten Kinder und Jugendlichen aufzugreifen. Sie gehen in die Rolle und positionieren sich zur Debatte der Fachkräfte und zu deren Ergebnissen. Sie diskutieren eine Weile mit den Fachkräften, ohne die Rollen zu verlassen.

Danach folgt eine Reflexion dieses Rollenspielelements. Die Rollenspieler*innen gehen aus ihren Rollen heraus und kommentieren, was ihnen aus Innensicht der Rolle aufgefallen ist. Es wird diskutiert, ob die Rollendarstellung realistisch war und welche Impulse sie für eine Veränderung der Analysen und Planungen erbracht hat.

Variante: Anwältin beziehungsweise Anwalt für die Perspektive der Kinder und Jugendlichen

Während der gesamten Sitzung übernimmt eine Fachkraft die Aufgabe, durchgängig zu prüfen, wo und wie die Analysen und Planungen der Fachkräfte die Perspektiven der beteiligten Kinder und Jugendlichen verlieren. Als Anwältin beziehungsweise Anwalt der Kinder und Jugendlichen kann sie die Diskussion unterbrechen und eine Rückkehr zu den Themen, Relevanzen und Handlungsstilen der Kinder und Jugendlichen einfordern. Sie kann gegen eine Entscheidung ein vorläufiges Veto einlegen, sodass diese noch einmal problematisiert werden muss.

Methode 2: Kinder und Jugendliche nehmen selbst an den Fachkräftesitzungen teil

Kinder und Jugendliche aus den an der Kooperation beteiligten Einrichtungen können zu den Sitzungen der Fachkräfte eingeladen werden. Das kann auf unterschiedliche Weise geschehen und verschiedene Modelle der Beteiligung beinhalten:

- Von den Kindern und Jugendlichen werden Botschafter*innen gewählt, die die Aufgabe haben, die Fachkräftesitzung zu beobachten, ihre Sicht aus ihrer Einrichtung einzubringen und auch Ergebnisse wieder an diese zurückzuberichten. Die Botschafter*innen sitzen gleichberechtigt unter den Fachkräften und können sich so, wie sie es wünschen, in die Diskussion einmischen.
- Kommen neue Botschafter*innen aus einzelnen Einrichtungen hinzu, besteht die Gefahr, dass sie sich nicht gleichberechtigt in die Diskussion der Fachkräfte einbringen können (weil sie nicht alles verstehen, weil sie sich

nicht so schnell artikulieren können, weil das ganze Setting übermächtig wirkt, ...). Daher können ihnen Unterstützer*innen aus dem Kreis der Fachkräfte als Assistenz zugeordnet werden. In Absprache mit ihren Botschafter*innen können die Unterstützer*innen die Diskussion unterbrechen und beispielsweise eine genauere Erklärung verlangen, um Übersetzung bitten oder eine Auszeit für die Botschafter*innen fordern.
- Das offene Team – „open staff" – ist eine weitere Variante. Die Kinder und Jugendlichen sitzen im Außenkreis und verfolgen die Besprechung. In einer weiteren Gesprächsrunde werden sie gebeten, Diskussion und Ergebnisse zu kommentieren. Insgesamt könnte man die Sitzungen der kooperierenden Fachkräfte für Kinder und Jugendliche öffentlich machen, das heißt auch, diese immer zu informieren, wenn solche Gespräche stattfinden, wie man daran teilnehmen kann und wie man die Ergebnisse einsehen und kommentieren kann.

Methode 3: Prozesse und Entscheidungen in der Fachkräftegruppe für Kinder und Jugendliche transparent machen

- Die Ergebnisse der Besprechungen werden in Protokollen festgehalten. Die Protokolle der kooperativen Besprechungen sollten so geschrieben werden, dass Kinder und Jugendliche der unterschiedlichen Einrichtungen sie verstehen können (zum Beispiel auch Kinder aus der Kita) – es muss also eine einfache Sprache verwendet werden (zu einfacher beziehungsweise leichter Sprache siehe die Downloads unter www.kultur-oeffnet-welten.de/service/materialien.html). Die Protokolle werden den Kindern und Jugendlichen zur Verfügung gestellt und es wird ihnen angeboten, diese vorzulesen und sie mit ihnen zu besprechen. Die Rückmeldungen werden dokumentiert und in die nächste Besprechung eingebracht.
- In den Einrichtungen gibt es eine Informationstafel, an der – wiederum in einfacher Sprache und auch mit Fotos oder Zeichnungen – dokumentiert wird, woran die Fachkräfte gerade hinsichtlich der Themen der Kinder und Jugendlichen arbeiten. Es wird deutlich gemacht, warum sie das tun, was sie erreichen möchten und welchen Stand die Kooperation erreicht hat. Die Fachkräfte sprechen die Kinder und Jugendlichen aktiv auf die Infotafel und deren Inhalte an. Sie dokumentieren Rückmeldungen und nehmen diese wieder mit in ihre Fachbesprechungen.

Methode: Thematische Netzwerkkarten dialogisch mit Kindern und Jugendlichen entwickeln

Beteiligte/Zielgruppe

Fachkräfte sowie Kinder und Jugendliche

Felder der Kinder- und Jugendhilfe

Alle

Thema

In einer solchen Analyse versuchen Fachkräfte, im Dialog mit den betroffenen Kindern und Jugendlichen herauszufinden, wer wo und wie im Sozialraum Bezüge zu dem jeweils anstehenden Thema hat.

Ziel

- Fachkräfte erkennen, mit welchen Orten und Akteuren die beteiligten Kinder und Jugendlichen über ihre Themen in Kontakt stehen.
- Fachkräfte erkennen Zusammenhänge zwischen diesen Orten und Akteuren und zur Themenstellung.
- Kinder und Jugendliche erfahren Anerkennung für ihre sozialräumliche Expertise.
- Sie erweitern ihre reflexive Kompetenz über ihre eigenen Handlungsnetzwerke.
- Sie entdecken Ressourcen und Problemstellungen ihres sozialräumlichen Handelns bezüglich einer Themenstellung.
- Gemeinsam erhobenes Wissen um die sozialräumliche Vernetzung der Themen von Kindern und Jugendlichen stärkt die Entwicklung (themenbezogener) demokratischer Einmischung in der Kommune.

Theoretischer Hintergrund

Es wird davon ausgegangen, dass Themen, Interessen und Konflikte von Kindern und Jugendlichen sich immer auch in einem komplexen sozialräumlichen Netzwerk zeigen. Häufig gibt es unterschiedlichste Orte und Akteure, die in Bezug auf die Themen eine Rolle spielen und in unterschiedlicher Beziehung zu Handlungsmustern der Kinder und Jugendlichen stehen. Die

Kinder und Jugendlichen selbst schätzen diese Orte und Akteure ein und handeln hinsichtlich solcher Analysen. Dabei entstehen konstruktive, gelegentlich aber auch problematische oder riskante Bewältigungsweisen.

Meistens wissen die Fachkräfte und Einrichtungen nicht um die komplexe Vernetzung der Themen der Kinder und Jugendlichen im Einzugsgebiet. Wollen sie deren kommunalpädagogisches Handeln stärken, müssen sie dieses Wissen dialogisch mit den Kindern und Jugendlichen zusammen erheben und für die Stärkung demokratischen Engagements nutzen.

Bezug zu demokratischem Engagement

Gesellschaftlich-demokratisches Engagement soll im KoKoDe-Konzept ausgehend von den Themen, Interessen und Konflikten der Kinder und Jugendlichen vor Ort entwickelt werden. Wollen Einrichtungen der Kinder- und Jugendhilfe diese Themen aufgreifen, müssen sie diese zusammen mit den Kindern und Jugendlichen erkennen und für die Entwicklung gemeinsamer politischer Handlungsperspektiven (zu einem spezifischen Thema) nutzen.

Vorgehensweise

Man verwendet die klassische Netzwerkgrafik konzentrischer Kreise, die man auf eine große Wandzeitung malt. In der Mitte startet man mit dem Thema und einer (Namens-)Bezeichnung, die von den beteiligten Kindern oder Jugendlichen kommt. Dann untersucht man gemeinsam, wer irgendwie etwas mit dem in Rede stehenden Thema zu tun hatte, und sei es auch noch so entfernt. Man ordnet die entdeckten Beteiligten in die Kreise ein – je bedeutsamer sie für das Thema und die Zielgruppe sind, desto näher zur Mitte werden sie platziert.

Dann kann man Verbindungslinien eintragen, die dafür stehen, wer wen kennt und wie (und wie oft und intensiv) mit wem in Kontakt und Kommunikation steht. Solche Linien können durch ihre Dicke, Farbe oder Form Beziehungsqualitäten symbolisieren (Daumen-hoch-Zeichen für enge positive Beziehung, Blitze für Konflikte, Totenköpfe für Bedrohung oder Angst, ...).

Eine solche Netzwerkkarte ermöglicht den Fachkräften und den beteiligten Kids folgende Reflexionen:

- Wer ist um uns herum und wie sind die Beziehungen?
- Wer sind wir als Kinder/Jugendliche in diesem Netzwerk?
- Wer hat noch mit dem Thema zu tun – und denken die wie wir oder anders darüber?
- Wie machen wir Schwierigkeiten, wer macht uns Schwierigkeiten?
- Wer unterstützt uns, wer schwächt uns?
- Wen müssen wir wie einbeziehen? Welcher Konflikt ist mit wem zu klären?

Aus all diesen Fragen können Handlungsperspektiven für eine demokratische Einbeziehung des Netzwerks vor Ort erfolgen. Fachkräfte sollten dabei beachten, dass sie nicht zu schnell anwaltschaftlich den Einbezug eines solchen Netzwerks für die Kinder und Jugendlichen übernehmen beziehungsweise ihnen dieses Mithandeln abnehmen. Eine solche Netzwerkanalyse kann Folgen haben für die Einbeziehung in Vernetzung und Kooperationsgremien der Fachkräfte und Organisationen, sollte aber immer wieder daraufhin geprüft werden, mit wem, wo und wie die betroffenen Kids selbst in Kontakt und Kommunikation zum Thema, zum Konflikt oder zum Problem kommen können.

Abbildung 1: **Beispiel Shisha**

Zum Thema Shisha, das Jungen arabischer und türkischer Herkunft in einem Jugendzentrum im Modellprojekt eingebracht haben, ließe sich folgende Grafik entwickeln:

Quelle: Eigene Darstellung | BertelsmannStiftung

Methode: Erstellung der Netzwerkkarte einer Kinder- und Jugendhilfeeinrichtung

Beteiligte/Zielgruppe

Fachkräfte

Felder der Kinder- und Jugendhilfe

Alle

Thema

Netzwerkkarte erstellen

Ziel

- Fachkräfte (beziehungsweise das Team) einer Einrichtung können vorhandene Vernetzungen und Kooperationen erkennen und bewerten.

Theoretischer Hintergrund

Kinder- und Jugendhilfeeinrichtungen sind immer schon in Netzwerke eingebunden. Sie kennen andere Einrichtungen und deren Akteure und sind auf unterschiedliche Weise mit diesen in Kontakt. Die einzelnen Netzwerkbeziehungen sind unterschiedlich in ihrer Intensität und Qualität. Daraus folgt auch, dass sie selten explizit bewusst sind und auch so genutzt werden. Um Kooperationen mit Blick auf Demokratiebildung in der Kommune zu entwickeln und zu stärken, muss es das Wissen um die vorhandenen Vernetzungen geben. Diese können dann auch weiter ausgebaut werden.

Bezug zu demokratischem Engagement

Will eine Einrichtung der Kinder- und Jugendhilfe in Kooperation mit anderen Demokratiebildung betreiben, muss sie sich selbst bereits innerhalb der Kommune verorten. Man braucht das Wissen über die eigene Vernetzung mit anderen Einrichtungen, Organisationen, zivilgesellschaftlichen Akteuren und der Politik und Verwaltung der Kommune. Die Analyse der vorhandenen Netzwerkbeziehung kann dazu dienen, das Netzwerk zu nutzen und zu aktivieren, um Kooperationen mit Blick auf die gemeinsame Demokratiebildung der Adressat*innen in der Kommune zu entwickeln. Es kann auch helfen,

Themenstellungen der anderen Akteure zu entdecken und diese in die demokratische Kooperation einzubeziehen.

Vorgehensweise

Anleitung zum Ausfüllen der Netzwerkkarte

Es geht bei der Karte um Netzwerke von Organisationen und Einrichtungen, die im weitesten Sinne mit der Zielgruppe und den Aufgaben der eigenen Jugendhilfeeinrichtung beschäftigt sind. Die Karte zeigt das soziale, lokale Netzwerk, in das die Einrichtung eingebunden ist.

Die Karte gibt nur (subjektive und situative) Einschätzungen wieder. Sie ist nicht objektiv und die Einschätzungen müssen nicht belegt/bewiesen werden. Sie ist lediglich ein Hilfsmittel, um Strukturen der Vernetzung überhaupt erkennen und trennen zu können. Deshalb sollte sie relativ spontan, ohne große Recherchen und komplexe Einschätzungen ausgefüllt werden.

1. Sammeln Sie zunächst alle Einrichtungen/Organisationen/Netzwerke, mit denen Sie zu tun haben oder von denen Sie wissen. Bezugsrahmen ist Ihr Arbeits- oder Einzugsgebiet. Die Kontakte können aber darüber hinausgehen (zum Beispiel Jugendamt des Bezirks oder Sozialbehörde des Senats) – auch diese bitte aufführen. Wenn nötig, können auch einzelnen Personen innerhalb oder außerhalb von Organisationen genannt werden.
2. Zeichnen Sie Ihre Organisation/Einrichtung in die Mitte und platzieren Sie dann die Organisationen/Einrichtungen/Netzwerke, mit denen Sie Kontakt haben und um deren Kontakt untereinander Sie wissen – je nach geschätzter Intensität der Beziehung nahe oder ferner zu Ihrer Einrichtung. Es kann also sein, dass Sie Kontakte einzeichnen, die Ihre Einrichtung gar nicht selbst hat, sondern die Sie unter anderen Organisationen vermuten.
3. Dann zeichnen Sie die Linien ein, um die Qualität der Kontakte zu bezeichnen.

Zeichenerklärung
Die *Kreise* geben die zeitliche Intensität von Kooperationen/Vernetzungen an. Je enger an der eigenen Einrichtung/Organisation, desto häufiger ist man in Kontakt:
K 1 = mindestens einmal pro Woche
K 2 = mindestens einmal pro Monat
K 3 = mindestens einmal pro Halbjahr
K 4 (außerhalb) = seltener als einmal pro Halbjahr

Kooperation wird verstanden als gemeinsames und gleichberechtigtes Handeln an Themen, Aufgaben, Fällen.

Vernetzung wird verstanden als Absprache, Überweisung von Aufgaben/Fällen, Koordination, Planung, Infoaustausch, schlichte Bekanntheit derjenigen, die sich an der Kooperation beteiligen.

Die *Pfeile* zeigen

- den Unterschied zwischen Kooperation und Vernetzung (doppelt = Kooperation, einfache Linie = Vernetzung): Die Einschätzung, ob ein Kontakt kooperativ oder vernetzend ist, bleibt subjektiv und es gibt dafür keine objektiven Indikatoren. Bitte entscheiden Sie sich, wie Sie den Kontakt definieren möchten.
- die Qualität des Kontakts: Einfache Pfeile stehen für eher einseitigen Kontakt, der besonders von einer Seite aktiv geführt und erhalten wird; Doppelpfeile stehen für einen wechselseitigen Kontakt, den beide Seiten aktiv betreiben.
- die Qualität der Kooperation wird auch durch Farben ausgedrückt: Wiederum wird dabei die subjektive Einschätzung des/der Ausfüller*in angegeben. Blau steht für eine als gut empfundene Kooperation beziehungsweise Vernetzung; Schwarz für neutral bis nicht so gut; Rot steht für eine als eher schlecht empfundene Kooperation beziehungsweise Vernetzung.

Abbildung 2: **Beispiel einer Netzkarte**

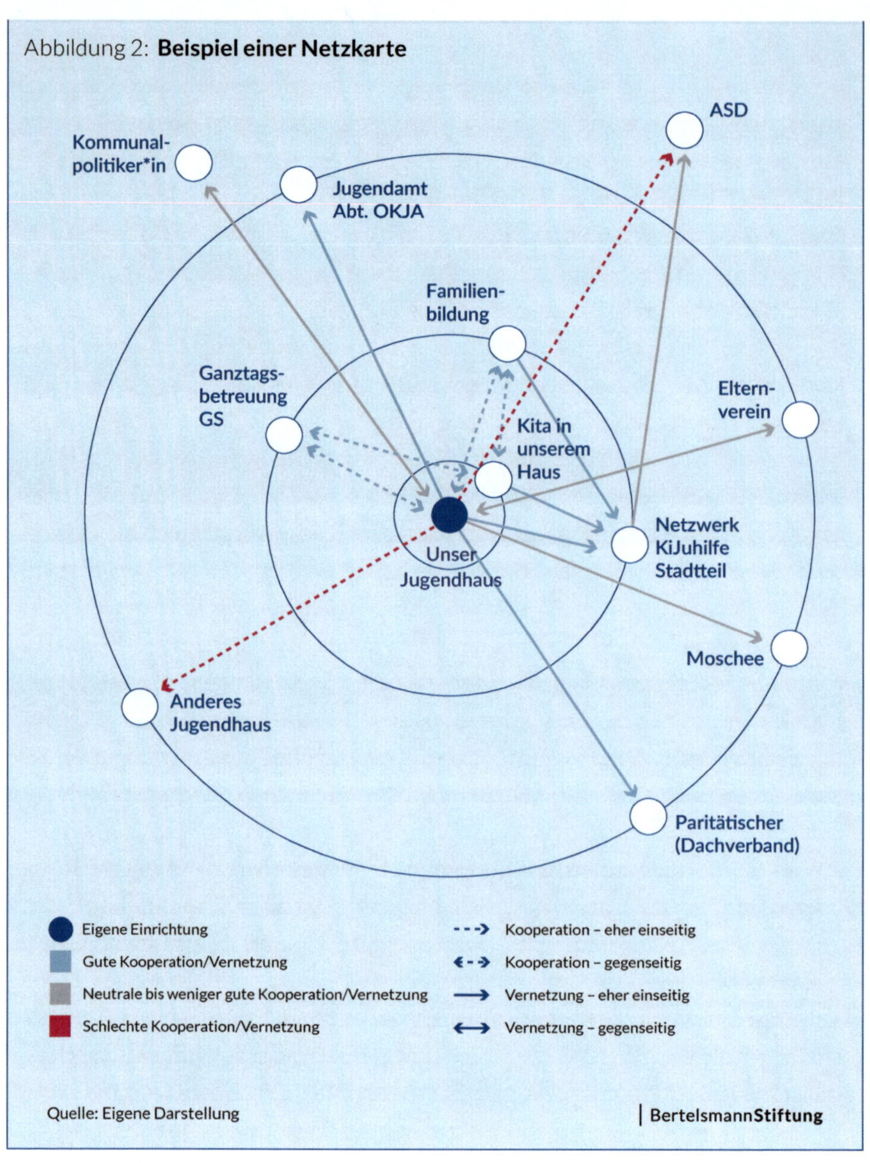

Quelle: Eigene Darstellung

| BertelsmannStiftung

Methode: Netzwerkkarte nutzen, um Themen der anderen Akteure zu erschließen

Beteiligte/Zielgruppe

Fachkräfte

Felder der Kinder- und Jugendhilfe

Alle

Thema

Netzwerkkarten nutzen, um Themen der anderen Akteure zu erschließen; Themen der Kooperation entdecken

Ziel

- Fachkräfte versetzen sich in die Aufgaben, Themen und Perspektiven anderer Einrichtungen und ihre Adressat*innen.
- Sie können daraus mögliche Themenstellungen für gemeinsames gesellschaftlich-demokratisches Engagement in der Kommune erschließen.
- Die Fachkräfte können diese Themen nutzen, um die eigenen Adressat*innen damit zu konfrontieren und mit den anderen Netzwerkbeteiligten in einen Dialog über die Themen zu kommen.
- Sie nutzen diese Dialoge, um Themen gemeinsamen Engagements im Stadtteil zu entwickeln.

Theoretischer Hintergrund

Der Hintergrund wurde oben in der Einführung zum KoKoDe-Projekt genauer erläutert. Obwohl KoKoDe die Themen von Adressat*innen der einzelnen Organisationen der Kinder- und Jugendhilfe ins Zentrum der Förderung demokratischen Engagements stellt, müssen doch auch die Themen der anderen in der Kommune beteiligten Organisationen und deren Adressat*innen berücksichtigt werden. Kinder und Jugendliche in den eigenen Einrichtungen müssen ebenfalls die Perspektiven, Themen, Interessen und Konflikte der anderen Mitbürger*innen und ihrer Organisationen in der Kommune kennen und berücksichtigen lernen.

Bezug zu demokratischem Engagement

Demokratie ist keine Einbahnstraße, in der einzelne Gruppierungen (in unserem Fall zum Beispiel Kinder und Jugendliche aus einer Einrichtung) ihre Teilinteressen oder Themen in der Öffentlichkeit und gegenüber der Politik durchzusetzen versuchen. Zwar ist dies das unbedingte Recht betroffener Kinder und Jugendlicher und soll in KoKoDe zentral gefördert werden, doch damit endet die Demokratiebildung nicht. Als Mitglieder der kommunalen Gemeinde müssen die Kinder und Jugendlichen auch die Mitbürger*innen und deren Anliegen kennenlernen, um in einen demokratischen Austausch zu kommen. Es müssen kommunikative Verhältnisse der Gegenseitigkeit entwickelt werden. Daher ist es nötig, dass die Einrichtungen und Fachkräfte ihre Adressat*innen ebenfalls mit den Perspektiven, Themen und Interessenkonflikten der anderen Akteure im Stadtteil konfrontieren. Darauf aufbauend können dann gemeinsame demokratische Diskurse und Entscheidungen stattfinden.

Vorgehensweise

Entdecken von Inhalten und Themen in den Vernetzungen und Kooperationen

Schauen Sie sich die Verbindungen auf den Karten an und sammeln Sie die Inhalte, die in diesen Verbindungen bearbeitet werden. Das können sein:

1. Mit Blick auf die Themen der Adressat*innen (ihre Interessen, Probleme, Inhalte, Konflikte ...)
   - Themen unserer Adressat*innen bei/mit Partnerorganisationen
   - Themen der Adressat*innen anderer Organisationen in/mit unserer Einrichtung

2. Mit Blick auf die Themen der Organisationen (Aufgaben, Finanzen, Koordination, Qualifikation ...)
   - Themen, Aufgaben, Interessen unserer Einrichtung in Kooperation/ Vernetzung mit anderen Organisationen
   - Themen, Aufgaben, Interessen der anderen Organisationen in Kooperation/Vernetzung mit Einrichtungen anderer Organisationen

Dazu können folgende Tabellen genutzt werden:

1a) Themen unserer Adressat*innen bei/mit Partnerorganisationen (mit einem Beispiel ausgefüllt)

Themen unserer Adressat*innen	**Kooperations-/ Partnerorganisation**	**Vernetzungs-/ Partnerorganisation**	**Ignorante, schlechte Partnerorganisation**
Kulturelle Speisen	Fastenbrechen mit Moschee	Information über Ramadan an Schule	Lokalradio, kein Interesse am Thema

Hier versucht man herauszufinden, welche Themen die eigenen Adressat*innen mit anderen Organisationen im Einzugsgebiet teilen. Dabei wird auch immer schon versucht, die Betroffenheit oder Beteiligung anderer Akteure im Netzwerk mitzudenken. Das erlaubt, später Möglichkeiten der Kooperation zu entdecken.

1b) Themen von Adressat*innen der Partner in/mit unserer Einrichtung (mit einem Beispiel ausgefüllt)

Organisation	**Themen der Adressat*innen**	**Wir**	**andere**
Moscheeverein	Ramadan	Gemeinsames Zuckerfest	Info des Moscheevereins in der Presse

Dann dreht man das Vorgehen um: Nun wird überlegt, welche Themen die Adressat*innen der Partnerorganisationen in der eigenen Einrichtung haben könnten und welche thematischen Kooperationspotenziale mit Blick auf gesellschaftlich-demokratisches Engagement daraus entstehen könnten.

2a) Unsere organisationellen Themen in Kooperation/Vernetzung mit anderen Organisationen (mit einem Beispiel ausgefüllt)

Unsere Themen	**Andere Organisation:** **x) wer** **y) wie**	**Beteiligung von Adressat*innen**
Projektfinanzierung	x) Senat y) Projektantrag x) Jugendhaus nebenan y) gemeinsamer Antrag	Zusammen Antrag schreiben; Antrag aushängen; Zusammenhang zu Themen der Kids erläutern; Kids aus anderem Jugendhaus zu uns einladen
Schutzauftrag nach § 8a SGB VIII	x) darin erfahrene Fachkraft der Kita Glückspilze y) Infoabend für uns Fachkräfte in der Kita Glückspilze	Planung, wie die Kids in unserer Einrichtung auf die Kinderrechte aufmerksam gemacht werden können; mit Kids Rechte sammeln; erkunden, welche Rechte sie in unserer Einrichtung umgesetzt sehen, welche nicht; eventuell Schutzprojekt starten

Hier wurden beispielhaft Themen gewählt, die nicht direkt von Kindern und Jugendlichen stammen. Einrichtungen müssen die Finanzierung für Projekte beantragen und sich (neben der Demokratiebildung) weiteren fachlichen Aufgaben stellen. Dazu wurden hier zwei Beispiele ausgewählt. Die Tabelle hilft zu entdecken, mit wem man wie zu solchen Themen kooperieren kann, aber auch zu klären, wie dabei die eigenen Kinder und Jugendlichen einbezogen werden können.

Die KoKoDe-Qualifizierung von Fachkräften

Moritz Schwerthelm

Das Modellprojekt „Kooperativ in der Kommune: Demokratisches Engagement von Kindern und Jugendlichen fördern" (KoKoDe) hatte in seiner Umsetzung neben den Kindern und Jugendlichen sinnvollerweise weitere Zielgruppen. Denn geht man die Entwicklung eines ganzen Trägers an, so ist es notwendig, alle Betroffenen mit einzubeziehen. Dies sind nicht zuletzt die Fachkräfte in den Einrichtungen der Kinder- und Jugendhilfe, die zukünftig die Kooperation zur Förderung gesellschaftlich-demokratischen Engagements vorantreiben sollen. Daher war die Qualifizierung von Fachkräften auf unterschiedlichen Ebenen ein wichtiger Baustein bei der Weiterentwicklung und Implementierung der Methoden zur Förderung gesellschaftlich-demokratischen Engagements in Einrichtungen der Kinder- und Jugendhilfe sowie bei den Kommunen und der Unterstützung der Kooperation zwischen diesen Einrichtungen.

In diesem Beitrag werden die Ziele und das Vorgehen der Qualifizierungen sowie die bisherigen Erfahrungen der Beteiligten beschrieben. Zunächst geht es um die Multiplikator*innenschulung, das Kernstück der Qualifizierungen, um dann die – davon ausgehenden – Qualifizierungsbestrebungen in den Kinder- und Jugendhilfeeinrichtungen zu beschreiben. Abschließend stehen die Rückmeldungen der Fachkräfte an das Fortbildungsteam und den Träger im Mittelpunkt.

Die Multiplikator*innenschulung

Ansatzpunkt bei der Qualifizierung von Fachkräften war die Ausbildung von Multiplikator*innen als elementarer Konzeptbaustein. Die Annahme dahinter war, dass es für eine nachhaltige Verankerung von KoKoDe wichtig ist, die Qualitätsentwicklung und -sicherung von den Fachkräften in den Einrichtungen selbst und integriert in ihren pädagogischen Alltag umsetzen und tragen zu lassen. Neben den üblichen Steuerungsorganen eines Trägers bei einem solchen Organisationsentwicklungsprozess sollte so eine tragende Basis von Fachkräften geschaffen werden, die sich mit dem Ansatz identifiziert, ihn voranbringen will und die ihre neu erworbenen Kenntnisse und Fähigkeiten innerhalb des Trägers und der Kooperationen nutzt und weitergibt. Dazu sollten Multiplikator*innen ausgebildet werden, die zum Ende der Schulung mit den konzeptionellen Grundlagen und Methoden von GEBe (siehe die Beiträge von Benedikt Sturzenhecker in diesem Band) und KoKoDe vertraut sind, aber auch befähigt, Kolleg*innen diese Grundlagen und Methoden selbst näherzubringen und sie bei deren Erprobung und Umsetzung zu beraten.

Von 2015 bis 2017 wurden zwei Generationen (eine pro Projektjahr) von Fachkräften des Nachbarschaftsheims zu Multiplikator*innen geschult – im ersten Projektjahr zwölf und im zweiten zehn Fachkräfte –, die zukünftig in den Einrichtungen des Trägers und in Kooperationen zur Förderung gesellschaftlich-demokratischen Engagements wirken sollen.

Im ersten Projektjahr wurden aufgrund der Projektstruktur die Multiplikator*innen vornehmlich aus den Arbeitsbereichen Ganztagsbetreuung an Grundschule, Ganztagsbetreuung an Oberschule, Schulsozialarbeit und Kinder- und Jugendarbeit ausgewählt. In erster Linie waren dies Fachkräfte, die sich in dem Vorgängerprojekt zur Förderung gesellschaftlichen Engagements Benachteiligter in der Offenen Kinder- und Jugendarbeit – kurz GEBe (Sturzenhecker 2015; Sturzenhecker und Schwerthelm 2015) – bereits als sehr engagiert oder mindestens interessiert gezeigt hatten. Eine Teilnahme der anderen Felder (Kindertagesstätte, Familienbildung, kulturelle Bildung und so weiter) wurde bereits durch zwei Fachkräfte sichergestellt. Die Beteiligung wurde dann im zweiten Projektjahr auf diese Felder ausgeweitet. Ziel war, auch bei den Multiplikator*innen die schon bestehende Breite der kooperierenden Einrichtungen beim Träger Nachbarschaftsheim abzubilden. Bei der Gewinnung von Fachkräften für die Schulung wurde ein Schwerpunkt auf die drei Modellregionen des Projekts gelegt:

- Campus: Ganztagsbetreuung an Grundschule, Ganztagsbetreuung an Oberschule, Kinder- und Jugendarbeit, Schulsozialarbeit; optional: Kindertagestätte, kulturelle Bildung
- Steglitz-Nord: Ganztagsbetreuung an Grundschule, Inklusion, Kinder- und Jugendarbeit, Kindertagesstätte, Schulsozialarbeit

- Wilmersdorf: Kinder- und Jugendarbeit, Schulsozialarbeit, Ganztagsbetreuung; später Kindertagesstätte.

Die Schulungen wurden an jeweils fünf Fortbildungstagen von einem Fortbildungsteam, bestehend aus Thomas Glaw (Nachbarschaftsheim Schöneberg e. V.), Ariane Hoppler (Youth Work Norfolk), Moritz Schwerthelm (Universität Hamburg), Nina Vormelchert (damals Jugendamt Steglitz-Zehlendorf) und Konstanze Zoller (Nachbarschaftsheim Schöneberg e. V.), durchgeführt.

Zu Beginn der Schulung starteten die Multiplikator*innen zeitgleich mit der Beratung anderer Teams des Trägers zu GEBe und KoKoDe. Die grundsätzliche Fortbildungsmethodik bestand also darin, sich ein Konzept mit entsprechenden Methoden anzueignen und gleichzeitig die Vermittlung des Erlernten an anderen Kolleg*innen und deren Teams zu üben. Zu ihren Erprobungs- und Beratungserfahrungen wurden die Teilnehmenden zwischen den Fortbildungstagen vom Team in Kleingruppen per E-Mail, Telefon und in Videotelefonkonferenzen in den Einrichtungen kontinuierlich gecoacht. Gelegentlich gab es auch direkte Beratungskontakte per E-Mail und am Telefon zu konkreten Projekten in den Kooperationen und Einrichtungen. So wurde gesichert, dass die Teilnehmenden es sofort wagen konnten, die Herausforderung, andere Kolleg*innen zu den Methoden zu beraten, auf sich zu nehmen. Alle Qualifizierungsprozesse erfuhren damit eine Hintergrundsicherung mittels Coaching und Beratung durch das Fortbildungsteam. Zusammenfassend waren also zwei methodische Grundschritte kennzeichnend:

- die Vermittlung der GEBe- und KoKoDe-Methoden in typischen Fortbildungssettings (den Multiplikator*innenschulungen)
- die gleichzeitige Umsetzung des in der Schulung Erlernten in der eigenen Praxisberatung der Teilnehmenden.

Damit wurde die sonst übliche Trennung zwischen Fortbildung und Praxistransfer beziehungsweise praktischer Umsetzung des Gelernten reduziert. Zudem konnten die GEBe- und KoKoDe-Methoden noch während der Fortbildung in die Breite gebracht werden, sodass an den beteiligten drei Standorten für eine Intensivierung der Arbeit am gemeinsamen Projektansatz gesorgt wurde.

Der gesamte Prozess hatte fünf Wirkungsziele (WZ I-V). Diese bauen – der hier genannten Abfolge entsprechend – aufeinander auf, wobei in der Multiplikator*innenschulung ein Schwerpunkt auf die Wirkungsziele I, II und IV gelegt wurde. Dies ist in der Annahme begründet, dass die Fachkräfte in projektförmigen Versuchen der Förderung gesellschaftlich-demokratischen Engagements zunächst Erfahrungen sammeln und diese reflektieren (WZ I und II), dieses anschließend auch in Kooperationen üben sollten (WZ IV) und erst im späteren Projektverlauf für die Verankerung formalerer Formen demokratischer Partizipation (WZ III) und ihre Qualitätsentwicklung und -sicherung (WZ V) nutzen können. Diese weiteren Wirkungsziele sollten somit in der zukünftigen Implementierung sukzessive mehr Gewicht bekommen.

Um die Bedeutung der Wirkungsziele für die Schulung nachvollziehen zu können, ist deutlich zu machen, dass diese die Multiplikator*innen in doppelter Hinsicht betreffen: Einerseits mussten sie sich diese Ziele selbst zu eigen machen und deren Umsetzung anstreben; andererseits sollten sie wiederum Kolleg*innen dazu befähigen, dass diese die Ziele selbst umsetzen. Dieser doppelten Rolle der Multiplikator*innen entsprechend war auch die Schulung konzeptionell aufgebaut:

- Bezogen auf ihre Rolle als Fachkräfte wurden die Multiplikator*innen sowohl theoretisch-konzeptionell als auch methodisch in die einzelnen Wirkungsziele prozessorientiert eingeführt und mussten diese zwischen den Fortbildungstagen erproben.
- Bezogen auf ihre Tätigkeit als Multiplikator*innen bekamen sie – über ihre eigenen Erfahrungen mit den Methoden hinaus – Anleitungen, wie sie den Einrichtungsteams die Grundlagen und Methoden näherbringen und diese in ihrer Erprobung in den Einrichtungen beraten können. Dazu wurden unter anderem Beratungsstunden durch Rollenspiele simuliert.

Die Wirkungsziele von KoKoDe und ihre Bedeutung in der Multiplikator*innenschulung

Wirkungsziel I

Die Fachkräfte können in der Förderung gesellschaftlichen Engagements von den lebensweltlichen Themen der Kinder und Jugendlichen ausgehen. Sie können das Handeln der Kinder und Jugendlichen beobachten, darin enthaltene Themen gesellschaftlichen Engagements entdecken, diese priorisieren und medial gestaltet in einen klärenden Dialog mit den Kindern und Jugendlichen zurückgeben und mit ihnen über die (projekthafte) Umsetzung von Themen entscheiden. Anders gesagt: Sie wenden die Methoden zur Förderung gesellschaftlichen Engagements an (Sturzenhecker 2015; Sturzenhecker und Schwerthelm 2015).

Für die Umsetzung dieses Wirkungsziels sollten die Multiplikator*innen zunächst den methodischen Doppelschritt von der Aneignung der Methode in Fortbildungen und deren praktischer Nutzung in eigenen Beratungen vollziehen. Dazu bekamen sie an den Fortbildungstagen jeweils einen Vortragsinput, in dem ihnen die theoretischen, konzeptionellen und fachlichen Grundlagen sowie die Methoden und Übungen von GEBe vorgestellt und erklärt wurden, um diese anschließend gemeinsam zu diskutieren und in ersten Ansätzen zu simulieren.

Zwischen den Fortbildungstagen hatten die Multiplikator*innen dann die Möglichkeit, jeweils einen Arbeitsschritt von GEBe (Beobachtung, Auswertung, dialogische Klärung, Projektgestaltung) zu erproben. Das heißt, während des ersten Fortbildungstages wurden sie in die GEBe-Methoden zum Beobachten und Dokumentieren eingeführt und im Anschluss daran gingen sie zurück in ihre eigene Praxis und übten das Beobachten und Dokumentieren entsprechend den methodischen Vorschlägen (Sturzenhecker und Schwerthelm 2015: 73). Am zweiten Fortbildungstag erfuhren die Multiplikator*innen etwas über die Methoden des Auswertens, die sie dann zwischen dem zweiten und dritten Tag in ihrer alltäglichen Praxis ausprobieren sollten. Der zeitliche Abstand zwischen den Fortbildungstagen, also die Zeit für eine Praxiserprobung, belief sich jeweils auf etwa acht Wochen.

Bezogen auf ihre Aufgabe als Multiplikator*in vereinbarten sie im Anschluss an den ersten Fortbildungstag einen Beratungstermin mit dem von ihnen zu beratenden Team. Diese Termine fanden in den meisten Fällen – für die erste Generation eher zufällig, für die zweite dann systematisch – nach dem zweiten Fortbildungstag statt, sodass die Multiplikator*innen genug Zeit hatten, das Beobachten und Dokumentieren selbst zu erproben und sich das GEBe-Konzept anzueignen, bevor sie es in einem ersten Termin den Kolleg*innen vermitteln mussten. Für diese erste Vermittlung wurden den Multiplikator*innen verschiedenste Materialien bereitgestellt – wie die Präsentation zur Einführung in GEBe oder Schaubilder zu den Arbeitsschritten – oder während der Fortbildungstage gemeinsam mit ihnen erarbeitet.

Wirkungsziel II
Die Fachkräfte können in den Bildungs- und Engagementthemen der Kinder und Jugendlichen die Möglichkeit oder Notwendigkeit entdecken, diese über ihre Einrichtung hinaus in die Öffentlichkeit der Nachbarschaft, des Gemeinwesens und die engagierten Kinder und Jugendlichen mit ihren Themen in Vernetzung und Kooperation mit anderen Akteur*innen des Sozialraums zu bringen. Das gilt a) für aktuelle Engagementprojekte, aber auch b) bezüglich der Kooperation der Einrichtungen in der Förderung gesellschaftlich-demokratischen Engagements entlang der Biografie.

Auch dieses Wirkungsziel setzt auf die GEBe-Methode auf, indem die Multiplikator*innen hier lernen sollen, ihre Kinder und Jugendlichen dabei zu unterstützen, ihre Themen und Anliegen in der Öffentlichkeit des Gemeinwesens zu artikulieren und mit anderen Bürger*innen in Dialog zu treten. Dies wird hier nun aber erweitert um die Kooperation und Vernetzung mit anderen Akteur*innen und Einrichtungen in der Kommune. Darin wurden die Multiplikator*innen unterstützt, indem sie angeleitet wurden, die Netzwerke und Sozialräume der Adressat*innen zu analysieren, und dabei eben auch Kooperationspartner ausfindig machen konnten (vgl. die Methoden zur Netzwerkanalyse im Einführungsbeitrag dieses Buches von Sturzenhecker).

Die erprobten Methoden konnten die Multiplikator*innen dann auch für ihre Beratungen in den Einrichtungsteams nutzen. Zudem waren die Beratungen zwischen Einrichtungsteams und Multiplikator*innen meist so organisiert, dass dadurch – wenn nicht bereits vorhanden – Kooperationen in den jeweiligen Stadtteilen über die Felder der Kinder- und Jugendhilfe hinweg entstanden. So hat etwa eine Kinder- und Jugendarbeiterin ein Team einer Ganztagsschule im gleichen Stadtteil beraten, eine Familienbildnerin ein Team einer Kindertagesstätte usw.

Wirkungsziel III

Die Fachkräfte schaffen kontinuierliche methodische Settings, die sichern, dass die Rechte der Kinder und Jugendlichen auf Mitentscheidung, Mitverantwortung und Mitgestaltung des Gemeinwesens a) in den einzelnen Einrichtungen, b) in den Kooperationen und in Netzwerken des Engagements sowie c) in der Politik der Kommune strukturell verankert und umgesetzt werden.

Dieses Wirkungsziel wurde – wie oben begründet – in der Schulung vorerst hintangestellt. Da die Multiplikator*innen erst einmal die Förderung gesellschaftlich-demokratischen Engagements in den Einrichtungen und den Kommunen in Kooperation mit anderen Einrichtungen projekthaft erproben sollten, wurden Möglichkeiten der strukturellen kontinuierlichen Verankerung demokratischer Partizipation erst gegen Ende der Schulungen thematisiert. Dies geschah vor allem, indem den Fachkräften der Unterschied zwischen den verschiedenen Formen von Partizipation (informell, projekthaft und formell, strukturell verankert) deutlich gemacht wurde und Möglichkeiten aufgezeigt wurden, wie kontinuierliche methodische Settings geschaffen werden können, die den Kindern und Jugendlichen ermöglichen, ihre Rechte auf Mitentscheidung, Mitverantwortung und Mitgestaltung des Gemeinwesens zu verwirklichen.

Dies sollte erstens sicherstellen, dass die lebensweltlichen Themen der Adressat*innen in diesen Settings berücksichtigt werden; zweitens, dass diese Settings auch ihren Handlungs- und Aneignungsweisen entsprechen; und drittens sollten diese formaleren Formen die Chance beinhalten, die personelle und situative Abhängigkeit von Partizipation – in der einzelne Fachkräfte entscheiden, welche Adressat*innen was mitentscheiden und mitgestalten dürfen – minimieren zu können. Dies erfolgte durch theoretische Vortragsinputs sowie praktische Beispiele und Anregungen, erste formellere Formate von Partizipation, wie Jugendversammlungen oder Beschwerdeverfahren, selbst im Alltag zu erproben.

Wirkungsziel IV
Die beteiligten Fachkräfte multiplizieren ihre Erfahrungen und Arbeitsweisen zum gesellschaftlich-demokratischen Engagement in die gesamte Organisation des NBHS. Sie weiten die Praxis der Förderung gesellschaftlichen Engagements, aber auch darüber hinaus in Kooperationen im Gemeinwesen aus.

Wirkungsziel IV formuliert damit eine Hauptaufgabe der Multiplikator*innen, da die Schulung der Versuch ist, dieses Wirkungsziel strukturell verankert umzusetzen. Wie oben beschrieben, kamen die Fachkräfte diesem Ziel während der Zeit der Schulung nach, indem sie andere Teams des Trägers zur Förderung gesellschaftlich-demokratischen Engagements beraten haben. Zu einem späteren Zeitpunkt des Projekts bekamen die Multiplikator*innen der ersten Generation die Möglichkeit, in das Fortbildungsteam der zweiten Generation zu gehen oder andere Verantwortlichkeiten bei der Verankerung von KoKoDe beim Träger, wie etwa die regionale Koordination von KoKoDe, zu übernehmen oder die trägereigene Fortbildungsreihe zur Förderung gesellschaftlich-demokratischen Engagements zu konzipieren und umzusetzen (vgl. die Beschreibung des Projekts in diesem Buch bei Glaw).

Wirkungsziel V
Die Fachkräfte erstellen Qualitätskonzepte, die gemeinsam für das Nachbarschaftsheim Schöneberg und dann für einzelne Einrichtungstypen Wirkungsziele und Handlungsziele (Qualitätsstandards) festlegen und operationalisieren sowie für den Zweck der Selbstevaluation Indikatoren der Ergebnis-, Prozess- und Strukturqualität der Förderung gesellschaftlichen Engagements enthalten. Das Qualitätskonzept dient somit der Orientierung, der Selbstevaluation und der Verbesserung der eigenen Praxis.

Hierzu bekamen die Multiplikator*innen eine Einführung in die Qualitätsentwicklung und -sicherung und erhielten als Expert*innen die Möglichkeit, bei der Erstellung von Qualitätskonzepten bezogen auf die Förderung gesellschaftlich-demokratischen Engagements mitzuwirken – speziell für ihr eigenes Arbeitsfeld in Werkstattgesprächen sowie in Werkstätten zur Erarbeitung fachspezifischer Handlungsempfehlungen.

Die Fortbildungstage

Neben den ausgeführten Zielen und Inhalten der Schulung beinhalteten die Fortbildungstage stark reflexive Elemente, die durch kollegiale Beratungen zu Beginn jedes Fortbildungstages sichergestellt wurden. Dies bot den Multiplikator*innen die Möglichkeit, an den Erfahrungen der Kolleg*innen zu partizipieren und im Fall von Konflikten gemeinsam Lösungen zu erarbeiten. Damit waren die Fortbildungstage sowohl an den oft subjektiven aktuellen Herausforderungen des eigenen pädagogischen Alltags der Fachkräfte orientiert als auch an der Beratungstätigkeit; zugleich wurden Ideen und Lösungswege als gemeinsame Ressource geteilt. Zudem stellte das Team an den Fortbildungstagen auf Bitten der Multiplikator*innen diverse Methoden und Materialien zur Verfügung, die die Arbeit der Fachkräfte entweder bei der Erprobung oder bei der Vermittlung der Methoden unterstützen sollten.

Die Fortbildungstage wiesen damit meist eine ähnliche Struktur auf: Begonnen wurde mit den Berichten der Fachkräfte über ihre Erprobung der Methoden und ihre Beratungen der Einrichtungsteams zu Kooperationen und der Vermittlung der Methoden. Anschließend bekamen die Fachkräfte meist einen Vortragsinput zu Konzept und Methoden von GEBe und KoKoDe, die dann diskutiert und deren Umsetzung in die Praxis bis zum folgenden Fortbildungstag geklärt wurden. Darüber hinaus beinhalteten die Fortbildungstage in der Regel Rollenspiele zur Einübung von Beratungs- und Vermittlungssituationen mit anderen Einrichtungsteams und Kooperationen sowie die Vorstellung beziehungsweise gemeinsame Erstellung von Materialien zu sozialraum-, subjekt- und demokratieorientierter Sozialpädagogik.

Das modularisierte Fortbildungskonzept

Das Fortbildungskonzept der KoKoDe-Multiplikator*innenschulung ist hier (siehe Abbildung 1) idealisiert dargestellt. In der konkreten Umsetzung haben nicht immer alle Multiplikator*innen alle Schritte zur vorgeschlagenen Zeit vollzogen, da die Schulung sich teilweise den Prozessen in den einzelnen beratenen Einrichtungen angepasst hat.

Abbildung 1: **Fortbildungskonzept Multiplikator*innenschulung KoKoDe**

Modul I	• Einführung in den Aufbau des Projekts • Einführung in die konzeptionellen Grundlagen von GEBe und KoKoDe • Einführung in den ersten Arbeitsschritt nach GEBe: Beobachten und Dokumentieren • Organisation der Kontakte zwischen Multiplikator*innen und Einrichtungsteam
Erprobungs-phase I	• Die Multiplikator*innen erproben das Beobachten und Dokumentieren in ihrer eigenen pädagogischen Praxis • Sie setzen sich mit den konzeptionellen Begründungen für GEBe und KoKoDe auseinander • Die Multiplikator*innen nehmen Kontakt zu dem zu beratenden Einrichtungsteam auf • Die Multiplikator*innen telefonieren mit ihren Zuständigen aus dem Fortbildungsteam
Modul II	• Kollegiale Beratung (1) in Bezug auf die eigene Erprobung von GEBe und KoKoDe und (2) in Bezug auf die Beratungstätigkeit • Einführung in den zweiten Arbeitsschritt nach GEBe: das Auswerten • Erstellung von Netzwerkkarte • Rollenspiel: Simulation einer Beratungssituation
Erprobungs-phase II	• Die Multiplikator*innen führen das Einrichtungsteam in die konzeptionellen Grundlagen von GEBe und KoKoDe ein • Die Multiplikator*innen erproben (1) die GEBe-Methoden zur Auswertung der Beobachtungen und (2) die Beratung des Einrichtungsteams bei der Aneignung der Methoden zur Beobachtung und Dokumentation • DieMultiplikator*innen telefonieren mit ihren Zuständigen aus dem Fortbildungsteam
Modul III	• Kollegiale Beratung (1) in Bezug auf die eigene Erprobung von GEBe und KoKoDe und (2) in Bezug auf die Beratungstätigkeit • Einführung in den dritten Arbeitsschritt nach GEBe: dialogische Klärung • Erstellung des gemeinsamen Materials zu Argumenten von GEBe gegenüber Politik, Kolleg*innen, Adressat*innen, Anwohner*innen
Erprobungs-phase III	• Die Multiplikator*innen erproben (1) die GEBe-Methoden zur dialogischen Klärung und (2) die Beratung des Einrichtungsteams bei der Aneignung der Methoden zur Auswertung • Die Multiplikator*innen telefonieren mit ihren Zuständigen aus dem Fortbildungsteam
Modul IV	• Kollegiale Beratung (1) in Bezug auf die eigene Erprobung von GEBe und KoKoDe und (2) in Bezug auf die Beratungstätigkeit • Einführung in den vierten Beratungsschritt nach GEBe: Projektgestaltung • Rollenspiel: Simulation eines Kooperationstreffens • Einführung in Wirkungsziel 3 zur strukturellen Verankerung demokratischer Partizipation • Input zur Unterscheidung von Dienstleistungs- und Partizipationsorientierung
Erprobungs-phase IV	• Die Multiplikator*innen erproben (1) die GEBe-Methoden zur Projektgestaltung und (2) die Beratung des Einrichtungsteams bei der Aneignung der Methoden zur dialogischen Klärung • Die Multiplikator*innen telefonieren mit ihren Zuständigen aus dem Fortbildungsteam
Modul V	• Kollegiale Beratung (1) in Bezug auf die eigene Erprobung von GEBe und KoKoDe und (2) in Bezug auf die Beratungstätigkeit • Einführung in Wirkungsziel 5 zur Qualitätsentwicklung und -sicherung • Abschließende Reflexion der Schulung mit der Erarbeitung von Erfolgen, Schwierigkeiten und Gelingensfaktoren
Erprobungs-phase V	• Die Multiplikator*innen erproben die Beratung des Einrichtungsteams bei der Aneignung der Methoden zur Projektgestaltung • Die Multiplikator*innen telefoniern mit ihren Zuständigen aus dem Fortbildungsteam

Quelle: Eigene Darstellung | BertelsmannStiftung

Ebenso wie das Fortbildungsteam die Bedarfe der Multiplikator*innen bei der Schulung prozessorientiert antizipiert hat, haben auch die Multiplikator*innen darauf reagiert, welche Unterstützungen die von ihnen beratenen Teams für die Umsetzung von GEBe und KoKoDe akut und langfristig benötigen. Gerade die zusätzlichen Materialien und Vortragsinputs während der Fortbildungstage waren Reaktionen auf Bedarfe der Multiplikator*innen. Berichtete beispielsweise eine Fachkraft in der kollegialen Beratung, dass es ihr in den Beratungen schwerfalle, in den Berichten des Einrichtungsteams zwischen Angebotspädagogik und Pädagogik zur Förderung von Partizipation zu unterscheiden, wurde gefragt, ob diese Unterscheidung mehrere Multiplikator*innen interessieren würde. War das der Fall, erarbeitete das Fortbildungsteam bis zum nächsten Fortbildungstag entweder einen Vortragsinput oder Materialien, die die Fachkräfte in diesem Punkt unterstützten. Auf diese Weise konnte die Schulung die Erfahrungen der Multiplikator*innen aufgreifen sowie fachlich und methodisch erweitern.

Erfahrungen mit den GEBe- und KoKoDe-Arbeitsweisen in Bezug auf die Fachkräfte der Kinder- und Jugendhilfeeinrichtungen sowie die Multiplikator*innenschulung

In den Abschlussdiskussionen der zwei Schulungen für Multiplikator*innen und den oben erwähnten Werkstattgesprächen wurden die Erfahrungen der Beteiligten gesammelt. Dabei tauchten auch einige Punkte auf, die in der Evaluation bereits expliziert und in diesen Gesprächen bestätigt wurden. Diese werden zunächst in Bezug auf die GEBe-Arbeitsschritte erläutert, um dann anschließend über die allgemeineren Erfahrungen mit der Konzeption und Umsetzung der Multiplikator*innenschulung zu berichten.

Erfahrungen in Bezug auf die Fachkräfte

Hier geht es zunächst um den Arbeitsschritt des Beobachtens und darum, dass es sowohl für die Multiplikator*innen in der eigenen GEBe-Erprobung als auch für die Fachkräfte nicht einfach zu sein schien, die verlangte schriftliche Dokumentation zu realisieren. Die Fachkräfte identifizierten für diese Schwierigkeit fehlende personelle und zeitliche Ressourcen. Sie argumentierten, dass oft zu wenig Personal in der Einrichtung sei, sodass sich eine Person nicht voll und ganz auf das Beobachten konzentrieren könne und sie auch zu wenig Zeit hätten, um die Beobachtungen alltagsintegriert zu verschriftlichen. Für die Schulung hatte dies zur Folge, dass die Berichte der Multiplikator*innen in der kollegialen Beratung oft improvisiert waren und damit selten dichte Beschreibungen des pädagogischen Alltags, wie es für eine angemessene Beratung Grundlage hätten sein müssen. Das Fortbildungsteam reagierte auf diesen Umstand, indem es den Multiplikator*innen vorschlug, sich erst gegen Ende des Arbeitstages an einen ruhigen Ort zu setzen und dort die Eindrücke und Beobachtungen des Tages zu verschriftlichen, anstatt dies mitten im Geschehen zu tun. Da dies jedoch nicht zu mehr Verschriftlichungen führte, kann davon ausgegangen werden, dass es andere Gründe gibt – so zeigen die Gespräche beispielsweise, dass die Fachkräfte (ausgenommen die der Kindertagesstätten) vor dem Projekt kaum Erfahrungen mit dem Beobachten und Dokumentieren ihres pädagogischen Alltags hatten und daher in der Schulung auch lernen mussten, sich systematisch mit der Dokumentation und Reflexion ihres pädagogischen Handelns auseinanderzusetzen.

Zum zweiten GEBe-Arbeitsschritt berichteten die Multiplikator*innen aus den Beratungen, dass diese Auswertungen des beobachteten jugendlichen Handelns oft zu Bildungs- und Engagementthemen führten, die so stark abstrahiert wurden, dass es den Fachkräften schwerfiel, diese den Jugendlichen so resonant zu machen, dass sie deren Handlungs- und Aneignungsweisen entsprachen. Mit anderen Worten: Bei der Auswertung formulierten die Fachkräfte mithilfe ihrer fachlichen, aus Pädagogik, Soziologie und Psychologie stammenden Begriffe Themen; doch da sie befürchteten, mit diesen abgehobenen Begriffen – beispielsweise Gerechtigkeit, Geschlechterverhältnisse, soziale Ungleichheit, Selbstbestimmung – das Desinteresse der Jugendlichen zu provozieren, wussten sie nicht, wie sie mit ihnen einen Dialog über diese Themen eröffnen sollten. Die Empfehlung des Fortbildungsteams war, diese Abstraktionen ruhig weiterhin im Team vorzunehmen, aber auf das Handeln der Kinder und Jugendlichen eher mit eigenem Handeln als mit großen Begriffen in Diskussionen zu antworten – wie es auch die GEBe-Methode zur dialogischen Klärung mit Medien vorschlägt, in der Kommunikation eher bei den Begrifflichkeiten der Adressat*innen zu bleiben und diese sukzessive zu erweitern.

Insgesamt fiel während der Schulung auf – wie auch in der Evaluation (siehe den Beitrag von Sturzenhecker in diesem Band) –, dass viele Fachkräfte den dritten Arbeitsschritt der dialogischen Klärung wenig praktizierten beziehungsweise übersprangen. Statt also mit den Adressat*innen die zunächst nur hypothetisch innerhalb der Fachkräfteteams gefundenen Bildungs- und Engagementthemen zu diskutieren und Ideen der gemeinsamen Weiterarbeit in Aushandlungsprozessen zu erarbeiten, suchten die Fachkräfte nicht den Dialog, sondern konzipierten auf der Grundlage ihrer Beobachtungen Angebote. Diese wurden dann so weit vorbereitetet, durchstrukturiert und von Fachkräften gesteuert, dass die Partizipation beziehungsweise das eigenständige Übernehmen von Mitgestaltungshandlungen der Kinder und Jugendlichen eigentlich wieder nur in der Entscheidung bestand, an dem Angebot teilzunehmen oder nicht. Statt den Adressat*innen gesellschaftlich-demokratisches Engagement zu eröffnen, boten die Fachkräfte ihnen an, Angebote zu konsumieren, betrieben also eine dienstleistungsorientierte Angebotspädagogik, die den Adressat*innen wichtige Erfahrungen des demokratischen Engagements vorenthält.

In den reflexiven Gesprächen während der Schulungen wurde herausgearbeitet, dass die Fachkräfte schlicht keine Erfahrungen mit der Aushandlung unterschiedlicher Interessen und auch gemeinsamer Themen mit den Adressat*innen hatten. Die Kommunikation mit den Kindern und Jugendlichen bestand vor dem Projekt vor allem darin, Angebote zu unterbreiten und diese anzunehmen oder abzulehnen. Einen wesentlichen Anteil der kollegialen Beratung nahm daher die Frage ein, wie Dialoge zwischen Adressat*innen und Fachkräften eröffnet und aufrechterhalten werden können, die eine gemeinsame Mitbestimmung und Mitgestaltung der Projekte zu einem früheren Zeitpunkt im Prozess ermöglichen und nicht erst die Adressat*innen dazuholen, wenn eigentlich schon alles entschieden ist. Dabei konnten die Methoden zur dialogischen Klärung insbesondere mithilfe von Medien (Sturzenhecker und Schwerthelm 2015: 127 ff.) laut Multiplikator*innen wertvolle Ideen geben.

Erfahrungen in Bezug auf die Multiplikator*innenschulung

Die Hauptschwierigkeit der Multiplikator*innen schien ihre doppelte Rolle zu sein: als Fachkräfte, die sich GEBe selbst aneignen, und als Multiplikator*innen, die andere Fachkräfte bei der Aneignung von GEBe unterstützen. Beide Rollen fast zeitgleich einnehmen und erlernen zu müssen, war nach Aussage der Multiplikator*innen insofern anspruchsvoll, als dass sie vor allem zu Beginn der Schulung den Eindruck hatten, die Methoden und Arbeitsschritte selbst noch nicht zu beherrschen, sie aber trotzdem schon Kolleg*innen vermitteln zu sollen.

Darauf reagierte das Fortbildungsteam, indem es für die zweite Generation systematisch vorsah, erst nach dem zweiten Fortbildungstag mit der eigenen Beratungstätigkeit zu beginnen. Darüber hinaus wurde die beratende Rolle der Multiplikator*innen während der Fortbildungstage gemeinsam genauer herausgearbeitet. Dabei wurde deutlich, dass die Multiplikator*innen zwar eine grundlegende Einführung zu GEBe und KoKoDe geben können müssen, in der Erprobung dann aber durchaus als „unwissende Lehrmeister" (Rancière 2007) fungieren können. Sie müssen also in den Beratungen nicht auf jede Frage und zu jedem Thema der Fachkräfte eine – die einzig richtige – Antwort haben. Vielmehr sind sie dafür zuständig, gemeinsam mit den Teams einen Rahmen zu schaffen, in dem diese ihre Fragen selbst beantworten lernen und ihre Themen bearbeiten können. Dies konnte beispielsweise auch bedeuten, die Projektkoordination zu kontaktieren, damit diese mit den Bereichsleitungen fehlende Ressourcen zur Umsetzung von GEBe und KoKoDe problematisierte und so zum Beispiel regelmäßige Teamsitzungen ermöglichte.

Gerade diese ausreichenden zeitlichen, personellen und anderen Ressourcen schienen in vielen der beteiligten Einrichtungen nicht gegeben. Das wirkte sich, wie schon beschrieben, auf die Dokumentation und die Auswertung der Beobachtungen aus, weil einige Teams keine Zeit für regelmäßige Sitzungen fanden, in denen sie gemeinsam über die Beobachtungen diskutieren und Wege der Eröffnung von Dialogen mit den Adressat*innen andenken konnten. Für die Multiplikator*innen bedeutete dies, dass sie großenteils damit beschäftigt waren, überhaupt eine Arbeitsfähigkeit im Projekt zu gewährleisten. Dazu zählte die Schwierigkeit, regelmäßige Treffen zwischen Team und Multiplikator*innen zu organisieren. Diese Treffen wurden von den Teams oft mit zu wenig Zeit eingeplant und öfter kurzfristig abgesagt. Zudem hatten die Multiplikator*innen damit zu kämpfen, dass es teilweise keine Infrastruktur für die Kommunikation im Team und mit den Multiplikator*innen gab und sie mit den Einrichtungs- und Bereichsleitungen für Zugänge zu Computern mit Internet und trägereigenem Server sorgen mussten.

Da einige Einrichtungsteams vor dem Projekt nur unregelmäßig Teamsitzungen und Supervisionen für den Austausch untereinander hatten, entwickelten sich die Treffen zur Beratung von GEBe und KoKoDe oft zu allgemeineren Beratungen von Teams, in denen grundsätzliche organisatorische und pädagogische Fragen diskutiert und geklärt werden mussten. Diese von den Multiplikator*innen als belastende Mangelverwaltung beschriebene Tätigkeit führte immer wieder dazu, dass sie ihre eigentlichen Ziele aus den Augen verloren, weil grundlegende Bedingungen pädagogisch-professionellen Handelns zu diskutieren waren. Einerseits bedeutet diese Erfahrung, dass wichtige Fragen der Realisierung von Professionalität im pädagogischen Alltag der Kinder- und Jugendhilfe ungeklärt bleiben, wenn nicht der geeignete strukturelle Rahmen zur gemeinsamen Auseinandersetzung darüber, was man eigentlich als pädagogische Fachkraft und als Team tut, geschaffen wird. Nur wenn ausreichend Zeit für fachlich reflexive Teambesprechungen zur Verfügung steht, kann pädagogische Professionalität im Sinne von „wissen, was man tut" (Klatetzki 1993) erlangt werden.

Andererseits zeigen die Erfahrungen, dass GEBe und KoKoDe an die fachlichen Grundorientierungen der Sozialpädagogik und ihrer Professionalität erinnern. Denn hier waren Fachkräfte angehalten, untereinander, aber vorrangig mit den Adressat*innen auszuhandeln, was man eigentlich gemeinsam wie machen möchte. Zusätzlich ging es darum, das eigene pädagogische Handeln auch in Kooperationen und kommunaler Öffentlichkeit zu begründen und zu gestalten. So berichteten vermehrt sowohl Fachkräfte als auch Multiplikator*innen, dass sie durch die regelmäßigeren Reflexionen in Teamsitzungen und an Fortbildungstagen mit Kolleg*innen ein Bewusstsein und gar Selbstbewusstsein für die eigenen sozialpädagogischen Aufgaben entwickeln konnten, die sie daher auch in der Kooperation stärker begründen und gegebenenfalls zu verteidigen wissen (vgl. dazu in der Evaluation von GEBe: Schwerthelm 2015: 70 ff.). Die Fortbildungen und die Auseinandersetzung über die Umsetzung der Methoden in den Einrichtungen haben also zu einer gestärkten Reflexivität und Fachlichkeit und damit zu einer Professionalisierung geführt.

Eine weitere Schwierigkeit in der Vermittlung der GEBe- und KoKoDe-Methoden entstand dadurch, dass die Arbeitsschritte im Übungsmodus entsprechend der zeitlichen Aufteilung der Schulungsmodule nacheinander im Abstand mehrerer Monate erprobt wurden, obwohl die Arbeitsschritte vom Beobachten bis zur Umsetzung eines kleinen Engagementprojekts im pädagogischen Alltag durchaus auch mal innerhalb einer Woche oder gar eines Tages durchlaufen werden können. Dies erzeugte teilweise eine gewisse Künstlichkeit, weil beispielsweise während des Fortbildungstages eine Beobachtung ausgewertet wurde, die eventuell für die Jugendlichen schon gar nicht mehr aktuell war. Diese Herausforderung potenzierte sich, wenn Prozesse beraten werden sollten, die

die Multiplikator*innen aus den Einrichtungsteams mitgebracht hatten, welche wiederum aus den Kooperationen zur Förderung gesellschaftlich-demokratischen Engagements stammten.

Ähnlich wie auch die Evaluation zeigt, begegneten die Fachkräfte der Herausforderung, dass sie ihre Treffen zur Auswertung trotz knapper zeitlicher Ressourcen zeitnah organisieren mussten, um die Aktualität der Themen zu gewährleisten. Die auch organisatorisch notwendigen Fortbildungsrhythmen waren also nicht immer mit den Handlungsrhythmen der Kinder und Jugendlichen in den Einrichtungen übereinzubringen. Ebenfalls aus diesem Grund betonte das Fortbildungsteam den simulativen Charakter der Übungen während der Fortbildungstage. Die Simulationen von Beratungen und Kooperationstreffen waren laut der Multiplikator*innen eine hilfreiche Methode, um sich auf die Treffen mit den zu beratenden Fachkräften vorzubereiten und bereits verschiedene Vorgehen hinsichtlich häufiger Fragen und Konflikte zu antizipieren. Da das Fortbildungsteam schon viele Erfahrungen in der Vermittlung der GEBe-Methoden gesammelt hatte, konnte es über diese Simulationen auf häufige Herausforderungen in der Vermittlung hinweisen, auf die sich die Multiplikator*innen dann vorbereiten konnten.

Bewährt hat sich in der Multiplikator*innenschulung die starke Prozessorientierung mit hohen reflexiven Anteilen. Durch die meist zweistündige kollegiale Beratung zu Beginn jedes Fortbildungstages, in der die Multiplikator*innen nacheinander von ihren aktuellen GEBe- und KoKoDe-Erprobungen sowie den Prozessen in dem jeweils beratenen Team berichteten, konnte sichergestellt werden, dass das Fortbildungsteam auf die Bedarfe der Multiplikator*innen und ihrer zu beratenden Einrichtungsteams reagierte. So konnten auch Vortragsinputs und Materialien zur Verfügung gestellt werden, die teils konkret auf die Anfragen der Multiplikator*innen hin entwickelt wurden. Gleichzeitig ermöglichte die kollegiale Beratung, dass die Fachkräfte (ganz im Sinne der GEBe-Methode) Resonanz auf ihr Handeln erhielten, an Erfahrungen der Kolleg*innen partizipieren konnten, Ideen austauschten und lernten, Lösungswege auch kollegial zu erarbeiten. Denn eins betonten die beteiligten Fachkräfte in den zwei Jahren immer wieder: Die Umsetzung von GEBe funktioniere nicht solistisch. Es brauche ein Team, das die Beobachtungs- und Dokumentationszeiten sowie den Austausch und die Reflexion untereinander ermöglicht und die eigene Arbeit zur Förderung gesellschaftlich-demokratischen Engagements wertschätzt und nicht blockiert. Gleiches gelte selbstverständlich für die Einrichtungsleitungen.

Insofern zeigt der Rückblick auf die Fortbildungsmethode, dass die Prozessorientierung und das dialogische Vorgehen, das die GEBe-Methode für die Arbeit mit den Kindern und Jugendlichen empfiehlt, auch die Kommunikation in den Schulungen bestimmen.

In Bezug auf die Materialien zur GEBe- und KoKoDe-Vermittlung hat sich zudem bewährt, diese nicht nur zwischen den Fortbildungstagen von dem Fortbildungsteam erstellen zu lassen und anschließend den Multiplikator*innen zu präsentieren, sondern sie gemeinsam an den Fortbildungstagen zu erarbeiten. Sind die Multiplikator*innen auch Urheber*innen der Materialien, können sie deren Sinnhaftigkeit und Funktion besser nachvollziehen, wodurch ihnen die Nutzung und die Begründung der Nutzung in den Beratungen leichterfallen.

Dazu ein kurzes Beispiel: An einem der Fortbildungstage äußerten die Multiplikator*innen, dass es ihnen schwerfalle, die Argumente für die Umsetzung von GEBe und KoKoDe anderen Kolleg*innen zu vermitteln. Es entstand die Idee, Argumente für unterschiedlichste Gesprächspartner*innen, wie Politiker*innen im Stadtteil, Kolleg*innen im Team oder in den Kooperationen, zu sammeln, wobei diese Aufgabe dem Fortbildungsteam zukam. Entgegen der ursprünglichen Idee sammelte das Team jedoch nicht Argumente für GEBe und KoKoDe, sondern erstellte lediglich ein Raster, das dann auf dem nächsten Fortbildungstag gemeinsam mit den Multiplikator*innen ausgefüllt wurde. Der Unterschied zum ursprünglichen Vorgehen war, dass die Multiplikator*innen, statt fertige Argumente geliefert zu bekommen, sich selbst Gedanken machen mussten, welche Argumente sie für GEBe und KoKoDe vorbringen und welche Argumente welche Gesprächspartner*innen überzeugen könnten. Damit konnte auch ein eigener Bezug zu den Argumenten entstehen, der es ihnen erleichterte, diese den Einrichtungsteams näherzubringen und zu begründen. Kurz gesagt: Wie auch der Anspruch von GEBe und KoKoDe in der pädagogischen Arbeit mit den Adressat*innen lautet, wurde hier eine Dienstleistung vermieden, in der das Fortbildungsteam den Multiplikator*innen das Material erstellt hätte. Stattdessen wurde die Erstellung des Materials demokratisiert, was den Multiplikator*innen eigene Bildungserfahrungen ermöglicht hat.

Diese Demokratisierung der Qualifizierung war auch in anderen Momenten der Schulung zu beobachten, etwa wenn nicht das Fortbildungsteam allein entschied, welches die Inhalte des nächsten Fortbildungstages sein sollten, sondern diese Inhalte gemeinsam ausgehandelt wurden. Dies hat nach Aussage der Multiplikator*innen nicht nur ihre eigene Aneignung der GEBe- und KoKoDe-Konzepte und deren Vermittlung an die Einrichtungsteams unterstützt, sondern auch zur Übernahme von Verantwortung für Teile des gesamten Organisationsentwicklungsprozesses geführt. Die Implementierung von GEBe und KoKoDe in den Kinder- und Jugendhilfeeinrichtungen wurde ihnen ein Anliegen, weil sie im Zuge der Multiplikator*innenschulung ein eigenverantwortlicher Teil dieses Prozesses geworden sind. Dies wurde noch dadurch unterstützt, dass die ausgebildeten Multiplikator*innen verschiedene Aufgaben zur Förderung gesellschaftlich-demokratischen Engagements innerhalb des Trägers übernehmen können.

Diese Hinweise zeigen, dass eine solche demokratisch gestaltete Multiplikator*innenschulung geeignet ist, einen Organisationsentwicklungsprozess zur Verankerung der Förderung gesellschaftlich-demokratischen Engagements auf breite Füße zu stellen, und so einen wichtigen Grundstein für die weiteren Entwicklungen legen kann. Die Erfahrungen zeigen aber auch, dass dies nicht ohne die geeignete Organisationsstruktur eines Kinder- und Jugendhilfeträgers zu erreichen ist, die den Multiplikator*innen und Fachkräften regelmäßigen zeitentlasteten Austausch und Reflexion ermöglicht, an entsprechenden Stellen Verantwortung zugesteht und diese unterstützt durch geeignete Angestelltenverhältnisse, die die zeitlichen und personellen Ressourcen sichern.

Literatur

Klatetzki, Thomas (1993). *Wissen, was man tut. Professionalität als organisationskulturelles System*. Bielefeld.

Rancière, Jacques (2007). *Der unwissende Lehrmeister: Fünf Lektionen über die intellektuelle Emanzipation*. Wien.

Schwerthelm, Moritz (2015). *Förderung gesellschaftlichen Engagements benachteiligter Jugendlicher in der Offenen Kinder- und Jugendarbeit – Erfolge und Schwierigkeiten*. Zur Evaluation des gleichnamigen Projekts der Bertelsmann Stiftung. Hrsg. Bertelsmann Stiftung. Gütersloh. www.bertelsmann-stiftung.de/fileadmin/files/BSt/Publikationen/GrauePublikationen/M_Schwerthelm_ErfolgeGEBe.pdf (Download 14.9.2019).

Sturzenhecker, Benedikt (2015). *Gesellschaftliches Engagement von Benachteiligten fördern – Band 1. Konzeptionelle Grundlagen für die Offene Kinder- und Jugendarbeit*. Gütersloh.

Sturzenhecker, Benedikt, und Moritz Schwerthelm (2015). *Gesellschaftliches Engagement von Benachteiligten fördern – Band 2. Methodische Anregungen und Praxisbeispiele für die Offene Kinder- und Jugendarbeit*. Gütersloh.

Evaluation erster Projektschritte: Erfolge und Probleme bei der Umsetzung der GEBe-Methode

Benedikt Sturzenhecker

The times call for social initiatives that build people's sense of collective efficacy to influence conditions that shape their lives and that of future generations.

Die Zeit ist reif für soziale Initiativen, die Menschen darin fördern, gemeinschaftlich auf die Bedingungen einzuwirken, die ihr Leben und das der künftigen Generationen prägen.

Albert Bandura, 1998

Das von der Bertelsmann Stiftung und dem Arbeitsbereich Sozialpädagogik der Universität Hamburg unterstützte Projekt des Nachbarschaftsheims Schöneberg hatte für die erste Projektphase Wirkungsziele entwickelt, bezogen auf die Veränderung des fachlichen Wissens und Handelns von Fachkräften in Einrichtungen der Kinder- und Jugendhilfe, inklusive der Kooperation mit Schule. Zur Erreichung der Wirkungsziele erhielten die Fachkräfte Schulungen und Beratungen von einem Fortbildungsteam und von dem Projektkoordinator des Nachbarschaftsheims. Dabei ging es zunächst um die Befähigung, die methodischen Vorschläge zur Förderung gesellschaftlichen Engagements von benachteiligten Kindern und Jugendlichen – kurz GEBe[5] – anzuwenden (Wirkungsziel I). Mit Blick auf das Wirkungsziel II (Vernetzung und Kooperation) wurden Fachkräfte mit der Aufgabe betraut, in drei Regionen Vernetzungen zwischen den beteiligten Einrichtungen des Nachbarschaftsheims herzustellen und so gemeinsam an der Umsetzung der Arbeitsweisen auf lokaler Ebene zu arbeiten.

Mit der Zwischenevaluation wird geprüft, inwieweit die Wirkungsziele I und II von den Fachkräften erreicht wurden. Hier noch einmal die Wirkungsziele in ausgeführter Form.

5 Zu den Grundprinzipien der GEBe-Methode siehe den Beitrag von Sturzenhecker ab Seite 16 in diesem Band.

Wirkungsziel I: Die Fachkräfte können in der Förderung gesellschaftlichen Engagements von den lebensweltlichen Themen der Kinder und Jugendlichen (K/J) ausgehen. Sie können das Handeln der K/J beobachten, darin enthaltene Themen gesellschaftlichen Engagements entdecken, diese priorisieren und medial gestaltet in einen klärenden Dialog mit den K/J zurückgeben und mit ihnen über die (projekthafte) Umsetzung von Themen entscheiden. Anders gesagt: Die Fachkräfte wenden die GEBe-Methoden an. Kurzformel: Von den Engagementthemen der Kinder und Jugendlichen ausgehen.

Wirkungsziel II: Die Fachkräfte können in diesen Themen/Projekten die Möglichkeit oder Notwendigkeit entdecken, sie über ihre Einrichtung hinaus in die Öffentlichkeit der Nachbarschaft, des Gemeinwesens einzubringen und die engagierten K/J mit ihren Themen in Vernetzung und Kooperation mit anderen Akteuren des Sozialraums zu bringen. Das gilt für aktuelle Engagementprojekte, aber auch für die Kooperation der Einrichtungen bei der Förderung gesellschaftlichen Engagements entlang der Biografie. Vernetzung bedeutet hier, dass Akteure umeinander wissen und gemeinsame Kommunikationsmedien nutzen. Kooperation bedeutet hier, dass Akteure gemeinsam handeln. Kurzformel: Engagementthemen in Vernetzung und Kooperationen in das Gemeinwesen einbringen.

Im Sommersemester 2016 haben Studierende des Masterstudiengangs Erziehungs- und Bildungswissenschaft der Fakultät für Erziehungswissenschaft an der Universität Hamburg eine Zwischenevaluation des Projekts vorgenommen. Dazu wurden zehn Interviews mit am Projekt beteiligten Fachkräften geführt; zwei weitere Interviews mit Fachkräften führte der Projektleiter Benedikt Sturzenhecker.

Die interviewten Fachkräfte kamen aus folgenden sozialpädagogischen[6] Arbeitsfeldern: einer Ganztagsbetreuung in einer sonderpädagogischen Gemeinschaftsschule, einer Willkommensklasse für junge Geflüchtete in der Grundschule, zwei Jugendfreizeiteinrichtungen (Offene Kinder- und Jugendarbeit), einem Abenteuerspielplatz, einer Jugendkultureinrichtung (Musik) sowie zwei Ganztagsbetreuungen an Grundschulen.

6 Der Begriff „Sozialpädagogik" wird im Folgenden als Synonym für Kinder- und Jugendhilfe verwendet. Gemeint sind die Arbeitsfelder von Kita, Familienbildung, Offener Kinder- und Jugendarbeit, Ganztagsbetreuung, Jugendkulturarbeit und ähnliche, über die das Nachbarschaftsheim Schöneberg verfügt. Prinzipiell würden auch die Hilfen zur Erziehung zu diesem Feld gehören, die allerdings von dem Träger nicht angeboten werden.

Es wurden offene und im weiteren Verlauf durch Leitfäden gestützte Interviews mit den Fachkräften geführt. Diese wurden zunächst gebeten, ihre Einschätzung zum Projektstand zu erläutern. Nachfragen mithilfe des Leitfadens konzentrierten sich dann auf die unterschiedlichen in den Wirkungszielen angesprochenen Themen.

Im Folgenden werden die Ergebnisse zum Stand der Erreichung der Wirkungsziele zusammengefasst, jeweils belegt an typischen Zitaten aus den Interviews. Diese Interviewsequenzen werden teilweise detailliert interpretiert und ins Verhältnis zu den Orientierungen der GEBe-Methode gesetzt. Diese Interpretationen sind im GEBe-Vokabular eine Resonanz: Sie beinhalten, was ich als Interpret und Evaluator verstanden habe. Im GEBe-Verfahren folgt auf eine Resonanz der Dialog. Erst im Dialog mit den Akteuren (hier den befragten Fachkräften) kann sich eine gemeinsame Wahrheit" der Evaluation entwickeln. Daher sind die befragten Fachkräfte aufgefordert, meine Resonanz, also meine Interpretationen, zu kommentieren, zu diskutieren, zu kritisieren und zu erweitern. Unter Umständen würde ich solche Repliken aber auch meinerseits vornehmen, sodass zumindest in Ansätzen kleine schriftliche Diskussionen entstehen könnten. Das ist nötig, da die Evaluation auch versucht herauszuarbeiten, wo beziehungsweise wie der GEBe-Ansatz noch unzureichend umgesetzt wird.

Eine Evaluation soll ja ebenfalls die Probleme der Erreichung von Zielen offenlegen. Dabei wird unterstellt, dass es für die Qualifizierung fachlichen Handelns notwendig ist, auch Hindernisse und ein Misslingen selbstkritisch zu erkennen und sich so Möglichkeiten einer Verbesserung zu schaffen. Die Deutungsversuche wagen also auch Kritik. Sie versuchen nicht, das berichtete Handeln oder die Sichtweisen der Fachkräfte zu rechtfertigen, etwa mithilfe nicht in den Interviews auftauchenden Kontextwissens über die Arbeitsbedingungen in der Sozialpädagogik.

Eine durch solche Kritik angestoßene Reflexion sollte möglichst umfassend (komplex) verstehen, welche Gründe und Ursachen es für kritikwürdiges Handeln gibt, ohne damit in Rechtfertigung und Entschuldigung zu geraten. Die Interpretation der Interviews kann eine solche Analyse aber nicht umfassend leisten, da die in den Interviews gegebenen Informationen unvermeidbar begrenzt sind: Die Vielschichtigkeit der Ursachenzusammenhänge sozialpädagogischen Handelns kann nicht umfassend mitgeteilt – oder gar von den Handelnden selbst erkannt – werden. Die Evaluation kann die Interviewtexte nur so – begrenzt – nehmen, wie sie sind, und auf deren Basis eine Deutung begründen. Das birgt das Risiko, dass manche Aspekte, Zusammenhänge und Ursachen des jeweils berichteten Handelns nicht erkannt und berücksichtigt werden. Die betroffenen Interviewpartner*innen müssen entsprechend nachträglich erläutern können, was fehlte und wo möglicherweise falsche Schlüsse gezogen wurden. Auch so kann den Begründungen der Deutungen widersprochen werden: Die Fachkräfte können in den vorgelegten Text Widersprüche und eigene Deutungen einfügen. Solche Einfügungen sind im Text markiert als „Kommentar Fachkraft N.N."[7].

Meine Haltung als Evaluator verstehe ich als kritisch solidarisch, das heißt, ich schätze die Leistung der sozialpädagogischen Fachkräfte in den anforderungsreichen Handlungsfeldern, erlaube mir aber auf der Basis dieser Anerkennung auch, Probleme fachlichen Handelns zu benennen und dies in Interpretationen zu begründen. An keiner Stelle ging es darum, den Fachkräften Fehler nachzuweisen, auch wenn bezeichnet wird, wo beziehungsweise wie die methodische Orientierung beispielsweise ignoriert oder unangemessen angewandt wurde. Der GEBe-Ansatz selbst ist keine unanfechtbare Wahrheit richtigen sozialpädagogischen Handelns, sondern stellt eine Grundorientierung vor, die in der Praxis nie „nach Lehrbuch" umgesetzt werden kann. Technische Verfahren kann es im sozialpädagogischen Handeln nicht geben. Immer müssen allgemeine Wissensbestände und Handlungsorientierungen neu im jeweiligen konkreten Fall und in der Situation relationiert, also neu kombiniert und angepasst werden. Insofern kann es weder eine umfassend beziehungsweise immer anwendbare Methode noch eine richtige Anwendungsweise der GEBe-Methode geben: Sie ist lediglich eine Orientierung, die Handlungsprinzipien anbietet, welche jeweils neu und anders aktualisiert werden müssen.

Soll man diese Orientierung jedoch nutzen, kann dann doch reflektiert werden, ob, wo beziehungsweise wie das konkrete Handeln die vorgeschlagenen Handlungsprinzipien möglicherweise verfehlt hat. Wo solche Kritik an der Nutzung der Methode im Text vorkommt, habe ich stets versucht, den grundsätzlichen Respekt gegenüber den Fachkräften und ihrem Handeln deutlich zu machen und dieses möglichst komplex zu beleuchten. In keinem Fall scheint mir eine Kritik vorgebracht zu werden, die aus Sicht von Leitung/Geschäftsführung des Trägers zu Nachteilen für die Befragten führen könnte.[8]

7 Die kommentierenden Fachkräfte konnten selbst bestimmen, ob sie mit Vornamen, Vollnamen oder anonym erscheinen wollten.

8 Obwohl alle Namen anonymisiert wurden, könnten gut informierte Leitungen teilweise an den Inhalten auch die Handelnden erkennen.

Alles berichtete Handeln und alle Positionen bleiben absolut im fachlich zu rechtfertigenden Rahmen angemessener Handlungsweisen in der Sozialpädagogik.

Geht es um die Kritik am fachlichen Handeln, muss aber umgekehrt auch deutlich werden können, wo beziehungsweise inwiefern die vorgeschlagenen methodischen Orientierungen unzureichend oder unangemessen sind. Aus den Versuchen, die Methode zu nutzen, kann auch Kritik an ihrer Nutzbarkeit entstehen, die in einer Evaluation berücksichtigt werden muss. Noch genereller gedacht, können selbstverständlich auch die Grundannahmen und Prinzipien der GEBe-Methode kritisiert oder gar abgelehnt werden.

Ergebnisse der Zwischenevaluation zu Wirkungsziel I: Von den Engagementthemen der Kinder und Jugendlichen ausgehen

Das Wirkungsziel fasst kurz die GEBe-Arbeitsweise zusammen und es entsteht darin eine Reihenfolge fachlichen Handelns: 1. Beobachten des alltäglichen Handelns der Kinder und Jugendlichen (K/J) in den Einrichtungen, 2. in diesem Handeln enthaltene Themen gesellschaftlichen Engagements entdecken, 3. diese Themen priorisieren und sie 4. medial gestaltet in einen klärenden Dialog mit den K/J zurückgeben sowie 5. mit den K/J über die (projekthafte) Umsetzung von Themen entscheiden und dies realisieren.

Die Evaluation zeigt, dass so gut wie alle Fachkräfte die Aufforderung zur Beobachtung verstanden haben und in ihrem Alltag realisieren – wenn auch in unterschiedlicher Intensität und noch nicht dauerhaft. Eine Fachkraft aus der Familienbildung ist eher dabei geblieben, ihre typische Zielgruppe der Eltern nach deren Wünschen und Vorschlägen über Inhalte der Familienbildung zu befragen.

Beobachten klappt; Hopplas und Zacks intensivieren fachliche Selbstreflexion

Alle anderen Befragten beobachten in unterschiedlichen Frequenzen und Intensitäten das Handeln im Alltag der Kinder und Jugendlichen (K/J). Für den größten

Teil der Fachkräfte hat das dazu geführt, dieses Handeln konzentrierter als früher wahrzunehmen und es nicht zum Anlass schneller, regelnder Interventionen zu machen – in der Methode als Hopplas bezeichnet – oder von vornherein zu stark die K/J in vorhandene Deutungsmuster einzuordnen – in der Methode bezeichnet als Zacks. Es ist damit ein neuer Blick auf die Handlungsweisen und Themen der Kinder und Jugendlichen eröffnet worden. Stärker als zuvor wurden lebensweltliche Themen überhaupt entdeckt und ernst genommen. Die meisten Befragten erleben das Beobachten und die selbstkritische Reflexion der eigenen Interventionswünsche und Deutungsübergriffe als eine Steigerung der Qualität ihres pädagogischen Handelns.

Interview Einrichtung B (Fachkräfte 1 und 2):

Fachkraft (FK) 1: *(lacht) Also, für mich ist GEBe ein ganz interessantes und wirksames Mittel, um mit den Jugendlichen in Kontakt und in Austausch zu kommen, um zu gucken, wo stehen sie, was haben sie für Themen, was interessiert sie, und dadurch auch eine ganz andere Verbindung zu denjenigen zu finden, als ich sie vor meiner Beschäftigung mit GEBe aufgebaut habe.*

FK 2: *Ja, GEBe ist ein Stück weit eine Haltung, erst einmal zuzuhören und zu gucken, wo es ihnen ... [unverständlich), wo stehen die Jugendlichen, was wollen sie, und ich verbinde damit auch erst mal eine Entlastung. Das habe ich ganz stark gespürt, als ich angefangen habe, mit GEBe und eben Hopplas, [also Handlungsimpulse] nicht auszuführen, sondern erst mal zuzuhören und erst mal zu gucken, wo geht denn das jetzt hin, bis ich es irgendwann nicht mehr [aushalte], wenn's zu laut wird. Dann sage ich „Stopp", aber das war eine Entlastung und ein Aha-Erlebnis, was dabei rausgekommen ist, wenn ich mich so verhalte.*

Interview Einrichtung F:

FK 2: *Was ich schön fand, ist, was auch ganz viele Kollegen im Träger so geäußert haben, ist das mit den Hopplas [...], so viele Kollegen haben ja immer den Impuls, wenn Kinder irgendetwas machen oder bestimmte Grenzen überschreiten, sofort einzuschreiten und sofort irgendwie so: „Ich regle das jetzt für dich." Das finde ich schön, dass bei der Methode dahintersteckt: So, halt! Ich geh jetzt drei Schritte zurück und lass sie erst einmal machen. Außer es passiert etwas Lebensgefährliches – da schreitet man natürlich trotzdem ein (lacht).*

Interview Einrichtung E:

FK 1: *Es ist eine Bereicherung, dieses, ja, der GEBe-Prozess, weil man halt wirklich die Kinder ohne Worte versteht, also das Beobachten und alles geht ja ohne Worte. Klar, die Jugendlichen unterhalten sich dann viel auf Arabisch, Rumänisch oder so, deren Herkunftssprache. Aber ja trotzdem, durch dieses Beobachten und dann auch die Zacks und Hopplas, wenn man sich die wieder mal bewusst macht, also klar, irgendwie ist das so, das Konzept ja nicht komplett neu erfunden oder so, irgendwie sind es schon so Sachen, die man ja kennt und macht, aber sich das alles noch mal wieder so bewusst zu machen und irgendwie noch mal wieder so „Oh, jetzt wollt ich aber grad, das war ein großer Hoppla“, oder ja, so Sachen halt. Also, ich persönlich finde, das entspannt die Arbeit total und es war da auch ziemlich leicht, gleich die Kollegen irgendwie mitzuziehen.*

Interview Einrichtung C:

FK 1: *Wir haben das so gemacht, dass jedes Team hier am Standort eine eigene Form gefunden hat, diese Beobachtungen auszuwerten. Also bei uns war es jetzt so, dass wir das mit einem Flipchart gemacht haben. Anfangs hat jemand anderes die Beobachtung von jemandem, also Person A hat was beobachtet und Person B hat dann immer die Beobachtung von Person A vorgelesen. Und dann haben wir nach Zacks, nach Hopplas, nach tausend Mal gesehen sozusagen geguckt. Handlungsimpulse versucht zu identifizieren. Zacks sind sozusagen Bewertungen und die haben wir auch probiert, also in einer Beobachtung, die sind ja in der Regel nicht wertfrei. Da haben wir erst einmal geguckt und gefragt, wo in der Beobachtung sind denn Bewertungen drin? Und wir haben die dann erst einmal geclustert oder rausgenommen. Darüber hinaus sind wir ins Gespräch gekommen. Finde ich ganz schwer so zu erklären, man müsste eigentlich mal dabei sein, wenn so eine Beobachtung von uns ausgewertet wird. Wichtig ist, wir haben uns einen festen Termin gesetzt. Wir haben gesagt, jeden Mittwoch ab 12 Uhr nehmen wir uns eine GEBe-Beobachtung vor und werten die aus. Das heißt, wir hatten einen festen Termin in der Woche, wo wir uns wirklich um diese Beobachtung gekümmert haben.*

Eine ganze Reihe von Fachkräften finden es jedoch nicht einfach – insbesondere über einen längeren Zeitraum –, die verlangte Dokumentation zu realisieren.

Interview Einrichtung F:

FK 1: *[...] natürlich bei einem Team von 20 Leuten: Wir haben gesagt, einmal die Woche dokumentieren, das heißt 20 Beobachtungen pro Woche, und dann kommen* *die alle Stück für Stück und dann sitze ich natürlich und muss das alles hochladen, kopieren und so weiter.*

Interview Einrichtung F:

FK 2: *Also zum einen war das Problem, wann werden meine Beobachtungen dokumentiert? Wann schaffe ich das? Wie funktioniert das? Es ist in einem Dreierteam schwer, alle haben jetzt kleine Kinder, wir waren jetzt irgendwie acht Wochen lang nicht zu dritt vollständig da, das heißt, man ist auch nicht jeden Tag zu zweit und man kann dann nicht sagen, so, ich zieh mich einmal eine Viertelstunde zurück, ich schreib mal eben meine Dokumentation. Das wäre der Idealzustand, der ist aber selten erreicht, also selten zu erreichen. Wir sind jetzt wieder vollständig. Dann ist vielleicht einmal so eine Kapazität da, das gleich zu dokumentieren, aber in der Regel schaffen wir das nicht. Genau, die Zeit, das zu dokumentieren. [...] Und was sind noch für Hürden? Ja, das eben in unserem Alltag so natürlich mitfließen zu lassen. Es ist nach wie vor noch nicht richtig im Fluss. Also es ist noch keine Selbstverständlichkeit, dass ich ganz viel aufschreibe und dokumentiere.*

Dennoch hat es in allen Einrichtungen und Teams Auswertungen von Beobachtungen gegeben. Im Prinzip folgen die Teams dabei den methodischen Vorschlägen der GEBe-Methode von der Beobachtung zur Dokumentation zur Auswertung (siehe Interview oben, Einrichtung C).

Auswertung der beobachteten Themen führt öfter zu einer Abstrahierung

Interview Einrichtung E:

FK 1: *Beobachten und vor allem auch um das Dokumentieren, also, das wirklich schriftlich festzuhalten, um da halt wirklich auch eine Dokumentation zu haben und sich danach richten zu können. Und dann halt in die Auswertung, um zu gucken: Was ist das Thema der Kinder? Das finde ich schwierig, das braucht Übung. Da erst mal reinzukommen und zu gucken: OK, was ist denn wirklich das Thema der Kinder? Und da nicht wieder so einen Überbegriff wie Identität oder so was. Zu gucken auch aus der Sicht der Kinder. OK, würde ein Kind jetzt denken: „Mein Thema ist Identität“? (lacht) Also, ist schon ein wenig so „Wer bin ich?“ oder „Was macht mich aus?“, „Wer ist stärker?“; es sind dann ja eher solche Sachen. Und da sich dann halt Methoden zu überlegen, wie man an die Kinder, an das Thema herankommt und verschiedene Sachen halt.*

Bei der Auswertung der Beobachtungen entsteht ein verbreitetes Problem: Die Analyse der Themen der Kinder und Jugendlichen, die aus den Beobachtungen herausgearbeitet werden sollen, gerät zu abstrakt und zu verallgemeinernd. Das Zitat oben hat das schon ausgedrückt. Eine intensive Beobachtungsgeschichte über die Not von Kindern und Jugendlichen, sich zu präsentieren und Resonanz zu ihrem Handeln und zur Persönlichkeit zu erhalten, wird auswertend zusammengefasst in dem Oberbegriff „Identität". Das ist sicherlich nicht falsch, denn solche Phänomene weisen auf das für Kinder und Jugendliche zentrale Thema der Identitätsentwicklung hin. In der Abstraktion jedoch entfernt sich der Oberbegriff so stark von der lebensweltlichen Intensität und Spezifität des „Wer könnte ich sein?", dass ein Dialog oder ein Arbeitsansatz genau bei dieser Besonderheit erschwert werden.

Das Thema Identität ist für Kinder und gerade Jugendliche selten völlig unangemessen, aber was jeweils in einer Gruppe und einem Setting genau der Zugang und das Thema der Beteiligten ist, wird in der Generalisierung nicht mehr aufschlüsselbar. Man hätte quasi gar nicht beobachten müssen, sondern könnte aus der Jugendforschung den Anstoß nehmen, sich mit diesem Thema zu beschäftigen. Daraus würde dann irgendein Projekt zum Thema „Identität" folgen, aber nicht eines, das die Chance hätte, genau an den lebensweltlichen Ausdruck und die persönliche wie soziale Spezifik des Themas anzuknüpfen. Es geht damit auch die Möglichkeit verloren, anhand der Beobachtung – wenn man so will, an der Fallgeschichte – noch einmal tiefer zu untersuchen, wie sich den beteiligten Kindern und Jugendlichen das Identitätsthema stellt, mit welchen anderen Fragestellungen es verbunden ist und besonders welche gesellschaftlichen Aspekte darin auftauchen. Die schnelle Generalisierung eines Themas macht also einerseits alles einfach und andererseits dann alles schwierig, weil eine Weiterarbeit differenzierter ansetzen müsste als bei einem zu abstrakten Oberthema. Einige Interviewauszüge bestätigen dieses Problem.

Interview Einrichtung A:

FK 1: *Ich habe den Eindruck, also, wir reden auch jeden Teamtag über Beobachtungen, auch wenn wir´s nicht geschafft haben (zu dokumentieren? BeSt [Abk. für Benedikt Sturzenhecker]), wir reflektieren und versuchen auch, eine gewisse Auswertung zu machen. [...] In der letzten Teamsitzung in dieser GEBe-Sitzung haben wir darüber gesprochen, was sind die Interessen der Kinder? Wir haben ja viel beobachtet; dann haben wir*

Punkte gesammelt, welche Themen die Kinder haben. Die haben wir dann zusammengefasst und haben darüber gesprochen.
Interviewerin: *Und was ist der nächste Schritt, wenn man das dann im Team besprochen hat? Gibt man das dann auch wieder an die Kinder zurück?*
FK: *Ja, das versucht man, aber in kleinen Schritten, also jetzt bei uns ist das große Thema Identität: Wer bin ich? Was mache ich? Wer möchte ich sein? Das haben wir als Oberbegriff genommen. Oder die Mediennutzung. Wir haben hier an der Schule ein striktes Handyverbot – aber die Kinder haben Interesse, an ihr Handy zu dürfen und mal Musik zu hören oder etwas zu chatten [...].*

Identität ist hier zu einem Oberbegriff geworden. Auf welche Beobachtungen er sich bezieht, wird gar nicht mehr erwähnt. Das Abstraktionsproblem wird auch deutlich an dem Oberbegriff der Mediennutzung. Der konkrete – außerordentlich gesellschaftliche – Konflikt über die Nutzung von Handys und die Striktheit des Verbots verschwinden hinter der Verallgemeinerung „Mediennutzung". Der Oberbegriff kommt geradezu harmlos daher, stellt man sich die alltäglichen Probleme der Durchsetzung von Handyverboten und des starken jugendkulturellen Wunsches nach Nutzung der Geräte vor.

In der im Interview etwas später folgenden Sequenz wird der Zusammenstoß zwischen dem abstrakten Oberbegriff „Identität" und der konkreten Beobachtungsgeschichte sehr deutlich. Der generalisierende Begriff führt quasi zu einer Auskühlung und Erstarrung: Der Fachkraft fällt dazu nichts Konkretes ein, sondern sie wechselt spontan zu einer heißen Geschichte, die potenziell viel mehr Ansatzpunkte für einen weiteren Dialog mit den Kindern enthält als der erkaltete Oberbegriff.

Interview Einrichtung A:

FK: *Das Thema ist Identität: Wer bin ich? Da geh ich immer mit einer kleinen Kindergruppe, mit der machen wir Ausflüge. Die letzten Male waren wir unter anderem hier, unsere Umgebung erkunden. Da waren wir in der benachbarten Kirche. Das fanden sie ganz toll. Diese Ruhe da drin zu haben. Am Anfang war es schwierig, weil sie halt zu laut waren, und dann hab ich denen noch einmal erzählt: „Ihr müsst Respekt davor haben." Wir haben ungläubige Kinder, die gesagt haben: „Bäh, damit kann ich gar nichts anfangen." Ich habe dann gesagt: „Trotzdem, einfach ruhig sein, reingehen." Und dann haben wir muslimische Kinder, die gesagt haben: „Wenn ich da reingehe,* *komm ich von meinem Glauben ab." Ich: „Nein, kommst du nicht." Dann hatten wir Kinder, die gefragt haben: „Welche Sprache reden die da überhaupt?"*

Man könnte sagen, dass in dieser Beobachtung schon alle Fragestellungen und Ansatzpunkte für eine Resonanz und einen Dialog mit den Kindern über ein mögliches gemeinsames Thema enthalten sind.

Das Problem der Themengeneralisierung und eine andere Variante der Abstraktion, die nicht zu konkreten Resonanzen, Dialogen und Projekten führt, schildert eine Fachkraft aus einer anderen Einrichtung.

Interview Einrichtung E:

***FK:** Wir haben auch viel spekuliert und wir glauben, dass es die und die Themen geben wird, aber wir schaffen es einfach nicht, Beobachtungen zu dokumentieren. Das ist blöd, weil natürlich zwischen dem, was wir denken, und dem, was ist, es eine ganz große Diskrepanz geben kann. Aber wir haben auch gesagt, wir schauen jetzt gezielt nach diesen Themen, wo wir glauben, die es sein könnten, ob wir dazu Beobachtungen finden, wir schreiben einfach viel mehr und wir gucken dann, ist es wirklich das Thema. Dann ist es ganz oft so gewesen, dass es dieses Thema nicht war, weil es doch anders gewesen ist, aber dann war´s das. Und irgendwie findet es sich doch schon alles wieder und es ist halt auch, viele Themen passen auch zusammen, also wenn man sagt, also Thema in der Schule in jeder Klasse ist immer irgendwann Beleidigen und Schimpfwörter – „fick dich, du Hurensohn, fick deine Mutter". Das ist auch Sexualität, es ist aber auch Persönlichkeit, also ich meine, so die Schimpfwörter auf Arabisch zu sagen, das hat auch etwas mit Persönlichkeit zu tun und mit Herkunft, also es ist einfach – du kannst es gar nicht so abgrenzen, ist es jetzt das oder ist es das, also: Es gehört auch zusammen.*

Zunächst erkennen die Fachkräfte selbst: Wenn sie sich zu weit von den Beobachtungen entfernen, in abstrakte Themen, dann verlieren diese den Bezug zu den tatsächlichen Beobachtungsgeschichten und damit zu den lebensweltlichen Themen der Kinder und Jugendlichen. Die GEBe-Regeln der Resonanz und des Dialogs würden es eigentlich leicht machen, bei solchen realen Beobachtungen anzusetzen, ohne sie zu stark in Oberbegriffen zusammenzufassen. Der methodische Vorschlag der Resonanz beinhaltet ja, dass man den Kindern und Jugendlichen mithilfe medialer Gestaltungen zurückgibt, was man von ihnen gesehen und verstanden hat, und sie so auffordert, nun selbst wieder zu antworten, um gemeinsam zu klären, um was es ihnen gehen könnte. Dennoch ist auch zu erkennen, dass die methodischen Ansätze zur Erfindung medialer Resonanzen möglicherweise nicht differenziert genug sind und es dort Verbesserungsbedarf gibt. Auch der Übergang von den Beobachtungen zu einer Themenhypothese, die dann doch konkretes weiteres Handeln eröffnet, müsste methodisch geschärft werden.

Mediale Resonanz und Dialog werden wenig praktiziert beziehungsweise übersprungen

Deutlich wird hier, dass der Übergang von der Beobachtung und Auswertung zu Resonanz und Dialog selten gelingt. In den Interviews zeigt sich, dass die Fachkräfte nicht nur in den Auswertungen die Themen der Kinder zu stark generalisierend zusammenfassen, sondern dass sie auch die Phase der – medial gestalteten – Resonanz und des damit anzustoßenden Dialogs überspringen. So wird in den Interviews öfter berichtet, dass die Fachkräfte versuchen, ein in den Auswertungen erkanntes Thema sofort aufzugreifen und in einen Handlungs- beziehungsweise Projektimpuls umzusetzen. Zudem werden auch Fälle berichtet, in denen die Grundregel „Alles Handeln der Kinder und Jugendlichen ist ein Angebot“ ignoriert wird und Interaktionen oder Vorschläge der Kinder und Jugendlichen von vornherein abgewertet werden. Dies geschieht teilweise mit dem vorgeschobenen Argument, die Ideen der Adressat*innen seien nicht realistisch umsetzbar. Oder man meint, eine vorgebrachte oder interpretierte Themenstellung breche soziale Regeln der Einrichtung oder der Gesellschaft oder würde gar die Moralität der Fachkraft infrage stellen, etwa bei dem Vorschlag einer Gogo-Tänzerin an der Stange.

Interview Einrichtung C:

FK 2: *Ich glaube, es sind nicht die Adressaten, die vielleicht in dem Buch oder in den Büchern oder in der Literatur irgendwie gewollt sind. Das ist nicht mehr die Zielgruppe, das ist auch nicht mehr die Besuchergruppe oder das ist ein kleiner Teil unserer Besucherschaft, sind wirklich die, jetzt könnten wir noch über Benachteiligung diskutieren, die benachteiligten Jugendlichen, ich würde eher sagen, die auffälligen Jugendlichen, die Schwierigkeiten haben, sich an Regeln zu halten, die nicht offen sind, andere respektvoll und wertschätzend zu akzeptieren. Das schaffen viele von denen nicht; also mit der Besucherschaft gehe ich nicht in den GEBe-Dialog, sag ich mal.*

Da frag ich natürlich auch, was wollt ihr machen, und versuche dem weitestgehend zu entsprechen, aber da kommen dann eben auch Antworten, ja wir wollen, dass an der Stange dort 'ne Gogo-Tänzerin tanzt. Super. Und da habe ich keine Lust, weiter meine Gedanken dafür zu verschwenden, oh, was könnte denn jetzt ihr Thema sein?
***Kommentar FK 1:** Der Wunsch nach einer Gogo-Tänzerin wurde vor mehr als zehn Jahren an mich herangetragen. Als Berufsanfängerin, die nicht nach dem GEBe-Ansatz arbeitete, empfand ich die Äußerung der knapp 18-jährigen Jungen als starke Provokation. Heute würde ich das offensichtliche Thema Sexualität aufgreifen, vorausgesetzt, ich fühle mich als Fachkraft angesprochen und nicht als Frau persönlich angegriffen.*

Die Zielgruppe der auffälligen Jugendlichen zu erreichen, ist vom GEBe-Konzept durchaus intendiert. Nur sieht das Konzept die Kinder und Jugendlichen anders. Es geht davon aus, dass alle Menschen offen und bereit sind, andere respektvoll und wertschätzend zu akzeptieren, diese Bereitschaft und Fähigkeit allerdings davon abhängt, ob man selbst Erfahrungen des Respekts, der Wertschätzung, also der Anerkennung gemacht hat. Nur wenn das der Fall ist, kann man auch anderen Anerkennung entgegenbringen. Gerade indem solche Kinder und Jugendlichen auffallen, stoßen sie quasi ihre soziale Umwelt mit der Nase auf ihr Thema. Sie demonstrieren deutlich, dass es um ihren eigenen Mangel an Anerkennung geht. Das tun sie allerdings zunächst, indem sie anderen (scheinbar) Missachtung entgegenbringen. So können sie auf ihren Mangel an Achtung hinweisen, ohne diesen Mangel offenzulegen und sich damit – so ihre bisherige Lebenserfahrung – zu sehr zu öffnen und zu gefährden. Denn ihre Erfahrung ist oft: Wer Mangel zugibt, zeigt Schwäche. Und Schwäche wird ausgenutzt und führt zu verschärfter Unterlegenheit und Ausgesetztheit – das zumindest scheinen die bisherigen sozialen Erfahrungen der Auffälligen zu unterstellen.

Den gegenteiligen Zusammenhang fasst Theodor W. Adorno (1951) in seinem berühmten Satz aus Minima Moralia (Aph. 122) zusammen: „Geliebt wirst du einzig, wo du schwach dich zeigen darfst, ohne Stärke zu provozieren." Ich unterstelle, dass die hier angesprochenen Kinder und Jugendlichen oft die gegenteilige Erfahrung gemacht haben: Ihre Schwäche hat beim Gegenüber Stärke, Überlegenheit, Ausnutzung, Missbrauch, Herabwürdigung, körperliche Gewalt usw. hervorgerufen. Möglicherweise auch, weil das Schwäche zeigende Kind beim Gegenüber Angst vor eigener Schwäche hervorruft und diese Angst durch die Demonstration von Stärke abgewehrt wird. Beantwortet man nun die scheinbare

Missachtung, die Kinder und Jugendliche den Fachkräften entgegenbringen, selbst wiederum mit Missachtung, setzt man den Teufelskreis fort: Erneut wird der Wunsch nach Anerkennung nicht erfüllt beziehungsweise die Erfahrung der Aberkennung wird wieder bestätigt und führt zu weiterer Verhärtung der eigenen Demonstration von Missachtung als Schutzpanzer.

Wer gerade solchen Kindern und Jugendlichen keinen Dialog anbietet und auf ihren Versuch, durch Provokationen doch noch Anerkennung hervorzurufen, mit nur vorgespielter Anerkennung antwortet, nimmt ihnen und sich selbst als Fachkraft die Chance, hinter dem Panzer der Missachtung *gegenseitige* Anerkennung zu erlangen: Beide Seiten versuchen, sich vor Missachtung zu schützen und doch irgendwie in Kommunikation zu bleiben. Die Jugendlichen fahren durch ihren provokanten Vorschlag der Gogo-Tänzerin die Stacheln aus; die Fachkraft fährt ihre Stacheln aus, indem sie sich gegen die befürchtete Missachtung von vornherein wappnet und, wenn diese eintritt, stark genug ist, sie zurückzuweisen. Das führt dann aber dazu, dass eine konstruktive und sich gegenseitig anerkennende Kommunikation nicht zustande kommt. Die – aus Selbstschutzgründen – nur scheinbar offen gestellte Frage danach, was die Jugendlichen wollen, prüfen diese auf ihre Echtheit mit einem dann von der Fachkraft als Missachtung bewerteten Vorschlag. Im Grunde bestätigen sich beide Seiten darin, dass sie nichts miteinander anfangen können, geschweige denn, dass wechselseitige Anerkennung möglich werden könnte.

Die GEBe-Methode bezieht sich genau auf solche Kinder und Jugendlichen und auf so eine oft misslingende Interaktion zwischen ihnen und den Fachkräften. Mit der Grundannahme „Alles ist ein Angebot“ schlägt die methodische Orientierung vor, solche Teufelskreise der Missachtung zu durchbrechen und in den Provokationen den Wunsch zu erkennen – und zu beantworten –, Anerkennung hervorzurufen.

Die kleine Schwester der Missachtung (scheinbar) missachtender Vorschläge der Kinder und Jugendlichen ist die Reaktion, Vorschläge von vornherein als nicht machbar abzutun. Vielleicht hat die Reaktion der Fachkraft auf den Vorschlag der Gogo-Tänzerin einen solchen Hintergrund. Nimmt man den Vorschlag zunächst ganz schlicht so, wie er ausgedrückt wurde, kann man sich nicht wirklich vorstellen, dass im Jugendhaus oder in der Ganztagsschule eine solche Tänzerin auftreten würde, ganz zu schweigen von der Kostenfrage. Eine dialogisch anerkennende Resonanz würde zunächst jedoch einmal den Vorschlag ernsthaft – nicht zynisch-ironisch – prüfen: Was stellen sich die Jugendlichen genau darunter vor? Wie, meinen sie, wäre dies zu organisieren und zu finanzieren? Wie wollen sie mit dem Jugendschutzgesetz umgehen? Wie wollen sie mit der Kritik umgehen, es handele sich um sexistischen Voyeurismus beziehungsweise um Pornografie? und so weiter. Ich hätte an der Stelle vorgeschlagen, einmal eine Tänzerin zu kontaktieren, nach den finanziellen und sonstigen Bedingungen eines Auftritts zu fragen und auch zu erkunden, wie die Tänzerin einen Auftritt im Jugendhaus fände und wie sie überhaupt zu ihrer Tätigkeit steht. Eine solche Erkundung würde einen weiteren Bildungs- und gemeinsamen Auseinandersetzungsprozess über den Vorschlag anregen. Die Jugendlichen würden als realistische Projektplaner*innen und Selbstbildner*innen anerkannt. Lässt man sich auf solche Prozesse ein, geschieht zweierlei: Die Jugendlichen erhalten ein anerkennendes Feedback *und* werden gleichzeitig konstruktive Mitbestimmer*innen und Mitverantwortliche der kleinen Gemeinschaft der Einrichtung. Individuelle Anerkennung und gesellschaftliche Engagementerfahrungen werden gleichzeitig möglich.

Dennoch muss hier am Beispiel des als Missachtung empfundenen Vorschlags des Gogo-Tanzes auch darauf verwiesen werden, dass Fachkräfte das Recht haben, verletzende Provokationen der Jugendlichen abzuwehren und zu sanktionieren. Das gilt zum einen für Beleidigungen, die man nicht mehr fachlich als Kampf um Anerkennung deuten kann, sondern als schwere persönliche Missachtung erlebt. Das gilt zum anderen aber auch für Vorschläge, die die Fachkraft als Person überfordern oder andere Menschen verachten oder – gewaltsam körperlich oder seelisch – angreifen. Letztlich muss jede Fachkraft selbst entscheiden, in welcher Situation sie solche (hoch-)problematischen Reaktionen der Jugendlichen zurückweist oder sogar scharf sanktioniert. Das hängt von vielen Bedingungen der jeweiligen Situation und der Beziehung zu den Jugendlichen ab, ebenso wie von der eigenen Persönlichkeit.

Jedenfalls kann eine solche Situation eintreten – und ich meine keinesfalls, dass alle möglicherweise noch so problematischen Sprech- und Handlungsweisen der Kinder und Jugendlichen anerkennend zu beantworten wären. Allerdings fordern sie eine verstärkte fachliche Reflexion der eigenen Betroffenheit und der Analyse möglicher Ursachen des (jugendlichen) Handelns heraus. Die ist selten in der Schrecksekunde des Konflikts möglich, sollte aber doch im Nachhinein erfolgen, um sich ein vertieftes Verstehen und auch Handlungsalternativen zu erschließen.

Dienstleistungsorientierungen gibt es immer wieder

Bei dem Wunsch der Jugendlichen nach einem Gogo-Tanz direkt an die Möglichkeit zu denken, dieser Vorschlag müsste umgesetzt werden, verweist auf die verbreitete Dienstleistungsorientierung der Fachkräfte, die sich in den Interviews immer wieder zeigt. Oft ist in solchen Fällen ein reduzierter Partizipationsbegriff zu erkennen: Fachkräfte meinen, geäußerte Wünsche von Kindern und Jugendlichen erfüllen zu müssen. Sie sehen sich dann als eine Art Dienstleister*in, die die Wünsche von Kund*innen umsetzen. Wenn die Kundschaft jedoch unrealistische, ökonomisch abwegige Forderungen stellt, müssten Dienstleister*innen diese ablehnen. Ein solches dienstleisterisches Verständnis von Partizipation bringt allerdings in der Sozialpädagogik beide Seiten in Teufels Küche: Die Fachkräfte verlassen ihre pädagogische Aufgabe und werden zu Knechten der Wunscherfüllung der Kinder und Jugendlichen oder zu Frustration auslösenden Ablehner*innen. Die Kinder und Jugendlichen werden zu konsumierend passiven Kund*innen, die nichts weiter tun müssen, als zu wünschen oder eben mit Ablehnung fertig zu werden.

Die Kinder und Jugendlichen sind dann nicht, wie es § 11 SGB VIII verlangt, auch mitverantwortlich für die Gestaltung der Jugendarbeit, sondern sie werden zu fordernden (oder frustrierten) Couch-Potatoes. Ihnen wird die immens bildende Chance genommen, selbsttätig einen Wunsch oder Vorschlag an der Realität abzuarbeiten und machbare Wege der Umsetzung von Wünschen zu finden – wie es in einem alten Stück der Rolling Stones heißt: „You can't always get what you want, but if you try sometimes you get what you need." Man muss versuchen, seine Wünsche umzusetzen, und dann kommt schon etwas Brauchbares dabei heraus, auch wenn es nicht den ursprünglichen Wünschen entspricht. Eigene Vorstellungen – und seien sie zunächst noch so fantastisch – gemeinsam an der Wirklichkeit abzuarbeiten und realistische Umsetzungsmöglichkeiten zu entwickeln, schafft die Erfahrung von Selbst- und Sozialwirksamkeit: Man erfährt, dass man als Person selbst handlungsfähig ist, dass man mit Eingrenzungen und Rückschlägen umgehen kann und gemeinsam mehr schaffen kann, als allein möglich wäre.

Die Selbsterfahrung ist eingebettet in eine Sozialerfahrung, quasi in eine gesellschaftliche Erfahrung; man übt, einen gemeinsamen Wunsch, eine Idee, ein Bedürfnis zu realisieren, lernt, sich an den Hindernissen abzuarbeiten und die notwendigen Fähigkeiten zu erwerben – und man lernt zu kooperieren. Das ist die Kerntätigkeit von Mitgliedern menschlicher Gesellschaften: Sie müssen zusammenarbeiten, um gemeinsame Aufgaben der Lebensbewältigung zu lösen. Kinder und Jugendliche an der Abarbeitung ihrer Wünsche zu beteiligen, ist als eine Einübung gesellschaftlichen Engagements in Verbindung mit entwicklungsförderlichen Potenzialen für die Individuen zu verstehen. Haben bei dieser kooperativen Lebensbewältigung alle Betroffenen Zugang zu gleichrangigen, gleichberechtigten und öffentlichen Lösungssuchen, Entscheidungen und Mitgestaltungsweisen, kann man das als Demokratie bezeichnen (Richter 2016).

Als Beispiel für die frühzeitige Entscheidung von Fachkräften, Vorschlägen nicht nachzugehen, sei hier eine Einrichtung angeführt, in der die Kinder sich Geld verdienen wollten, um gemeinsame Wünsche zu erfüllen. Dazu erzählt die Fachkraft. ***FK:*** *Es gab ganz viele Ideen. Da gab es sogar Ideen, jeder bringt von zu Hause was mit: Videospiele oder eine Playstation. Wir verkaufen alles, dann haben wir total viel Geld. Das waren Ideen, die nicht realisierbar waren. Da hab ich eingegriffen und gesagt: Wir müssen es kleinhalten und und und [...].*

Als Variante der Dienstleistungsorientierung spielt hier vielleicht auch noch ein Motiv mit, nach dem die Fachkräfte sich bemühen, den Kindern Enttäuschungen zu ersparen. Die Fachkraft weiß, dass es nicht so einfach ist, mit abgenutztem Spielzeug noch Geld zu verdienen. Sie möchte dafür sorgen, dass die Kinder eine gelingende Verkaufsaktion erleben. Aufgrund dieser gut gemeinten Fürsorglichkeit nimmt sie ihnen jedoch die Chance, die Schwierigkeit zu erfahren, Geld mit Trödelverkauf einzunehmen. Zugespitzt könnte man sagen: Mit ihrem Paternalismus – einer am Wohlergehen der Kinder und Jugendlichen orientierten Bevormundung – macht sie diese zu Objekten ihrer Fremdbestimmung.

Diese Kritik soll nun nicht zu dem pädagogischen Missverständnis führen, Kinder und Jugendliche müssten alle Erfahrungen selbst machen. Zunächst gilt das auf keinen Fall für Handlungen, die die jungen Menschen an Leib und Leben gefährden würden; der pädagogische Schutzauftrag verlangt einzuschreiten, wenn solche Gefahren auftauchen. Ebenso wenig ist folgende zynische pädagogische Haltung gemeint: „Bitte schön, ihr habt es ja so gewünscht, nun badet es auch aus!“ Auf der Basis pädagogischer Fachlichkeit müssen Fachkräfte abwägen, in welchen Fällen das Überlassen selbsttätiger Erfahrungen zu Überlastungen und zu großer Frustration führen könnte. Dann gilt es allerdings, Vorschläge nicht einfach abzublocken, sondern den Kindern und Jugendlichen genau zu begründen, warum man eine Umsetzung für zu riskant hält. Die Abwägung muss zudem reflektieren, welche Freiräume den Kindern und Jugendlichen eingeräumt werden müssen, damit sie selbst die Erfahrung machen, wie sich ihre Vorstellungen und Lösungsideen umsetzen lassen – und gegebenenfalls auch, wie mit Widerstand, Fehlschlägen und Frustrationen umzugehen ist.

Das pädagogische Konzept, dass Kinder und Jugendliche beziehungsweise Menschen sich bilden und entwickeln, wenn sie eigene Erfahrungen anhand von konkret und real in ihrem Leben sich stellenden Problemen oder Aufgaben machen können, indem sie – immer auch zusammen mit anderen – Lösungen suchen, probieren und finden müssen, ist schon älter. Der amerikanische Philosoph und Pädagoge John Dewey hat es im frühen 20. Jahrhundert entwickelt. Solche Erfahrungen der Problemlösungsversuche sind für ihn „Experimente mit der Welt zum Zweck ihrer Erkennung" (Dewey 1916/2000: 187). Wenn Menschen selbsttätig ohne Belehrung von Besserwissenden solche Aufgaben und Probleme bearbeiten und lösen müssen, hat das besonders starke Bildungswirkungen – in Deweys Worten: Denken könne sich entwickeln, denn „[d]as Denken ist die Auseinanderlegung der Beziehungen zwischen dem, was wir zu tun versuchen, und dem, was sich aus diesem Versuche ergibt" (ebd.: 193).

Die pädagogische Aufgabe ist hier, bei solchen Selbstbildungsprozessen eine Assistenz zu leisten, indem die Kinder und Jugendlichen darin unterstützt werden, die sich ihnen stellenden Probleme, Fragestellungen, Aufgaben, Interessen, Themen usw. möglichst selbsttätig anzugehen. Die GEBe-Orientierung ist ein Versuch, eine solche Assistenz von Selbstbildung besonders in Bezug auf politische Bildung im Sinne einer Aneignung gesellschaftlichen Mitentscheidens, Mithandelns und Mitverantwortens methodisch auszubuchstabieren. Daher besteht die Rolle der pädagogischen Fachkräfte hier nicht darin, Wünsche von Kindern und Jugendlichen zu erfüllen, sie zu passiven Kund*innen und sich selbst zu deren Knechten zu machen. Eine solche Dienstleistungsorientierung verträgt sich nicht mit sozialpädagogischen Konzepten der Assistenz von Selbstbildung.

Ein anderes Beispiel für die Dienstleistungsorientierung findet sich in folgender Einrichtung.

Interview Einrichtung F:

FK: *Also, hier bei uns hat eine Kollegin die Kinder beobachtet, und es war eine Sequenz, wo die Kinder sich darüber beschwert haben, dass es immer viel zu laut in dem Gruppenraum ist und dass sie einen Rückzugsort haben wollen. Nach dem GEBe-Prozess hat die Kollegin das aufgenommen und hat zu den Kindern gesagt: Hm, wie fändet ihr das* *denn, wenn wir da einen Ruheraum draus machen? Den Wunsch, den sie rausgehört hat, war, dass sie einen ruhigen Raum haben wollen. Und dann haben sie halt angefangen, mit den Kindern gemeinsam den Raum zu gestalten. Das heißt, wir haben irgendwie geguckt, dass wir Sofas kostenlos kriegen, weil die Kinder wollten eine gemütliche Ecke haben usw. und das war im Endeffekt das Projekt, was daraus entstanden ist.*

Zunächst geht in der berichteten Szene alles nach GEBe-Methodik: Die Fachkraft beobachtet, wertet nicht lange aus, sondern meldet den Kindern sofort zurück, sie habe das Thema „Ruheraum" verstanden, und scheint dafür auch eine Bestätigung zu erhalten. Das, was dann im Interview als „mit den Kindern gemeinsam den Raum gestalten" bezeichnet wird, bedeutet aber, dass die Fachkräfte die Sofas organisieren, die die Kinder sich wünschen. So stark und selbstverständlich ist die Dienstleistungsorientierung der Fachkräfte, dass sie wie selbstverständlich die Aufgabe übernehmen. So auch in einer ähnlichen Szene aus derselben Einrichtung.

Interview Einrichtung F:

***FK**: Zum Beispiel: Du beobachtest zwei Kinder, siehst, dass sie gerade mit Kapla-Bausteinen spielen. Und da haben ein paar Kinder angefangen, mit den Bausteinen zu bauen, und die anderen Kinder fanden das auch so toll, aber wir hatten nur 100 Stück, als Beispiel, das heißt, die Kinder haben nicht genug. Aus der Beobachtung folgt dann: ,,Wollt ihr mehr Kapla-Bausteine haben?'' und die Kinder wollen mehr Bausteine haben, also besorgen wir mehr. Also ein Beispiel, wie sozusagen geguckt wird, wie sind die Interessen der Kinder und was können wir daraus machen?*

Hier beginnt die Beobachtung mit einer Bewertung dessen, was die Kinder tun. Diese beschweren sich zunächst gar nicht über einen Mangel, sondern dieser erscheint nur der Fachkraft als solcher – wenn auch wahrscheinlich berechtigt. Eine denkbare dialogische Rückmeldung wie „Ich hab den Eindruck, es fehlen euch Bausteine" wird stattdessen als dienstleistungsorientierte Frage nach einem Kundenwunsch formuliert. Wenn man die Kinder als Kund*innen thematisiert, liegt es nahe, dass sie auf die Frage „Wollt ihr mehr Bausteine haben?" mit Ja antworten. Die Fachkraft schildert diese Szene als eine pädagogisch konsequente Befolgung einer Interessenorientierung und letztlich im Sinne der GEBe-Methode: Die Kinder haben Interessen und wir (das pädagogische

Team) machen etwas daraus, setzen diese also um. Doch im GEBe-Konzept geht es darum, dialogisch mit den Kindern zu klären, welche Themen ihnen wichtig sind, vielleicht auch, was sie sich wünschen. Dann wäre gemeinsam zu entwickeln, wie man das Thema angehen oder die Wünsche realisieren kann. Dabei ist den Kindern oder Jugendlichen so viel Mithandeln und Mitgestalten wie möglich zuzumuten, ohne sie jedoch zu überfordern oder mit schwierigen Aufgaben allein zu lassen.

Die pädagogische Haltung der Dienstleistungsorientierung hat wohl auch damit zu tun, dass die Fachkräfte in manchen Einrichtungen die Phase der Resonanz und des Dialogs überspringen und von der Auswertung der Beobachtungen sofort zu einem Angebot übergehen. Das pädagogische Selbstverständnis, dass man Angebote machen *muss*, den Kindern und Jugendlichen etwas bieten *muss*, man selbst aktiv werden *muss*, scheint auch hier eine wichtige Rolle zu spielen. Die Zurückhaltung der Handlungsimpulse (Hopplas) in der Beobachtung mündet dann umso stärker wieder in eine Aktivität. Viele scheinen fast froh, etwas zu haben, das sie organisieren und anbieten können. Meine Hypothese dazu: Es scheint schwer zu sein, sich pädagogisch auf eine Assistenz von Selbstbildung zu beschränken, die prozessorientiert den Bildungsbewegungen der Kinder und Jugendlichen folgt. Eine solche Orientierung kann kaum Projekte didaktisch durchplanen und eindeutige Aufgaben für die Pädagog*innen definierbar machen. Es bleibt ungewiss, was als Nächstes von den Kindern und Jugendlichen kommt und wie man darauf antworten könnte. In dieser Unsicherheit scheint es schwierig zu sein, fachlich auszubalancieren zwischen den die Bildungsprozesse fördernden Rückmeldungen, Dialogen und Interventionen einerseits und den immer wieder angesagten handlungsarmen Beobachtungen andererseits sowie der Bereitstellung und Sicherung von Settings, in denen die Kinder und Jugendlichen handeln – und nicht die Fachkräfte.

In einem meiner frühen Aufsätze (Sturzenhecker 1996) zur pädagogischen Professionalität in der Offenen Jugendarbeit habe ich das Ausbalancieren von „Fassen und Lassen“ genannt, also zwischen aktiven Interventionen, Strukturierungen und Vorgaben einerseits und der eher passiven Beobachtung und des Zulassens beziehungsweise Ermöglichens der Eigenaktivität von Kindern und Jugendlichen andererseits. Ein solches Ausbalancieren scheint aber grundsätzlich selten und noch seltener bewusst als fachliche Reflexion in der Praxis stattzufinden. Im Gegenteil sieht es so aus, als entwickelten die Fachkräfte ein

Selbstgefühl als Pädagog*innen oft erst dann, wenn sie selbst stark aktiv werden können und Angebote machen.

Kommentar FK: *Ich kann diesen Eindruck gut nachvollziehen. Die Arbeit von Pädagog*innen wird in Masse gemessen, in Angebotsstunden, in denen es nicht um einen Nachweis der Qualität, sondern um die Quantität der hervorragendsten Projekte geht. Die Arbeit mit Kindern und Jugendlichen wird als gelungen oder förderungswürdig bewertet, weil du tolle, innovative Projekte machst, und nicht, weil du den Jugendlichen gut zuhörst, platt gesagt –, denn das Zuhören kann nicht gemessen werden. Aus diesem defizitären Arbeitsbild heraus („ich muss mehr machen, um meine Arbeit gut zu machen …") kommt es meiner Meinung nach zu diesem Überaktivismus von Fachkräften.*

Etwas Ähnliches wird auch im folgenden Interview berichtet.

Interview Einrichtung C:

FK: *Eine Kollegin hatte neulich eine Beobachtung, bei der ein paar Mädchen reinkamen und eigentlich nichts machen wollten und sagten: „Nee, wir wollen uns nur aufwärmen und nee, wir wollen eigentlich gar nichts machen", und dann mit ihren Handys gespielt haben, und sie stand da so und dachte sich so: „Naja, ich wollte euch eigentlich gerade etwas anbieten, und jetzt werde ich halbwegs ignoriert". Also, es war vielleicht auch etwas Enttäuschendes für sie, weil sie da so eine Gruppe empfängt, die sagt: „Wir interessieren uns gar nicht für dich, wir wollen hier nur sitzen und mit unserem Handy spielen". Was wir erst mal interpretieren als Nichtsmachen, aber es ist ja auch „etwas machen". Also, zusammen sein, als Gruppe sein, sich aufwärmen.*

Diese Beobachtung enthält schon eine Öffnung gegenüber einer Bildungsassistenz, die zunächst ganz einfach erscheinende Wünsche der Mädchengruppe erkennt und respektiert. Vorher jedoch wird etwas berichtet, das ich als eine pädagogische Enttäuschung deute, die eintreten könnte, weil dies die Konstruktion der eigenen Rolle berührt, dass man „empfängt und anbietet". Die Fachkraft sieht sich also in der Rolle einer aktiven Gastgeberin, quasi der Hausherrin, die ihr Haus anbietet und Menschen beziehungsweise Gäste empfängt, von diesen dann aber auch erwartet, dass sie sich aktiv auf ihre Angebote einlassen. Möglicherweise geht es hier darum, dass die Rolle der Gastgeberin respektiert wird und mit der korrespondierenden Rolle des Gastes beantwortet werden soll. Wird die Fachkraft stattdessen „halbwegs ignoriert", dann wird ihre Erwartung des pädagogischen Rollenspiels zwischen anbietender Gastgeberin und aufnehmenden Gästen enttäuscht.

Feinfühlig bemerkt die Fachkraft allerdings im Interview, dass es sich höchstens um eine „halbe Ignoranz" handele, denn die Mädchen seien sehr wohl bereit, sich und ihre Wünsche der Fachkraft zu erklären und sich im Prinzip auf eine Aushandlung des Settings einzulassen. In der gemeinsamen Auswertung dieser Beobachtung im Team kommt man dazu, das Thema der Jugendlichen als „Interesse an einer Wärmestube" zu benennen. Damit öffnet man sich für die Möglichkeiten, ihnen dazu eine Resonanz zu geben und mit ihnen im Dialog zu klären, ob und wie sie sich eine Umsetzung der „Wärmestube" unter dem Dach der pädagogischen „Gaststube" vorstellen könnten. Wenn ich oben interpretiert habe, dass die Pädagogin sich als Gastgeberin anbieten möchte, verdeutlicht dies auch einen Aspekt des pädagogischen Settings in offenen Angeboten: Die pädagogischen Fachkräfte erhalten zunächst die Grundbedingungen aufrecht, in denen es überhaupt ein Dach, Wärme und eine gastfreundliche Fachkraft gibt. Und diese Rahmenbedingungen ermöglichen erst die Interaktion, die in der Szene berichtet wird. Die übliche Rolle der Gastgeberin, mit der die Erwartung verbunden ist, dass die Gäste deren Angebote – also die Arrangements und Beziehungsmuster – höflich akzeptieren und „mitspielen", endet dann allerdings hier.

In offenen Settings sozialpädagogischer Bildungsassistenz werden Rahmenbedingungen arrangiert, die den Kindern und Jugendlichen ermöglichen sollen, ihre Themen einzubringen und zu entfalten, statt sich den Erwartungen einer spezifischen Interaktion und Rollenzuweisung der Pädagog*innen zu beugen. Die Kids dürfen und sollen also die Arrangements für sich nutzen, unter Umständen auch im Konflikt mit den Vorstellungen der Fachkräfte. Statt also enttäuscht zu sein von der „Ignoranz" gegenüber der Offerte der Pädagogin, ginge es darum, von der Rolle der Gastgeberin zur Rolle der Bildungsassistentin zu wechseln und sich im Gegenteil auf das Angebot der Kinder und Jugendlichen einzulassen – und mit ihnen dialogisch auszuhandeln, wie es gemeinsam realisiert werden könnte.

Ein weiteres Beispiel für das Überspringen der Resonanz und Dialogphase findet sich in der folgenden Einrichtung.

Interview Einrichtung D:

***FK**: Wir haben vor allem Beobachtungen, die ich auch für ganz typisch halte: Die Kids kämpfen ständig draußen, ist ja irgendwie gefährlich, mit Holzstangen, mit Holzlatten und so Metallstangen kämpfen sie [...]. Dann haben wir das Thema weitergesponnen in dieser Beobachtung, da ist dann das Thema Feuer rausgekommen und dann hat die Fachkraft am nächsten Tag gleich ein Lagerfeuer mit denen gemacht, mit Stockbrot, was sehr gut war [...]*

***Interviewerin**: Mit dem Lagerfeuer, haben das die Jugendlichen oder die Kinder selber auch gesagt, dass die das gerne machen möchten, oder wie war das?*

***FK**: Nee, ich glaube, das hat sie ihnen angeboten. Wir machen das jetzt mal, und dann hat sie so angefangen und dann war das eine ganz super Idee und insofern dann wirksam geworden, dass sie dann ja noch Stockbrot dazu gemacht haben und nicht nur eben Lagerfeuer und aber auch sozusagen das Feuer befeuert haben, also sich darum gekümmert haben und auch herumstanden, sich gewärmt haben. Daraus sind dann auch wieder Dialoge entstanden. Und das war übrigens auch so toll für die Fachkraft. Sie war so glücklich, weil sie dann auch wieder Beobachtungen gemacht hat. Und die Kids haben gesagt: „Ey, das ist der beste Tag hier in (der Einrichtung)." Und die Fachkraft hatte vorher voll das Gefühl, sie hat keine Bindung zu denen und eigentlich ist sie nur Regelwächterin, ja, und da war das eben echt super.*

Auf den ersten Blick machen die Fachkräfte also zweierlei: Zunächst interpretieren sie die Beobachtung und kommen vom Kampf mit Stöcken zum Stockbrot und damit zum Lagerfeuer. Dann bringen sie dieses Ergebnis ihres Versuchs zu verstehen nicht zurück in einen klärenden Dialog, sondern machen ein Angebot. Legt man die GEBe-Methoden ganz streng aus, könnte man fragen: Ging es denn nicht ganz schlicht um das Kämpfen? – denn das sagte doch die Beobachtung. Und hättet ihr das nicht zurückmelden müssen? Doch auf den zweiten Blick könnte man behaupten, dass das Lagerfeuer und Stockbrotmachen eine mediale Rückmeldung war. Es greift zumindest das Thema der Stöcke auf und bietet einen alternativen Umgang mit ihnen an – und zwar mithilfe von Medien, also Mitteln, in diesem Fall Feuer, Stockbrotteig und Stockbrotstöcken.

Wenn Sozialpädagogik riskante Handlungsweisen von Kindern und Jugendlichen in ungefährlichere Ersatzaktionen verwandelt, nennt Lothar Böhnisch (2016: 28) das ein Angebot „funktionaler Äquivalente". Den Kids soll damit, durchaus eng an ihren bisherigen Handlungsweisen, gezeigt werden, dass man mit ähnlichen – also nicht gleichen, aber gleichwertigen (äquivalenten) –, aber weniger riskanten Handlungstypen auch Funktionen der Erfahrung von Selbst- und Sozialwirksamkeit erlangen kann. Wir haben es hier möglicherweise damit zu tun, dass die Fachkraft einerseits eine Resonanz gestaltet („Ich sehe bei euch das Thema Stöcke") und andererseits diese Antwort pädagogisch doch so gestaltet, dass sie das Gewaltpotenzial des Themas entschärft und mit Feuer und Stockbrot zeigt, dass mit Stöcken auch andere tolle Sachen möglich sind. Und der Erfolg gibt der Fachkraft recht: Die Kinder fahren voll auf das Feuer und das Stockbrotmachen ab.

Allerdings konnten die Kinder selbst nicht erkennen, dass die Aktion eine Antwort war und dass ihr Handeln diese Antwort hervorgerufen hat, sie also wirksam waren. Sie können sich auch nicht als Kund*innen erkennen, die einen Vorschlag machen, sondern es kommt für sie undurchsichtig irgendwie zu einem pädagogischen Angebot. Weder können sie sich als aktive Träger*innen eines interessanten Vorschlags – etwas mit Stöcken machen, zum Beispiel kämpfen – erkennen, noch sind sie Subjekte eines Dialogs, in dem ihre Ideen beantwortet und mit ihnen geprüft würden. Erst recht sind sie nicht die aktiven (Mit-)Gestalter*innen des Angebots. Die Fachkraft sorgt dafür, dass ein Feuer gemacht wird, dass Teig vorhanden ist – und ich vermute, dass sie auch die Stöcke mitgebracht hat. Die Kinder haben ein tolles Erlebnis gehabt und wahrscheinlich hat es auch kleinere Bildungsprozesse zum Umgang mit Feuer und Stockbrot gegeben (zum Beispiel: Wenn man das Stockbrot zu tief ins Feuer hält, verkohlt es), aber die Kinder waren nicht die Subjekte und Ko-Konstrukteur*innen der gemeinsamen Handlung und Problemlösung in der kleinen Gesellschaft des Jugendhauses. Sie sind in der Rolle von Kindern geblieben, für die die erwachsenen Fachkräfte Erlebnisse und im besten Fall Bildungserfahrungen bereitstellen.

Damit können die Fachkräfte sich als die Gestalter*innen des Pädagogischen erfahren, also als Pädagog*innen. Daher scheint es für die Fachkraft so wichtig gewesen zu sein, durch das Angebot auch als Beziehungsperson (Bindung) von den Kindern anerkannt zu werden und aus der reinen Rolle der Regelwächterin in eine ordentliche pädagogische Rolle zu gelangen, die ihr Handeln nicht mit Sanktionen durchsetzen muss, sondern es auf der Basis von Beziehungen gestalten kann. Dieser Prozess ist allerdings für pädagogisches Handeln zentral, denn ohne Beziehung keine Erziehung. Die Fachkraft hat mit der Stockbrotaktion erzogen: Sie hat eine pädagogische Beziehung aufgebaut und hat ein Erziehungsziel angestrebt, beispielsweise: Gewalttätige Auseinandersetzungen sind problematisch; gesellschaftlich muss man lernen, Aggressionen konstruktiv zu wandeln. Ebenfalls hat sie Bildungserfahrungen für die Kinder ermöglicht, denn diese konnten selbstständig am Feuer hantieren. Nur die Bildungserfahrung, die kleine Gesellschaft des Jugendhauses als berechtigte Mitbestimmer*innen mitzugestalten, wurde nicht möglich. Auf Letzteres jedoch zielen Jugendarbeit beziehungsweise Sozialpädagogik ab – und diese Ziele zu erreichen, will die GEBe-Methode unterstützen.

Die Beispiele zeigen, dass es also darauf ankommt, mit welchen Motiven – bewusst oder unbewusst – Fachkräfte methodische GEBe-Schritte überspringen. Dies kann einer Dienstleistungsorientierung entspringen, einem Drang, sich selbst pädagogisch nur über das Machen definieren zu können, über Angebote und Aktivitäten – an denen Jugendarbeit ja von außen oft nur gemessen wird – oder hauptsächlich erzieherischen Interventionsabsichten. Bei allen Phänomenen des Überspringens von Resonanz und Dialog stellt sich die Frage, welches Ziel dieses pädagogische Handeln hatte, wie bewusst es den Fachkräften war, wie deutlich es sich auf die Beobachtung beziehungsweise die lebensweltlichen Themen der Kinder und Jugendlichen bezog und wie passend die methodische Entscheidung mit Blick auf die Ermöglichung der Zielerreichung war.

In vielen Interviews zum Thema des Überspringens methodischer Schritte wird deutlich, dass oft der Bezug zum Ziel unklar oder ganz verloren gegangen ist. Das Ziel liegt – es sei noch einmal kurz gesagt – in der Ermöglichung und Ausweitung von Bildungserfahrungen des Zusammenhangs von Selbstbestimmung und Mitbestimmung in den pädagogischen Einrichtungen der Sozialpädagogik und der Gesellschaft insgesamt. So abstrakt dieses Ziel sein mag, so konkret kann es stets als Kategorie von Reflexion und Handlungsorientierung im pädagogischen Alltag genutzt werden: Man kann sich immer fragen, welches (noch so kleine) Teilziel angesagt wäre, um das Ziel zu erreichen, und man kann sich fragen, ob die jeweilige Methode in der Lage ist, solche Bildungserfahrungen für Kinder und Jugendliche zu eröffnen. Professionelles Handeln verlangt solche Reflexivität – und nicht die knechtische Befolgung methodischer Schrittfolgen.

Kein methodischer Vorschlag von GEBe ist eine in Stein gemeißelte Handlungsvorschrift. GEBe stellt lediglich eine methodische Grundorientierung dar, von der abgewichen werden kann, wenn das in der pädagogischen Interaktion als sinnvoll erscheint. Es wäre allerdings zu fordern, dass sich die Fachkräfte jeweils darüber im Klaren sind, welcher methodische Schritt mit welchen guten Gründen an sich folgen würde und welche guten Gründe sie selbst hätten, diesen zu überspringen. Diese Entscheidung muss gerechtfertigt werden vor den Inhalten und Bedingungen der pädagogischen Interaktion mit den Kindern und Jugendlichen unter Bezug auf die grundsätzliche Zielorientierung der Förderung gesellschaftlichen Engagements. Anders formuliert: Passt das, was ich tue, zu den Themen und Lebensbedingungen der Kinder und Jugendlichen, und ist es in der Lage, ihnen Bildungserfahrungen in Richtung des Ziels gesellschaftlichen Engagements zu ermöglichen?

Es wäre also jeweils bewusst individuell oder im Team zu entscheiden, warum man welchen Schritt mit welchem Ziel auslässt, ignoriert oder ändert. Ein guter Grund läge etwa darin, dass sich in der Interaktion mit Kindern und Jugendlichen ein Thema so klar zeigt und aufdrängt, dass es absurd wäre, wenn man die Kids noch einmal dialogisch fragen würde, ob man dieses Thema denn richtig verstanden habe. Wenn alle merken, dass eine Sache spannend ist, und alle bei der Sache sind, macht man selbstverständlich direkt dort weiter.

Vorstellungen zu Zielen der GEBe-Methode

Oben wurde deutlich, dass es besonders wichtig ist, ein möglichst klares Verständnis davon zu haben, was die Ziele von Sozialpädagogik sind, worauf also die GEBe-Methode zielt, um diese angemessen anwenden zu können. Daher folgen hier einige Kommentare der Fachkräfte zu ihren Vorstellungen über die Ziele.

Interview Einrichtung B (Fachkräfte 1 und 2):

FK 1: *Also, ich finde, gerade mit denen (den Benachteiligten, BeSt) geht das (GEBe, BeSt), weil sie das überhaupt nicht gewohnt sind, sie kennen das überhaupt nicht, sie werden immer stigmatisiert, sie sind immer die Störer, sind immer die Blöden, und dann machst du auf einmal GEBe mit denen, sie haben eine Wirkung, sie kriegen ein Feedback, sie haben etwas zu melden, und du reagierst auf sie und dann sind sie wirklich, also dann werden das glückliche Kinder.*

FK 2: *Dankbare. Ja, finde ich auch. Geht viel besser als mit den Nichtbenachteiligten.*

FK 1: *Die sind viel dankbarer darüber, sie spüren das ganz anders.*

Benedikt Sturzenhecker (BeSt): *Also, jetzt provoziere ich noch einmal: Geht's also darum, dass die Kinder glücklich sind und den Pädagog*innen dankbar?*

FK 2: *Ja. Natürlich.*

***FK 1:** Also, dass die Kinder glücklich sind, auf jeden Fall, und dass sie, wenn sie uns dankbar sind, dann haben wir es auch ein bisschen schön. Also, klar geht's nicht darum, dass sie mir dankbar sind, aber daran kriege ich auch ein Feedback von „das tut ihnen gut". Also, das ist eine Wertschätzung und da krieg ich ein Feedback, wo ich merke, ich bin auf dem richtigen Weg.*
***FK 2:** Um Feedback geht's da, ne [...].*
***FK2:** (Es geht bei GEBe, BeSt) um Eigenverantwortung. Ich finde, es geht ganz viel um Selbstwirksamkeit, also diese ganze Palette eigentlich. Es kommt ein bisschen bei den Kindern und Jugendlichen darauf an, was deren Thema ist. Das ist eigentlich in „Glück und Dankbarkeit" enthalten, also es geht darum, denen die Möglichkeit zu geben, das Gefühl von „Ich bin selbstwirksam" (zu erfahren, BeSt), weil das ist das, was sie brauchen, weil das deren Thema ist, [...] es geht wirklich ganz individuell darum, die einzelnen Menschen, Kinder und Jugendlichen, zu sehen und zu gucken, was sie brauchen, was ist ihr Thema und wie kann ich dazu beitragen, dass wir gemeinsam dieses Thema bearbeiten können, um dann einen Schritt weiterzukommen und zu gucken, was ist denn dann das Thema und vielleicht können sie es ja irgendwann alleine.*
***FK 1:** Na ja, wenn ich gesellschaftlich denke, könnte ich mir vorstellen, wenn das alle machen würden, wenn wir schon in der Kita damit anfangen würden und dann in der Schule und dann in der Jugendfreizeit und und und. Und es hätte so eine Wirksamkeit wie in dem relativ kleinen Rahmen, den wir ja haben, dann könnte ich mir schon vorstellen, dass die Gesellschaft eine bessere werden könnte* [...].
***BeSt:** Weil die Menschen glücklicher sind?*
***FK 1:** Na, und weil sie verantwortlicher sind und weil sie nicht immer das Gefühl haben, mir wird irgendwas aufgedrückt und das muss ich jetzt machen, sondern ich mach's freiwillig oder ich habe die Entscheidung, also auch, weil sie lernen, Entscheidungen selber zu fällen, ja und Verantwortung zu übernehmen.*

In den Aussagen der Fachkräfte wird deutlich, dass sie als Ziel der Entwicklung und Bildung der Kinder und Jugendlichen Glück ansehen und meinen, dass dieses durch Selbstwirksamkeitserwartungen befördert würde. Gesellschaft – wenn man weiterdenkt: Politik, Demokratie – tritt als Folge davon ein: Wenn alle Menschen, gerade in ihren pädagogischen Einrichtungen, in ihren Selbstwirksamkeitserfahrungen gefördert würden, also mehr Glückspotenzial hätten, hätte das auch positive Folgen für die Gesellschaft.

Die beiden Fachkräfte erläutern in dem Interview ein Verhältnis von Glück und Individuum, das dem Glückskonzept von Aristoteles[9] (384–322 v. Chr.) sehr nahe kommt. Diese in westlichen Kulturen bis heute einflussreiche Glückstheorie will ich zunächst etwas genauer erläutern, um dann zu zeigen, wie sie bei den interviewten Fachkräften auftaucht. Das ist wichtig, weil es dabei um die Grundlegung der Ziele der Förderung gesellschaftlichen Engagements geht.

Aristoteles bestimmt Glück als das Endziel menschlichen Handelns: „So erweist sich denn das Glück als etwas vollendetes, für sich allein Genügendes: Es ist das Ziel des uns möglichen Handelns (Aristoteles 1996: 16). Glück bezeichnet er als „für sich allein genügend", weil es „rein für sich genommen das Leben begehrenswert macht und nirgends einen Mangel offenlässt" (ebd.). Glück kann nach Aristoteles durch die Tätigkeit des Menschen, durch dessen eigenes Tun bewirkt werden. Ottmann (2001: 141) fasst das so zusammen: „Glück ist ‚Tätigkeit', und zwar nicht irgendeine, sondern jene, die der spezifischen Leistung des Menschen (seinem *ergon*) entspricht. Die spezifisch menschliche Leistung aber ist die vernünftige, die kluge Lebensführung. Glück ist die ‚Wirksamkeit (*energeia*) der Seele gemäß der ihr eigentümlichen Tüchtigkeit (*areté*)' (NE I,6, 1098a 169)." Zwei Aspekte fallen hier auf: Die spezifisch menschliche Leistung wird als Vernunft benannt. Das ist eine übliche Übersetzung der Charakterisierung des Menschen durch Aristoteles als „zōon logon echon", genau übersetzt als „Lebewesen mit Sprache". Vernunft bedeutet hier also nicht so sehr Rationalität im modernen Sinne, sondern bezeichnet die Sprachfähigkeit des Menschen. Aristoteles „versteht den Menschen als das Wesen, das sich mit anderen bereden und aus dem Sich-bereden und Beraten zum klugen Handeln und zum Glück finden kann" (Ottmann 2001: 178). Der zweite Aspekt ist, dass Glück durch die Selbsttätigkeit des Individuums – seine „eigentümliche Tüchtigkeit" – erreichbar wird, das Individuum also das Potenzial hat, durch eigenes Tun Wirkungen, genauer Glückswirkungen zu erzielen. Dem Individuum wohnt also das Potenzial der Selbstwirksamkeit inne. Beide Aspekte hängen zusammen: Menschen sind gleichzeitig sozial sprechfähig und als Individuum selbstwirksam. Die Erlangung von Glück ist auf soziale, sprachliche Verständigung mit anderen angewiesen, ebenso wie auf selbstwirksames individuelles Handeln. Glück bewir-

9 Aristoteles bezieht sein Konzept nur auf die Gruppe reicher Vollbürger der Stadt, die genug Geld haben, um sich Muße und Politik leisten zu können. Frauen, Sklaven, Zugezogene und Fremde schließt er aus seinen Überlegungen aus. Das gilt auch für Kinder. Mit der heutigen Vorstellung der Gültigkeit der Menschenrechte für alle Menschen kann man das Konzept aber als grundsätzliche Orientierung zum Zusammenhang von individuellem Glück und Gesellschaft lesen.

kendes Handeln des Individuums ist also immer mit sozialer, gemeinschaftlicher Verständigung verbunden, „*communication* und *community* gehören zusammen" (ebd.; Hervorheb. i. O.). Aristoteles betont dann auch, dass das Glück, das er als „für sich allein genügend" bestimmt, nicht individualistisch gemeint ist: „Den Begriff ‚für sich allein genügend' wenden wir aber nicht an auf das von allen Bindungen gelöste Ich, auf das Ich-beschränkte Leben, sondern auf das Leben in der Verflochtenheit mit Eltern, Kindern, der Frau, überhaupt den Freunden und den Mitbürgern; denn der Mensch ist von Natur bestimmt für die Gemeinschaft" (Aristoteles 1996: 15). Es ist die Gemeinschaft, die Community, die Stadt oder die Gesellschaft, in deren Rahmen der und die Einzelne ihr Glück erreichen kann (Ottmann 2001: 140). Zugespitzt: Glück ist nicht nur privat, sondern immer auch gesellschaftlich.

Hier kann man eine Verbindung zu Albert Bandura herstellen, der in der Psychologie den Begriff der Selbstwirksamkeitserwartung eingeführt hat. Diese definiert er als „beliefs in one's capabilities to organize and execute courses of action required to produce given attainments" (Bandura 1998: 63), als Glauben an das eigene Leistungsvermögen, Handlungsverläufe zu planen und durchzuführen, die notwendig sind, um vorgegebene Anforderungen zu erfüllen (Übersetzung BeSt). Solche Überzeugungen entstehen im sozialen Zusammenhang, im Rahmen von Kommunikation und Kooperation von Menschen, denn „people are producers as well as products of social systems" (Bandura 1998: 51), Menschen sind sowohl Produzenten als auch Produkte sozialer Systeme (Übersetzung BeSt).

In diesem Sinne könnte man sagen, dass Selbstwirksamkeit immer auch Sozialwirksamkeit bedeutet; die Aufgabenstellungen entstehen aus dem Sozialen beziehungsweise aus der Lebensführung einer konkreten Gruppe oder Community und beziehen sich wieder darauf und die Rückmeldungen kommen ebenfalls aus dem Sozialen. Deshalb spricht Bandura immer wieder von kollektiver Wirksamkeit („collective efficacy"). Wie Aristoteles betont er, dass Menschen nicht isoliert leben, sondern als Kollektive gemeinsam produzieren, was sie brauchen (ebd.: 65). Er zeigt, wie stark gesellschaftliche Einflüsse die Selbstwirksamkeitserwartungen von Gemeinschaften aber auch negativ beeinflussen können und wie nötig eine Förderung positiver kollektiver Wirksamkeitserwartungen ist, damit Menschen ihre Lebensbedingungen heute und in Zukunft selbst beeinflussen können. Er ist überzeugt, dass positive Selbstwirksamkeitserwartungen von Individuen und Gemeinschaften in ihrem Zusammenhang „foster positive well-being and human accomplishments" (Bandura 1994), positives Wohlbefinden und menschliche Bewältigungsfähigkeit stärken (Übersetzung BeSt). Wie Aristoteles ist er der Meinung, dass Glück (hier: „well-being") in kooperativen Gemeinschaften entsteht, die individuelle Wirksamkeit möglich machen, und dies wiederum positive Folgen für die kollektive Wirksamkeitserfahrung hat. Bandura sieht vier Grundmuster, die die Entstehung von Selbstwirksamkeitserfahrungen befördern:

1. Die konkrete Erfahrung eigener Erfolge bei der Bewältigung von Aufgaben – sie erzeugt die stärksten und am meisten verallgemeinerbaren Selbstwirksamkeitserwartungen (Mastery).
2. Ein Lernen am Modell erfolgreicher Aufgabenbewältigung durch bedeutende andere, die einem ähnlich sind und mit denen man in einem Handlungs- und Sinnzusammenhang steht (Modeling).
3. „Social persuasion is the third mode of influence. Realistic boosts in efficacy can lead people to exert greater effort. This increases their chances of success. But effective efficacy builders do more than convey positive appraisals. They structure situations for others in ways that bring success and avoid placing them, prematurely, in situations where they are likely to fail. They measure success by self-improvement rather than by triumphs over others" (Bandura 1998: 54): Soziale Beeinflussung ist die dritte Art des Einflusses. Realistische Ermutigungen von Wirksamkeit können Menschen dazu bringen, größere Anstrengungen zu unternehmen. Das erhöht ihre Chancen auf Erfolg. Aber effektive Förderer von Wirksamkeit tun noch mehr als positive Bewertungen zu geben. Sie strukturieren Situationen für andere so, dass diese Erfolg bringen, und vermeiden, die anderen früh in Situationen zu bringen, in denen diese versagen. Sie messen Erfolg an der Selbstverbesserung und nicht am Triumph über andere (Übersetzung BeSt).
4. Körperliche und emotionale Zustände: Aus der Selbstwahrnehmung von körperlicher Fähigkeit beziehungsweise Unfähigkeit und positiven oder negativen Gefühlen bei der Aufgabenerfüllung werden Schlüsse auf die eigenen Wirksamkeitspotenziale gezogen.

In dem hier zugrunde gelegten Text von Bandura (1998) macht er selbst bereits Vorschläge, wie man diese Bedingungen der Erfahrung von Selbstwirksamkeit positiv beeinflussen kann. Insgesamt kann man sozialpädagogische Folgerungen daraus ziehen. Zunächst ginge es darum, Kindern und Jugendlichen positive Erfahrungen der eigenständigen Bearbeitung und Lösung von Aufgaben beziehungsweise Problemen zu eröffnen (Mastery). Darauf wurde weiter oben schon in Bezug auf das Erfahrungskonzept von Dewey hingewiesen. Sozialpädagogik müsste also ermöglichen, dass es für Kinder und Jugendliche Freiräume der Selbsterfahrung für die Bearbeitung realistischer Aufgaben gibt. Das müssten Aufgaben sein, die sich aus dem sozialen Zusammenleben ergeben und für die Lebenserhaltung und gute Lebensgestaltung förderlich sind. Nur in einer solchen Gemeinschaft, die an den sich ihr stellenden Problemen oder Aufgaben (vor allem der Reproduktion und Produktion) kooperativ arbeitet, findet man grundsätzlich gleiche und bedeutungsvolle andere, von deren beispielhaften Handlungsweisen und Handlungserfolgen man selbst lernen kann (Modeling). In Bezug auf eine positive Förderung sozialer Beeinflussung sieht Bandura die Aufgabe von „efficacy builders“ – also (direkt übersetzt) von „Wirksamkeits-Aufbauern“ – darin, nicht nur positive und realistische Rückmeldungen zu geben, sondern die Aufgabensettings so zu strukturieren, dass allzu frühe Misserfolge vermieden werden. Zudem sollten sie die Erfolge der Selbstverbesserung positiv hervorheben – und man darf wohl in seinem Sinne ergänzen: die Erfolge der Kooperation und der daraus resultierenden Erfolge für die Gemeinschaft –, statt Überlegenheit zu loben. Zudem wäre darauf zu achten, dass Stress und Depressionen vermieden werden, ebenso wie Fehlinterpretation der eigenen (körperlichen) Leistungsfähigkeit (ebd.).

Kommen wir zurück zum Interviewauszug. Die Fachkräfte fassen hier kurz zusammen, was ich mit Blick auf die Klassiker Aristoteles und Bandura genauer erläutert habe.

FK 1: *Also, ich finde, gerade mit denen (den Benachteiligten, BeSt) geht das (GEBe, BeSt), weil sie das überhaupt nicht gewohnt sind, sie kennen das überhaupt nicht, sie werden immer stigmatisiert, sie sind immer die Störer, sind immer die Blöden, und dann machst du auf einmal GEBe mit ihnen, sie haben eine Wirkung, sie kriegen ein Feedback, sie haben irgendwas zu melden, und du reagierst auf sie und dann sind sie wirklich, also dann werden das glückliche Kinder.*

Die Fachkraft beginnt hier bei den negativen Erfahrungen der Kinder und Jugendlichen, der Stigmatisierung als „Störer“ und „Blöde“, also als welche, die das Soziale und die gemeinsame Aufgabenerfüllung behindern, vielleicht sogar zerstören, und die zu beschränkt sind, um erfolgreich Aufgaben zu lösen. Wenn mit GEBe nun dafür gesorgt wird, dass die Kinder und Jugendlichen Selbstwirksamkeitserfahrungen machen können, etwas „zu melden haben" – also für kollektiv-kooperative Aufgabenbewältigung relevante Beiträge einbringen und mitbestimmen können –, und dass sie Feedback beziehungsweise Reaktionen erhalten, also Rückmeldungen über Ergebnisse und Erfolge ihres Handelns, „dann werden das glückliche Kinder". Und auch Sozialpädagog*innen benötigen solche positiven Rückmeldungen in Bezug auf ihre Arbeit von den Adressat*innen – die Fachkräfte nennen das Dankbarkeit. Auch sie müssen erkennen können, dass sie Wirkungen entfalten.

Bei der zitierten Interviewsequenz ist unklar, wie stark im fachlichen Bewusstsein der Fachkräfte der unlösbare Zusammenhang zwischen individueller und gesellschaftlicher Wirksamkeit gesehen und als solcher gefördert wird beziehungsweise ob möglicherweise der Blick ausschließlich auf ein – scheinbar aus der sozial-kooperativen Eingebundenheit herausgelöstes – Individuum gerichtet wird. Die Fachkraft 2 bezieht sich in gewisser Weise auf diesen Zusammenhang.

***FK 2:** Also, es geht darum, denen die Möglichkeit zu geben, das Gefühl von „Ich bin selbstwirksam" (zu erfahren, BeSt), weil das ist das, was sie brauchen, weil das deren Thema ist, […] es geht wirklich ganz individuell darum, die einzelnen Menschen, Kinder und Jugendlichen, zu sehen und zu gucken, was sie brauchen, was ist ihr Thema und wie kann ich dazu beitragen, dass wir gemeinsam dieses Thema bearbeiten können, um dann einen Schritt weiterzukommen.*

Hier fällt der Blick zunächst auf die Individuen und ihre Bedarfe an Selbstwirksamkeitserfahrungen und -rückmeldungen. Man könnte eine gewisse Individualisierung vermuten – gegen die Bandura sich allerdings verwahrt. Bei ihm geht es immer um ein handelndes Subjekt in kooperativen Interaktionen und gesellschaftlichen Zusammenhängen und nicht um ein isoliertes Individuum. Aber in der Sequenz gibt es auch einen Übergang zu einem Wir. Zunächst sieht sich die Fachkraft als „efficacy builder", sie will dazu beitragen, dass die Kinder und Jugendlichen zu ihren eigenen Themen positive Wirksamkeitserfahrungen machen können. Das tut sie, indem sie eine gemeinsame Arbeit an diesen Themen anbietet. Durch solche Unterstützung entsteht ein Wir, bestehend mindestens aus Individuum und Sozialpädagogin. In den letzten Zeilen der

Interviewsequenz geht es dann darum, dass nach dem Konzept der Fachkräfte Glück eben auch darauf beruht, sein Handeln in der Gesellschaft als freie Entscheidung wahrnehmen und Verantwortung für die eigenen Entscheidungen übernehmen zu können.

FK 1: Na, und weil sie (die benachteiligten Kinder und Jugendlichen, BeSt) verantwortlicher sind und weil sie nicht immer das Gefühl haben, mir wird irgendwas aufgedrückt und das muss ich jetzt machen, sondern ich mach's freiwillig oder ich habe die Entscheidung, also auch weil sie lernen, Entscheidungen selber zu fällen, ja und Verantwortung übernehmen.

Damit wird aber unterstellt, dass sich die Kinder und Jugendlichen in ein Verhältnis zu einem Kollektiv, zu einer gesellschaftlichen Gemeinschaft setzen, die ihnen entweder etwas „aufdrückt" oder ihnen ermöglicht, sich aufgrund freier Entscheidungen zu ihr zu positionieren; das Individuum steht quasi unabhängig allein vor den anderen und rechtfertigt sich nur vor sich. In einem gesellschaftlichen Zusammenhang übernimmt man hingegen die Verantwortung nicht allein vor sich selbst, sondern muss sich in ein Verhältnis zu den anderen setzen und die eigenen Entscheidungen auch in Bezug zum Kollektiv fällen und verantworten.

Das GEBe-Konzept sucht – unterstützt durch die klassischen Positionen von Aristoteles und Bandura –, „Selbstwirksamkeit und Glück" in ihrem gesellschaftlichen Zusammenhang zu fördern. Die Unterstützung individueller Selbstwirksamkeitserfahrungen erfolgt nicht abgelöst von anderen beziehungsweise den Gemeinschaften, sondern in Bezug auf sie und auf die sich für die Gemeinschaft und die Personen stellenden Aufgaben sowie deren kooperative Bewältigung. Das Subjekt muss seine „Tüchtigkeit" (Aristoteles) selbsttätig ins Spiel bringen, sich dabei aber immer auf andere und die gemeinsame Bedürfniserfüllung beziehen. Nur in solchen sozialen Gemeinschaften kann das Subjekt Feedback erhalten und von anderen lernen, ebenso wie es selbst rückwirkt auf die Selbstwirksamkeitserfahrungen der Einzelnen und des Kollektivs.

Sozialpädagogik geschieht ohnehin überwiegend in Kollektiven, in den Gruppen und Gemeinschaften der sozialpädagogischen Einrichtungen. Das verlangt immer auch, dass die Fachkräfte die individuellen Kinder und Jugendlichen wahrnehmen, sie anerkennen, ihnen direkt Resonanz beziehungsweise Rückmeldung geben und damit Beziehung aufbauen und gestalten. Das kann aber nie individualisiert, also losgelöst von den anderen geschehen, die im Normalfall ohnehin dabei sind. Die Aufgaben und Problemstellungen ergeben sich aus dem gemeinschaftlichen Zusammenleben in der pädagogischen Einrichtung (und im Stadtteil). Die einzelnen Kinder und Jugendlichen bringen ihre Themen hier ein und durch die Interaktion entwickelt sich, was gemeinschaftliche Inhalte und kooperative Aufgaben sind. Sozialpädagogische Einrichtungen sind jeweils eine Gesellschaft im Kleinen, auch in ihnen muss zwischen Subjekt und Gesellschaft vermittelt werden, muss eine persönliche und kollektive Selbstwirksamkeitserfahrung entstehen, um die sich gemeinsam stellenden Anforderungen zu bewältigen und ein kollektives Glück oder gemeinschaftliches Wohlbefinden erarbeiten zu können. Daher kann die Förderung von Selbstwirksamkeit des Individuums nicht der erste Schritt sein, um nach deren Erfolg erst in einem zweiten Schritt Sozialwirksamkeit zu fördern. Nein, Selbstwirksamkeit entsteht immer schon im Sozialen und wirkt ihrerseits darauf zurück.

Gesellschaftliches Engagement zu fördern, wie das GEBe-Konzept formuliert, kann nicht erst nach der Entwicklung individueller Selbstwirksamkeitserwartungen geschehen, sondern gesellschaftliches Engagement ist ein Synonym für die integrierte Förderung von persönlichen und gemeinschaftlich-gesellschaftlichen Wirksamkeitserfahrungen. Daher beschränkt sich das GEBe-Konzept auch nicht auf die kleine Gesellschaft der sozialpädagogischen Einrichtungen, weil diese dann quasi zu individualisierten Inseln würden, abgekoppelt vom Rest der Gesellschaft. Sozialpädagogik will auch immer einen Übergang der Selbstwirksamkeitserfahrungen vom sozialen Binnenraum der Einrichtungen hinaus in die Gesellschaft eröffnen – und Gesellschaft wird hier zunächst immer verstanden als Stadtteil beziehungsweise Kommune. GEBe will also die Entwicklung von Handlungsfähigkeit weder individualisieren noch institutionalisieren – das heißt auf die Einrichtung begrenzen –, sondern sucht die glücksrelevante Erfahrung persönlicher und kollektiver Wirksamkeit immer im Zusammenhang zu konzipieren und umzusetzen. Das schließt jedoch nicht aus, im Sinne von Banduras Hinweis als Wirksamkeitsförderer Aufgaben und Erfahrungen so zu gestalten, dass sie nicht überfordern, sondern zu erreichende und ermutigende Erfahrungen von Handlungsfähigkeit eröffnen, die dann zunehmend erweitert werden können.

Andere Interviews berühren ebenfalls die Frage, was die Ziele von GEBe sind und wie sie gerade auch mit benachteiligten Kindern und Jugendlichen umgesetzt werden können. In der folgenden Sequenz macht die Fachkraft noch einmal sehr deutlich, wie stark der Mangel an Liebe beziehungsweise Wertschätzung bei ihren Adressat*innen ist.

Interview Einrichtung A:

FK: *Ganz große Wertschätzung, das brauchen sie hier wirklich doppelt, dreifach, fünffach, hundertfach. [...] Wir haben uns einen Film angeguckt und der hieß „Mein langer Schulweg". Da wird aus verschiedenen Regionen aus der Welt halt gezeigt, dass die Kinder einen ganz langen Schulweg haben, ja, zwischen Stock und Stein, mit Pferd oder ohne Pferd, stundenlang zur Schule laufen. Da gibt es Kinder, die ganz weit laufen müssen und gern zur Schule gehen. Aber all diese Kinder hatten auch eine liebende Hand. Eine Mutter, eine Oma, einen Opa, und die sie dann umarmt hat und mit Liebe auch zu dieser Schule halt entlassen hat. Und das haben die (Kinder) hier halt nicht. Die Liebe fehlt [...].*
FK: *Man muss erst mal am Kind arbeiten, dass es sich wohlfühlt, dass es sich selbst akzeptieren kann und seine Gefühle ausdrücken kann, und das ist ein sehr weiter Weg. Und da muss man wirklich von ganz klein anfangen und diese Akzeptanz von der Gesellschaft, dass diese Kinder auch ein Teil sind, ist schwierig.*

Aus dem erkannten Mangel der Kinder folgert die Fachkraft einen schrittweisen Weg der Förderung: Er beginnt mit „erst mal am Kind arbeiten", indem Wohlfühlen und Selbstakzeptanz gefördert werden, was dann in eine „Akzeptanz der Gesellschaft" führen soll, in der das Kind anerkannt wird. Dieser Weg beginnt „ganz klein" und ist „weit". Zunächst einmal ist der individuelle, große Bedarf der Kinder an Liebe und Anerkennung und solchen Bindungen beziehungsweise Beziehungen sehr nachvollziehbar.

Doch gerade frühkindliche Erfahrungen von gleichzeitig sichernder Bindung und Freisetzung zum Eigenen sind im sozialpädagogischen Setting der Kita, der Jugendarbeit oder des Ganztags kaum leistbar. Denn diese Einrichtungen sind durch Arbeit mit Gruppen gekennzeichnet und es besteht kaum Möglichkeit zu solchen individuellen Bindungs- und Beziehungsgestaltungen. Das soll nicht bedeuten, diesen Bedarf der Kinder und Jugendlichen zu ignorieren und sich womöglich distanziert zu verhalten, aber es zeigt sich, dass viel stärker eine Förderung der Selbstwirksamkeit der Einzelnen im Zusammenhang mit der Gruppe und in der kleinen Gesellschaft der Einrichtung angesagt ist. Es geht daher in solchen Einrichtungen vorrangig darum, dass die einzelnen Kinder sich immer sofort und deutlich als anerkannter und wirksamer Teil der kleinen Gesellschaft der Einrichtung erfahren können. Solche anerkennende Teil-Nahme soll durch die kontinuierliche Erfahrung von Mitentscheidung, Mithandeln und Mitverantwortung in den kleinen und großen Gemeinschaften der Einrichtungen und der Kommune realisiert werden. Dass die Fachkraft diesen Zusammenhang durchaus sieht, wird in einer anderen Sequenz ihres Interviews deutlich.

Interview Einrichtung A:
FK: *Also ich habe den Eindruck, dass ich mit dem GEBe-Projekt mich auch freier fühle, ich fühle mich unterstützt [...]. Ich habe da Rückendeckung und kann so agieren. Früher war es eher nicht so, da hat man sich ja immer überlegt, ah, diese Regel gibt's, jene Regel gibt's, und daran muss man sich strikt halten [...]. Jetzt kann ich es begründen, ich kann sagen: Hallo? Soziales Engagement! Das Kind soll mitentscheiden dürfen. Und da habe ich richtig schön Rückendeckung und das gefällt mir.*

Zwar geht es an dieser Stelle wesentlich um die Förderung der Selbstwirksamkeit der Fachkraft, aber es wird auch deutlich, dass es um die Ermöglichung der Mitentscheidung und des sozialen, gesellschaftlichen Engagements der Kinder geht. Eine Fachkraft aus einer anderen Einrichtung bringt es für sich so auf den Punkt.

Interview Einrichtung F:
FK: *Ich finde, es fängt im Kleinen an. Die ganze Welt kann man nicht ändern, aber man soll Menschen befähigen, erst einmal im kleinen Rahmen, da, wo sie sich bewegen, selbstwirksam Dinge zu verändern oder mitzugestalten. Daraus dann, wenn das Interesse da ist, weiterzugehen. Von der kleinen zur großen Veränderung zu gehen. Im Endeffekt ist für mich die Grundidee dahinter, dass man Menschen dazu befähigt, wegzukommen von diesen „Ich-kann-eh-nix-an-allem-ändern". (Es gibt, BeSt) viele Leute, die da stagnieren und erschlagen sind von allem, was auf der Welt passiert, und (wie kann dafür gesorgt werden, dass man dagegen, BeSt) das Gefühl hat, man kann selber etwas ändern an der Welt, in der man lebt. Das ist für mich der Grundgedanke an gesellschaftlichem Engagement.*

Der Weg vom Kleinen zum Großen ist hier eine Argumentation, die deutlich macht, dass es keinen Zweck hat, sofort bei der „ganzen Welt" anzufangen. Wie hier gesagt wird, ist der Ort der Erfahrung von Selbstwirksamkeit und der Möglichkeit, zu verändern und mitzugestalten, die sozialpädagogische Einrichtung und die Gesellschaft, die sie im Stadtteil oder in der Kommune umgibt. Auch der GEBe-Ansatz besagt in diesem Sinne, von kleinen Veränderungen zu großen Veränderungen voranzuschreiten. In der Einrichtung und in der Kommune sehen wir die Chance, noch etwas zu bewirken und so insgesamt gesellschaftliche Wirksamkeit und Veränderungsmotivation zu entwickeln.

Eine Fachkraft aus der Einrichtung C bestätigt dies mit einem konkreten Beispiel. Sie berücksichtigt dabei die Regel, dass soziale Beeinflussung durch Wirksamkeitsförderer („efficacy builders") die Kinder und Jugendlichen so unterstützt, dass sie positive Erfahrungen machen können, aber nicht überfordert werden. Es geht darum, ihre Selbsttätigkeit – wie Aristoteles sagt, ihre Tüchtigkeit – herauszufordern und ihnen eigenständiges Handeln zu eröffnen. Die Fachkräfte sollen nicht als Dienstleister*innen die anstehenden Aufgaben lösen, aber sie sollen auch nicht die Kinder und Jugendlichen in Fallen laufen lassen, die sie als Fachkräfte und Erwachsene erkennen.

Interview Einrichtung C:

FK: *Jetzt gibt es zum Beispiel aus der Nähgruppe ein Mädchen, das unbedingt die Produkte aus der Nähgruppe hier verkaufen möchte. Das war ihre Idee, sie kam zu mir und sagte, sie möchte gerne einen Basar machen für die genähten Produkte. Da hat die GEBe-Glocke geklingelt und ich dachte, ja, sie will sich engagieren, gesellschaftlich, sie will einen Verkaufsstand machen für das, was sie hier produziert, super! Gleich aufgegriffen und gesagt: toll, toll, toll und wie machen wir es jetzt […]. Aber da merke ich dann, das ist jetzt meine Aufgabe, jetzt ihr Engagement so zu fördern, dass sie das auch hinkriegt und nicht eben ein Negativbeispiel oder so schrecklich überrascht wird, dass ihr Plan voll in die Hose geht. Jetzt muss ich dafür sorgen, dass* ihr *Engagement auch wirklich klappt und sie darin auch unterstützen. Und das ist so was, wo ich sagen würde, das muss sein und das sind so Prozesse, die im Kopf, aber auch durch GEBe ablaufen. Das hätte ich so vielleicht ohne GEBe nicht gemacht.*

Eine Fachkraft aus Einrichtung D beschreibt den Zusammenhang der Förderung individueller Selbstwirksamkeit im Rahmen der Ermöglichung kollektiver Wirksamkeit.

Interview Einrichtung D:

FK: *Es geht darum, die Selbstwirksamkeit der Einzelnen, Partizipation und eben gesellschaftliches Engagement – so wie das eben im Konzept verstanden wird – voranzubringen und die Menschen eigentlich mehr teilhaben zu lassen, und eben auch, sich in ihrer Selbstwirksamkeit spüren zu lassen [...].*

Zusammengefasst zeigen die Interviews, dass die Fachkräfte, die sich zu GEBe-Zielen direkt oder indirekt äußern, diese im Prinzip richtig verstanden haben. Sie sind mit Fragen beschäftigt, die auch Klassiker wie Aristoteles und Bandura beschäftigen. Glück, das immer auch von einer Tätigkeit des oder der Einzelnen abhängt, ist unablösbar von der Einbindung dieser Tätigkeit in die kooperativen Interaktionen, in das Verhandeln und das Handeln mit den anderen in der Gesellschaft. Selbstwirksamkeit muss das Subjekt erfahren können, kann dies aber immer nur im Zusammenhang von Gemeinschaft und Gesellschaft tun.

Was Aristoteles als Glück bezeichnet, wird in der Fachdebatte heute auch Wohlbefinden genannt („well-being"). Der 14. Kinder- und Jugendbericht der Bundesregierung (BMFSFJ 2013: 114) verdeutlicht noch einmal den Zusammenhang zwischen individuellem Wohlbefinden und dem Recht auf Selbstbestimmung und gesellschaftliche Partizipation: „Im Sinne des kindlichen Wohlbefindens ist das Kind als Subjekt mit eigenen Rechten zu betrachten. Kinder als Subjekte eigenen Rechts sowie als Akteure mit eigenen Entscheidungs- und Handlungsspielräumen zu verstehen, ist der hier favorisierte Blick auf Kinder in der heutigen Gesellschaft." Dem schließt sich das GEBe-Konzept an.

Ergebnisse der Zwischenevaluation zu Wirkungsziel II: Engagementthemen in Vernetzung beziehungsweise Kooperationen in das Gemeinwesen einbringen

Positiv lässt sich deutlich erkennen, dass in allen drei untersuchten Projektregionen Vernetzungstreffen stattfinden und die Fachkräfte darum ringen, die Themen der Kinder und Jugendlichen zu erkennen, die die einzelne Einrichtung überschreiten und stadtteilrelevant werden könnten.

Interview Einrichtung G:

***FK**: Was natürlich auch in Bezug auf GEBe wichtig ist, was gleich ein guter Wink ist, ist die Vernetzungsarbeit, die wir hier haben, in der Region X ist das hier in der Ecke (Stadtteilname), in der wir uns hier befinden, ein relativ gutes Netzwerk [...].*

Die Fachkraft schildert dann, dass zu diesem Netzwerk weitere sozialpädagogische und auch religiöse Einrichtungen gehören: Kita/Hort, Grundschule, Ganztagsbetreuung, Offene Jugendarbeit, kirchliche Gemeinden. Man trifft sich alle zwei Monate und tauscht sich aus, wenn auch nicht immer alle aus Zeitgründen teilnehmen können. Es gibt einen gemeinsamen Flyer mit den Kontakten. Allerdings wird nicht berichtet, dass hier gemeinsam beobachtete und interpretierte Themen von Kindern und Jugendlichen für mögliches gesellschaftliches Engagement im Stadtteil gesucht und diskutiert würden.

Die Fachkraft aus Einrichtung D, aus dem gleichen Sozialraum, bestätigt diese Aussage.

Eine andere Einrichtung berichtet von den Kooperationen, die ohnehin schon laufen, zum Beispiel mit Schulen, mit denen es gute Kontakte und Zusammenarbeit in Projekten gibt, die nicht durch GEBe entstanden sind. Wie in Einrichtung G gibt es auch hier bereits vorhandene Netzwerke im Stadtteil (teilweise auch durch das Jugendamt eingerichtet), die mit Blick auf GEBe genutzt und erweitert werden könnten.

Interview Einrichtung C:

***FK**: Also zum Thema Vernetzung: Es läuft halt neben GEBe, wir sind jetzt nicht nur GEBe. Es läuft halt, ob jetzt dadurch angestoßen oder nicht, das weiß ich nicht, aber dadurch, dass es im Nachbarschaftsheim ja jetzt breit aufgestellt wird, gibt es hier eine benachbarte Schule, ein sogenannter Campus, und es gibt so Regionaltreffen. Und dadurch gibt es konkrete Kooperationen und einen viel besseren Kontakt zur Schule, was aber wirklich ein Prozess war, der nebenher schon gelaufen ist und auch schon eher begonnen hat, also noch bevor wir hier mit GEBe arbeiten sollten. Die GEBe-Methode und die daraus resultierenden Regionaltreffen und den Dialog mit den Kollegen aus anderen Einrichtungen befeuert das sicherlich noch. Aber es ist jetzt schon so, dass wir zu der oben liegenden Grundschule und auch Oberschule viel bessere Kontakte haben. Es sind Kooperationsprojekte entstanden und die haben wir uns ausgedacht als Fachkräfte, sicherlich nicht, weil wir da so großes Interesse haben,* *aber auch nicht, weil wir nach einer GEBe-Sitzung gesagt haben, ah, aufgrund der und der Beobachtung ist jetzt das und das Thema entstanden, wir machen vielleicht mit der Schule ein Projekt. So ist es auch wieder nicht gelaufen, also es war irgendwo dazwischen. Es sind Projekte entstanden, es laufen Kooperationsgeschichten und wir sind mittlerweile mit der Schule gut vernetzt. Wir sind mit den ambulanten Trägern gut vernetzt, die ambulante Hilfe machen. Immer den Jugendlichen im Fokus aus unserer pädagogischen Sicht.*

Ähnlich beschreibt dies eine Fachkraft aus einem anderen Stadtteil. Man ist dort gut vernetzt, auch über das Nachbarschaftsheim hinaus, doch das hat noch keine Folgen für das GEBe-Ziel, für den Stadtteil relevante gemeinsame Themen der Kinder und Jugendlichen zu erkennen und in die Öffentlichkeit zu bringen.

Interview Einrichtung F:

FK: *Aber ansonsten sind wir gut im Träger vernetzt und haben hier vor Ort mit ganz vielen Partnern eine gute netzwerkliche Arbeit, aber die Kinder gehen so sonst nicht an die Öffentlichkeit. Es ist nicht so, dass sie mit ihren Themen zu irgendwelchen politischen Ebenen gehen.*

Bei den GEBe-Vernetzungstreffen kam es allerdings schon dazu, dass ein gemeinsames Thema entdeckt wurde und auch gemeinsame Arbeit (Baugruppe) daran geplant ist.

Interview Einrichtung F:

FK: *Konkret sieht das so aus, wir saßen alle einmal zusammen, also beide Teams, und haben gemeinsam Beobachtungen, die wir hatten, ausgewertet, also da hatten wir Zeit, alle gemeinsam auszuwerten, und da wurden wir vom Unterricht befreit für die Zeit. Was natürlich nicht als Dauerlösung so geht, aber da ging es. Da haben wir gemeinsame Themen gefunden, die bereichsübergreifend vorhanden sind. Zum Beispiel Freundschaft. Daraufhin haben sich dann verschiedene Teams gebildet, die gesagt haben: So, wir arbeiten jetzt weiter an diesen Themen. Und die Baugruppe, die besteht aus Mitarbeitern der Einrichtung X und aus unserem Team. Die haben sich zuletzt Montag getroffen. Ich bin da nicht beteiligt. Auf jeden Fall sitzen die zusammen und planen gemeinsam und gucken, was sie aus den Themen, die sie da festgestellt haben, machen können.*

Die Fachkraft aus Einrichtung D ist Vernetzungsfachkraft für einen anderen Stadtteil und berichtet, dass der Prozess der Vernetzung bereits in Gang gekommen ist, aber auch eine Hürde durch die Größe des Teams entsteht, Beobachtungen auszutauschen, gemeinsame Themen zu entdecken und daran weiterzuarbeiten.

Interview Einrichtung D:

***FK:** Ja, ich begleite den Prozess sozusagen im Ganzen, also hier am Standort, das war ja die Idee, da wir wirklich am Standort gut vernetzt sind, also wir haben das Familienzentrum mit der Kita nebenan, die Schule mit Schulsozialarbeit und die Ganztagsbetreuung an der Grundschule. Und dadurch, dass Ganztagsbetreuung und Schulsozialarbeit eben auch am Prozess mitmacht, gibt's diese Vernetzungsfachkräfte, auch an anderen Standorten, die dann die Teams jeweils begleiten. Und es war schon sehr spannend, insofern, dass ich Erfahrung hatte in der Offenen Kinder- und Jugendarbeit, Teams zu begleiten und jetzt zu schauen, okay, wie ist das eigentlich beim Ganztag. Also da waren die ersten Hürden wirklich, also von wegen, dass sie überhaupt Zeit finden, dass ich da ins Team kommen kann, dass sie das Team sozusagen mal anders aufbauen und anders durchführen. Das waren dann auch tatsächlich 19 Fachkräfte, wo ich dann auch erst mal dachte, sonst sitze ich hier mit drei oder vier, wie machen wir das denn jetzt? Also das war dann die nächste Hürde [...]. Also wie können sie eigentlich reflektieren, also wie können sie über die Themen und Beobachtungen, die sie gemacht haben, sprechen.*

Probleme: Zeit und Strukturen

Im Folgenden werden noch einige Zitate dokumentiert, in denen es um Hindernisse der Umsetzung von GEBe geht.

Interview Einrichtung G:

***FK:** Es war unheimlich schwer für uns, einmal im Monat eine Teamsitzung durchzuführen, wo wir wirklich einmal im Monat, die Themen, die sowieso schon angehen, ins Gespräch zu gehen. Dadurch dass die Kollegen, ich bin der Einzige, der hier eigentlich jeden Tag unterwegs ist, die anderen, die partiell unterwegs sind, haben ein Studium oder halt einen anderen Job, sodass du nicht sagen kannst, ich bestell euch alle immer vormittags hierher, damit wir jetzt zwei Stunden miteinander reden können, weil die anderen einfach woanders unterwegs waren und was anderes zu tun hatten, und dadurch lief alles immer zwischen Tür und Angel.*

Interview Einrichtung F:

FK: *Das heißt, die Kollegen, wenn man sich so einen Erzieheralltag vorstellt, der kommt morgens hierher, wir machen eine kleine Lagebesprechung, was alles so ansteht. Dann geht der Kollege gleich in den Unterricht, begleitet die Kinder im Unterricht, dann muss er Pause machen, so, dann kommen die Kinder wieder. Und in diesen Gruppenalltag dann auch noch so klar Beobachtungen machen, klar, man kann beobachten, das machen die Kollegen eh sowieso die ganze Zeit. Ja, aber das dann zu dokumentieren, ist schon mal die erste Hürde, die die Kollegen ganz gut gemeistert haben. Der nächste Punkt ist dann die Hürde, sich wirklich auszutauschen und dann mit den Kindern wieder in die Resonanz zu gehen.*

Interview Einrichtung F:

FK: *Na ja, ich find, die Grundidee, die teile ich immer noch, da bin ich immer noch voll dahinter, aber ich merke, dass das aufgrund der Ressourcen schwer umzusetzen ist. Ich merke auch, wenn zum Beispiel die Vernetzungsfachkraft, die uns beraten soll, die quasi hierher kommt, sie kommt aus einem ganz anderen Bereich als wir. Das heißt, sie fragt dann natürlich, sie fragt dann: Wieso tauscht ihr euch nicht drüber aus? Aber wir haben halt wirklich ganz andere Strukturen. Wir machen ja nicht nur das. Wir haben nebenbei auch noch Konzeptionsentwicklungen, wir sind ganz viel bei Schulentwicklung, also wir haben ganz viele Projekte, die wir noch im Träger mittragen. Und das muss natürlich auch das Team mittragen. Also, das heißt, die Freizeiten, die wir haben, die sind dann auch schon ziemlich voll. Wenn man das wirklich gut machen wollte, dann müssten die Kollegen mehr Stunden haben und dies irgendwie extra anrechnen.*

Interview Einrichtung D:

FK: *Also ich finde den Prozess total spannend, aber da denke ich, da muss sozusagen auch vom Träger noch mehr gedacht werden, dass es mehr Zeit braucht, um die Dinge umzusetzen und vor allem nachhaltig. Am Anfang ist uns in den Projekten begegnet, oh, da ist jetzt ein Projekt und gut, jetzt sollen wir zwei Beobachtungen machen bis dann und dann, dann machen wir die auch, aber das wurde uns von oben so gesagt. Aber dass das weitergeht und dass es eigentlich noch nicht zu Ende ist, das war vielen erst mal nicht klar. Mittlerweile glaub ich, ist auch der Groschen so gefallen und es ist irgendwie allen klargeworden. Aber da sind doch immer wieder Herausforderungen, dann im Alltag, die Termine zu machen, die Begleitung, wo stehen die Menschen, alle mitzunehmen, ja und dann gibt's immer wieder Widerstände, was auch gut ist, also spannend.*

Interview Einrichtung C:

FK 2*: Ich habe es zum Beispiel nutzen können in diesem Jungennachmittag, weil ich da wirklich Zeit hatte, ein Gespräch zu führen, mit einer auch homogenen Gruppe ein Stück weit. Bei GEBe kommt es immer aufs Thema an, eine Schwierigkeit, dazu mit heterogenen Gruppen etwas zu machen. Wenn es jetzt zum Beispiel um Sexualität geht, Pornografie oder so. Da habe ich vielleicht ein paar 12-, 13-Jährige, die darüber reden, aber da ist auch noch ein Achtjähriger. So, wie mache ich das? Kann ich jetzt mit denen so in den Dialog gehen? Muss ich den Achtjährigen wegschicken? Suche ich mit denen jetzt eine Zeit, dass ich mal mit denen in ein Gespräch gehe? Finde ich schwierig. Eigentlich brauche ich eine homogene Gruppe, um dann wirklich auch dieses Thema aufzugreifen, weil ich selber habe nicht das Interesse, einem Achtjährigen, der sich vielleicht gar nicht dafür interessiert, diese Informationen zu geben oder dieses Gespräch mit ihm zu führen. Und das fand ich immer schwierig und da muss man auch wirklich Zeit und Raum finden, um bestimmte Themen auch wirklich ansprechen zu können.*

Das häufigste von den Teams berichtete Problem liegt darin, genug und regelmäßig Zeit für eine Teamsitzung zu finden, in der Beobachtungen ausgewertet, Resonanzen und Dialoge geplant beziehungsweise Projekte angegangen werden können. Die Größe von Teams spielt eine Rolle: Wenn man mit 19 Teammitgliedern nur eine einstündige wöchentliche Sitzung hat, wird man zu nicht mehr als organisatorischen Absprachen kommen. Wenn Mitarbeiter*innen sich in einer Art Schichtdienst abwechseln, fehlen Überschneidungszeiten für eine Teambesprechung. Hinzu kommt, dass alle mit einer Fülle von Aufgaben belastet sind und das Gefühl haben, GEBe sei einfach nur eine zusätzliche Belastung – statt beispielsweise der Kern der sozialpädagogischen Tätigkeit. In der Offenen Kinder- und Jugendarbeit kommt es zu heterogenen Gruppen, in denen es schwer ist, Themen zu gestalten, die alle gleichermaßen betreffen oder erreichen. Oder man hat es mit einer starken Fluktuation der Teilnehmenden zu tun, sodass Kontinuität schwierig wird.

Nicht berichtet, aber bekannt ist das Problem, nach GEBe zu arbeiten, wenn man allein in einer Einrichtung ist.

GEBe funktioniert nicht ohne eine fachliche Auswertung der Beobachtung, eine gemeinsame Prioritätensetzung und Planung von Resonanz und Dialog. Ohne eine solche fachliche, möglichst gemeinsame Reflexivität kommt gar keine

Professionalität in der Sozialpädagogik zustande. Sich über die Beobachtungen auszutauschen, zu versuchen, sie tiefer zu verstehen, eigene Verzerrungen der Wahrnehmung zu erkennen (Zacks), Deutungsalternativen zu prüfen, wissenschaftliches Wissen einzubeziehen und eine erste hypothetische, aber begründete Falldeutung zu wagen und Handlungsschritte der Resonanz und des Dialogs dazu mit den Adressat*innen zu planen – das ist der Kern von Professionalität (zum Beispiel Ader 2004; Müller 2004; Klatetzki 1993). Beschränken sich Teambesprechungen auf pure Organisationsabsprachen, erlangen die Fachkräfte und die Einrichtung keinen Professionsstatus. Denn Professionalität zeichnet sich aus durch ein in Bezug auf wissenschaftliches Wissen gewonnenes Fallverstehen, das allerdings erst in Verständigung mit den Adressat*innen über solche Hypothesen, Wahrheit und Nützlichkeit für die Autonomie der Lebensführung erlangt werden kann (Dewe und Otto 2002). Bleibt eine derartige Reflexion aus, reduziert sich Sozialpädagogik auf den Status von Erziehung durch Laien, etwa in der Familie. Nur den gemeinsamen Alltag zu organisieren und motiviert durch persönliche Intentionen in erzieherischen Episoden den Kindern und Jugendlichen Gesellschaft zu präsentieren und für sie zu repräsentieren, ist nicht hinreichend für Professionalität.

Gelingt Teams nicht die Abfolge von Beobachten, Auswerten, Bilden von Deutungshypothesen und damit zurück in einen letztlich entscheidenden Dialog mit den Adressat*innen zu gehen, dann liegt ein schweres Manko von Fachlichkeit vor. Professionelle in der Sozialpädagogik müssen, um diesen Titel beanspruchen zu können, also ohnehin Reflexivitätszeiten erringen. Das gilt auch für Einzelkämpfer*innen, die entweder allein diesen Prozess gewährleisten müssen – oder sich fachlichen Austausch und Beratung mit anderen beschaffen müssten. In der Kinder- und Jugendhilfe, in Kita, Hilfen zur Erziehung und in der Kinder- und Jugendarbeit gehört eine gemeinschaftliche Reflexivität inzwischen zu den wichtigsten Qualitätsstandards. Der GEBe-Methodenkreislauf ist also keine zusätzliche Aufgabe, sondern enthält ein spezifisches Modell, wie Teams professionell reflektieren und den Dialog mit ihren Adressat*innen vorbereiten und qualifizieren können. Leitungen, Träger, Teams und einzelne Profis müssen also für Teamsitzungen in diesem Sinne sorgen.

Fazit zur Erreichung des Wirkungsziels II: Zum Zeitpunkt der Interviews im Juni 2016 haben an den Projektstandorten Vernetzungen der Fachkräfte und Einrichtungen begonnen. Erste Versuche, gemeinsame Themen der Kinder und Jugendlichen im Stadtteil zu erkennen, sind gestartet worden; allerdings wurden noch keine gemeinsamen Projekte entwickelt. Über die eigene Einrichtung hinaus auf die anderen Einrichtungen zu schauen und erst recht auf das lebensweltliche Handeln der Kinder und Jugendlichen außerhalb der Einrichtungen, fällt noch schwer. Die Schwierigkeit, neben der Arbeit in den eigenen Einrichtungen sich auch noch für die Kooperation zu öffnen, hat sicher komplexe Gründe. Erkennbar wird in den Interviews, dass dabei auch eine Rolle spielt, dass die Fachkräfte es nicht leicht finden, sich Zeiten für Reflexion und Planung zu nehmen.

Literatur

Ader, Sabine (2004). „Strukturiertes kollegiales Fallverstehen als Verfahren sozialpädagogischer Analyse und Deutung". *Diagnostik und Diagnosen in der Sozialen Arbeit*. Hrsg. Maja Heiner. Berlin. 317–330.

Adorno, Theodor W. (1951/2001). *Minima Moralia. Reflexionen aus dem beschädigten Leben* (Ausg. von 1951). Frankfurt am Main.

Aristoteles (1996). *Nikomachische Ethik*. Übersetzung von Franz Dirlmeier. Stuttgart.

Bandura, Albert (1994). „Self-efficacy". *Encyclopedia of human behaviour. Band 4*. Hrsg. Vilayanur S. Ramachaudran. New York. 71–81.

Bandura, Albert (1998). „Personal and collective efficacy in human adaptation and change". *Advances in psychological science: Vol. 1. Personal, social and cultural aspects*. Hrsg. John G. Adair, David Belanger und Kenneth L. Dion. Hove. 51–71.

BMFSFJ – Bundesministerium für Familie, Senioren, Frauen und Jugend (2013). *14. Kinder- und Jugendbericht. Bericht über die Lebenssituation junger Menschen und die Leistungen der Kinder- und Jugendhilfe in Deutschland*. Berlin.

Böhnisch, Lothar (2016). „Der Weg zum sozialpädagogischen und sozialisationstheoretischen Konzept Lebensbewältigung". *Theorie und Forschung zur Lebensbewältigung – Methodologische Vergewisserungen und empirische Befunde*. Hrsg. John Litau, Andreas Walther, Annegret Warth und Sophia Wey. Weinheim und Basel. 18–37.

Dewe, Bernd, und Hans-Uwe Otto (2002). „Reflexive Professionalität. Grundstrukturen eines neuen Typs dienstleistungsorientierten Professionshandelns". *Grundriss Soziale Arbeit. Ein einführendes Handbuch.* Hrsg. Werner Thole. Opladen. 179–198.

Dewey, John (1916/2000). *Demokratie und Erziehung. Eine Einleitung in die philosophische Pädagogik* (Amerikanische Erstausgabe: 1916). Hrsg. Jürgen Oelkers. Weinheim und Basel.

Klatetzki, Thomas (1993). *Wissen, was man tut. Professionalität als organisationskulturelles System.* Bielefeld.

Müller, Burckhard (2004). „Sozialpädagogische Diagnose und der ‚Allgemeine Soziale Dienst' (ASD)". *Sozialpädagogische Diagnosen in der Praxis. Erfahrungen und Perspektiven.* Hrsg. Franz-Josef Krumenacker. Weinheim und München. 63–76.

Ottmann, Henning (2001). *Geschichte des politischen Denkens. Von den Anfängen bei den Griechen bis auf unsere Zeit. Band I/2: Die Griechen. Von Platon bis zum Hellenismus.* Stuttgart und Weimar.

Richter, Emanuel (2016). *Demokratischer Symbolismus. Eine Theorie der Demokratie.* Berlin.

Sturzenhecker, Benedikt (1996). „Reflexivität ist gefordert. Zur professionellen Kompetenz in der Offenen Jugendarbeit". *Der pädagogische Blick* 3. 159–170.

Dem Netzwerk einen (sozial-)pädagogischen Sinnhorizont geben: Demokratische Bildungslandschaft von unten im Nachbarschaftsheim Schöneberg

Stephan Maykus

Mit dem in Berlin-Schöneberg erprobten Konzept „Kooperativ in der Kommune: Demokratisches Engagement von Kindern und Jugendlichen fördern (KoKoDe)" wird eine Perspektive auf die Aufgabe und die Ziele von Bildungslandschaften eingenommen, die die bisherigen Bemühungen um den Aufbau von Bildungsnetzwerken vom Kopf auf die Füße stellt: Netzwerke der Bildung oder Bildungslandschaften werden gegenwärtig nahezu automatisch gedanklich übersetzt in eine Zusammenführung von Institutionen und Berufsgruppen, die Bildungsprozesse junger Menschen in Kommunen in einer abgestimmten und strukturell verankerten Weise (besser als bisher) fördern sollen. So gut wie gar nicht werden aber in der Fachdebatte wie auch in den Aufbauprozessen der kommunalen Praxis Bezüge zum lebensweltlichen Erleben junger Menschen, zu ihren Erfahrungen, Wünschen und Themen hergestellt.

Bildungslandschaften sind keine Landschaften der Beteiligung und Mitwirkung, wie es Stolz (2014) bilanziert. Das hat zur Folge, dass in den Überlegungen zur Organisation der kommunalen Netzwerke keine partizipatorischen Elemente berücksichtigt werden, die es ermöglichen würden, die Bildungsthemen junger Menschen überhaupt und von ihnen selbst zu erfahren, mit ihnen zu beraten und vor allem auch zu entscheiden, wie diese Themen in die Gestaltung des Schulalltags, des Jugendhauses beziehungsweise des Stadtteils mit seinen öffentlichen und Freizeiträumen oder weiteren lebensweltlichen Orten einfließen können. Bildungslandschaften stehen demgegenüber für ein stellvertretend agierendes Experten- und Erwachsenennetzwerk, für eine optimierte Arbeitsbeziehung zwischen den kommunal tätigen Bildungsakteuren und für eine Programmatik des Miteinanders sowie der Aufhebung kontraproduktiver Versäulungen zwischen und in den pädagogischen Feldern, allen voran zwischen Schule und Kinder- und Jugendhilfe (vgl. Maykus 2010, 2011).

Zwei Leitgedanken treten dabei besonders hervor: Die Kommunen (in der Regel Gemeinden, regionale Gemeindeverbünde oder Stadtteile) sind einerseits der räumliche Rahmen für diese Vernetzung, der die Zugehörigkeit der Netzwerkpartner definiert und damit auch Zuständigkeiten der Verwaltung, Politik und Fachplanungen begrenzt. Andererseits soll sich die Gestaltung kommunaler Bildungslandschaften an der subjektiven Perspektive junger Menschen auf Bildung beziehen, also einen durchschnittlich und durchaus normativ gedachten biografischen Bildungsverlauf von Kindern und Jugendlichen annehmen, den es dann mithilfe einer guten Zusammenarbeit vor Ort zu unterstützen gilt. Subjektorientierung heißt dann, dass eine modellhafte Bildungskette im Lebensverlauf ein Abbild in der kommunalen Organisation der Bildungsinfrastruktur erhalten soll. Wenn kommunale Bildungsinfrastrukturen genauso eine Verkettung aufweisen, ist demnach das Ziel der Subjektorientierung erfüllt. So sollen dann Übergänge zwischen den Institutionen, Konzepte der Kooperation, Verständigungen über Bildungsbenachteiligung und Möglichkeiten ihrer Kompensation sowie das möglichst bedarfsgerechte Planen der Bildungsangebote ermöglicht werden.

Mit diesen beiden Leitthemen sind unmittelbare Bezüge zum KoKoDe-Konzept gegeben: Es betont ebenso den kommunalen Raum als Ort der Vernetzung und Engagementförderung und es erklärt Partizipation sowie die subjektive Perspektive auf Bildungsthemen zum Schlüsselmerkmal der Bildungslandschaft. Damit sind jedoch, das soll hier besonders hervorgehoben werden, nicht nur Anschlüsse zwischen der Idee von Bildungslandschaften und von KoKoDe gegeben; vielmehr ist mit KoKoDe ein kritisches, auf die Weiterentwicklung der Praxis von Bildungslandschaften gleichzeitig sehr konstruktiv bezogenes Konzept entstanden, das eine Antwort auf vielfältige Umsetzungsmängel von Bildungslandschaften sein kann. Denn: Eine demokratische Bildungslandschaft von unten, die die Bildungsthemen der Kinder und Jugendlichen in den Mittelpunkt der Bildungslandschaft stellt und daher auch partizipatorische Strukturen etabliert, gibt dem Netzwerk einen (sozial-)pädagogischen Sinnhorizont.

Am Beispiel des Nachbarschaftsheims Schöneberg kann das sehr gut nachvollzogen und ein Rahmenkonzept mit Qualitätsstandards für eine Bildungslandschaft begründet werden, die kommunale Bildungsbewegungen von unten und oben in der Kommune zusammenführt und zu einer Bildungsbewegung von allen machen kann. Das hier vorliegende Konzeptbuch mit den dokumentierten Erfahrungen, Beispielen und Praxismaterialien bietet hierfür einen sehr detaillierten, praktikablen und auf der Grundlage eines klaren, fachlich profilierten Verständnisses von (Demokratie-)Bildung im kommunalen Raum überzeugend begründeten Leitfaden. Warum und wie erhält eine Bildungslandschaft auf diese Weise einen (sozial-)pädagogischen Sinnhorizont und wie kann dieser kommunal wirken?

Bildungslandschaften: Grundidee und erste Bezüge zu KoKoDe

Die enorme Expansion des Kooperationsfeldes zwischen Schule und Kinder- und Jugendhilfe ist unübersehbar; vor allem die Ganztagsschulentwicklung, der Ausbau von Stellen der Schulsozialarbeit und die vielerorts vorgenommene Integration der Hortbetreuung in Schulen haben dazu beigetragen. Dabei sind die Leitideen für dieses Zusammenwirken ebenfalls erweitert worden und beziehen sich nicht mehr nur auf die Gestaltung des Schullebens und des Schulstandortes, sondern vermehrt auch auf übergreifende Fragen der Reduzierung von Bildungsbenachteiligung, der Eröffnung von Bildungschancen, der Entlastung von Familien und der Kompensation sozialer Einschränkungen der Bildungsförderung junger Menschen – und eben der Gestaltung eines kommunalen Gesamtsystems von Bildung, Betreuung und Erziehung als sogenannte Bildungslandschaften (zu ihren konzeptionellen Merkmalen siehe Bleckmann und Durdel 2009; zu raum- und bildungstheoretischen Bezügen zum Beispiel Coelen, Heinrich und Million 2015 sowie Bollweg und Otto 2011).

Was verstehen wir unter einer guten Bildung und Entwicklung junger Menschen in unserem Stadtteil und wie können wir sie im Netzwerk der relevanten Akteure fördern? Eine solche Vergewisserung über Bildungsprozesse und -bedingungen als permanente Aufgabe kommunaler Netzwerke scheint die engeren, auf einzelne Schulen bezogenen Formen der Zusammenarbeit immer mehr abzulösen (Maykus 2011). Das zentrale Ziel lautet nunmehr, das Bildungserleben junger Menschen und die Bildungssteuerung in Einklang zu bringen. Bildungslandschaften gelten in dieser Hinsicht momentan als *der* Hoffnungsträger für die Neugestaltung der Förderung junger Menschen in den Stadtteilen, weil sie für den Aufbau gewinnbringender, nachhaltiger Strukturen stehen, statt weiter einer oft frustrierenden Projektitis zu unterliegen. Bildung soll ein Dauerthema der kommunalen Praxis werden und daher haben Bildungslandschaften auch eine sozial- und bildungspolitische Bedeutung erlangt. Auf den Punkt gebracht sollen Bildungslandschaften dazu beitragen (Maykus 2010, 2015),

- die Versäulung der institutionellen Felder vor allem von Schule und Jugendhilfe in ihren Folgen zu mindern und Vernetzungen zu fördern,
- Netzwerke als Grundlage für eine Beteiligung der kommunalen Akteure darin aufzubauen,
- ein erweitertes (sozialpädagogisches) Bildungsverständnis als Rahmen dafür zu vermitteln und zum Leitthema entsprechender Kommunalpolitik zu machen (soziale Kommune gestalten),
- Arbeitsstrukturen zu schaffen, die langfristig und mit einem definierten Raumbezug Bestand haben (beziehungsweise sich darüber auch konstituieren),
- Kommunen als zentralen Gestaltungsrahmen für Bildungsförderung aufzuwerten sowie
- die Bildungsorganisation an den subjektiven Bildungsprozessen und -bedingungen zu orientieren, sprich das Bild der Bildungsbiografie zum Ausgangspunkt zu nehmen.

Das Nachbarschaftsheim Schöneberg weist mit der kooperativen Förderung von Engagement in der Kommune deutliche Bezüge zu diesen Grundgedanken der Bildungslandschaft auf: Die GEBe-Methodik (Sturzenhecker 2015a; Sturzenhecker und Schwerthelm 2015) wird in unterschiedlichen Institutionen angewandt und zum Bindeglied im Netzwerk zwischen Kindertageseinrichtungen, Schulen und Jugendhäusern. Das ist eine wichtige Voraussetzung dafür, die kritisierte Versäulung und Trennung der pädagogischen Felder zu reduzieren, und es entstehen demgegenüber deutliche Schnittstellen und Berührungen. Dabei zielt die Vernetzung nicht nur auf eine Optimierung der formalen Qualifizierung und Ausbildung junger Menschen, sondern rückt Demokratiebildung, Partizipation und gesellschaftliches Engagement in den Mittelpunkt. Dies basiert auf einem Bildungsverständnis, das soziale Lernprozesse in partizipativen Strukturen den kognitiven Lernprozessen zur Seite stellt.

Gleichzeitig entsteht in Schöneberg ein Netzwerk, das mit bezeichneten Gruppen, Teamsitzungen und Netzwerktreffen organisiert wird; zudem ist eine Einbindung in die Vorhaben der Bezirksverwaltung vorgesehen, sodass strukturelle Verankerungen entstehen. Die GEBe-Methodik stellt dabei sicher, dass konsequente demokratische Strukturen entstehen, die das Netzwerk selbst prägen, ihm also nicht gegenüberstehen und nur phasenweise (als Beteiligungsaktion) berücksichtigt werden. Der Stadtteil wird als entscheidender Rahmen betont; er führt als räumliche Verbindung die Institutionen als lokale Akteure zusammen und er bietet die Öffentlichkeit, die für (einmischende) Projekte, Maßnahmen und Aktivitäten der jungen Menschen sowie Netzwerkpartner hergestellt werden soll (Sturzenhecker 2015b).

KoKoDe steht für die Aktivierung gesellschaftlichen Engagements im Stadtteil. Da könnte man zu dem Schluss kommen, dass darin die Idee der Bildungslandschaft geradezu aufgeht und auch in die Praxis umgesetzt werden kann. Die Programmatik und Konzeption von Bildungslandschaften legt diesen Schluss in der Tat nahe, deren Umsetzung zeigt aber Bedingungen der kommunalen Bildungsgestaltung auf, die an einem so direkten Zusammenhang zweifeln lassen. Ein Blick auf die bisherigen Erfahrungen beim Aufbau von Bildungslandschaften unterstreicht das, begründet aber auch sehr genau das Potenzial von KoKoDe, das wie unter einem Brennglas die Hauptprobleme der Bildungslandschaften und die Notwendigkeit eines Perspektivenwechsels verdeutlicht.

Die Praxis der Bildungslandschaften: Reibungsverluste durch eine falsche Reihenfolge

Erste Begleitforschungen zum Aufbau von kommunalen Bildungslandschaften belegen, dass mit der breit angelegten, grundsätzlich ausgerichteten Zielrichtung einer besseren Vernetzung in den Kommunen eine gewisse Unsicherheit über den praktischen Weg dorthin herrscht. Es gibt keine klare Handlungsanleitung dafür, kein lehrbuchartiges Konzept, an dem sich Kommunen orientieren könnten – vielmehr existiert eine Vielfalt lokaler Entwicklungsprozesse. Das hat auch damit zu tun, dass der Aufbau dieser Netzwerke nirgendwo vor- und festgeschrieben wäre (etwa in Fachgesetzen), sondern eher appellativen Charakter hat. Den sozialen und bildungsbezogenen Anforderungen in Kommunen scheint eine Trennung der Institutionen und ein unabgestimmtes Vorgehen nicht mehr länger gerecht zu werden, sodass Vernetzung hier als Lösung gilt (zur Bilanz empirischer Befunde siehe Maykus 2010). So entstehen denn auch ganz unterschiedliche Modelle, wie etwa ein Campus-Konzept, ein lokaler Bildungsverbund, die Gleichsetzung von Bildungsbüro mit Bildungslandschaft oder die Orientierung an einer Bildungsregion.

Es gibt keine klaren Typen von Bildungslandschaft, eher unterschiedliche Dimensionen davon, die in die Praxis umgesetzt werden: Mal wird mehr die Veränderung der Organisation der Institutionen betont, mal der Aufbau von Gremien oder auch die eher konzeptionelle Beschäftigung mit bildungspolitischen Zielen. Vielfältig, offen und bunt ist die gegenwärtige Praxis; sie wirkt zunächst recht beliebig, hat aber Schulen als zentrale und konstante Größe und die Jugendhilfe ist wichtigste Kooperationspartnerin. Die Zusammensetzung der Bildungslandschaften folgt unterschiedlichen Logiken: raumbezogen, inhaltlich, an bestehenden Modellen, an regionalen Besonderheiten oder Erfahrungen orientiert. Die Vielfalt der Themen von Bildungslandschaften entspricht dann auch der Vielfalt der Partner: Bildungsteilhabe ermöglichen, Umgang mit demografischer Entwicklung, Übergänge gestalten, Schul- und Unterrichtsqualität und so weiter.

Zu vermuten ist vor diesem Hintergrund, dass dem allgemeinen Ziel der Bildungslandschaften in der konkreten Umsetzung oft sehr partikulare, regional und von den dominierenden Netzwerkpartnern beeinflusste Themenstellungen folgen, die nicht immer geeignet sind, eine kommunale Gesamtstrategie und eine konzeptionelle Verbindung zwischen den Akteuren zu schaffen. Um das zumindest zu unterstützen, hat sich die politische Verankerung und Legitimation des Vorhabens bewährt sowie eine Personal- und Themenkontinuität, ein gezieltes Informationsmanagement und Transparenz im Prozess, möglichst differenzierte Ziele und eine darauf abgestimmte Strukturbildung, weiterhin die Förderung von Win-win-Situationen als Motor für Engagement sowie die Einsicht, dass es trotz entstehender Arbeitsstrukturen immer auch auf die Haltungen der Beteiligten ankommt, die offenbar am besten verändert werden können, wenn eine kontinuierliche Zusammenarbeit mit konkreten Wirkungen auf die alltägliche Arbeit entsteht.

Die Begleitforschung zum Bundesprogramm „Lernen vor Ort" in 40 Kommunen (Lindner et al. 2015) zeigt dann ganz ähnlich auf, dass Vernetzungen zwischen Bildungsakteuren sehr voraussetzungsreich sind und zu überbrücken versuchen, was auf anderer Ebene (noch) nicht bearbeitet wurde: Anpassung der Schul- und Jugendhilfegesetzgebung an eine veränderte kommunale Praxis, Reform der Zuständigkeiten und Kompetenzverteilungen (logischerweise mit dem Ziel der Aufwertung kommunaler Handlungsmöglichkeiten) bis hin zu angemessenen Finanzierungsmodellen. Über das Ziel der Vernetzung hinaus lassen sich diese Reformperspektiven auch über aktuelle Gestaltungsfelder direkt begründen: So sind etwa Inklusion, Ganztagsschulentwicklung, Integration junger Menschen mit Fluchterfahrungen Themen, die zusammengehören, in den pädagogischen Institutionen und im kommunalen Netzwerk zu einem (sozial-)pädagogischen Gesamtkonzept führen und nicht getrennt, projektartig nebeneinander abgearbeitet werden sollten. Als die größten Entwicklungserfordernisse beim Aufbau von Bildungslandschaften und eines entsprechenden Bildungsmanagements in Kommunen (Olk und Woide 2016) bezeichnen aber Lindner et al. (2015) aktuell

- die politische Verankerung auf kommunaler Ebene (zum Beispiel Priorisierung bildungspolitischer Ziele in der Kommune, Unterstützung durch Verwaltungsspitze und Kommunalparlament),
- die interprofessionelle Zusammenarbeit (zum Beispiel Überschreitung der Organisationsgrenzen, Vermittlung unterschiedlicher fachlicher Grundlagen der Professionen),
- eine klare Konzeptionierung und Positionierung (zum Beispiel Klärung der Zusammensetzung von Netzwerken, von Rollen, Aufgaben, Zielen),
- die Erschließung und Dokumentation von Wissen (zum Beispiel der Erkenntnisse während der Umsetzung, der notwendigen Qualifizierung Beteiligter) sowie
- die öffentliche Sichtbarkeit (Transparenz von Zielen, Vermittlung der Leistungen, Erstellung von Produkten).

Diese Aspekte möchte ich als Klassiker der Kooperationspraxis bezeichnen, samt ihren Bedingungen, die seit Langem bekannt und weiter prägend sind. Vielleicht also erweisen sich die mit immer mehr Nachdruck transportierten Impulse für eine konkrete Umsetzung vor Ort als zu groß, als zu wenig greifbar und so gestaltbar, dass daraus ein Praxisprogramm werden kann? So paradox es klingt: Bildungslandschaften und die Kooperation der Bildungsakteure zur Gestaltung aktueller gesellschaftlicher und institutioneller Herausforderungen erreichen wir wohl dann am besten, wenn sie gar nicht das gemeinsame Anliegen beherrschen. Vielmehr sollte eine genuin pädagogische, alle Berufsgruppen verbindende Perspektive samt praktikabler Konzepte in den Mittelpunkt rücken, die dann den Ausgangspunkt der Vernetzung bildet, einen verlässlichen Rahmen der Zusammenarbeit allmählich etabliert und so dazu beiträgt, den aktuellen und zukünftigen, sich fortwährend ändernden Aufgaben auch gemeinsam im Stadtteil gerecht zu werden. Das ist ein Plädoyer für die Rückgewinnung des Pädagogischen in Bildungslandschaften, die dann sehr gezielt praktische Schritte darauf abgestimmter Formen der Vernetzung begründet. Oder anders: Erst das pädagogische Anliegen und dessen Selbstverständnis klären und dann ein dazu passendes kommunales Netzwerk sehr klar und konturiert umsetzen – das ist wohl die richtige Reihenfolge mit weniger Reibungsverlusten.

KoKoDe ist ein Beispiel für dieses Umdenken und forciert ganz in diesem Sinne einen Perspektivenwechsel: Die kommunale Vernetzung von Schule und Kinder- und Jugendhilfe trägt dann vornehmlich zur Reflexion der Bildungsnormen und ihrer gesellschaftlichen Erwartungen bei. Eine Zusammenarbeit von Schule und Kinder- und Jugendhilfe verbindet ihre Wirkung folglich mit einer optimierten Förderung junger Menschen, der Demokratiebildung im Stadtteil und der Eröffnung von Bildungschancen. Hierfür sind pädagogische Institutionen, die Wohn- und Lebensbedingungen der Stadtteile, ihre Aneignungen durch junge Menschen sowie deren familiäre Rahmungen gleichermaßen als Bedingung anzuerkennen und in ihren förderlichen wie hemmenden Wirkungen darauf zu beschreiben.

Pädagogische Vermittlungsräume von Schul- und Sozialpädagogik, wie das Netzwerk des Nachbarschaftsheims Schöneberg, können so gesehen auch Aufklärungsräume sein, indem sie Räume der Partizipation und Bildung in ihren lebensweltlichen Zusammenhängen als Teil einer Gemeinwesenkultur eröffnen. Das ist mehr, als eine bloße Vernetzung und Kooperation unter den gegebenen Bedingungen der Schulstandorte oder Jugendhilfestrukturen in Schöneberg als Ziel zu markieren (Maykus 2016). Stattdessen wird eine Öffentlichkeit hergestellt und Schule sowie Kinder- und Jugendhilfe werden Teil dieser kommunalen Öffentlichkeit; sogar eine Kommunikation über Lebens- und Bildungsvorstellungen und eine lokal greifbare Gesellschaftsentwicklung könnten fortschreitend initiiert werden. Kommunale Bildung hingegen nur als Vernetzungsanliegen zu bedenken, degradiert die pädagogischen Institutionen zu Netzwerkorganisationen ohne gesellschaftsentwickelnde Strahlkraft.

Vielmehr können sie Zentrum der Initiierung eines Nachdenkens über gelingendes Aufwachsen und sinnstiftende Bildungsprozesse junger Menschen sein, den Stadtteil gestalten und als demokratischen Entwicklungsraum erfahrbar machen. Hierfür benötigt es ein verständigungsorientiertes Handeln aktiver

Bürger*innen, Lehrkräfte und sozialpädagogischer Fachkräfte sowie junger Menschen, die ein Hinausweisen über die gegebenen institutionellen Bedingungen und die Arbeit am Möglichen als alltägliche Vermittlung symbolisieren. KoKoDe kann daher zum Kern schul- und sozialpädagogischer Konzepte werden, der ihre Funktion von der Qualifizierung (in einer Ausbildungslandschaft) hin zur Persönlichkeitsbildung von Kindern und Jugendlichen als lebensweltorientierte Bildung erweitert oder anders: hin zur Gestaltung des Gemeinwesens als demokratischem Raum der sozialen Persönlichkeitsbildung profiliert.

Dieser Funktionswandel ändert auch die Bewertung von Netzwerkentwicklung und vor allem deren Begründung: Vernetzung und Planung werden dann nachrangig. Beides ist lediglich als Mittel zum Erreichen des Zwecks der pädagogischen Förderung und Partizipation junger Menschen zwischen Schule und Kinder- und Jugendhilfe zu betrachten und also auch so zu gewichten. Die Aufmerksamkeit sollte vielmehr auf die Reflexion der pädagogischen Konzepte und eine entsprechende pädagogische Organisationsgestaltung gelegt werden. Die Gestaltung von Gesellschaft im Stadtteil würde dann als verbindender Rahmen wirken, dem pädagogische Konzepte und Maßnahmen in der Schule oder Kinder- und Jugendhilfe folgen.

Der Stadtteil wird gleichermaßen Reflexionsimpuls und -raum für Vernetzung, indem ein kommunaler Verständigungsprozess die permanente Aufmerksamkeitsspirale für Demokratiebildung forciert: In den Schulen, den Kindertageseinrichtungen und Jugendhäusern findet eine pädagogische Organisationsgestaltung statt, Lehr- und sozialpädagogische Fachkräfte definieren ihre Professionalität als reflexiv (gegenüber dem Einzelfall, den Gruppen, der Organisation und dem Stadtteil) und relational (Vernetzung und Interprofessionalität als Merkmal beruflichen Handelns). Es finden ferner partizipative Prozesse in Schule und Kinder- und Jugendhilfe sowie im Stadtteil statt, die erst danach zum Ziel der Abstimmung zwischen Institutionen und Personen werden und darin ein Netzwerk begründen.

Die Reihenfolge ändert sich (Maykus 2016): Vernetzung rückt an den Schluss, zumindest der Initiierung dieser Spirale, die fortan in Wechselwirkung und als Kreislauf permanent eine kommunikative Handlungskoordinierung im Stadtteil ermöglicht. Vernetzung und Planung geraten in einen anderen Blick und nehmen die Rolle eines Mittels ohne Selbstzweck ein. Das Ziel ist nicht Netzwerkentwicklung allein, sondern die Entwicklung von Kommunikation und Reflexion pädagogischer Ziele, aus der dann Arbeitsbeziehungen zwischen Institutionen und Personen entstehen. Das kommunale Bemühen aller Beteiligten sollte sich auf Ersteres beziehen und Partizipation dabei zu mehr erklären als nur einer methodischen, sich Außenstehenden zeitweise öffnenden Phase innerhalb von Prozessen der Expertenplanung in Bildungslandschaften. Während pädagogische Zielsetzungen oft institutionell geprägt sind (schulisch definierte Ziele sollen auch die Ziele der Schule erfüllen), entsteht so die Möglichkeit, übergreifende pädagogische Ziele zu definieren und durch eine gemeinsame Orientierung an den GEBe-Methoden fortwährend die Beschäftigung mit Kinder- und Jugendthemen als Basis der Kooperation im Nachbarschaftsheim Schöneberg zu kultivieren.

Doppelte Nachhaltigkeit durch KoKoDe: Vernetzung durch pädagogische Ziele

Der Aufbau des Netzwerks durch das Nachbarschaftsheim Schöneberg hat erst begonnen, auch die Arbeit mit den GEBe-Methoden und der Versuch, die Konzentration der Beteiligten immer wieder auf diesen Ausgangspunkt der Zusammenarbeit zu lenken. Das wird – wie auch die Erfahrungen kommunaler Netzwerke andernorts zeigen – noch einige Zeit in Anspruch nehmen und sich schrittweise etablieren. Das Potenzial und ein wesentlicher Effekt lassen sich aber bereits jetzt festhalten: Mit KoKoDe erfolgt die Vernetzung entlang pädagogischer Zielvorstellungen mit einem klaren methodischen Konzept der Umsetzung. Genau das eröffnet die Chance, kommunal eine deutlich gesteigerte Verbindlichkeit der Kooperation und ihrer Organisation zu erreichen.

Einerseits kann das Anliegen einer kommunalen Bildungslandschaft mit ihrem Ziel der Strukturbildung, politischen Verankerung und auf erweiterte Bildungskonzepte bezogenen Innovationen die Orientierung an den GEBe-Methoden festigen und ihr einen kalkulierbaren Handlungsrahmen geben. Andererseits erhält die Bildungslandschaft in Schöneberg durch dieses pädagogische Fundament eine Zielrichtung und einen professionellen Aufhänger, die die Akteure zusammenbringen und -halten können. Es entsteht der eingangs benannte pädagogische Sinnhorizont der Bildungslandschaft, der das Netzwerken überschreitet und ihm etwas konkretes, positives Gegenständliches verleiht. Das Bildungsnetzwerk kreist dann nicht so sehr um sich selbst und reflektiert nur die Bedingungen der Zusammenarbeit („Netzwerk aufbauen, um Kooperation zu verbessern“), sondern bewertet die Arbeit durch die pädagogisch-partizipatorischen Grundsätze hindurch, praktiziert also eine konzeptionell und strukturell verankerte Pädagogik des Sozialen (Richter 2001) in der Kommune beziehungsweise im Stadtteil („Bildung durch Befähigung und Beteiligung ermöglichen“).

Das ist ein entscheidender qualitativer Schritt beim Aufbau kommunaler Bildungsnetzwerke, der das Managen der Strukturen und den Informationsfluss im Netzwerk ergänzt – schrittweise ersetzt – durch eine dynamische, pädagogische Organisationsgestaltung und Kommunikation über Vorstellungen kind- und jugendorientierter Bildung, Vorstellungen des Zusammenlebens im Stadtteil und des professionellen Anteils an der Gestaltung der dortigen Lern- und Erfahrungsräume, die dann immer auch von einer partizipativen Grundstruktur, also einer aktiven, öffentlich wirksamen Gemeinwesenkultur getragen werden.

Im Einzelnen stellt KoKoDe eine mögliche Antwort auf die nicht oder weniger beachteten Themenstellungen von Bildungslandschaften dar, denn die Wirkungsziele von KoKoDe und die programmatischen Ziele einer Bildungslandschaft stehen in einem deutlichen Zusammenhang, vor allem in Richtung der Unterstützung einer Strukturbildung im Stadtteil, was in der Abbildung als herausragendes Ziel von Bildungsnetzwerken hellblau unterlegt ist (Abbildung 1).

Einige Beispiele zu den dort veranschaulichten Wechselwirkungen seien hier kurz benannt: Zunächst wird durch das erste Wirkungsziel – „Von den Kinder- und Jugendthemen ausgehen“ – eine Zielmarke gesetzt, indem die GEBe-Methoden Anwendung finden und Partizipation als Kern lebensweltorientierter Professionalität erachtet wird. Die Beobachtung der jungen Menschen, die Wahrnehmung ihrer Bildungsthemen sowie der spiegelnde, fortschreitend beratende und abstimmende Dialog fördern die konsequente Orientierung an den Kernherausforderungen des Kindes- und Jugendalters aus der Sicht der Betroffenen, bevor bereits gesellschaftliche Erwartungen diese Wahrnehmung beeinflussen und dann auch die Netzwerkbildung prägen. Im Gegensatz dazu wird die normativ regulierte Idee der Bildungsketten im biografischen Verlauf durch die Kommunikation vor Ort aufgebrochen und mit dem lebensweltlichen Eigensinn der jungen Menschen konfrontiert.

Diese Begegnung, das Wahrnehmen, Antworten und Aktivieren, wird als ein pädagogisches Mittel wiederentdeckt und betont – und damit auch der Anspruch einer emanzipatorischen, zur gesellschaftlichen Teilhabe und (kritischen)

Selbstpositionierung gleichermaßen befähigenden Bildung aller Kinder und Jugendlichen im Stadtteil. Dies im Gegensatz dazu, lediglich institutionelle Qualifikationsziele im Netzwerk zu reproduzieren und letztlich auch zu multiplizieren – und dann wohl auch zu manifestieren, was mit dem Managen der individuellen Bildungsbiografie als abgegolten gilt, statt die Ermächtigung der Individuen als übergeordneten, demokratiebildenden Anspruch anzustreben.

Abbildung 1: **KoKoDe-Wirkungsziele und Bezüge zu Bildungslandschaften**

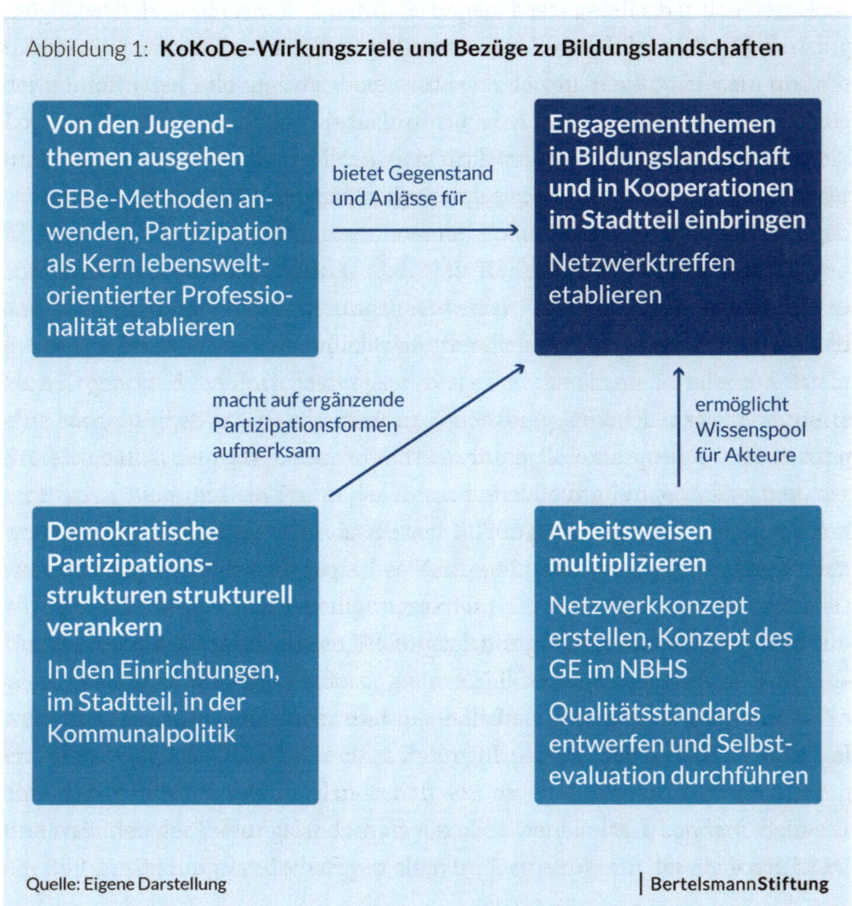

Quelle: Eigene Darstellung | BertelsmannStiftung

Das erste Wirkungsziel bietet demnach den Gegenstand und Anlässe dafür, Engagementthemen in die Bildungslandschaft und in die Kooperationen in Schöneberg einzubringen. Es liefert einen beträchtlichen Teil der Innenenergie des entstehenden Netzwerks, das mit dem zweiten Wirkungsziel verbunden wird: Engagementförderung soll nicht nur in den einzelnen Institutionen, sondern auch in einem geteilten, öffentlich wirksamen Maße stattfinden. Das Bildungsnetzwerk wird damit zu einem Instrument der Gemeinwesenentwicklung und der pädagogischen Anleitung von Öffentlichkeiten der Kommunikation und Partizipation im Stadtteil. Vernetzung wird in diesem Sinne an die richtige Stelle gerückt, ist Zweck genau dafür und entsprechend einfach, aber konsequent organisiert: Es werden Netzwerktreffen durchgeführt, Netzwerkkarten erstellt und Kooperationsprozesse aufmerksam initiiert, eine Verbindung zu den Aktivitäten des Bezirks und den Fachverwaltungen hergestellt, also eine Berührung mit der Kommunalpolitik forciert.

In den Einrichtungen, im Stadtteil, in und mit der Kommunalpolitik werden mit KoKoDe demokratische Partizipationsstrukturen strukturell verankert (drittes Wirkungsziel) und die Netzwerkgestaltung wird auf sie ergänzende, sich strukturell und nicht projektartig äußernde Partizipationsformen aufmerksam gemacht. Das ist dann auch der Meta-Bezug zwischen KoKoDe und Bildungslandschaften und die wirkmächtigste, konsequente Perspektivänderung eines Bildungsnetzwerks von unten mit demokratischen Grundstrukturen. Gleichzeitig sichern die Bezüge zu den Akteuren, Institutionen, zu den Fachverwaltungen und zur Kommunalpolitik eine Koppelung an die Idee der Bildungslandschaften von oben, indem Arbeitsweisen multipliziert, ein Netzwerkkonzept erstellt, das Konzept des gesellschaftlichen Engagements im Nachbarschaftsheim Schöneberg sowie Qualitätsstandards entworfen und eine regelmäßige Selbstevaluation durchgeführt werden sollen (viertes Wirkungsziel).

Die Nachhaltigkeit des Bildungsnetzwerks kommt auf diese Weise auch durch eine fortschreitend interne Qualifizierung zustande, weil die Erfahrungen, Methoden und Prozesse geöffnet und zu einer kooperativen Lernplattform werden. All das nimmt die Gestalt eines dynamischen Wissenspools an und formt sehr konkret – weniger programmatisch – ein lernendes Netzwerk mit lebensweltlicher Sensibilität und erprobten Verfahren der pädagogischen Organisationsgestaltung in Kooperation.

Die Bezüge zwischen KoKoDe und den Zielvorstellungen von Bildungslandschaften können an dieser Stelle nur angedeutet werden, ebenso wie die langfristig möglichen Effekte beziehungsweise Potenziale eines solchen Vorgehens. Es muss aber auch darauf hingewiesen werden, dass die demokratische Bildungslandschaft von unten trotz ihrer Berührungen mit den Vorstellungen derer von oben nicht automatisch die erörterten Probleme aufhebt. Auch im Nachbarschaftsheim Schöneberg gibt es sicher einen gesellschaftlichen Druck und Erwartungen an möglichst hohe und formale Qualifizierungen, bevor gesellschaftlich-demokratisches Engagement zum Bildungsthema wird. Eine tendenzielle Abwertung der nonformalen Bildungsangebote wird auch dort in den Köpfen sein und die Logiken der teils sehr unterschiedlich arbeitenden Institutionen zwischen Schule und Kinder- und Jugendhilfe bilden nicht urplötzlich eine harmonisierte Einheit.

KoKoDe hebt die bestehenden Systemgrenzen der pädagogischen Felder nicht auf (Trägerschaft, Finanzen, Rechte, Politik) und deren Auswirkungen sind deshalb nicht neutralisiert. Aber: Mit KoKoDe entsteht ein deutlich verändertes Fundament von Bildungsnetzwerken, das genau diese schwierigen Systemfragen sehr klar verdeutlicht, sie öffentlich, pädagogisch bearbeitbar und zum Gegenstand von Entscheidungsprozessen machen kann. So oder so entsteht eine kommunikative Öffentlichkeit in Schöneberg, eine lebensweltorientierte Professionalität der pädagogischen Akteure durch die konsequente Orientierung an Partizipation und ein Raum der Demokratiebildung junger Menschen, der weit über die bisherigen Grundsätze von Bildungslandschaften hinaus wirken wird: Partizipation als pädagogisches Konzept in den vernetzten Institutionen wird gestärkt, sie wird als Beteiligungsaktion/-phase in Planungsprozessen des Netzwerks und der bezirklichen Bildungsplanung vor diesem Hintergrund eingeordnet und es wird die Förderung eines Teil-seins im Stadtteil beziehungsweise im Nahraum der Kinder und Jugendlichen in den Blick genommen. So entstehen mögliche Eckpunkte eines Rahmenkonzepts, das im Zusammenspiel eine demokratische Bildungslandschaft von unten nicht zur Verunsicherung und Irritation der Bildungslandschaft von oben werden lässt, sondern vielmehr ein Bild der Bildungslandschaft von allen im Gemeinwesen der Stadt zeichnet.

Entwicklung einer Bildungslandschaft von allen: KoKoDe als Rahmenkonzept

Eine Bildungslandschaft von allen steht für ein Netzwerk, das mehrere Gestaltungs- und Steuerungsebenen einbezieht und dazu beiträgt, dass hierbei ein Zusammenspiel der relevanten Akteure entsteht, ihrer Entscheidungsbefugnisse und -macht sowie der institutionellen und stadtteilbezogenen Partizipation. In Abbildung 2 ist ein solches Zusammenspiel dargestellt, das gleichsam für ein Rahmenkonzept von Bildungslandschaften steht und die Prinzipien der Demokratiebildung und Partizipation strukturell verankert sowie eine prozessbezogene Planung der Bildungsangebote im Stadtteil aus unterschiedlichen Perspektiven sichert. Dieses Konzept kann man auch als Bauplan beziehungsweise als ein Grundgerüst einer Bildungslandschaft verstehen, die die Anwendung der GEBe-Methoden konsequent vorsieht: institutionell – also intern in einzelnen pädagogischen Handlungsfeldern – und extern, im Sinne des einenden Bezugs der Netzwerkpartner auf ein Gestaltungsprinzip.

Diese doppelte Perspektive der institutionellen und vernetzten Engagementförderung prägt den Kern der demokratischen Bildungslandschaft von allen, der einen deutlichen Qualitätsschub in der Ausrichtung von Netzwerken auf pädagogische Grundüberzeugungen und die Förderung einer emanzipatorischen Bildung im Stadtteil freisetzen kann. Das Entwicklungsprojekt im Nachbarschaftsheim Schöneberg hat dafür wichtige Rahmenbedingungen geschaffen: Es werden Wirkungs- und Handlungsziele entworfen, die eine klare Orientierung und eine Grundlage für die Kommunikation im Netzwerk und in den Institutionen bieten. Zusätzlich werden die Leitungsebenen einbezogen, Ziele einrichtungsspezifisch und auf das Netzwerk hin formuliert und mit GEBe werden eine pädagogische Figur mit Identifikationskraft sowie verbindliche Arbeitsstrukturen geschaffen (Netzwerktreffen, Entstehung einer Gruppenorientierung im Sinne eines GEBe-Wir der gemeinsamen Entwicklung vor Ort).

Abbildung 2: **Einem Bauplan folgen – KoKoDe als Rahmenkonzept zur Entwicklung einer Bildungslandschaft von allen**

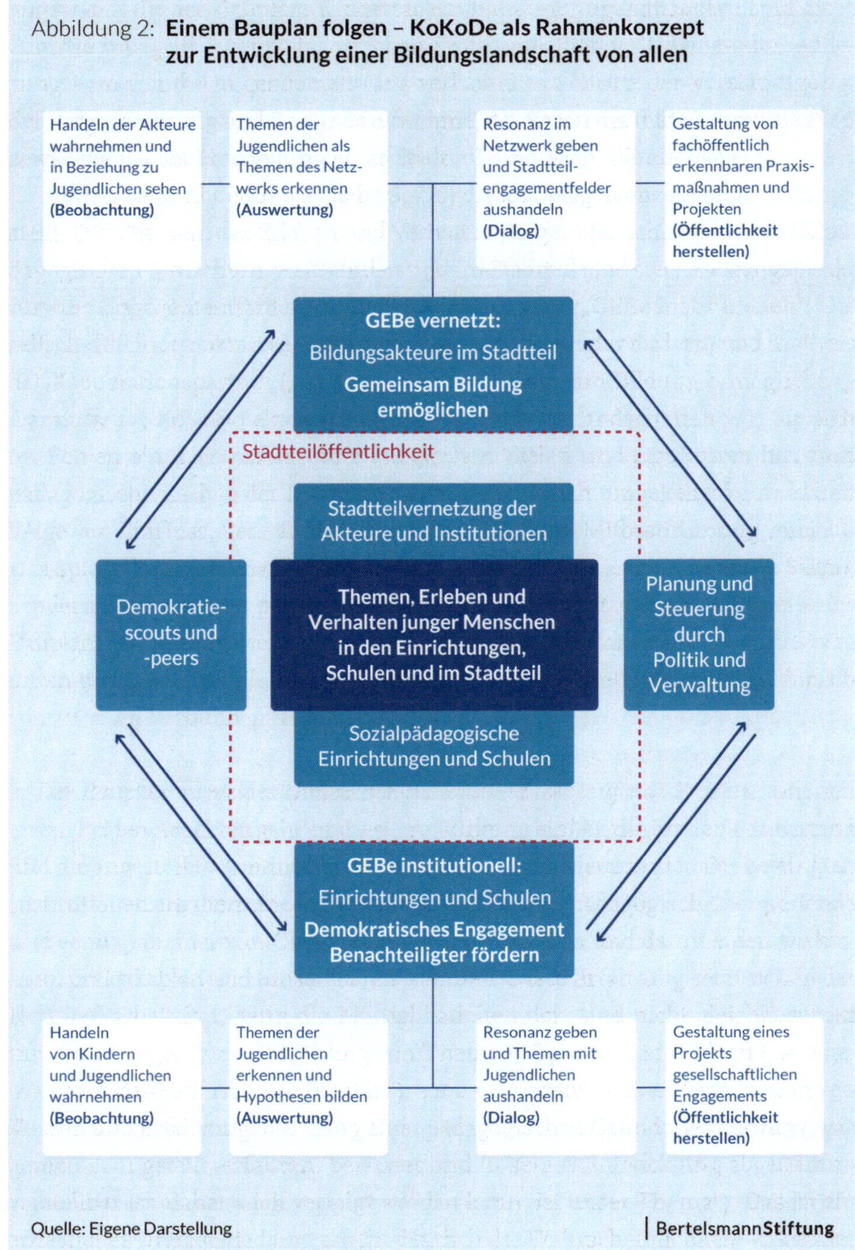

Quelle: Eigene Darstellung | BertelsmannStiftung

Und letztlich ist die öffentliche, stadtteilbezogene Multiplikation ein kontinuierlich mitlaufendes Ziel, das eine zu starke Innenorientierung des Netzwerks vermeiden hilft. Das führt zu Öffnungen der Aktivitäten; andere Einrichtungen und Fachkräfte werden einbezogen und mit einem klaren Konzept auf ein deutlich konturiertes Anliegen hin zusammengeführt: Engagement fördern – gemeinsam Bildung im Stadtteil ermöglichen. Diesen Bauplan machen insbesondere fünf Punkte aus:

1. *Dem Bauplan folgt ein Handlungsplan.* Mit der Anwendung der GEBe-Methodik entsteht ein Grundverständnis der Zusammenarbeit, das einerseits den Aufbau und die Zusammensetzung des Netzwerks leitet; andererseits stellt es eine Leitlinie im pädagogischen Handeln und für die Kommunikation über Erfahrungen im Netzwerk, für deren Bewertung sowie für die Entwicklung neuer Ziele samt Praxismaßnahmen dar. Das ist ein nicht zu unterschätzender Effekt, der sich doppelt auf die Verstetigung des Netzwerks auswirkt: Es erhält im gegenwärtigen Handeln der Institutionen und in der Zusammenarbeit einen Gestaltungsrahmen; es fördert die kontinuierliche Beschäftigung mit den Lebenswelten junger Menschen, mit den Arbeitsweisen und Konzepten der Institutionen, die sie berücksichtigen sollen, ebenso wie mit Problemen der Abstimmung von beidem beziehungsweise auch mit dem Gelingenden.

Das ist nicht unbedingt Alltag der Praxis von Bildungslandschaften. Denn oft folgt dem sehr großen, strukturell dominierten Bauplan eine gewisse Ratlosigkeit in der Arbeit unter diesem programmatischen Dach, sodass ein Handlungsplan und eine Gewissheit praktischer Bemühungen durchaus vermisst werden. Wer den Handlungsplan wie herstellen und als verbindlich vermitteln soll, ist dann genauso offen. Hier unterbreitet KoKoDe einen Vorschlag und verbindet die subjektive, institutionelle und netzwerkbezogene Ebene: Sie stehen für das benannte Grundgerüst, das ein Bauplan ja als Erstes symbolisieren soll. Ziel, Weg und Form der Vernetzung im Stadtteil formen sich zu einem Bild.

2. *Der Bauplan verbindet mehrere Schlüsselebenen der Vernetzung und initiiert einen stabilisierenden Transfer zwischen ihnen.* Beobachtung, Auswertung, Dialog und Öffentlichkeit sind Elemente eines Spiegelkonzepts. Sie werden als Handlungsschritte und als Prozess der Erkenntnisbildung zu Bildungsthemen und deren Konsequenzen für das Netzwerk sowohl institutionell als auch im Netzwerk selbst

angewandt. In den Schulen, Kindertagesstätten und Jugendhäusern sind diese Schritte Inbegriff einer pädagogischen Professionalität der Lebensweltorientierung – im von ihnen gebildeten Netzwerk sind es Schritte der Verständigung, der Vergewisserung und Bestandsaufnahme, der Resonanz und Kommunikation sowie ebenso der Herstellung einer Stadtteil- und Fachöffentlichkeit.

Vorher ist in Abbildung 2 (siehe S. 215) dieses Spiegelkonzept bildlich dargestellt. Die Themen, das Erleben und Verhalten junger Menschen in den sozialpädagogischen Einrichtungen, Schulen und im Stadtteil sind stets Ausgangspunkt für eine Engagementförderung in den Institutionen („GEBe institutionell": Gesellschaftlich-demokratisches Engagement Benachteiligter fördern) und im Kreis der Kooperationspartner („GeBe vernetzt": Gemeinsam Bildung ermöglichen). Damit beugt KoKoDe einer Schwäche von Bildungslandschaften vor, die sich im Fehlen eines Transfers von strategischen Zielen und Strukturen hin zum pädagogischen Alltag der Institutionen zeigt und auch umgekehrt keine klaren Wege von Einfluss, Verständigung, geschweige denn Mitbestimmung vorsieht. Das Spiegelkonzept schafft daher nicht nur zwei sich gegenüberstehende Seiten, sondern zwei vereinte, partizipativ und demokratisch strukturierte Anteile des Bauplans (beziehungsweise Grundgerüsts) der Bildungslandschaft: zunächst von unten mit Leben gefüllt, lebensweltlich und institutionell initiiert, und danach von allen im Verbund getragen.

3. *Der Bauplan vermeidet Unübersichtlichkeit und leer laufende Prozesse.* Mit den ersten beiden Aspekten geht eine weitere Wirkung einher, die für den Fortbestand und die angestrebte Kontinuität des Netzwerks von Bedeutung ist. Die beteiligten Institutionen erhalten eine fachlich anschlussfähige, pädagogisch übergreifende und verallgemeinerbare Orientierung ihrer Vorhaben und damit einen wirksamen, praktikablen und umsetzbaren Rahmen. Diese Erfahrung setzt sich in der Netzwerkarbeit fort, denn die Multiplikationen dort sind nicht gleichzusetzen mit der unbegrenzten Steigerung von Themen, Optionen oder Ideen („was gemeinsam denkbar ist, wird beraten"), sondern bedeuten eine Vermehrung von Wissen und Erfahrungen entlang einer pädagogischen Grundorientierung („was gemeinsam geteilt, erfahren, bewertet und in seiner Entwicklung abgestimmt vorstellbar ist, daher auch verfolgt werden kann, ist unser Thema"). Das ist ein erheblicher Unterschied und erhöht deutlich die Wahrscheinlichkeit wirksamer Praxisprozesse.

4. *Der Bauplan bezieht den öffentlichen Raum ein, ohne im Abstrakten der Stadtteilgesellschaft zu verharren.* Die Stadtteilöffentlichkeit ist zugleich Hintergrund für die Aktivierung der Beteiligten und Bühne der Aktiven. Sie ist Teil des Handelns, Ziel und Handlungsschritt in der Herstellung von Öffentlichkeit der Kinder- und Jugendthemen. Bildungslandschaften stehen der Gesellschaft – auch in der Kommune – oft gegenüber, sollen sie mit ihren Instrumenten und Verfahren günstig beeinflussen und durch optimierte Bildungsbedingungen einen gesellschaftlichen Mehrwert erzielen. Das drückt ein Verständnis von Gesellschaft als abnehmende Sphäre aus, als Verwertungskontext. KoKoDe aber vollzieht (Demokratie-)Bildung gesellschaftlich, vergesellschaftet Bildungsbewegungen und weist der Stadtteilgesellschaft einen eigenen Ort, einen sozialen Rahmen in der Beschäftigung mit Bildungsfragen und dem Stadtteilleben zu.

KoKoDe ist Teil einer Gesellschaftsentwicklung im Gemeinwesen des Stadtteils. Demgegenüber ist die Idee der Bildungslandschaft oft als Instrument der Verbesserung gedacht, ohne sie handelnd und strukturell zu berühren. KoKoDe ist hingegen auf Öffentlichkeit bezogen und selbst Ergebnis einer aktiven Stadtteilöffentlichkeit.

5. *Der Bauplan liefert fundierte Begründungen für zusätzliche, moderierende Instanzen der Bildungsvernetzung.* Das entstehende Netzwerk KoKoDe benötigt Personen, die Aufgaben der Koordinierung übernehmen und die entstehenden Arbeitsstrukturen pflegen, zu Netzwerktreffen einladen, Evaluationen planen, die Arbeit mit den Qualitätsstandards dokumentieren. Hierfür kann die Idee der sogenannten Demokratiescouts (Sturzenhecker 2016) in einem erweiterten Sinne verfolgt werden: Personen, die in einer zentralen, stadtteilbezogenen Rolle Themen der Demokratiebildung initiieren und bearbeiten, Partizipationskonzepte entwickeln, Öffentlichkeit und Vernetzungen herstellen, schließlich dabei auch das Netzwerk des Nachbarschaftsheims Schöneberg mitkoordinieren, sind sicher ein Gewinn. Gleichzeitig wären sie Repräsentanten des Anliegens und können Bezüge zu den Aktivitäten der Bezirksverwaltung, der Fachplanung und der Kommunalpolitik verantwortlich herstellen.

Fazit: Bildungslandschaften in ihren strukturellen Rahmungen und Voraussetzungen

Welchen Stellenwert hat das KoKoDe-Konzept im Zusammenhang mit der Debatte um Bildungslandschaften? Es betont die Rückgewinnung des Pädagogischen in kommunalen Bildungsnetzwerken und eine öffentliche Auseinandersetzung über die Pädagogik des Sozialen in Stadtteilen. Und es steht für einen sehr konkreten, fachlich fundiert begründeten Vorschlag eines Bauplans, dem auch ein Handlungsplan folgt. Die lebensweltorientierte Pädagogik der Partizipation und Demokratiebildung bietet einen Kern des Vorgehens, eine Zielmarke für die Vernetzung und vor allem ist sie Basis eines (sozial-)pädagogischen Sinnhorizonts der Bemühungen im Nachbarschaftsheim Schöneberg, die damit weniger Gefahr laufen, den Regeln eines technokratisch geratenen Projektmanagements zu unterliegen.

Damit dieses Potenzial langfristig zum Tragen kommt, sind nicht nur die oben benannten Rahmungen, Voraussetzungen und Grundideen schrittweise in Netzwerkpraxis zu überführen. Nein, auch eine gelungene, strukturell intensivierte, mit einem klaren Konzept unterstützte Vernetzung bleibt unzuverlässig, wenn sie künftig nicht durch eine Reform der Beziehungen zwischen Schul- und Jugendhilfesystem flankiert wird. KoKoDe kann eine solche Entwicklung mit den Erfahrungen von unten befeuern und Argumente für das Zusammenwirken der Bildungsakteure liefern, samt der hierfür förderlichen Bedingungen (siehe nächstes Kapitel im Überblick benannt; Maykus 2010). Und es kann mittelfristig auch Modell eines Anders- und Umdenkens der Bildungskooperationen innerhalb des Bezirks Tempelhof-Schöneberg sein, in dem wie in allen Berliner Bezirken seit 2011 das bezirkliche Rahmenkonzept zur Kooperation von Schule und Jugendhilfe realisiert wird.

Mit diesem Konzept entsteht eine Gremien- und Steuerungsstruktur zwischen Schule und Jugendhilfe, die mit Anlässen und Themen regionaler Praxis erst (und weiterhin) gefüllt werden muss, um das Anliegen der gemeinsamen Bildungsförderung konkret zu unterstützen. Stadtteilbezogene Prozesse sollten so weit wie möglich in den bezirklichen Bildungsplanungen repräsentiert und Anlass für die Schaffung förderlicher Strukturen sein. In Berlin wird dieser Weg seit Längerem beschritten. KoKoDe kann auch hierfür einen (sozial-)pädagogischen Sinnhorizont bieten.

Bildungsnetzwerke gestalten – was sollte dabei beachtet werden?

Über das Ziel nachdenken – sich der Tragweite des Vorhabens vergewissern

- Wie wollen wir das (Zusammen-)Leben in unserem Stadtteil in einer staatlich-kommunal-privaten Verantwortungsgemeinschaft gestalten?
- Welche Hierarchien können wie in unser Anliegen eingeordnet werden? Wer fördert und wer beschränkt unser Vorhaben? Wie können Blockierungen reduziert werden?
- Wie können wir die Kommunikation und Beteiligung aller relevanten Akteure initiieren, auf praktische Ziele hin ausrichten und kontinuierlich erhalten? Wie kann die Aktivierung des doppelten Engagements als Rahmen unserer Praxis erfolgen – das von Administration, Politik und Planung ebenso wie das der Bürger*innen im Stadtteil?

Konfliktpotenziale erkunden ...

- Unterschiedliche Verständnisse von (Demokratie-)Bildung existieren.
- Unterschiedliche Interessen und Tendenzen der Existenzbehauptung von Institutionen sind vorhanden (nicht nur Kooperation, auch Abgrenzung von anderen wirkt stabilisierend).
- Konkurrenzen enden nicht mit dem Vorsatz der Kooperation.
- Handeln in Bildungslandschaften ist ambivalent: zwischen Irritation und Innovation.

... und Qualitätsmerkmale erfolgreicher Umsetzung festlegen

1. <u>Strukturqualität</u> kommunaler Bildungslandschaften
   - Schrittweiser Aufbau als grundsätzliche Leitformel
   - Bestandsaufnahme: Aktuelle Situation (immer wieder) auf den Prüfstand stellen
   - Leitbild und Kontrakte: Vorstellungen vom Ziel und Bilder der veränderten Praxis entwerfen, als Qualitätsstandards formulieren und im Evaluationsprozess prüfen
   - Ziele und Vorhaben mit den verfügbaren Rahmenbedingungen abstimmen
   - Ablaufplanung: Ziele, Aktivitäten und Rahmenbedingungen strukturiert planen

- Arbeitsprozesse als Basis für Qualitätsmanagement dokumentieren
- Entwicklungsprozess auf der Grundlage eines politisch und administrativ getragenen Auftrags durchführen, kontinuierlich die Fachverwaltungen informieren
- Eine neue Qualität der Vernetzung mit neuen Finanzierungsmodellen untermauern
- Koordinierende Instanz: Einen Knotenpunkt im Netzwerk herausbilden
- Beteiligten Fachkräften die nötige Qualifikations- und Entwicklungszeit zugestehen

2. Prozessqualität kommunaler Bildungslandschaften
   - Beteiligung konsequent und strukturell abgesichert ermöglichen: GEBe-Methodik
   - Kommunikation als zentrales Mittel der Netzwerkbildung hervorheben
   - Transparenz als Botschaft einer gleichwertigen Netzwerkpartnerschaft verstehen
   - Irritationsoffenheit im Sinne einer Bereitschaft zur Weiterentwicklung fördern
   - Kooperation mit dem leitenden pädagogischen Gedanken der Demokratiebildung und der Engagementförderung im Stadtteil begründen, institutionell-selektive Sichtweise erweitern
   - Ziele der Netzwerkarbeit so konkret wie möglich werden lassen
   - Kontinuität sichern (Netzwerktreffen, Foren, öffentliche Projekte, Arbeitskontakt mit Fachverwaltungen, Repräsentation in kommunalpolitischen Gremien)

3. Ergebnisqualität kommunaler Bildungslandschaften
   - Erreichen einer neuen Qualität der Vernetzung: Struktur, Zuständigkeit, Finanzierung
   - Auseinandersetzung über Bildung und Engagementförderung in der Stadtteilgesellschaft
   - Bewusstsein für eine Verantwortungsgemeinschaft durch Stadtteilöffentlichkeit als Bezug
   - Bildung erfahrbar als soziale Teilhabe und Inbegriff emanzipatorischer (Demokratie-)Bildung
   - Netzwerke dienen diesem verbindenden pädagogischen Sinnhorizont

Literatur

Bleckmann, Peter, und Anja Durdel (2009). *Lokale Bildungslandschaften. Perspektiven für Ganztagsschulen und Kommunen*. Wiesbaden.

Bollweg, Petra, und Hans-Uwe Otto (Hrsg.) (2011). *Räume flexibler Bildung. Bildungslandschaft in der Diskussion*. Wiesbaden.

Coelen, Thomas, Anna Juliane Heinrich und Angela Million (Hrsg.) (2015). *Stadtbaustein Bildung*. Wiesbaden.

Duveneck, Anika (2016). *Bildungslandschaften verstehen: zum Einfluss von Wettbewerbsbedingungen auf die Praxis*. Weinheim und Basel.

Lindner, Markus, Sebastian Niedlich, Julia Klausing, Katharina Lüthi und Thomas Brüsemeister (2015). „Regelungsbereiche des kommunalen Bildungsmanagements im Programm ‚Lernen vor Ort'". *Stadtbaustein Bildung*. Hrsg. Thomas Coelen, Anna Juliane Heinrich und Angela Million. Wiesbaden. 283–293.

Maykus, Stephan (2010). „Von der Programmatik zur Praxis: Was können kommunale Bildungsnetzwerke leisten?" *Zentralblatt für Kindschaftsrecht und Jugendhilfe* 9. 313–322.

Maykus, Stephan (2011). *Kooperation als Kontinuum. Erweiterte Perspektive einer schulbezogenen Kinder- und Jugendhilfe*. Wiesbaden.

Maykus, Stephan (2015). „Bildungslandschaften zwischen Subjektbezug, Organisationslogik und kommunalem Raum". *Stadtbaustein Bildung*. Hrsg. Thomas Coelen, Anna Juliane Heinrich und Angela Million. Wiesbaden. 223–232.

Maykus, Stephan (2016). „Bildung in der inklusiven Stadtgesellschaft der Gegenwarten. Theoretische Reflexionen zu Optionen der Vernetzung, Planung und Partizipation durch eine kommunale Sozialpädagogik". *Inklusion im Gemeinwesen*. Hrsg. Iris Beck. Stuttgart. 184–238.

Maykus, Stephan, Anneka Beck, Mirko Eikötter und Antonia Martin Sanabria (2016). „Inklusive Bildung zwischen Schule und Kinder- und Jugendhilfe – von der Fallorganisation zur Gestaltung von Gesellschaftsentwicklung im kommunalen Raum". *Region und Inklusion*. Hrsg. Dirk Kratz, Theresa Lempp, Claudia Muche und Andreas Oehme. Weinheim und Basel. 141–159.

Olk, Thomas, und Constanze Woide (2016). „Kleinräumige Bildungsberichterstattung in Großstädten. Möglichkeiten und Grenzen der Erfassung formaler, non-formaler und informeller Bildung im Wohnquartier". *neue praxis* 1/16. 33–66.

Richter, Helmut (2001). *Kommunalpädagogik*. Frankfurt am Main.

Stolz, Heinz-Jürgen (2014). „Zwischen Gestaltungskraft und Ernüchterung – Kommunale Netzwerkkoordinierung im Bereich Bildung, Erziehung und Betreuung". *Die Deutsche Schule 1/106*. 50–61.

Sturzenhecker, Benedikt (2015a). *Gesellschaftliches Engagement von Benachteiligten fördern – Band 1. Konzeptionelle Grundlagen für die Offene Kinder- und Jugendarbeit*. Gütersloh.

Sturzenhecker, Benedikt (2015b). „Sich Einmischen in Raumkonflikte mit Kindern und Jugendlichen – Konzepte und Praxis Offener Kinder- und Jugendarbeit". *Umkämpfter öffentlicher Raum*. Hrsg. Raimund Kemper und Christian Reutlinger. Wiesbaden. 63–82.

Sturzenhecker, Benedikt (2016). „Demokratiescouts. Ein Vorschlag zur Stärkung jugendlicher Partizipation an demokratischen Öffentlichkeiten und Entscheidungen in der Kommune". *Demokratische Partizipation von Kindern*. Hrsg. Raingard Knauer und Benedikt Sturzenhecker. Weinheim und München. 218–230.

Sturzenhecker, Benedikt, und Moritz Schwerthelm (2015). *Gesellschaftliches Engagement von Benachteiligten fördern – Band 2. Methodische Anregungen und Praxisbeispiele für die Offene Kinder- und Jugendarbeit*. Gütersloh.

Täubig, Vicki (2015). „Ganztagsschulen in Bildungslandschaften". *Stadtbaustein Bildung*. Hrsg. Thomas Coelen, Anna Juliane Heinrich und Angela Million. Wiesbaden. 191–200.

B | Ideen zur Weiterentwicklung von GEBe und KoKoDe

Erzeugung von Evidenz und Resonanz: Die andere Seite sozial- beziehungsweise kommunalpädagogischen Handelns – zu den kommunalpolitischen Aufgaben der Kinder- und Jugendhilfe

Werner Lindner

Fachkräfte der Sozialpädagogik konzentrieren sich üblicherweise auf ihr Kerngeschäft: die pädagogische Arbeit mit ihren Adressat*innen. Allerdings gerät dabei außer Acht, dass dieses pädagogische Kerngeschäft unter strukturellen Voraussetzungen erfolgt, die meist erst dann schmerzlich zu Bewusstsein kommen, wenn sie unzulänglich sind beziehungsweise die eigene Arbeit bremsen oder gar verunmöglichen. Denn professionelle Sozialpädagogik kann nur geleistet werden unter der Voraussetzung angemessener Strukturen: Räume, Zeit, Ressourcen, Personal. Über diese Ressourcen entscheiden jedoch in aller Regel Akteure der Politik. Die adäquate Umsetzung von Sozialpädagogik in Politik erfolgt aber weder automatisch noch nach unabwendbaren Naturgesetzen. Die These dieses Beitrags gründet daher auf der Annahme, dass es neben der rein sozialpädagogischen Kompetenz auch der politischen Kompetenz bedarf – und diese nicht allein den (formal) zuständigen Personen aus Verwaltung und Politik überlassen werden kann, sondern ein neues Handlungsfeld auch für sozialpädagogische Fachkräfte darstellt.

Diese neuartige Akzentuierung des Politischen verweist zum einen darauf, dass es nicht länger ausreicht, die Sozialpädagogik lediglich *innerhalb* der rechtlich und politisch gesetzten Rahmungen umzusetzen und zu verbessern, sondern es darum geht, diese *Rahmungen selbst* zum Thema zu machen und sie einer kritischen Überprüfung auszusetzen. Damit wird neu ins Bewusstsein gerückt, dass sämtliche Entwicklungen etwa in der Kinder- und Jugendarbeit weder ausschließlich arbeitsfeldintern zu erklären noch Resultat schicksalhafter Mächte sind, sondern stets Ergebnisse gesellschaftlicher Rahmungen und – darauf bezogen – politischer Entscheidungen.

Das gilt umso mehr, wenn man den Auftrag von Kinder- und Jugendhilfe bzw. Sozialpädagogik auch darin sieht, die Adressat*innen zu unterstützen, selbst als mündige Bürger*innen in der Demokratie und besonders in der demokratischen

Kommunalpolitik aktiv zu werden. Für die Jugendarbeit fordert dies der § 11 SGB VIII mit seinem Ziel der Förderung von gesellschaftlicher Mitverantwortung ganz klar. Aber auch die Gemeinschaftsfähigkeit, die § 1 SGB VIII als Ziel der Kinder- und Jugendhilfe definiert, kann als die Fähigkeit verstanden werden, sich auch politisch in die demokratische Gesellschaft einzubringen und diese mitzugestalten.

Eine Sozialpädagogik mit diesen Zielen kann das politisch-demokratische Handeln jedoch nicht nur an ihre Adressat*innen delegieren, sondern die Fachkräfte und ihre Einrichtungen müssen sich selbst als politisch aktiv verstehen und so handeln. Nur wenn sie selbst die politische Eingebundenheit der Sozialpädagogik bzw. Kinder- und Jugendhilfe erkennen, analysieren und in ihr fachliches Handeln einbeziehen, können sie auch Kindern und Jugendlichen eröffnen, sich selbst in die (kommunale) Demokratie einzumischen. Das Ziel der Reflexion und methodischen Orientierung in diesem Band, Kinder und Jugendliche zu unterstützen, sich gesellschaftlich-demokratisch zu engagieren, benötigt also nicht nur eine Politisierungsperspektive im Blick auf die Adressat*innen, sondern auch auf das Handeln der Fachkräfte und der Einrichtung gegenüber der Welt des Politischen, mindestens in der Kommune, aber auch im Land und im Bund.

Das Stichwort hierzu lautet „Re-Politisierung" (Lindner 2010, 2012a; Lindner und Pletzer 2017) und bezeichnet eine ganze Reihe theoretischer, konzeptioneller und pragmatischer Perspektiven und Impulse, deren Ursprünge meist im Bereich der Politikwissenschaft beziehungsweise Politikberatung zu verorten sind. Diese bislang erheblich vernachlässigte Dimension der Sozialpädagogik stellte deren andere Seite[10] dar und muss eher als blinder Fleck bezeichnet werden. Denn die praktische Umsetzung konfrontiert zum anderen mit einer ganzen Reihe ungewohnter Herausforderungen, die gleichwohl bewältigt werden müssen:

- Die neuen Herausforderungen praktischer Re-Politisierung müssen in das bisherige sozialpädagogische Handeln integriert werden und machen sich dort zunächst als zusätzliche Anforderungen bemerkbar – die nicht ohne Weiteres und nebenbei erledigt werden können.
- Praktische Politik zu machen, bedeutet unter demokratischen Bedingungen, legitim und offensiv in politische Prozesse einzugreifen. Sozialpädagogische

10 Sicher verfügt die Sozialpädagogik auch über eigene im weitesten Sinne politische Traditionen und setzt sich auch mit politiktheoretischen beziehungsweise politikphilosophischen Fragen auseinander; allerdings haben diese bislang keine reflektierte Ebene der praktischen Umsetzung erreicht. Der Anspruch aktiver Politikgestaltung wird aber auch mit der bequemen Pauschalbehauptung verfehlt, Sozialpädagogik sei ja sowieso immer irgendwie politisch.

Fachkräfte müssen sich damit mit Machtprozessen auseinandersetzen, die unumgänglich auch konflikthaft sein können. Die Fachkräfte dürfen diese legitimen Auseinandersetzungen mithin nicht scheuen – doch die bisherige Praxis und Mentalität zum Beispiel in der Kinder- und Jugendarbeit ist vielfach geprägt durch Befangenheit, Ängstlichkeit, Konfliktscheu, Zurückhaltung, Diskretion und Unsicherheit.

- Es existieren bislang keinerlei auch nur halbwegs gesicherte Wege der Qualifikation beziehungsweise Ausbildung für diese neuen Tätigkeiten. Die sozialpädagogischen Fachkräfte werden also mit Kompetenzanforderungen konfrontiert, von denen nicht einmal klar ist, wie und wo sie diese denn überhaupt erlangen sollen.
- Eine qualifizierte und erfolgreiche Re-Politisierung der Sozialpädagogik wäre einzubetten in eine Strategie, vergleichbar mit der Zubereitung eines Zaubertranks. Dieser besteht aus vielen verschiedenen Zutaten und wäre dazu angetan, die (jeweilige Jugend- oder Kommunal-)Politik effektiver als bisher in Bewegung zu versetzen. Die Zutaten dieses Zaubertranks sind immerhin konzeptionell einigermaßen bekannt – es handelt sich um 20 bis 30 Ingredienzien (die auch ihrerseits noch systematisch zu begründen und zu verifizieren wären). Die passgenaue Kombination dieser Zutaten hängt allerdings ab vom konkreten Anliegen und von den konkreten kommunalen Faktoren. Im Hinblick auf erfolgreiches politisches Handeln befindet sich die Sozialpädagogik einstweilen in einem Experimentierstadium und kann erst auf wenige Erfahrungen zurückgreifen (hier sei auf das PEP-Projekt in Rheinland-Pfalz verwiesen; Lindner, Neu und Steinberg 2014; Neu, Steinberg und Lindner 2016).

Im Folgenden werden einige dieser Zutaten ausgewählt, vorgestellt und erläutert. Ob und wie diese Möglichkeiten von Akteuren der Sozialpädagogik sorgfältig geprüft, lokal und regional präzisiert und sodann akkurat in erprobende Handlungsschritte umgewandelt werden, kann allein in einer – reflektierten und bislang testenden – Praxis beantwortet werden.

Politik verstehen – Politik beobachten

Wie Marco Althaus in diesem Band erläutert, geht es darum, die jeweiligen Adressat*innen (hier: das politische System, die Politiker*innen) zunächst so weit wie möglich verstehen zu lernen – um danach geeignete Möglichkeiten zur Kontaktaufnahme und zu weiterem Einfluss geltend machen zu können. Dieses Verstehen bezieht sich zunächst auf das politisch-administrative System selbst: Politik funktioniert in bestimmten formalen Strukturen und nach bestimmten Regeln. Dieses Wissen muss erarbeitet werden – es geht also darum, erst einmal die eigenen Hausaufgaben zu machen und dadurch die Grundlagen für die Mitwirkung im politischen System zu schaffen. Solche Vorarbeiten sind anfangs zeitintensiv und benötigen Ressourcen, doch wer schlecht vorbereitet in Gespräche mit den falschen Adressat*innen geht, wird bald merken, dass er Schwierigkeiten haben wird, überhaupt einen nächsten Termin zu bekommen.

Da sozialpädagogisches Handeln meist auf der konkreten lokalen beziehungsweise kommunalen Ebene stattfindet, ist hier zunächst der Hinweis auf die jeweiligen landesbezogenen Kommunalordnungen erforderlich, die als formale Baupläne der Kommunalpolitik funktionieren. Unterhalb einer eher aufwendigen Politikfeldanalyse werden unter anderem benötigt: Informationen zu den Mehrheitsverhältnissen im Stadtrat, den Sitzungswochen, den Terminen der Gemeinderatsdebatten, Haushaltsverhandlungen, Ausschussterminen, Kontaktdaten relevanter Einzelakteure, Geschäftsverteilungsplänen, Tagesordnungen, Gremienprotokollen und -dokumenten, im Weiteren auch Kenntnisse über den Aufbau von wichtigen Ministerien und Referaten, zuständigen Ausschüssen, Anhörungen, Parteiveranstaltungen und deren Zusammenspiel. Dieses formale Wissen ist erforderlich, um herauszufinden, wo sich im politischen System die Einstiegskanäle für die eigenen Themen befinden. Allein das Wissen über die Funktionsweise eines Jugendhilfeausschusses ist komplex und muss präzise in den jeweiligen kommunalen Kontexten erschlossen werden (Nonninger 2017).

Der effektive Einstieg in die Kanäle der kommunalen politischen Willensbildung kann anhand folgender Fragstellungen – und deren möglichst präziser Beantwortung – erfolgen:

- Wo werden die relevanten, die Sozialpädagogik beziehungsweise Jugendpolitik betreffenden (kommunal-)politischen Entscheidungen getroffen beziehungsweise verhindert?
- Wo werden diese Entscheidungen vorbereitet?
- Wer sind die Schlüsselpersonen (Gatekeeper) in den jeweiligen Entscheidungsarenen?
- Nach welchen Kriterien werden deren Entscheidungen getroffen beziehungs-

weise verhindert?
- Von wem und womit werden diese Entscheidungen maßgeblich beeinflusst?
- Wann werden diese Entscheidungen getroffen?

Ergänzend zu dem Beitrag von Marco Althaus in diesem Band können zum Verständnis politischer Prozesse aktuell die Erkenntnisse von Jenni Brichzin (2016) herangezogen werden, denn diese liefern erstmals Erkenntnisse aus dem Maschinenraum der Politikvorbereitung und -umsetzung. Diese vielfältigen Einblicke werden im Folgenden auf einige ausgewählte Aspekte konzentriert.

Betrachtet man das Treiben von Politiker*innen in den verschiedenen Dimensionen, ist es plausibel, dieses über einen wesentlichen Faktor zu begreifen: die Erzeugung von Evidenz. „Evidenz macht einen Sachverhalt ganz unmittelbar plausibel und einsichtig, vermittelnde Zusatzerklärungen oder Begründungsaufwand sind kaum erforderlich. Und wie gelingt dies? Indem eine klare Idee zwar etwas Neues transportiert, anders als im Fall der Erkenntnis diese Neuheit aber in unmittelbare Passung zu bringen weiß mit bereits Bekanntem, Bestehendem. Auf diese Weise ist Evidenz von zwei Momenten geprägt, die in einem dialektischen Verhältnis zueinander stehen: der Neuheit auf der einen Seite, die ja erst die Notwendigkeit zur Einsicht bedingt. Und dem Anschluss an Bestehendes auf der anderen Seite, der die Bedingung der Möglichkeit der (weitgehend) widerstandsfreien Übernahme eines neuen Gedankens darstellt" (Brichzin 2016: 264).

Wenn die Akteur*innen der Sozialpädagogik die Politik mit ihren Ideen bekannt machen wollen, ist es unumgänglich, die besondere Qualität dieser Themen auf das Verständnis von Politiker*innen zuzuschneiden, also resonanzfähig auszugestalten. Denn die elementarste Entscheidung jedes Politikers liegt in der Themensortierung und der Beantwortung der Frage, ob ein Thema politisch relevant ist oder nicht. Von allen Themen, mit denen beispielsweise Abgeordnete bekannt gemacht werden, überschreiten nur wenige die Schwelle zu einer weiteren Befassung beziehungsweise einer parlamentarischen Debatte. Eine solche Themensortierung erfolgt durch Einordnung als
- Singularitätsthema (also Randthemen beziehungsweise einzelne Interessen ohne weitere allgemeine Bedeutung),
- Hintergrundthema (zwar legitim, aber vielleicht nur von lokaler oder punktueller Bedeutung),
- Parlaments- beziehungsweise Resonanzthema.

Themen und deren Bearbeitung sind die eigentlichen politischen Kerntätigkeiten (ebd.: 169 ff.). Wenn neue Themen an Politiker*innen herangetragen werden, neigen diese dazu, alles zunächst mal routinemäßig als Marginalthema einzustufen, denn normalerweise haben die Abgeordneten mit den gerade aktuell behandelten Themen immer mehr als ausreichend zu tun – ein gleichmäßig hoher Aufwand für jedes Thema ist unter den Bedingungen permanenter Themenüberlastung schlicht nicht zu leisten. Zudem besteht stets das Risiko, einem sogenannten Blindgänger aufzusitzen, also zu viel Energie in ein aussichtsloses Thema zu investieren.

Konzeptionell und idealtypisch müssen alle sozialpädagogischen Themen in den Dimensionen der Wichtigkeit und der Dringlichkeit folglich mit einer Handlungsaufforderung beziehungsweise einem Aktions-Imperativ versehen werden. Denn Themen, die weder wichtig noch dringlich sind, werden kaum als diskussions- beziehungsweise politikwürdig anerkannt. Dies darf jedoch nicht zu einem permanenten, womöglich künstlich hochgepeitschten Alarmismus in der Themensetzung führen, weil auch dieser nach einer gewissen Zeit Glaubwürdigkeit einbüßt. Zudem besteht die Gefahr der Inflationierung und Unglaubwürdigkeit, wenn man mit jedem kleinen Projekt mindestens die ganze Welt retten will.

Ein Parlamentarier (im Text als Hr. Günther kodiert) sagt: „Also ein Politiker ist ja in der Regel, wenn er etwas liest, was logisch klingt, ist ein Politiker an sich schnell begeistert" (ebd.: 201). „Und so hält es ein typischer Politiker ‚für das Entscheidende, neuartige Perspektiven zu entwickeln und mit deren Hilfe eine klare progressive Linie vorzugeben (...).'" „Es kommt (...) wieder darauf an, eine zentrale, nach Möglichkeit sogar eine neue Linie vorzugeben." Und genau darin scheint auch Hr. Günthers Freude an seiner Arbeit begründet zu liegen. Das Schöne an seiner Arbeit sei, so Hr. Günther, das *Kreative* daran. Ihm sei wichtig, *Neues* herauszufinden und hervorzubringen. Man könne viele Ideen ausprobieren und entwickeln (...). Bereits Vorhandenes wird hingegen als banal eingestuft. So meint Hr. Günther etwa mit Bezug auf eine von einer Fraktionskollegin vorgeschlagenen Maßnahme: Es sei halt ‚nichts Neues'. Das Instrument sei schon in Ordnung, ihm falle auch ‚nichts Besseres' ein" (ebd.: 165 f.).

An anderer Stelle wird erläutert, dass „das gestalterische Potenzial dort am größten (ist), wo ein relativ neues, ein im parteipolitischen Gegeneinander noch relativ wenig eingefahrenes Thema auf die Agenda rückt, das auch argumentativ noch wenig zugerichtet und erschlossen ist" (ebd.: 201). Weitere Qualitätskriterien für politische Resonanzfähigkeit sind Konfliktträchtigkeit, öffentliches Interesse (Medienresonanz) und Wahrnehmung einer gesellschaftlichen Problemlage: „Das erste Charakteristikum eines politischen Themas bildet die Assoziation mit einer wahrgenommenen Problemlage." Dabei spielt in besonderem Maße die lokale Relevanz eine Rolle: „Ein Thema kann entsprechend als noch so interessant oder neuartig gelten: Lässt sich damit keine Problemwahrnehmung verbinden, so wird es nicht zu einem politischen Thema werden. Zusätzlich muss es sich um eine in irgendeiner Weise Allgemeinheit in Anspruch nehmende Problemwahrnehmung handeln. (...) Das so angesprochene Thema muss also immer in den Kontext einer gesellschaftlichen Ordnung gestellt werden, die nur in Bezug zu einem bestimmten Gemeinwesen Gültigkeit beansprucht. Und schließlich muss das jeweilige Thema auf allgemeine Probleme verweisen, die mit den Mitteln des Politischen (...) bearbeitbar erscheinen" (ebd.: 174).

Jenseits der internen Qualität der Themen ist zudem hinzuweisen auf die Bedeutung von Themen im politisch-parlamentarischen Konkurrenzkampf, in dem sich Zuständigkeits- und Prestigechancen ergeben. O-Ton Politiker: „Ich bin in die Fraktion gekommen und die alten Hasen, die eben schon (vorher) in der Fraktion waren, haben gleich gesagt: DIESES, dies und das Thema besetze ICH. Besetzen, ja. Also: ich sitz da drauf, ja? Und genau so eine Arbeitsweise ist im [Parlament] – ja? Jeder weiß, zu welchem Thema er sich äußern darf, welches Thema er besetzt, drauf sitzt, was weiß denn ich ..." (ebd.: 174 f.)

Das jeweilige Thema der Sozialpädagogik sollte sich auch für die jeweilige Profilierung eignen: Im günstigsten Fall wird der betreffende Politiker beziehungsweise die Politikerin dann zu einem Themenanwalt, der sich in besonderem Maße und mit eigener persönlicher Energie für das Anliegen einsetzt. Es gilt aber, sich zu vergegenwärtigen, dass Politiker*innen keineswegs ganz allein über die Positionierung eines Themas befinden. Speziell auf Landes- oder Bundesebene werden viele Themen, die an einzelne Politiker*innen herangetragen werden, früher oder später in der Mitarbeiterrunde des Abgeordnetenbüros auf ihre Bedeutung abgeklopft, diskutiert und beurteilt. Daher ist es wichtig, diese Mitarbeiterebene sorgfältig in die eigenen Kommunikationen einzubeziehen (Schwaneck, Schuster und Üster 2012). Schließlich ist mit der Fraktion eine der wichtigsten Schleusen zu identifizieren, die ein Thema passieren muss. O-Ton Politiker: „Ja gut, ich habe mein konkretes Aufgabenfeld im (Ausschuss), das heißt, ich muss alle Vorlagen natürlich vorher gelesen haben, muss geklärt haben: Was steckt da drin, versteh ich das? Muss dann Rücksprache halten mit (der Verwaltung) zum Teil mit der Fraktion: Wie sehen wir das Thema? (...) Und dann gehen wir damit in das Parlament. (...) Am schwierigsten ist dann meistens (...) der Ausgleich in der eigenen Fraktion, weil man das Thema ja auch in der Fraktion sozusagen mehrheitsfähig kriegen muss“ (ebd.: 177).

Persönliche Anwesenheit (von Kindern oder Jugendlichen und Medien) bei Diskussionen und Entscheidungsfindungen hat mitunter großen Einfluss auf das Entscheidungsergebnis: „Anwesenheit macht deutlich, dass hinter einem Anliegen auch konkrete Personen mit einem tatsächlichen Leidensdruck stehen, und dies senkt die Neigung zur vollständigen Ablehnung. (...) Mit der fehlenden Anwesenheit verlieren die Tagesordnungspunkte an Gewicht“ (ebd.: 204).

Das Richtige zur richtigen Zeit tun: Timing

Zu erfolgreicher Lobbyarbeit beziehungsweise Politikberatung gehört nicht zuletzt die Beachtung des richtigen Timings, denn die Theorie der Multiple-Streams zeigt, dass wünschenswerte Veränderungen nicht immer und zu jeder Zeit möglich sind, sondern vorzugsweise in spezifischen Möglichkeitsfenstern (*window of opportunity*). Daher bedarf es der Geduld, zugleich der Sensibilität für eben diese Möglichkeitsfenster, aber zugleich der permanenten guten Vorbereitung, um im Falle eines Falles sofort handlungsfähig zu sein – denn wenn Politik einen Rat braucht, dann braucht sie ihn schnell (für die folgenden Passagen vergleiche auch Lindner 2012b). Ein idealtypisches Zeitmodell für politische Prozesse findet sich im „Policy Cycle“ (Jann und Wegrich 2014: 105), demzufolge sich politisches Handeln in bestimmte Phasen aufteilt. Jeder dieser Phasen können bestimmte Aktivitäten der Einmischung und Mitgestaltung zugeordnet werden (Abbildung 1).

Abbildung 1: **Phasen im Policy-Cycle**

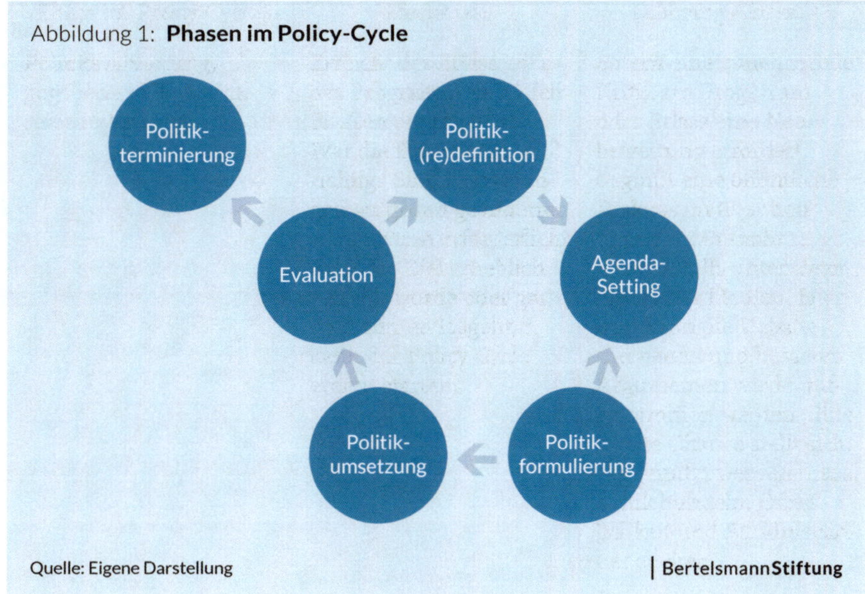

Quelle: Eigene Darstellung | BertelsmannStiftung

Phase im Policy-Cycle	Merkmale	Lobbying-Aktivität
Agenda-Setting	Ein Thema/Problem wird für die Politik zu einer relevanten Angelegenheit, mit der sie sich auseinandersetzt gemäß der Frage: Was kommt warum auf die politische Tagesordnung? Bereits die Problemwahrnehmung und -interpretation ist ein politischer Prozess, in dem politische Präferenzen und Problemlösungsphilosophien bedeutsam sind.	Ein Thema/Problem muss zunächst definiert und die Notwendigkeit politischen Handelns artikuliert werden, damit es überhaupt auf die Tagesordnung der Politik gelangt. Wird das Thema/Problem in der Öffentlichkeit diskutiert, ohne dass schon bestimmte Maßnahmen/Lösungen bevorzugt werden, bestehen noch alle Möglichkeiten, eigene Vorschläge einzubringen, also das Thema mit eigenen Deutungen und Interpretationen bekannt zu machen?

Phase im Policy-Cycle	Merkmale	Lobbying-Aktivität
Politikformulierung	In der Politik werden verschiedene Lösungen des Problems durchdacht, Gutachten eingeholt, Expert*innen angehört, Anhörungen durchgeführt usw.	Hier kommt es unbedingt darauf an, die eigene Sichtweise und damit zusammenhängende Lösungen in den Politikprozess einzuspeisen.
Politikentscheidung	Die Vorschläge werden auf ihre Durchsetzbarkeit geprüft und gewichtet. Vorlagen und Entwürfe werden verfasst. Es wird um die Lösung des Problems gerungen und die Politik fällt eine Entscheidung, deren Ergebnis ein Gesetz, ein Erlass, ein Ratsbeschluss, ein Programm oder ein Aktionsplan ist.	Sofern die Politik schon erste Lösungen anbietet und sich einzelne Akteur*innen oder Fraktionen festgelegt haben, werden im Rathaus beziehungsweise Landtag Gesetzes- oder Programmentwürfe diskutiert – hier können nur noch einzelne Punkte korrigiert beziehungsweise modifiziert werden. Bei der öffentlichen Anhörung eines Programmentwurfs bietet sich letztmalig die Chance, gegebenenfalls größeren Druck aufzubauen.
Politikimplementierung/ Umsetzung	Die Entscheidung ist gefallen und die Verwaltung führt das Programm beziehungsweise das Gesetz oder den Erlass aus. Hier erfolgt der entscheidende Realitätstest. Manche Programme, Gesetze oder Erlasse zeigen jedoch Lücken und Spielräume oder sind unvollständig.	Die Möglichkeiten, jetzt noch etwas zu ändern, sind minimal; Änderungen können nur noch im gesetzten Rahmen erfolgen (zum Beispiel über gedankliche Zuarbeit für Änderungs- oder Entschließungsanträge der Opposition).

Phase im Policy-Cycle	Merkmale	Lobbying-Aktivität
Politikevaluierung, gegebenenfalls Politikreformulierung	Erreicht der Erlass oder das Programm sein Ziel? Fließen die Mittel ab? War die Entscheidung richtig? Sind Anpassungen aufgrund geänderter Aktualitäten erforderlich? Falls das Ziel erheblich verfehlt wurde oder gar nach hinten losgeht, kann der Policy-Cycle erneut starten.	Sofern eine zunehmende Kritik am Programm oder Erlass eine Neubewertung erfordert, beginnt eine öffentliche Diskussion über den Sinn der Maßnahme, gegebenenfalls unter Beteiligung der Medien. Hier nun kann die Debatte mit neuen und besseren Argumenten wiederaufgenommen werden. Eine zweite Chance stellt sich, die genutzt werden muss: Kritik bündeln, Öffentlichkeit und Bündnispartner suchen.

Eine weitere, hierzu passende Zutat einer erfolgreichen Mitgestaltung kommunaler Politik findet sich in der Theorie der Multiple-Streams. Hier wird zunächst (1) ein *Ereignis- beziehungsweise Problemstrom* zugrunde gelegt, aus dem heraus definiert wird, was überhaupt als Problem für die Politik anerkannt wird. Denn in einer Kommune gibt es stets viele Fragen und Debatten, aber nicht alle Themen etwa der Kinder- und Jugendarbeit werden auch als politisch klärungsbedürftig wahrgenommen. Ob und wann die Kinder- und Jugendarbeit oder Kinder- und Jugendhilfe allgemein als ein politisches Problem überhaupt wahrgenommen und bearbeitet wird, ist abhängig vom (2) sogenannten *Politics-Strom* – dem Strom der Entscheidungsprozesse. Dieser umfasst die Gesamtheit aller politischen Prozesse in einer Kommune: Wahlen, Kampagnen, Machtkämpfe, organisierte politische Kräfte, Ratsfraktionen und so weiter. Schließlich gibt es (3) einen sogenannten *Policy-Strom* – den Strom der Lösungsvorschläge, in dem die verfügbaren Ideen und politischen Konzepte aller Art diskutiert werden. Potenzielle Ideen und Lösungen für bestimmte Probleme, so die Annahme, durchlaufen einen Reifungsprozess und ihre Überlebensfähigkeit hängt wesentlich ab von der technischen Durchführbarkeit, der Verträglichkeit mit grundsätzlichen Werten maßgeblicher Politikakteure und der Einbeziehung aktueller und zukünftiger

Umsetzungsbedingungen (zum Beispiel Folgekosten). Die zentrale Annahme der Multiple-Streams-Theorie besagt, dass ein politischer Wandel nur dann möglich ist, wenn sich die drei genannten Ströme kreuzen. Dann entsteht ein *window of opportunity* (Möglichkeitsfenster), das die Umsetzung einer bestimmten politischen Idee erlaubt.

Dieses Kreuzen der drei Ströme kann ungeplant erfolgen; die Ströme können aber auch durch das aktive Handeln eines interessierten politischen Akteurs, eines sogenannten politischen Unternehmers (*political entrepreneur*) miteinander verkoppelt werden. Dieser politische Akteur agiert als Themenanwalt für eine Sache und benötigt für seinen Erfolg den Zugang zu wichtigen Ressourcen (Zeit, Geld, Energie, Kontakte) sowie bestimmte politische Strategien.

Zu unterscheiden ist zwischen vorhersehbaren Gelegenheitsfenstern (Wahlen, Haushaltsberatungen, Verabschiedung von Gesetzen, Erlassen, Förderplänen), unvorhersehbaren Gelegenheitsfenstern (Störungen, Krisen, Notlagen) und selbst erzeugten Gelegenheitsfenstern (Focusing Events, Agenda-Setting). Wenn also die Anliegen der Jugendarbeit beziehungsweise Jugendpolitik befördert werden sollen, ist darauf zu achten, wie die damit zusammenhängenden Anliegen, Themen oder Probleme strukturiert sind: Dabei sollte ein Anliegen so gut wie möglich definiert sein, mögliche Folgekosten sollten gut abschätzbar sein, vorgeschlagene Lösungen für überzeugende Verbesserungen sorgen und schließlich sollten für dieses Anliegen die politischen Entscheidungsträger*innen handlungsfähig und zuständig sein.

Framing – Storylines

Die simple Erkenntnis, dass Ereignisse und Sachverhalte in der Welt durch Sprache in bestimmte Interpretationen und Deutungsmuster gefasst werden, ist auch für Kinder- und Jugendarbeit in der politischen Mitgestaltung der eigenen Anliegen von Belang: „Die soziale und politische Wirklichkeit wird konstituiert durch Bedeutung. Sprache ist kein neutrales Medium zur Feststellung von Tatsachen oder Übermittlung von Botschaften, sondern Mittel und Ort der Bedeutungsproduktion (...) Politik ist ein Kampf um Bedeutung – a struggle over meaning“ (Braun 2014: 79). Hier spielen sogenannte Frames eine wichtige Rolle; es handelt sich dabei um bestimmte Interpretationen eines Themas, in denen spezifische

Informationen (Storylines: regelmäßig wiederkehrende Sprachfiguren) in den Vordergrund rücken und andere außen vor gelassen werden: „Storylines sind das Medium, durch welches Akteure versuchen, anderen ihre Sicht der Realität aufzuerlegen, bestimmte soziale Positionen zu vertreten und Praktiken anzuregen sowie alternative soziale Arrangements zu kritisieren (...)" (Hajer 2010: 280).

Jeder öffentliche Diskurs ist ein Wettbewerb verschiedener Akteure um den dominanten Frame, das bedeutet die Definitionsmacht (Hegemonie), die gegen widerstreitende andere Interpretationen festzulegen sucht, welche Aspekte eines Themas oder eines Problems überhaupt Legitimität, Glaubwürdigkeit und Gültigkeit beanspruchen und durchsetzen können. „Frames legen eine bestimmte Problemdefinition nahe, sie machen Ursachen für Probleme aus, bieten eine Bewertung des Problems und zeigen Lösungsmöglichkeiten auf" (Matthes 2014: 18). Aktives Framing umfasst in dieser Hinsicht nicht nur die Platzierung der eigenen Themen, sondern immer auch einen Wettbewerb mit den Frames von Konkurrenten, denn: „Politik ist der Wettkampf von Erzählungen" (Gadinger, Jarzebski und Yildiz 2014: 9).

Grundsätzlich gibt es zu fast allen Themen immer mehrere Frames, die sich in einem strategischen Wettkampf befinden und um öffentliche Aufmerksamkeit kämpfen. Frames sind immer selektive Ausschnitte eines Themas; aktives Framing zielt darauf ab, ein allgemein geteiltes und akzeptiertes Verständnis für die eigenen Anliegen zu erlangen und möglichst einen (kommunalen) Mehrwert im Gemeinwohl damit zu erzielen (Nonhoff 2010: 309). Es ist eben ein Unterschied, ob die notwendigen Finanzmittel für die Kinder- und Jugendarbeit als Kosten oder als Investitionen bewertet werden, ob Kinder- und Jugendarbeit als freiwillige (also: im Zweifel entbehrliche) oder kommunale Pflichtaufgabe gesehen wird, als Abklingbecken für Problemjugendliche oder als Bildungsakteur, und ob die Jugendlichen als Problem- und Störfälle oder als unersetzliche Faktoren zur Zukunftsgestaltung bewertet, ob sie im Kontext des demografischen Wandels als unwichtige Restmenge oder als kreative Energien bewertet werden.

„Narrative sind (...) immer in der Lage, Emotionalitäten Raum zu geben, Authentizität zu arrangieren und dadurch Machtverhältnisse zu verkörpern" (Gadinger, Jarzebski und Yildiz 2014: 21). Praktisch ist also zu berücksichtigen, welche Frames die Sozialpädagogik beziehungsweise die Kinder- und Jugendhilfe verwendet und inwiefern diese durch Gegendeutungen bekämpft werden. Dabei kann man einen Frame nicht einfach erfinden wie einen neuen Werbeartikel;

denn zu beachten ist, dass ein erfolgreiches Framing von Themen an bestimmte langlebige Ideale oder Meta-Narrative anzuknüpfen hätte, die beispielsweise das gesellschaftliche Bild von Kindern oder Jugendlichen seit jeher prägen.[11] Da die realen Frames in realen Umständen hier nicht konkret analysiert werden können, muss der Hinweis auf allgemeine Regeln für erfolgreiches Framing genügen.

Frames sind ein flexibles konzeptionelles Werkzeug der Selbstpositionierung und zeichnen sich durch eine konzeptionelle Offenheit aus, die für andere Themen anschlussfähig ist. Ziel einer reflektierten Strategie ist es, einen möglichst entwicklungsresistenten Rahmen zu schaffen, in den Themen immer wieder eingeordnet werden können. Frames sollen längerfristig aufgebaut und platziert werden und damit einen hohen positiven Wiedererkennungswert aufweisen. Somit ist es wenig hilfreich, kurzfristig zwischen verschiedenen Frames hektisch hin und her zu wechseln, sie unerwartet fallen zu lassen und bei nächster Gelegenheit wieder aufzugreifen. Zu den weiteren Qualitäten gehören historisch verankerte Begründung, positive Zielsetzung, Konkretheit/Anschaulichkeit (erklärende assoziative Bilder und Metaphern), Widerspruchsfreiheit/Glaubwürdigkeit, empirische Plausibilität sowie die Faktoren Problemdefinition, Ursachenzuschreibung, Lösungsvorschlag und Bewertung.

Zur Qualität eines Themas gehört unumgänglich dessen Begründung mit wissenschaftlicher Fundierung, die optimalerweise überzeugende empirische Daten und Fakten ausweist. Dabei ist zu vergegenwärtigen, dass Daten niemals objektiv und immer in Interessen und Deutungskämpfe eingebunden sowie darin zu bestimmten Zwecken verwendet werden (Lindner 2016). Das darf aber gerade nicht bedeuten, sich dem Slogan „Glaube keiner Statistik, die du nicht selbst gefälscht hast“ hinzugeben. Im Gegenteil: Die Empirie-internen Gütekriterien – Transparenz des Forschungsprozesses beziehungsweise der Verfahrensdokumentation, Validität, Reliabilität, Regelgeleitetheit, kommunikative Validierung und so weiter – müssen den höchstmöglichen Qualitätskriterien genügen. Denn wenn man mit anfechtbaren oder verfälschten Daten in eine Debatte geht, ist nichts zu gewinnen. Schlimmer noch: Kommt man der Politik mit unsauberen oder gar geschönten Daten und lässt sich dabei erwischen, ist man aus dem

11 Gadinger, Jarzebski und Yildiz (2014: 12) weisen auf die Besonderheit des Umgangs mit Gründungsmythen hin und erläutern, „dass bereits die Wahl eines Ereignisanfangs einen machtpolitischen Akt darstellt, in dem wichtige Vorentscheidungen darüber getroffen werden, was überhaupt in eine Gesamtrechnung (...) einbezogen werden kann oder gar muss.“ Dabei genügt es allerdings nicht, sich vorschnell an den Slogan „Jugend ist Zukunft“ anzuhängen – ohne dabei zu bemerken, dass dieses Motto nicht nur von Napoleon I., sondern auch von Adolf Hitler und Joseph Goebbels bereits verwendet wurde.

Spiel und verscherzt sich seine Sympathien sehr nachhaltig. Daten, gute Daten, sind also absolut notwendig und hierzu zählen Statistiken, Evaluationen und (seriöse) Umfragen zu Jugendlichen und zur Kinder- und Jugendarbeit. Ohne Daten hat die Kinder- und Jugendarbeit allenfalls eine Meinung – mit Daten hat sie immerhin eine Position.

Ein gehaltsvolles „emplotment“ (als zentrales Organisationsprinzip von Erzählungen) umfasst Kausalbeschreibungen, die bestimmte Ereignisse in spezifischer Weise – kohärent, also möglichst ohne Lücken, Brüche und Widersprüche – miteinander verknüpfen. Bei alldem ist es nachvollziehbar, dass sich das praktische Handeln nicht im Widerspruch zu den eigenen Narrativen befinden darf. Ebenso wichtig ist, die Resonanzfähigkeit des eigenen Narrativs zu beobachten und zu erkunden, welche anderen Akteure die Narrative der Kinder- und Jugendarbeit aufgreifen, weitererzählen, variieren oder auch bekämpfen (delegitimieren), um so die Kontrolle über das eigene Narrativ möglichst zu behalten. Spätestens hier sollte klar geworden sein, dass die Arbeit an Frames eine sorgfältige, umfassende Berücksichtigung und Einbettung verschiedener Faktoren erfordert und es ein folgenschwerer Irrtum wäre, solche Arbeiten einfach an eine kommerzielle Werbeagentur zu vergeben. Neu zu erlernen sind in diesem Zusammenhang für die Akteure der Kinder- und Jugendarbeit folgende Fähigkeiten:

- Analysekompetenz: Die Herausforderung für die Sozialpädagogik besteht darin, sich einen Überblick über die kommunale Diskurslage zu verschaffen: Wer sind die meinungsprägenden Diskursrepräsentanten im Feld der kommunalen (Kinder- beziehungsweise Jugend-)Politik? Welche Akteure haben Interessen an einem bestimmten Diskurs und fördern diesen? Welche konkurrierenden Diskurswelten können identifiziert werden (zum Beispiel Zukunftsfaktor Jugend versus Haushaltskonsolidierung oder Seniorenpolitik)? Dahinter steht die Frage: Welche Akteure haben welche Interessen und wer blockiert den gewünschten Wandel (zum Beispiel auch dadurch, bestimmte Themen aus der Agenda rauszuhalten)? Welches Expertenwissen und welches Alltagswissen liegen diesen Diskursen zugrunde? Welche Bedürfnisse bedienen diese Diskurse? Welche Begriffe und Metaphern sind wichtige sprachliche Elemente dieses Diskurses?
- Politische Innovationskompetenz: die Fähigkeit, die neue Idee der Kinder- beziehungsweise Jugendpolitik in den politischen Mainstream zu überführen.
- Dialogkompetenz: die Fähigkeit, sich in andere Diskurswelten hineinzuversetzen, Vertrauen und Sozialkapital aufzubauen und politisch zu überzeugen.

- Strategiekompetenz zur Herstellung von Diskursallianzen: Anschlussfähigkeit an bestehende Diskurse prüfen, dominierende Diskurse mit neuen Deutungen konzeptualisieren.
- Kommunikationskompetenz: „die Fähigkeit, politische Forderungen und Ideen in eine – mehrere Diskurswelten verbindende – kohärente (...) Erzählung zu integrieren und diese öffentlich zu kommunizieren" (Lindner 2016: 75).

Kooperationen aufbauen

Ergänzend zum Aufbau von Netzwerken (vgl. den Beitrag von Herbert Schubert in diesem Band) wird es wichtig, für die eigenen Anliegen Bündnispartner zu finden, denn nur so kann für die eigene Position auch die Mehrheitsfähigkeit entwickelt werden. Aufbauend auf den oben genannten Informationen zu Frames und Narrativen wird eine Kooperation hier vornehmlich verstanden als Diskurskoalition. Eine solche Diskurskoalition kann ein bestimmtes Politikfeld (zum Beispiel Jugendpolitik) unter zwei Bedingungen beherrschen: „(1) sie dominiert einen diskursiven Raum, das heißt zentrale Akteure werden entweder von ihr überzeugt oder dazu gezwungen, die rhetorische Macht eines neuen Diskurses zu akzeptieren (...). Dies schlägt sich (2) in den institutionellen Praktiken dieses politischen Feldes nieder, das heißt der aktuelle Politikprozess wird gemäß den Ideen eines gegebenen Diskurses (optimalerweise: der Kinder- und Jugendarbeit; WL) geführt" (Hajer 2010: 281). Da ein solcher Zustand den bestmöglichen und ideellen Zielpunkt einer Strategie bezeichnet, werden im Folgenden einige Schritte auf dem Weg dorthin skizziert.

Grundsätzlich geht es nicht darum, alle möglichen, sondern die richtigen Partner (Stakeholder) für den Aufbau einer Diskurskoalition anzusprechen und zu gewinnen (Niederberger und Wassermann 2014): In einem ersten Schritt geht es darum, alle möglichen und erreichbaren Akteure und Institutionen zu erschließen und diese für die eigenen Aktivitäten strategisch zu bewerten im Hinblick auf Hindernisse, Korrespondenzen und Passungspotenziale sowie für die Identifikation der jeweiligen Schlüsselfiguren (Gatekeeper). Weiterhin sind diese Institutionen einzuordnen in ruhende, vernachlässigbare, fordernde, dominante, gefährliche, abhängige Partner. In einem nächsten Schritt ist die Identifikation sinnvoller Kooperationspartner zu sortieren in Strategien, beispielsweise der Einbindung,

Zusammenarbeit, Beobachtung und Verteidigung sowie des gezielten Aufbaus von Kontakten. Dann ist zu entscheiden, inwiefern eine Kooperation beziehungsweise Themenallianz zeitlich begrenzt (zum Beispiel auf ein Ziel oder Thema) oder längerfristig sinnvoll ist. Sofern die Schritte halbwegs zufriedenstellend verlaufen sind, wäre die Koalition konkret anzugehen unter Berücksichtigung der verschiedenen Phasen: Konzeption, Gründung, Positionierung, Etablierung, Zieldurchsetzung, gegebenenfalls Auflösung oder Fortsetzung.

Checkliste für die Gespräche und Verhandlungen mit Politiker*innen

Vor dem Hintergrund der Einstiegsoptionen für einen reflektierten wie auch erfolgreichen Transport sozialpädagogischer Themen in die jeweilige Politikarena folgt nun eine Checkliste, die als Leitfaden für das weitere Agieren herangezogen werden kann. Erstellt wurde sie auf der Grundlage einer politikwissenschaftlichen Befragung von 770 Politiker*innen aus Bundes-, Landes- und Kommunalpolitik, die auf die Frage geantwortet hatten, welche Prinzipien bei einer Kontaktaufnahme zu beachten wären (Eckardt 2011):

1. Informationen zum eigenen Träger beziehungsweise zur eigenen Institution; Betonung der Legitimität der eigenen Interessen. Die Grundlagen der Kommunikation sind Glaubwürdigkeit, Verlässlichkeit und wechselseitige Anerkennung.
2. Serviceorientierung: schnelle, präzise und kompakte Darstellung von Informationen und angestrebter Zielsetzung.
3. Framing des Themas anhand der oben genannten Kriterien.
4. Bezug zu aktuellen gesellschaftlichen Entwicklungen herstellen; Einordnung und Übersetzen der Anliegen in übergeordnete Kontexte.
5. Herausstellen der politischen Bedeutsamkeit unter anderem zur Themenexpertise des Politikers, zu dessen Wahlkreis.
6. Aktuelle und valide empirische Grundlagen und Daten berücksichtigen.
7. Den (kommunal-)politischen Mehrwert des eigenen Themas deutlich machen; Problemlösung verdeutlichen.
8. Keine unverbindlichen Plaudertermine; kein Politikerkontakt ohne sachbezogene und produktive Angebote zum eigenen Anliegen/Thema.

9. Kein Politikerkontakt ohne Reflexionsanspruch: Kontakt und Thema müssen so interessant oder innovativ aufbereitet werden, dass sich Politiker*innen mit dem Anliegen/Thema aktiv auseinandersetzen, was zum Beispiel durch ihre Nachfragen deutlich wird.
10. Um die Politik- und die Mehrheitsfähigkeit des Themas zu befördern, ist es ratsam, dessen fraktions*interne* Einordnung anzufragen.
11. Da Politiker*innen auch in Fachgremien (zum Beispiel Fachausschüssen) miteinander arbeiten, ist es gleichermaßen hilfreich, die fraktions*externen* Erfolgschancen des Anliegens anzufragen.
12. Kein Politikerkontakt ohne (eingeplante) Fortsetzung der Beziehung.
13. Kein nächster Politikerkontakt ohne Nachfrage zu den Punkten 10 und 11 und deren weiterer Einschätzung.
14. Parallel empfiehlt sich ein permanentes Monitoring aller politischen Äußerungen zu dem Thema (in Medien, Beschlüssen, Protokollen und so weiter), um zu überprüfen, ob und wie dort das eigene Anliegen thematisiert wird.
15. Kontraproduktiv: Politiker belehren, Drohungen aussprechen, nerven, falsche Ansprechpartner*innen, falsche Zuständigkeit, heikle Angebote und illegitime Tauschhandelsgeschäfte.

Fazit

Angesichts der hier aufgezeigten Fülle von Optionen, idealtypisch politische Relevanz und Resonanz für sozialpädagogische Themen zu erlangen, ist zu betonen,

- dass es sich dabei keineswegs um einen abgeschlossenen Katalog, sondern um eine offene und variable Agenda handelt,
- dass diese Optionen keineswegs als feste Erfolgsgarantien zu verstehen sind, die es nur naiv anzuwenden gilt, sondern sie vielmehr kritisch zu prüfen sind, und
- dass diese Prüfung nur in der konkreten Praxis gelingen kann, für die reflektierte Experimentierzonen einzurichten wären: im aktiven Politik-Machen *(doing politics)*.

Literatur

Braun, Kathrin (2014). „Im Kampf um Bedeutung. Diskurstheorie und Diskursanalyse in der interpretativen Policy Analyse“. *Zeitschrift für Diskursforschung* 2 (1). 77–101.

Brichzin, Jenni (2016). *Politische Arbeit in Parlamenten. Eine ethnografische Studie zur kulturellen Produktion im politischen Feld.* Baden-Baden.

Eckardt, Sabine (2011). *Politiker-Compliance als Zielgröße des Lobbying. Konzeptualisierung, Messung und Determinanten.* Wiesbaden.

Gadinger, Frank, Sebastian Jarzebski und Taylan Yildiz (2014). „Politische Narrative. Konturen einer politikwissenschaftlichen Erzähltheorie“. *Politische Narrative. Konzepte – Analysen – Forschungspraxis.* Hrsg. Frank Gadinger, Sebastian Jarzebski und Taylan Yildiz. Wiesbaden. 3–38.

Hajer, Maarten A. (2010). „Argumentative Diskursanalyse. Auf der Suche nach Koalitionen, Praktiken und Bedeutung“. *Handbuch Sozialwissenschaftliche Diskursanalyse. Bd. 2. Forschungspraxis.* 4. Aufl. Hrsg. Reiner Keller, Andreas Hirseland, Werner Schneider und Willy Viehöver. Wiesbaden. 271–298.

Jann, Werner, und Kai Wegrich (2014). „Phasenmodelle und Politikprozesse: Der Policy-Cycle“. *Lehrbuch der Politikfeldanalyse.* 3. Aufl. Hrsg. Klaus Schubert und Nils C. Bandelow. München. 97–131.

Lindner, Werner (2010). „Verwahrlosung der Jugendpolitik – (Re-)Politisierung der Jugendarbeit: Epistemische und politische Robustheit als neue Leitkategorien“. *deutsche jugend* 4 (58). 159–166.

Lindner, Werner (2012a). *Political (Re-)Turn? Impulse zu einem neuen Verhältnis von Jugendarbeit und Jugendpolitik.* Wiesbaden.

Lindner, Werner (2012b). „Politikberatung und Lobbying für die Kinder- und Jugendarbeit. Hinweise für die praxisbezogene Umsetzung“. *deutsche jugend* 1 (60). 18–26.

Lindner, Werner (2016). „Mit Daten Politik machen? Mit Daten Politik machen! Jugendberichterstattung und Jugendbefragungen als Instrumente (kommunaler) Jugendpolitik“. *deutsche jugend* 2 (64). 67–76.

Lindner, Werner, und Winfried Pletzer (2017). *Kommunale Jugendpolitik.* Weinheim und Basel.

Lindner, Werner, Rudi Neu und Volker Steinberg (2014). „Jugendarbeit und Jugendpolitik auf kommunaler Ebene in Bewegung setzen – ein ‚Avantgarde-Experiment'". *deutsche jugend* 10 (62). 433–442.

Matthes, Jörg (2014). „Zum Gehalt der Framing-Forschung: eine kritische Bestandsaufnahme". *Framing als politischer Prozess. Beiträge zum Deutungskampf in der politischen Kommunikation.* Hrsg. Frank Marcinkowski. Baden-Baden. 17–27.

Neu, Rudi, Volker Steinberg und Werner Lindner (2016). „Learning to fly: Jugendarbeit macht Jugendpolitik. Ausgewählte Evaluationsergebnisse des PEP-Projektes". *deutsche jugend* 7–8 (64). 314–324.

Niederberger, Marlen, und Sandra Wassermann (2014). *Methoden der Experten- und Stakeholdereinbindung in der sozialwissenschaftlichen Forschung.* Wiesbaden.

Nonhoff, Martin (2010). „Hegemonieanalyse: Theorie, Methode, Forschungspraxis". *Handbuch Sozialwissenschaftliche Diskursanalyse. Bd. 2. Forschungspraxis.* 4. Aufl. Hrsg. Reiner Keller, Andreas Hirseland, Werner Schneider und Willy Viehöver. Wiesbaden. 299–323.

Nonninger, Sibylle (2017). „Kommunale Jugendpolitik im Jugendhilfeausschuss. Möglichkeiten und Grenzen für das jugendpolitische Agieren". *Kommunale Jugendpolitik.* Hrsg. Werner Lindner und Winfried Pletzer. Weinheim und Basel. 232–251.

Schwaneck, Stefan, Christian H. Schuster und Deniz Üster (2012). *Lobbying in der Praxis: Die erfolgreiche Kontaktaufnahme.* Berlin.

Grundsätze der Politikberatung für die kommunale Jugendlobby

Marco Althaus

Jugendpolitik ist ein Politikfeld wie andere auch: Politische Interessen werden organisiert, artikuliert, vermittelt und vertreten. Interessengruppen rangeln um Geld, Rechtsetzung und Aufmerksamkeit der Politik. Sie versuchen, Schaden abzuwenden, der ihnen von der Politik droht, und Argumente für legitime Forderungen vorzubringen. Sie knüpfen Beziehungsnetze, bauen Druck auf und tun all das, was Lobbyisten[12] in einem pluralistischen Gemeinwesen eben tun. Im besten Fall erledigen sie dies nicht ohne das Ziel, Politik substanziell zu beraten. Sie bieten handlungsrelevantes Expertenwissen an, das öffentliche Entscheidungen verbessern hilft. Ergo: Jugendpolitik wird besser, wenn die Jugendlobby gute Politikberatung liefert.

So einfach könnte es sein! In der Praxis hadern Träger der Jugendarbeit und ihr Personal mit dieser Aufgabe. Sie fühlen sich überfordert, unverstanden oder ausgegrenzt. Sie bescheinigen sich mitunter selbst öffentliche Wirkungslosigkeit und Politikunfähigkeit. Sie verdächtigen sich selbst unzulässiger Vermischung anwaltschaftlicher Interessenvertretung für die Jugend mit eigenen institutionellen, finanziellen und personellen Interessen. Sie zweifeln an ihrem fach- oder berufspolitischen Mandat (als ob ihnen irgendwer eines geben könnte außer ihnen selbst). Im Hintergrund wabert die Evergreen-Kontroverse um die Politisierung der Profession. All das erweckt den Eindruck, dass robuster Jugendpolitikarbeit vor allem der eigene Habitus im Weg steht. Nichts gegen Reflexion und Selbstkritik, im Gegenteil. Aber es gibt nur wenige Interessengruppen, die so viel an ihren Skrupeln leiden, statt Lobbyarbeit als Grundrecht zu begreifen und praktische Aufgaben in Angriff zu nehmen. Das Gemeinwohl wird zudem sicher keinen Schaden nehmen, wenn Jugendarbeit bessere Lobbyarbeit macht.

12 Das generische Maskulinum im Plural schließt Frauen ein. Im Singular werden abwechselnd männliche und weibliche Personenbezeichnungen und Personalpronomen verwendet – „die Lobbyistin" und „sie" schließt dann auch den Mann ein. Ansonsten wird das * Gendersternchen eingesetzt.

Politischen Einfluss muss man nehmen, verschenkt wird er nicht. Er ist weder Wissenschaft noch Kunst, sondern Ergebnis soliden Handwerks. Es ist mit Geduld, Ausdauer und Übung erlernbar. In keinem Handwerk fallen Meister vom Himmel. Der Lobby-Werkzeugkasten ist nicht klein, für Anfänger wirkt er sogar verwirrend kleinteilig – und wer in gängige Lobby-Ratgeber und Handbücher schaut, wird von viel Fachjargon verschreckt. Angst macht auch ein großes Wort wie Politikberatung. Wer fühlt sich schon als Politikberater*in berufen?

Dieser Beitrag möchte Grundlagen vermitteln. Er dreht sich nicht um Details, wie welche Gesprächspartner für welche Ziele auszuwählen sind, wie man ein Positionspapier verfasst oder eine Anhörung vorbereitet. Vielmehr regt er zunächst dazu an, über den Kern der Lobbyarbeit als Politikberatung und das nötige Selbstverständnis nachzudenken. Zudem legt er den kommunalpolitischen Kontext dar, der etwas anderen Regeln folgt als die höheren Politikebenen. Abschließend kommt der Jugendhilfeausschuss aus Lobbysicht in den Fokus.

Nachdenken über den Kern der Sache

Politik beraten heißt Politiker verstehen

Politikberatung ist dann nützlich und legitim, wenn sie politischen Entscheidungsträgern beim politischen Entscheiden hilft. Dieser Satz klingt banal. Er beschreibt aber eine große Hürde für potenzielle Ratgeber, die sich nicht hauptberuflich mit Politik befassen. Wie entscheiden Politiker? Wer darauf keine Antwort findet, vermag Beratung kaum adressatengerecht anzubieten. Eine knappe, verbindliche Antwort schnell nachlesen kann man leider nicht. Es fehlt keineswegs an Literatur. Scharf beobachtende Journalisten, reflektierende Politiker und Generationen von Politikforschern haben sich darüber den Kopf zerbrochen. Schicht für Schicht haben sie freigelegt, was Politiker beim Entscheiden tun. Kluge Analysen, Deutungen und Entscheidungstheorien füllen in Bibliotheken viele Regalmeter. Das Entscheidungspuzzle ist aber stets so vielteilig, dass keine Expertin Präsident Kennedys (1963) Einsicht bestreitet: „Die Essenz der letzten Entscheidung bleibt für den Beobachter undurchdringlich; oft geht es dem Entscheider genauso. (...) Es wird im Entscheidungsprozess immer diese dunklen und verwickelten Abschnitte geben – mysteriös sind sie sogar für die, die aufs Engste an ihnen beteiligt sind."

Wenn selbst ultimative Insider nie so genau wissen, welche Schlüsselfaktoren und Kriterien in einer Entscheidung enthalten sind, haben sich Laien erst recht nichts vorzuwerfen. Dennoch ist es für Politikberater in spe notwendig, sich auf die Suche nach Antworten zu machen.

Knapp zusammengefasst, weiß die Wissenschaft heute dies: In Sachfragen will der homo politicus im Regelfall rational entscheiden – das ist sein Anspruch wie der der Bürger. Nur gibt es kein Einheitsmaß für rationales Entscheiden. Vielmehr hat Politik oft konkurrierende Rationalitäten gegeneinander abzuwägen und Bewertungsmaßstäbe auszuwählen. Diese Wahl verändert den Blick auf Tatsachen. Entscheider wollen die Faktenlage kennen. Sie holen fachlichen Rat ein, brauchen aber auch politische Orientierung. Die Faktenlage ist – besonders wenn es ums Soziale geht – oft unübersichtlich, komplex und widersprüchlich. Dies gilt umso mehr für Problemlösungsvorschläge: Prioritäten und Präferenzen sind oft neblig, die Folgen des Handelns sind nie voll berechenbar, es fehlt an Informationen darüber, wie genau wann warum welche Maßnahmen wirken würden.

Eine verwirrende Vielzahl von Rationalitätswünschen prägt Diskussionen: Nicht alles, was effektiv wäre, also gewünschte Wirkung erzielt, ist auch effizient, also wirtschaftlich im Sinne einer Kosten-Nutzen-Rechnung oder sparsam angesichts knapper Ressourcen. Kurzfristig rational ist nicht gleich langfristig rational. Juristische Bewertungen sehen jene Entscheidung als rational an, die sich stimmig in die Rechtsprechung einfügt und gerichtsfest ist. Aus sozialer Sicht mag jene rational sein, die besonders fair, gerecht oder für benachteiligte Gruppen gut erscheint.

Spätestens hier wird klar, wie sehr Rationalität von Wertvorstellungen abhängt. Entscheiden aufgrund von Werturteilen macht das Politische aus – einerseits. Andererseits geht es im Politikalltag keineswegs ständig um tiefe Überzeugungen. Beim Großteil der Dinge, die in der Politik zu bearbeiten sind, sind Entscheider nicht vorab festgelegt, sondern für Sachargumente zugänglich und mehr oder minder flexibel, was Weg und Ziel angeht. Politiker suchen zudem selten gründlich nach der zweifelsfrei optimalen Lösung, sondern nach einer, die machbar und zufriedenstellend ist, vielleicht also nicht gut, aber fürs Erste gut genug.

Eine Beraterin lernt dieses Kontinuum abzuschätzen, in dem Sachargumente wirken können. Sie darf optimistisch sein: In den meisten Fällen ist es unwahrscheinlich, dass ein Entscheider ein Anliegen oder einen Rat aus Überzeugung heraus a priori total ablehnt. Aber hat er dafür Aufmerksamkeit übrig? Will er etwas aktiv voranbringen und politisches Kapital dafür einsetzen? Welche sachfernen Routinen, Regeln und Mechanismen sind im Spiel? Lobbyist Klemens Joos mahnt daher, Berater müssten sich „primär auf den Entscheidungsprozess und nicht vorschnell nur auf das inhaltliche Entscheidungsergebnis konzentrieren“ (Joos 2016: 202).

Jede Politik verquickt Sach- und Machtfragen. Wer entscheiden will, will durchsetzen. Die Politikberaterin hat das zu berücksichtigen. Relevanter Rat weist durchsetzungsfähige Wege zum Ziel und bezieht ein, dass Politik Ritual- und Spielcharakter hat. Neben Sachrationalität – wie auch immer sie definiert wird – treten andere Rationalitäten: die des Wettbewerbs von Mehrheit und Opposition, Parteien, Personen, Ämtern und Ressorts; die des Verhandelns und Feilschens um den Preis für ein Ja oder wohlwollende Neutralität; die der Kommunikation, der Signale und Symbole. Das Kalkül bezieht sich auf Kräfteverhältnisse, Rang- und Hackordnungen, Standpunkte und Aufmerksamkeit der Entscheider und Meinungsführer, die Regie von Ablauf und Timing, die Darstellung, Medienagenda und öffentliche Erwartungen. Politikprozesse laufen nicht ab wie eine Maschine; sie sind kontingent und von ständiger Suche nach günstigen Momenten und Konstellationen geprägt. So kommt es mal zu Sprunghaftigkeit und dem Durchpeitschen von Beschlüssen, dann zu zaghaften Trippelschritten inkrementalen Durchwurstelns, mal zum Aussitzen oder zu Blockaden. Solche Einflussfaktoren zu berechnen und zu steuern, ist politisches Management. Beratung, die dieses Kalkül versteht und einschließt, hat höhere Chancen, ernst genommen zu werden.

Politikberater verstehen auch, dass Entscheidungsträger lern- und anpassungsfähig sind; sie richten ihre persönlichen Antennen aus, legen ihr eigenes Tempo fest und schneidern sich Überlebensstrategien. Was sie entwickeln, ist politische Intuition: eine Mischung aus Instinkt und Intelligenz. Dazu gehören assoziatives Wissen, Erfahrungsschatz, Daumenregeln und Trendgespür dafür, was politisch passieren wird. Diese Intuition leitet dazu, Rat zu suchen oder zumindest zu hören – oder auch nicht. Sie befähigt dazu, Berater und Ratschläge nach den Kategorien „politisch richtig/falsch“ einzuschätzen. Göttrik Wewer (2009: 403) unterstreicht: „Das Problem von Politikern ist nicht, zu wenige Ratschläge zu bekommen, sondern in der Fülle der Informationen, die täglich auf sie einprasseln, die richtigen und wichtigen zu erkennen. Wichtig sind Ratschläge, die politische Flurschäden zu vermeiden helfen und das Überleben im Amt sichern, richtig sind Ratschläge, die aktuell oder strategisch für die politische Profilbildung verwertbar sind. (...) Was sachlich in einer bestimmten Situation angeraten sein kann, kann politisch völlig falsch sein. Die Enttäuschung vieler Politikberater rührt daraus, das nicht verstanden zu haben."

Die kluge Politikberaterin lässt sich nicht enttäuschen, sondern versucht zu verstehen – doch sie sollte nicht alle Politiker für Großstrategen halten, die generalstabsmäßig Langzeitpläne austüfteln und diszipliniert verfolgen. Realistischer ist ein Bild vom Politiker, der von Fall zu Fall das Mögliche zusammendenkt und mit begrenztem Zeithorizont taktiert. Für die Politikberatung mag das zuweilen frustrierend sein. Aber darin steckt auch die Chance, morgen oder übermorgen neue Zugänge und Chancen auf Gehör zu erhalten.

Wer berät, nimmt Einfluss: Interessegeleitete Politikberatung

Wer berät, nimmt Einfluss. Auch wer sich nur als sachverständiger Experte sieht und jede Lobbyabsicht verneint, muss zugeben: Politikberatung heißt Rat geben zu einer politischen Handlung. Ihre konkrete Umsetzung ist ein politisches Interesse. Das gilt umso mehr, wenn die beratende Expertin nicht unabhängig ist, sondern selbst oder ihre Klientel von politischen Entscheidungen betroffen ist. Das ist im Politikfeld Jugend und Soziales keine Ausnahme, sondern der Regelfall. Zudem kann sich Expertise in diesem Politikfeld – wie beschrieben – nie auf eindeutige Rationalität berufen. Auseinandersetzungen um Werte und weltanschauliches Staats-, Gesellschafts- und Gerechtigkeitsverständnis sind unvermeidlich, ja das Salz in der Suppe. Das macht es schwer, Politikberatung unparteiisch neutral zu präsentieren und von methodischer Interessenvertretung (Lobbying) abzugrenzen. Einen Versuch ist es allerdings wert.

Günter Rieger erklärt „Soziallobbying" als „jeden Versuch der Einflussnahme auf politische Entscheidungsträger (...), um eigene wie advokatorisch[13] vertretene Interessen einzubringen und durchzusetzen. (...) Grundsätzlich ist Lobbying als Tauschgeschäft angelegt. Vereinfacht gesprochen, benötigt die Politik Informationen, Rat und Rückhalt (Legitimation) und bietet dafür Einfluss.

13 Unter eigenen Interessen sind zum Beispiel Personal- und Finanzausstattung eines Trägers einer sozialen Einrichtung oder auch berufspolitische Interessen der Mitarbeiter zu verstehen. Advokatorische Interessen sind im Sinne anwaltschaftlicher Arbeit solche, die stellvertretend für die Klientel wahrgenommen werden. Soziale Organisationen neigen dazu, dies mit Gemeinwohlorientierung gleichzusetzen. Ob das stimmt, bleibt offen.

Neben ihrer Bedeutung in der Ausführung von Politik bietet Soziale Arbeit in dieser Tauschbeziehung vor allem Politikberatung“ (Rieger 2013: 66).

Politikberatung kommt also als lobbyistisches Tauschangebot ins Spiel. Rieger definiert: „Politikberatung dient der Information, Aufklärung oder Irritation der Politik (ihrer Akteure wie Institutionen). Es geht darum, die Politik orientiert an wissenschaftlichen Standards und inspiriert durch den privilegierten Zugang zum Feld hinsichtlich Entstehungs- und Reproduktionsbedingungen sozialer Probleme sowie möglicher Interventionsansätze aufzuklären. Professionelle Politikberatung ist wissenschaftlich abgesichert, kommuniziert verständlich und knapp und reflektiert die Durchsetzungsbedingungen möglicher Lösungsansätze“ (ebd.).

Es ist ein typisch professioneller Blick: Mit ihrem akademischen oder erfahrungsgesättigten Expertenwissen erleuchten hoch qualifizierte Sachverständige Problemlagen und Lösungen für die unwissende Politik. Profis klären defizitäre Laien auf, natürlich wissenschaftlich abgesichert. Implizit heißt das: Beim Beraten vertreten sie keine Interessen, sondern folgen quasi neutral der wissenschaftlich-rationalen Suche nach der Wahrheit. Andererseits ist laut Rieger Politikberatung ein Tauschangebot der Lobbyarbeit: ein Mittel zum Zweck der Interessenvertretung. Die Durchsetzung möglicher Lösungen wird folglich sicher nicht nur reflektiert, sondern die der gewollten Lösungen aktiv betrieben. Auch wenn sie rationale Informationen liefert, ist solche Politikberatung nicht neutral, sondern interessegeleitet.

Damit haben politische Akteure in der Praxis meist kein Problem, weil „Beratung unter Interesse nicht ein Anderes der Politik ist, sondern recht eigentlich Politik ausmacht“, wie es ein Bundestagsabgeordneter ausdrückte (Fricke 2013). Anhören, Bewerten und Aggregieren von Interessen ist ihr Kerngeschäft. Für sie ist wichtig, dass der Rat der Empfängerin dient, nicht nur dem Ratgeber. Berater dürfen Interessen haben. Aber sie müssen transparent sein und zumindest teilkompatibel. Außerdem sollen Berater beraten, nicht bekehren. Überzeugungsarbeit ist in Ordnung, Evangelisierung geht fehl, denn „Lobbyarbeit sollte die Interessen des anderen nicht ändern wollen, sondern akzeptieren, dass es sie gibt. Ausgehend davon kann über den Weg der Interessenvermittlung ausführlich gesprochen werden“ (Schmidt und Hustedt 2013: 137). Dass Interessenvertreter als Politikberater wahrgenommen werden wollen, empfinden ihre politischen Ansprechpartner also generell nicht als störend. Gleichwohl haben sie recht klare Vorstellungen davon, welche Art Lobbying positiv ist – und welche Art den Betriebsablauf stört und inakzeptabel ist.

So zeigte sich in einer Studie der Agentur Burson-Marsteller (2013) unter europäischen Politikern und Spitzenbeamten guter Zuspruch dafür, dass Interessenvertreter die Beteiligung gesellschaftlicher Akteure und Bürger im politischen Prozess sichern, zeitnah nützliche Informationen bereitstellen, die Wahrnehmung wichtiger Themen erhöhen und kompliziertes Spezialwissen in politisch relevante Informationen übersetzen. Negativ wirkt vor allem, wenn Lobbyisten ihr Interesse verschleiern oder gefärbte Informationen vermitteln. Auf der Mängelliste stehen Dinge wie: Sie verstehen die Verfahren nicht und sprechen die falschen Personen an; sie gehen zu aggressiv vor; sie bringen ungeeignete Unterlagen; sie liefern Emotionen statt Fakten (eine Kritik, die Nichtregierungsorganisationen doppelt so häufig trifft wie die Wirtschaftslobby!); sie kommen im Verfahren zu früh oder zu spät; sie betreiben Lobbying per Pressemitteilung.

Ein Survey des Berliner Forschungszentrums COPES (2014) unter Büroleitern von Bundestagsabgeordneten führte zu ähnlichen Erkenntnissen. Welche Angebote von Interessenvertretern schätzen die Befragten am meisten? Zwei Drittel nennen den Austausch über Praxisprobleme. Mit Abstand folgen auf der Positivliste, dass Lobbyisten Interessen und Forderungen klären, Basisinformationen zusammenstellen, Zusammenhänge darstellen, Ansprechpartner vermitteln und zu Branchentrends informieren. Was am meisten stört: Für zwei Drittel ist es die Überbewertung des eigenen Anliegens. Die Hälfte der Befragten nennen Penetranz und Unkenntnis politischer Entscheidungsprozesse.

Diese Umfragen sind keine Solitäre. Auch durch andere zieht sich ein roter Faden: Im Prinzip sind Interessenvertreter willkommen, wenn sie vernünftig und respektvoll auftreten, man ihren Informationen vertrauen kann, sie Nutzwert bieten und niemandem die Zeit stehlen, weil sie ihre Hausaufgaben nicht gemacht haben. Kurzum: Professionalität wird geschätzt und erwartet. Unprofessionelles Verhalten verbaut Zugänge und mindert das Einflusspotenzial.

Politik beobachten, bewerten und intern beraten

Man kann nicht gut politisch beraten, wenn man weniger informiert ist als der Ratnehmer. Das gilt für Inhalte und Prozesse. So muss die Beraterin gezielt außerfachliche Informationen sammeln: über anlaufende Verfahren und Vorlagen, über Absichten, Arbeitsprogramme, Zeitpläne (zum Beispiel vor einer

Wahl oder zu Beginn einer Amtszeit), über Personalwechsel, Vorentscheider und Spielmacher sowie über das, was diese für wünschenswert und machbar halten.

Von alldem liest der Berater auch in einer gut informierten Zeitung, falls deren Reporterin große Ohren hat und auch so viel schreibt, wie sie hört. Einen Informationsvorsprung, der frühzeitiges Eingreifen erlaubt, stellt das aber nicht dar – genauso wenig, wie den offiziellen Dokumentenfluss genau zu verfolgen. Wer das Monitoring der Politik ernsthaft betreibt, kann sich damit nicht begnügen. Politik berät und entscheidet erst intern informell, dann extern formell. Politikmanager fürchten oft Kontrollverlust. Abgesehen von Testballons liegt ihnen daran, Projekte erst öffentlich werden zu lassen, wenn sie das Risiko im Griff haben. So werden sie erst dann Vorlagen in Gremien und Ausschüsse schicken, wenn die Linie mit den Mitwirkenden nicht öffentlich abgestimmt ist und vorhersehbar ist, wie Diskussion und Voten ablaufen werden. Was nicht heißt, dass darüber nicht einige bereits mehr oder minder diskret reden. Wirklich geheim ist wenig; es wird geraunt, geplappert und informell diskutiert.

Vielleicht hat die Beraterin es nicht so schwer, auf Fragen Antworten zu erhalten; sie muss sich nur ins Gespräch mit Insidern begeben, um zu erfahren, wo die Politik „gerade steht, welche Forderungen derzeit bei wem völlig undurchsetzbar sind, wo gerade Türen offen stehen und – am wichtigsten – wo es sich lohnt, richtig zu kämpfen, und wo sich im eigenen Interesse etwas bewegen lässt" (Schmidt und Hustedt 2013: 133). Politikberatung ist also nicht nur nach außen gerichtet. Beratung nach innen ist genauso wichtig. Wer eine Organisation extern vertritt, muss sie intern aufs Handeln vorbereiten:

- die Leitung des eigenen Hauses (und relevante Teammitglieder) informieren, zur politischen Strategie beraten und Rückendeckung für alle Maßnahmen gewinnen
- Zeithorizonte eines Projekts, inhaltliche und operative Beratungs- und Einflussziele sowie Arbeitsschritte wie die Auswahl und Reihenfolge politischer Gespräche planen
- Standpunkte, Argumente und Unterlagen des Hauses auf ihre Verwendbarkeit und Kommunizierbarkeit bei der Politik prüfen und optimieren
- Presse- und Öffentlichkeitsarbeiter präzise informieren und sich mit ihnen koordinieren
- in der Zusammenarbeit mit anderen Partnern nach Chancen suchen, Lobbyarbeit zu koordinieren oder sogar gemeinsam vorzugehen.

Service, Service, Service

Politikberater sind, plakativ gesagt, Politik(er)versteher und politische Dienstleister. Diese Rollen einzunehmen, ist wichtig. Beratung ist eine Dienstleistung im Auftrag der eigenen Organisation, aber zum Nutzen des Ratnehmers. Dieser ist ebenso Kunde oder Klient[14] wie das Interesse, das man vertritt. Der Service soll passgenau sein, zuverlässig, flexibel, schnell und unauffällig. Gegenleistungen kann man nur erwarten, wenn der Kunde zufrieden ist. Zur Serviceorientierung gehört die Disziplin, präzise zu nennen, was man will. Wer mit ungefähren Ideen aufwartet, erhält ein ungefähres Echo. Politische Akteure sind beim Reden Meister des Ungefähren. Auf deren To-do-Liste aber erhält nur das Präzise hohe Priorität. Politikberater konkurrieren bei den Ratnehmern um Zeit und Aufmerksamkeit. Sie müssen Beratungsbedarf und Nutzwerterwartungen bedienen, denn „wenn man etwas will, ist es immer eine gute Strategie, jemandem Arbeit abzunehmen, statt ihm welche aufzubürden" (Haeming 2013).

Das heißt, Berater

- beleuchten nicht nur bekannte Probleme, sondern bieten Lösungen an. Sie benennen früh Faktoren und Trends, die bisher unmöglichen Lösungen eine Chance geben könnten.
- machen auf Probleme aufmerksam, deren Bearbeitung politisch attraktiv ist.
- füllen Wissenslücken, ohne undurchdringliche Informationsberge aufzutürmen. Sie beschaffen Zahlen, Fakten und Hintergründe auf Zuruf und liefern schneller als andere.
- verbildlichen trockene abstrakte Sachverhalte durch authentische Beispiele und reale Fälle aus dem Leben; also auch eine Geschichte, die sich plausibel erzählen lässt.
- überzeugen, ohne zu beschwatzen, zu belehren oder eifernd zu missionieren.
- beraten stets mit Blick auf die handelnde Person oder Gruppe und zeigen auf, wo sich ihr Handlungskorridore, Zeit- und Möglichkeitsfenster öffnen *(windows of opportunity)*, um im unternehmerischen Sinne ein Vorhaben erfolgreich ein- und durchzubringen.
- liefern Rückhalt dort, wo er wichtig ist. Sie bieten sich als Makler und Mittler an. Sie stellen neue Kontakte mit ihrem Netzwerk her und ermöglichen Allianzen.

14 In der Sozialen Arbeit gibt es, wie in vielen Professionen, einen strittigen Diskurs über die Begriffe „Kunde", „Klient", „Nutzer", „Adressat". Hier geht es allein darum, den Dienstleistungscharakter der Lobbyarbeit zu betonen.

Die Ratnehmerin nimmt den Service meist nicht nur aus Sorge um die Sache an, sondern auch, um Informationsvorteile im politischen Wettbewerb und Profil als ideenreiche Problemlöserin vor Politikkollegen, Fachkreisen oder Öffentlichkeit zu erlangen. Im Gegenzug eröffnet sie Einfluss – wie viel, hängt vom Wert des Informationsvorteils ab. Im Grunde ist es so, „dass sich nur knappe Informationen in politischen Einfluss verwandeln lassen", also solche, die für Ratnehmer „nicht effizienter als von den Interessengruppen beschafft werden können" (von Winter 2007: 224).

Dass Ratnehmer die Zuarbeit nicht öffentlich nennen, muss die Beraterin kaltlassen: „Als Lobbyist muss man bereit sein, Eitelkeit abzulegen und zuzulassen, dass die eigene Idee von anderen weitergetragen wird" (Haeming 2013). Darüber hinaus hat der Berater die Pflicht, die Sach- und Darstellungsinteressen des Politikkunden zu schützen. Unvorteilhafte Fakten und Gegenargumente muss man ehrlich benennen. Wenn man erwartet, dass sich das Gegenüber für jemanden engagiert, darf man ihm nicht die Orientierung vernebeln. Erst recht darf der Berater der Politikerin nichts unterjubeln, womit sie sich blamieren könnte. Umgekehrt muss er eine abwartende oder abweisende Haltung, kritisches Herumstochern, Hinhaltetaktik, Unverbindlichkeit ebenso wie Dissens und das schroffe Nein tapfer ertragen.

Weil Politikberatung für die Lobby ein Tauschmittel ist, eine Währung, ist sie Wertmaßstab für die Tauschbeziehung. Das simple Bild von Leistung und Gegenleistung (Beratung gegen Einfluss) wird leicht missverstanden. Einfluss bedeutet zunächst nur ein Potenzial, Haltung oder Verhalten zu verändern. Während die Beraterleistung klar ist, bleibt die Gegenleistung oft lange diffus. Anders als Petenten, die Beschwerden und Bitten vortragen und ad hoc Abhilfe verlangen, gehen Lobbyisten in Vorleistung. Sie kommen nicht erst, wenn sie etwas verlangen müssen – sie erarbeiten sich Zugänge, indem sie liefern, ohne zu fordern. Oft ist es strategisch weniger wichtig, dass ein Adressat sofort Ja zu einem Anliegen sagt. Wichtig ist das Ja zur Beraterbeziehung. Im Idealfall meldet sich die Adressatin bald regelmäßig auf eigene Initiative; sie teilt Informationen oder fragt diese nach. Sie lädt zu Besprechungen oder zur Mitwirkung an politischen Vorhaben ein. Sie stellt neue wertvolle Kontakte her. Solche Wertschätzung ist ein greifbares Ergebnis und ein Erfolg, den man nicht übersehen darf.

Interessegeleitete Politikberatung verliert Ergebnisse nicht aus den Augen. Sie dokumentiert Aufwand und Erreichtes: jedes Gespräch, jede Zuarbeit, jedes

Feedback, jede beobachtbare Handlung oder Neupositionierung der Adressaten. Jedes Projekt braucht klare Meilensteine, die sich überprüfen und evaluieren lassen. Die eigenen Ressourcen sind begrenzt. Also muss man haushalten, nachsteuern und manchmal auch nüchtern einen Schlussstrich ziehen.

Über die Beratung hinaus

Zum Lobbyrepertoire gehört bisweilen auch, Anreize[15] zu setzen oder Druck auszuüben. Ob das opportun ist, ist nicht nur eine Moral- oder Rechtsfrage. Es hängt ab vom verfügbaren Verhandlungs-, Verweigerungs- und Drohpotenzial. Auch im Politikfeld „Soziales" gibt es nicht nur pauschal schwache Interessen. Manche Sozialverbände haben organisierte Macht, die die Politik respektiert und fürchtet. Dass nicht alle Vertreter sozialer Interessen kraftvoll aufstampfen können, ist genauso wahr. Schwächere müssen umso mehr aufs Image achten.

Über wen die Lokalzeitung berichtet, wer in Interviews als Experte eine gute Figur abgibt, wird schneller zum erwünschten Gesprächspartner der Politik. Wer gute Projekte sichtbar macht, macht sich attraktiv für Vor-Ort-Besuche. Wer Veranstaltungen auflegt, die Politiker als Bühne nutzen können, bedient auch deren Darstellungs- und Dialogbedarf. Wer auf der Facebook-Seite der Bürgermeisterin für engagierte Diskussionen sorgt, punktet ebenso. Politik hat sensible Antennen für öffentliche Diskurse, Meinungsklima und Medienberichte.

Presse- und Öffentlichkeitsarbeit ist eine wichtige Begleiterin politischer Arbeit. Augenmaß ist nötig, denn öffentliche Kommunikation soll die nicht öffentliche fördern, nicht stören. Wirklich schädlich ist vor allem der Vertrauensbruch. Politische Gesprächspartner erwarten dagegen nicht, dass öffentlich nur Positives zu hören ist. Es ist legitim, über Medien und Events Kritik, Wünsche und Forderungen publik zu machen. Überraschen sollte man bevorzugte Lobby-Adressaten jedoch nicht. Zum Fairplay gehört, sie vorab in Kenntnis zu setzen, damit sie den Ball spielen können. Ideal ist es, Vorstoß, Reaktion und Gegenreaktion abzustimmen.

Professionelles und direktes Lobbying beruht auf Expertise, diskreten Gesprächen und stillem Service. Daneben gibt es Lobbyarbeit der Amateure – der Bürger. Das heißt für Jugendarbeit auch Lobbying durch Jugendliche, ihre

15 Man muss hier nicht gleich an überteuerte Gourmetessen, Luxusreisen oder Geldkoffer denken. Legale und (meistens) legitime Anreize sind in der Politik auch Kooperationsvereinbarungen, Unterstützung politischer Projekte, die Förderung von Karrieren und Vernetzung durch Ehrenämter oder ähnliche politische Ressourcen.

Eltern und all jene, die ein legitimes Interesse an Jugendpolitik haben. Wer sie – insbesondere der Wähler im Wahlkreis eines Politikers – zu politischen Gesprächen gezielt anleitet und sie mobilisiert, um Interessen zu artikulieren, betreibt indirektes oder Grassroots-Lobbying. Auch dies ist eine Schnittstelle zur Presse- und Öffentlichkeitsarbeit – und erfüllt zugleich partizipatorische Ansprüche der Jugendarbeit.

Zugänge in der Kommunalpolitik

Vor- und Nachteile für Interessenvertreter

Kommunalpolitik, die kleine Politik vor der Haustür, ist persönlicher, anschaulicher, nachbarschaftlicher als die große. Sie ist weniger geprägt von Berufspolitikern, Medien und dem Gedränge gut ausgestatteter Lobbygruppen. Das macht es zum Teil leichter, direkt und ungefiltert Gehör und Geltung zu finden. Aber auch das Gegenteil kann der Fall sein.

Interessenvertreter können im Kontakt mit Rat- oder Kreishausspitzen darauf bauen, dass Hauptverwaltungsbeamte ihre starke Machtstellung durch Fachkompetenz, Bürgernähe und exekutiven Führungsanspruch weiter absichern wollen. Manche Bürgermeister und Landräte sehen sich in altdeutscher Tradition als Verwaltungsfachleute, die die Arbeit mit Fachkreisen als Kompetenzgewinn und Entlastung der Ämter sehen. Dazu tritt der postmoderne Typ, der als kommunikative Integrationsfigur die Direktwahl durch breite Bündnisse und clevere Kampagnen gewinnt. Der parteiferne Macher und Meister aller Bürger liegt im Trend. Zum typischen Politikstil gehört es, ständig dynamisch zwischen Interessen vermitteln zu wollen. Für solche Wahlbeamte spielt es keine Rolle, feste (Partei-)Programme umzusetzen. Ihr Politikverständnis dreht sich um Management, Projekte und Einzelfälle, vielleicht auch um den Anspruch, eine Vision zu haben. Projektideen und organisierte Hilfe brauchen sie umso mehr, je mehr die Partei als Lieferantin ausfällt. Das macht sie offen für Impulse von außen. Die erweiterte Verwaltungsspitze tritt häufig als Allparteienkollegium auf. Wo es keine echten parteipolitischen Machtwechsel gibt, tendiert es zu Sacharbeit im Einvernehmen. An der Spitze sollte es so aber immer einen Ansprechpartner geben, der für ein Interesse offen ist.

Gemeinderäte und Kreistage sind Feierabendparlamente.[16] Hier sitzen Bürger im Ehrenamt, Politikamateure ohne Mitarbeiterstäbe. Die Mandatsträger haben wenig Zeit für Politik, im Prinzip jedenfalls. Eine Studie in Großstädten ab 400.000 Einwohnern – wo Stadträte und Fraktionen auch häufiger über Mitarbeiter verfügen – taxierte jedoch den Zeitaufwand eines typischen Ratsmitglieds für Sitzungen, Vorbereitung und Repräsentation auf 20 Stunden pro Woche, sogar auf 40 bis 60 für Fraktionsvorsitzende (Reiser 2006: 246). Selbst in Brandenburg, wo Klein- und Mittelstädte dominieren, ergab eine Befragung kommunaler Mandatsträger, dass jeder Dritte zehn bis 30 Stunden für das Mandat aufwendet, ein weiteres Drittel fünf bis zehn; gut zehn Prozent gaben mehr als 30 Stunden als Pensum an (Metzner 2006). Bekanntlich hat das Neue Steuerungsmodell zeitlich überlasteten Räten empfohlen, sich auf Strategie, Zielvorgaben für die Verwaltung und ihre Überwachung zurückzuziehen. Die Erfahrung zeigt aber: Gerade kommunale Feierabendpolitiker wollen sich ins Detail einmischen. Dass sie dafür kaum Kapazitäten haben, ficht sie nicht an. Politisch ist das einfach zu erklären. Sie sichern sich Einfluss auf das Kleinklein, eben weil es konkret ist, quasi der Kern der Kommunalpolitik.

Größtes Kapital der Ratsmitglieder ist ihr Image als Kümmerer, die konkrete Anliegen aufnehmen und Lösungen finden können, das Ohr an der Straße, ihre persönliche Bekanntheit und Vernetzung mit Organisationen aller Art, für die sie sich auch im Detail einsetzen. Oft ist es jenseits der Großstädte sekundär, welche Partei sie vertreten. Lokale Parteien sind Vereine wie andere; allerdings ist ihre Mitgliedschaft relativ klein, die Personaldecke dünn. Leicht machen ihnen Freie Wählergruppen als Rathausparteien und locker organisierte Initiativen Konkurrenz. Parteien sind oft nur so stark, wie ihr Personal in Vereinsämter hineinragt – ob Feuerwehr, Sport- oder Gewerbeverein, Kammer oder Sozialverband. Multifunktionärswesen und Ämterhäufung sind die Folge. Es ist essenziell für Lobbyarbeit, die Verflechtung der Interessen zu kennen, vereinfachte Zugänge ebenso wie Interessenkonflikte zu identifizieren.

Die örtliche politische Kultur mag dazu beitragen, Rivalitäten und Konflikte nicht allzu öffentlich auszutragen. Sie verschwinden nicht. Aber sie werden eher durch Aushandeln als durch Mehrheitsbeschlüsse und harte Konkurrenz gelöst: Man bindet alle bekannten Kräfte ein, bedient jeden und verlässt sich auf das Prinzip der Gegenseitigkeit. Man kennt sich, hilft sich, verständigt sich. Das jün-

16 Rechtlich sind sie gar keine Parlamente, sondern Teil der Exekutive, auch wenn sie parlamentarisch arbeiten.

gere Bemühen um mehr Bürgerbeteiligung folgt dem Muster insofern, dass die Mitwirkungslogik das informelle Aushandeln verlängert statt ersetzt. So richtet man Beiräte, Foren, Runde Tische und moderierte Dialoge ein, um engagierte Bürger und Gruppen einzubinden. Konsens ist erneut das Ziel. Manche Gruppen erkennen aber die Beteiligungsfalle und wehren sich. Ihre Ultima Ratio sind Bürgerbegehren und -entscheide.

Das Konsensmuster hat Schattenseiten. Offen Interessen zu artikulieren und Gegensätze zu schüren, mag verpönt sein. Streitscheu, Proporzdenken, Ämterpatronage, Filz, Klüngel und Gekungel – all das lähmt nicht nur den Meinungsmarkt, sondern schließt auch legitime Interessen aus. Entweder man hat den Zugang zu politischen Kreisen oder nicht. Entweder man kennt Entscheider und Interessenmakler persönlich und bespricht Anliegen direkt, oder man bleibt stumm. Entweder man hat im Klubarrangement feste Plätze der Kooperation, oder man wird nur als Bitt- und Fragesteller geduldet. Die lokale Verhandlungsdemokratie mag wohlgeordnet sein, produziert aber Mauern zwischen Drinnen und Draußen. Die mögen heute bröckeln. Doch nicht jede Kommune ist a priori ein offener Marktplatz aller Interessen.

Der Jugendhilfeausschuss – eine perfekte Lobbyplattform?

In der kommunalen Jugendarbeit wird der Jugendhilfeausschuss (JHA) gemeinhin als zentrale Lobbyplattform gesehen. Für Politologen ist er ein Paradebeispiel für Korporatismus: Die Interessenvertretung wird staatlich legitimiert, die Repräsentation durch Ratswahl gesichert, die Mitwirkung verbrieft und Einflussnahme kanalisiert. Nominell ist der JHA sogar Teil der Verwaltung. Wer ein Mandat hat, lobbyiert von innen und hat bei Verhandlungen die eigene Stimme als Werkzeug. Wer keines hat, lobbyiert von außen. Der Unterschied ist gewaltig.

Formal sind alle JHA-Mitglieder gleich. Informell sind manche gleicher. Dass etablierte Verbände, die die Politik als befreundet oder parteinah ansieht, vom Rat mehr Sitze erhalten und bessere Zugänge haben als politikferne Initiativen, ist weder Zufall noch allein Spiegel fachlicher Bedeutung. Aber auch wer einen Sitz hat, kennt die Grenzen des JHA. Ein echtes Machtzentrum der Kommune ist er nicht. Er agiert in dem Raum, den ihm andere lassen. Welchen Stellenwert Jugendpolitik generell hat, ob der Kämmerer Gelder für Jugendarbeit freigibt oder lieber für eine Straße oder das Gewerbegebiet, entscheidet nirgendwo ein JHA.

Der politische Wert des Ausschusses lässt sich daran ablesen, ob sich führende Lokalpolitiker selbst hineinmandatieren. Das passiert im JHA eher selten. Die Finanz-, Wirtschafts-, Bau- oder Sportausschüsse sind attraktiver – umso mehr, je weniger es im JHA zu gestalten, Geld zu verteilen oder Medien-Prestigepunkte einzusammeln gibt (in der informellen Prestigeskala ist ein Fachprofil als Jugendpolitiker leider wenig wert). So nimmt im Ausschuss meist die zweite oder dritte Ratsgarnitur Platz. Hinterbänkler kann man unterschätzen. Aber ihr Spielraum, die politische Richtung ihrer Fraktion oder des ganzen Rats zu steuern, ist eng.

Aus Lobbysicht ist wichtig zu wissen, wie die Ratsvertreter ihre Rolle im JHA verstehen: ob sie (a) den JHA-Sitz als treue Diener ihrer Fraktion ausfüllen, (b) ihn als Sprungbrett für höhere Posten nutzen, (c) Interessen ihrer persönlichen Unterstützerbasis (zum Beispiel Verbände) vertreten, (d) als Experte die Fachagenda gestalten oder (e) allgemein als engagiert für die Jugend gesehen werden wollen. Daraus ergibt sich, wie aktiv oder passiv, kontinuierlich oder sporadisch sie mitarbeiten; ob sie Vorlagen im Detail erörtern und ändern, ob und welchen Sachverstand sie mitbringen oder entwickeln; wie sie Informationen nutzen oder beschaffen; ob sie für Politikberatung offen sind und wie wichtig ihnen medienwirksame Themen sind.

Im besten Fall gelingt es dem Ausschuss, unbequeme Eigenständigkeit zu wahren, alle Rechte auszureizen und die geballte Fachkompetenz auf Augenhöhe mit dem Rathaus kreativ und innovativ zu nutzen. Im schlechtesten Fall allerdings – das wissen Praktiker ebenso wie Wissenschaftler und Wissenschaftlerinnen (Bogumil und Holtkamp 2006; Bussmann, Esch und Stöbe-Blossey 2004; Eyßell 2015; Krüger 2012) –

- tagt der JHA selten und nickt dann stapelweise anderswo abgestimmte Amtsvorlagen ab;
- fühlen sich die Mitglieder unter einem Anträge und Kritik erdrückenden Konsenszwang;
- behandelt der JHA trotz breiter Zuständigkeit ständig dieselben Hotspots (zum Beispiel Kitas);
- schützen die freien Träger nur ihre abgesteckten Claims und belauern sich gegenseitig;
- zeigen sich Ratsvertreter trotz geringen eigenen Sachverstands als beratungsresistent gegenüber den Trägermitgliedern, externen Interessen und sachkundigen Bürgern;

- sind Politiker außerhalb des JHA über dessen Vorgänge falsch oder gar nicht informiert;
- wird der Ausschuss von Medien und Öffentlichkeit nicht verstanden und meist ignoriert.

Es warten weitere Fallen. So werde der JHA mancherorts weniger von gesetzlichen Aufgaben bestimmt als vielmehr von „Gepflogenheiten und Praktiken, die oft für konkrete Abläufe von großer Bedeutung sind, die sich aber nirgendwo schriftlich niedergelegt finden", warnt ein JHA-Verbandshandbuch (Der Paritätische Gesamtverband 2012: 4). Manche Ausschüsse bearbeiteten in offener Sitzung nur kleine, formale Teile, um „alle eigentlich spannenden Angelegenheiten unter Ausschluss der Öffentlichkeit [zu] verhandeln". Manche Räte schalteten dem JHA einen separaten Ausschuss für Jugend vor, „weil im ‚ordentlichen' Ratsausschuss die Mehrheitsverhältnisse des Rates abgebildet sind und somit politisch nichts ‚anbrennen' kann". Manche Ratsparteien verlangten von freien Trägern „Fraktionsdisziplin" und drohten anderenfalls „heftige und nachhaltige" Sanktionen bei der Mittelverteilung an (ebd.). Fazit: Politische Naivität im JHA ist nicht hilfreich.

Interessenvertreter können schlechte Praktiken verändern wollen, aber nicht alle auf einmal. Oder sie passen sich schmiegsam an. Das ist nicht feige, höchstens opportunistisch. So oder so: Es dauert, bis man Ausgangslage, Strukturen und Entscheidungswege des JHA in der eigenen Kommune genau erfasst hat. Kein Papier beschreibt das, erst recht kein Gesetzblatt. Die Arbeit im JHA mag sehr mühsam sein. Den Ausschuss ignorieren aber kann man nicht.

Die Lobbystrategin muss Maß nehmen und entscheiden, welche Erfolge im JHA und seinem Umfeld möglich und erzielbar sind. Wer keine JHA-Mandate hat, kann diese zum Lobbyziel erklären. Wer im JHA gut verankert ist, wird eigene Einflusszonen dort ausbauen wie auch den JHA als Ganzes stärken wollen. Eine gute Beziehung zu Vorsitz und Lenkern des Verkehrsflusses ist ein Lobbyziel. Bessere Abstimmung unter Trägern mag ein anderes sein. Wer sich zum aktiven Moderator macht, wird wichtiger für alle Partner. Aber nicht immer sitzen alle im selben Boot. Eine JHA-Stimme ist auch dazu da, für eigene Anträge zu werben, Vorlagen anderer zu verändern oder Nein zu sagen. Ohne Gegenleistung sollte man sich ein Ja nicht aufdrängen lassen. Flexible Vetospieler gewinnen häufiger, dürfen sich aber nicht verpokern. Lobbyarbeit muss sich bewusst sein, dass der Ausschuss – egal, was das Bundesgesetz besagt – politisch nur abgeleitete

Autorität und begrenzte Reichweite hat. Es wäre ein Fehler, alle Energien nur auf den JHA und Jugendpolitiker zu verwenden.

Resümee

Die kommunale Jugendlobby vertritt Interessen und bietet zugleich Politikberatung an. Das ist kein Widerspruch, sondern eine natürliche Kopplung. Lobbying handelt vor allem mit Informationen. Das inhaltliche Argument, geschickt platziert zur richtigen Zeit am richtigen Ort und politisch relevant herausgestellt, ist der stärkste Hebel. Lobbyarbeit, die in diesem Sinne Entscheider berät und unterstützt, etwas für Jugendarbeit und Jugendpolitik zu tun, fördert die eigene Akzeptanz und ihr Gewicht enorm. Das ist die Kernbotschaft dieses Beitrags.

Naiv darf man allerdings nicht sein. Es ist nicht so, dass einfach das beste Argument gewinnt. Politik ist kein Debattierclub mit erhabener Preisjury, sondern ein Verhandlungsprozess mit robuster Interessenkonkurrenz unter Wettbewerbsbedingungen, die nie für alle gleich sind. Kommunale Jugendarbeit spielt heute sicher nicht in der Champions League der Lobbyarbeit. Wie könnte sie auch: Kommunalpolitik als Ganze steht unter zahlreichen Zwängen und unter den zahlreichen kommunalen Politikfeldern siedelt Jugendpolitik in der Hierarchie unten. Die zuständigen Politiker, Jugendbehörden und Interessengruppen verfügen auch gemeinsam nur über geringe Durchsetzungsmacht und müssen ständig Rücksichten nehmen. Auf absehbare Zeit dürfte sich das nicht ändern. So viel nüchterner Realitätssinn ist nötig.

Entmutigen lassen darf sich die organisierte Jugendarbeit dadurch aber nicht. Sie kann sich ihrer politischen Rolle nicht verweigern. Sie hat Potenziale, die zu entwickeln sind. Sie muss mehr als bisher streiten lernen, kraftvolle Präsenz zeigen und darf sich die Butter nicht vom Brot nehmen lassen. Der systematische Auf- und Ausbau eigener Lobbykapazität, die als Politikberatung nachgefragt wird, ist für die Jugendpolitik insgesamt ein Plus.

Dieser Text ist die leicht bearbeitete Fassung aus: Lindner, Werner, und Winfried Pletzer (Hrsg.) (2017). *Kommunale Jugendpolitik*. Weinheim. 252–269.

Literatur

Bogumil, Jörg, und Lars Holtkamp (2006). *Kommunalpolitik und Kommunalverwaltung. Eine policyorientierte Einführung.* Wiesbaden.

Burson-Marsteller (2013). *A guide to effective lobbying in Europe: the view of policy-makers.* www.transparency.cz/wp-content/uploads/Lobbying-in-Europe.pdf (Download 20.9.2019).

Bussmann, Ulrike, Karin Esch und Sylvia Stöbe-Blossey (2004). *Neue Steuerungsmodelle – Frischer Wind im Jugendhilfeausschuss?* Wiesbaden.

COPES (2014). *Im Schatten des MdB? Wie Büroleiter Politik prägen.* Studie, Politikkongress Berlin. Berlin.

Der Paritätische Gesamtverband (2012). *Jugendhilfeausschüsse: eine Paritätische Arbeitshilfe.* Berlin.

Eyßell, Tim (2015). *Vom lokalen Korporatismus zum europaweiten Wohlfahrtsmarkt.* Wiesbaden.

Fricke, Otto (2013). *Entspannt Euch!* www.carta.info/54742/entspannt-euch/ (Download 1.9.2019).

Haeming, Anne (2013). „Arbeit von Lobbyisten. ‚Hinterbänkler werden oft unterschätzt'". Interview mit Volker Kitz. *Der Spiegel* 10.9.2013. www.spiegel.de/karriere/berufsleben/beruf-politikfluesterer-wie-lobbyisten-parlamentarier-umgarnen-a-921306.html (Download 1.9.2019).

Joos, Klemens (2016). *Politische Stakeholder überzeugen.* Weinheim.

Kennedy, John F. (1963). „370 – Foreword to Theodore C. Sorensen's 'Decision-Making in the White House'". *The American Presidency Project.* www.presidency.ucsb.edu/ws/index.php?pid=9421 (Download 11.9.2019).

Krüger, Rolf (2012). „Kommunale Kinder-, Jugend- und Familienpolitik. Einflussmöglichkeiten von pädagogischen Fachkräften". *Erziehungs- und Bildungspartnerschaften.* Hrsg. Waldemar Stange, Rolf Krüger, Angelika Henschel und Christof Schmitt. Wiesbaden. 162–168.

Metzner, Thorsten (2006). „Geliebtes Mandat". *Der Tagesspiegel* 5.12.2006. www.tagesspiegel.de/berlin/brandenburgi/geliebtes-mandat/782948.html (Download 5.9.2019).

Reiser, Marion (2006). *Zwischen Ehrenamt und Berufspolitik: Professionalisierung der Kommunalpolitik in deutschen Großstädten.* Wiesbaden.

Rieger, Günter (2013). „Das Politikfeld Sozialarbeitspolitik". *Politik Sozialer Arbeit. Bd. 1: Grundlagen, theoretische Perspektiven und Diskurse.* Hrsg. Benjamin Benz, Günter Rieger, Werner Schönig und Monika Tschöbbe-Tschukalla. Weinheim. 54–69.

Schmidt, Albert, und Michele Hustedt (2013). „12 ,Goldene Regeln' für gute Lobbyarbeit. Wer nicht kommuniziert, für den entscheiden andere". *Barmherzigkeit drängt auf Gerechtigkeit. Anwaltschaft, Parteilichkeit und Lobbyarbeit als Herausforderung für Soziale Arbeit und Verbände.* Hrsg. Alexander Dietz und Stefan Gillich. Leipzig. 131–140.

von Winter, Thomas (2007). „Asymmetrien der verbandlichen Interessenvermittlung". *Lobbying: Strukturen, Akteure, Strategien.* Hrsg. Ralf Kleinfeld, Annette Zimmer und Ulrich Willems. Wiesbaden. 217–239.

Wewer, Göttrik (2009). „Politikberatung und Politikgestaltung". *Lehrbuch der Politikfeldanalyse 2.0.* Hrsg. Klaus Schubert und Nils C. Bandelow. München. 401–430.

Identifizierung und Gestaltung von Netzwerken in der Kommune

Herbert Schubert

Die Grundlinien dieses Beitrags sind in den Jahren 2013 bis 2015 bei der Begleitung des Praxisentwicklungsprojekts (PEP) im Land Rheinland-Pfalz entwickelt worden. Zugrunde lag die Leitfrage, wie sich Jugendarbeit in der öffentlichen Sphäre professionell darstellen und die Anliegen der Jugendlichen ins politische Feld wirkungsvoll einbringen kann. Das Verständnis von Jugendarbeit wurde damit breiter angelegt, indem zu ihren Aufgaben auch die strategische Interessenvertretung gerechnet wird. Im Praxisentwicklungskonzept des Landesjugendamtes Rheinland-Pfalz wurden Akteure der Jugendarbeit daher fachlich qualifiziert, damit sie im Austausch mit Schlüsselpersonen der lokalen und regionalen Politik sowie der Verwaltung und einschlägigen Institutionen zur Profilierung der Jugendarbeit beitragen können. Eine grundlegende Kompetenz betrifft dabei die Netzwerkarbeit.

Dieser Beitrag baut auf den Überlegungen auf und weitet den Blickwinkel auf die gesamte kommunale Jugendpolitik. Er folgt der Frage, mit welchen Netzwerkstrategien in den kommunalpolitischen Raum hinein die Rahmenbedingungen für das Aufwachsen und Heranwachsen der jungen Generation verbessert und gute Lebensbedingungen sowie Zukunftschancen für Kinder und Jugendliche geschaffen werden können.

Netzwerke als lokale und regionale Infrastruktur

Dem Konzept des Netzwerks liegt eine Metapher zugrunde: Bildlich betrachtet, handelt es sich um ein Geflecht, das aus Knoten (sozialen Einheiten wie Personen oder Organisationen) besteht, die untereinander über Bänder (Beziehungen) verbunden sind (Fuhse 2016: 15). Ein Netzwerk wird folglich erst durch die Beziehungen der Knoten konstituiert – wenn keine Beziehungen zwischen den einzelnen Akteuren bestehen, handelt es sich nicht um ein Netzwerk, sondern um ein Aggregat unverbundener Akteure. Die Verbindungen können unterschiedliche Beziehungsinhalte aufweisen: etwa den Informationsaustausch in einem Telefonat oder in einem Kontakt per E-Mail, Autorität und Macht in der Hierarchie einer Organisation oder instrumentelle Interaktion im Arbeitsteam, den ökonomischen Austausch in geschäftlichen Beziehungen, die gemeinsame Abstammung in der Verwandtschaft und affektive Gefühle zwischen Freunden.

Der Netzwerkbegriff unterscheidet sich deutlich vom Gruppenbegriff (Schubert 2015): In der sozialen Gruppe zählen nur die direkten Beziehungen, das heißt, es wird die vollständige innere Verbundenheit vorausgesetzt. Jedes einzelne Gruppenmitglied muss einen hohen Aufwand leisten, um den direkten Kontakt mit jedem anderen Gruppenmitglied aufrechtzuerhalten. Wegen dieses umfangreichen Interaktionsaufwandes können Gruppen nur eine vergleichsweise geringe Zahl von Akteuren integrieren. In der Folge überwiegt in der Gruppe eine Binnenorientierung und nach außen findet eine Abgrenzung statt.

Im Konzept des Netzwerks haben neben den direkten Kontakten auch die indirekten einen hohen Stellenwert – die vollständige innere Verbundenheit wird weder erwartet, noch ist sie wegen der tendenziell größeren Zahl von Akteuren sinnvoll. Das Besondere an der Netzwerkperspektive besteht darin, dass die Akteure über die direkte Verbundenheit hinaus auch indirekt eingebettet sind. Der Blick fällt dabei auf die Erreichbarkeit, ob Akteure andere Akteure indirekt – also vermittelt über dazwischen befindliche Akteure mit direkten Verbindungen – erreichen können. Die Sequenzen zwischen den verschiedenen Beteiligten werden als Pfade bezeichnet. Die Länge eines Pfades ist die Anzahl der direkten Verbindungen zwischen zwei nicht direkt verbundenen Akteuren.

So betrachtet, stellt das Netzwerk gegenüber der Gruppe eine effizientere – teils spontane – Organisationsform dar. Die besondere Qualität des Netzwerks besteht somit darin, dass es nach außen eine offene und nach innen eine multioptionale Struktur darstellt: In der Außenentwicklung können eine höhere Zahl von Akteuren und auch weitere Knoten über neue Beziehungsanschlüsse integriert werden. Im Innenbereich können unterschiedliche Beziehungspfade erschlossen werden, beispielsweise um Schlüsselpersonen der lokalen und regionalen Politik, der Verwaltung und der einschlägigen Institutionen erreichen zu können.

Menschen tendieren dazu, Gruppen- und Clusterzusammenhänge zu bilden, innerhalb derer mehr und häufiger Kommunikation stattfindet als zwischen diesen Beziehungskreisen. Dies ist meistens das Resultat sich wiederholender Interaktionsgelegenheiten – etwa am Arbeitsplatz und im Arbeitsumfeld, also an den Orten, wo die Menschen arbeiten und arbeitsbezogen zusammenkommen. In der Folge verankern sich innerhalb dieser Zusammenhänge ähnliche Sichtweisen und Informationsstände; die Chance, dass neue Informationen von außen einfließen, ist relativ gering. Das gesamte System von Sprachregelungen, Meinungen, Symbolen und Verhaltensmustern wird davon geprägt. Mit zunehmender Dauer wird das implizite Gruppenwissen relativ komplex und es ist nur den Mitgliedern bekannt. Es gelingt dann kaum, die Wissensbestände zwischen den Beziehungskreisen in einen Austausch zu bringen. Burt (2001) formuliert zugespitzt, dass die Information „klebrig" wird, also nicht zwischen den sozialen Gruppen fließt, sondern jeweils auf die einzelnen Cluster beschränkt bleibt.

Granovetter (1973) hat die Unterscheidung zwischen starken und schwachen Beziehungen eingeführt. Die arbeitsbezogenen Cluster und Figurationen stellen relativ homogene Organisationszusammenhänge dar, innerhalb derer eher stärkere Beziehungen verbreitet sind. Schwache Beziehungen sind – wenn überhaupt – eher zwischen den Clustern zu finden, also zwischen Personen, die verschiedenen Organisationen und Hierarchieebenen angehören. Aber diese Verbindungen über schwache Beziehungen können „der Schlüssel zu nicht redundanten, überraschenden und häufig besonders wertvollen Informationen" in anderen Beziehungsclustern sein (Holzer 2006: 18).

Die Tendenz, Cluster zu bilden, auf die sich die Kommunikationszusammenhänge konzentrieren, führt zu Leerstellen in der sozialen Struktur zwischen den Clustern. Im netzwerktheoretischen Diskurs werden sie als „strukturelle Löcher" *(structural holes)* bezeichnet (Burt 2001). Weil Überbrückungen fehlen, ist der Kontakt zwischen den Clustern unterbrochen – der Raum zwischen den Netzwerkbereichen ist leer und unverbunden, sodass die Metapher des Lochs beziehungsweise der Lücke naheliegt. Im Rahmen von Netzwerkstrategien können diese Löcher mit Formen der Vermittlung überwunden werden. Durch eine Vermittlung werden Verbindungen von der Außenseite zwischen den Clustern generiert, indem Unverbundenes über strukturelle Löcher hinweg miteinander verknüpft wird (Burt und Merluzzi 2013). Auf dem Weg solcher Verbindungen können neue Informationen in die zuvor relativ isolierten Beziehungskreise Eingang finden und so Meinungen und Verhalten beeinflussen.

Personen, die an der Schnittstelle zwischen Beziehungskreisen stehen, haben eine Brückenfunktion und werden daher als Vermittler *(broker)* bezeichnet. Durch ihre Überbrückung einer strukturellen Lücke stockt der Informationsfluss nicht mehr im dichten, nach innen bezogenen sozialen Cluster, sondern kann nach außen dringen und über die Vermittlung in einen anderen Cluster als Input aus der Außenwelt eingebracht werden. Damit Verbindungen zwischen den Clustern strategisch hergestellt werden können, bedarf es der Position einer Netzwerk-Vermittlung *(network brokers)*, die sowohl Anknüpfungspunkte in dem einen als auch in dem anderen Beziehungskreis hat. Indem Vermittler die strukturellen Löcher überbrücken, können sie einen großen Nutzen erzeugen: Das betrifft sowohl den Umfang und die Qualität der zugänglichen Information als auch die Koordinierung des Informationsaustauschs.

Die Cluster eines lokalen oder regionalen Netzwerks weisen unterschiedliche Qualitäten auf. Exemplarisch können folgende genannt werden (Schubert 2008): (1) die Politikcluster – bei diesem Typ handelt es sich um die Politikverflechtung zwischen staatlichen Instanzen, öffentlichen Einrichtungen und privaten Interessengruppen (Policy-Netzwerk), getragen von machtstarken Personen – sogenannten Entscheider*innen, die sich um Ressourcen von Politiksektoren herum konfigurieren (zum Beispiel Jugendhilfe, Wirtschaftsförderung, Stadtentwicklung); (2) Kontraktcluster von Wertschöpfungspartnerschaften – sie werden entlang einer Wertkette von Lieferanten und Distributionseinheiten (zum Beispiel Frühe Hilfen, Allgemeiner Sozialdienst, U3-Betreuung, Kindertagesstätte, Grundschule) organisiert und im Feld der kommunalen Daseinsvorsorge basieren diese Netzwerkcluster oft auf der vereinbarten Kooperation unter den beteiligten Trägern und Einrichtungen; (3) Allianz zwischen Interessen – hierbei bündeln Organisationen eines Handlungsfeldes ihre Kompetenzen, um (Wettbewerbs-)Vorteile zu erzielen; (4) Projektcluster – zur zeitlich befristeten Realisierung von komplexen Vorhaben kooperieren die beteiligten Organisationen bei der Abwicklung konkreter Aufgaben.

Pfade der Übertragung und Ansteckung

Nicholas Christakis und James Fowler haben in der Studie „Connected! Die Macht sozialer Netzwerke“ (2010) den besonderen Wirkungszusammenhang sozialer Netzwerke herausgearbeitet. Soziale Beziehungen bezeichnen sie als Leiterbahnen, über die sich positive wie negative Verhaltensweisen und Haltungen verbreiten (Christakis und Fowler 2010: 21). An der einfachen exemplarischen Organisationsform der Telefonkette einer Schulklasse lässt sich das veranschaulichen: Die Weitergabe – zum Beispiel von Information – erfolgt in spezifischen Anordnungen von Schüler*innen und deren Eltern nach dem systematischen Prinzip, dass jeder Haushalt mit zwei weiteren, jeweils einer davor und danach postiert, zu einer Kettenreaktion verbunden ist (ebd.: 22 ff.). Aus diesem Bild können zwei grundlegende Charakteristika sozialer Netzwerke abgeleitet werden: erstens die Beziehung zwischen Personen und zweitens die Übertragung als das, was über die Beziehung weitergegeben wird (ebd.: 32).

Der Mechanismus der Übertragung lässt sich quasi als Ansteckungseffekt in Netzwerken beobachten: Alles, was jemand tut, beeinflusst seine direkten Kontakte, die Kontakte seiner Kontakte und die Kontakte der Kontakte seiner Kontakte. Und was auf diesen Pfaden passiert, beeinflusst ihn im Gegenzug. Dies korrespondiert mit dem Schwarmprinzip, bei dem durch die koordinierende Interaktion selbstständiger einzelner Nachbarn ein komplexes Beziehungssystem ohne zentrales Kommando selbst organisiert und dynamisch seine Stabilität sichert (Horn und Gisi 2009).

Auf dieser Grundlage wurde das „Gesetz der drei Schritte“ formuliert, das die Beeinflussung über indirekte Beziehungen als besonderes Kennzeichen von Netzwerken betont (Christakis und Fowler 2010: 33 ff.). Die ersten beiden Schritte sind: „Wir prägen unser Netzwerk“ und „Das Netzwerk prägt uns“/ „unsere Freunde prägen uns“. Dabei wird auf die anthropologische Grundlage verwiesen, dass Menschen in direkten Kontakten die Neigung haben, andere zu beeinflussen, aber auch nachzuahmen. Doch der Effekt beschränkt sich nicht auf die direkten Kontakte, sondern reicht darüber hinaus, was mit dem dritten Schritt des Netzwerkgesetzes ausgesagt wird: „Die Freunde der Freunde unserer Freunde prägen uns“ (ebd.: 40).

Das Verhalten von Menschen wirkt somit über die Netzwerkpfade in die soziale Umgebung, wobei sich sogar Personen beeinflussen, die nicht direkt verbunden sind und sich möglicherweise gar nicht kennen. Der Übertragungsradius endet quasi um drei Ecken: Der Einfluss von Freunden der Freunde von Freunden wirkt noch (schwach) über den Beziehungspfad, aber einen Einfluss der Freunde von Freunden der Freunde unserer Freunde konnten Nicholas Christakis und James

Fowler nicht mehr nachweisen. Daraus lässt sich die Erkenntnis ableiten, dass Netzwerke alles verstärken, „was in sie eingespeist wird" (ebd.: 51). Der subkutan ablaufende Ansteckungseffekt kann empirisch gemessen und seine Stärke relativ bestimmt werden. Für die Einsamkeit wurde beispielsweise folgende Effektkaskade ermittelt: „Wie einsam wir sind, hängt nicht nur mit unseren Freunden zusammen, sondern auch mit den Freunden unserer Freunde und mit deren Freunden. Ein Blick auf das gesamte Netzwerk zeigt, dass wir mit einer um 52 Prozent größeren Wahrscheinlichkeit einsam sind, wenn einer unserer direkten Kontakte einsam ist. Um zwei Ecken beträgt diese Wahrscheinlichkeit 25 Prozent, und um drei Ecken sind es immerhin noch 15 Prozent. Danach verschwindet der Effekt" (ebd.: 86 f.). Auch Glück (ebd.: 80) und Übergewicht (ebd.: 144 ff.) übertragen sich im Gefüge der Netzwerkbeziehungen in ähnlicher Weise – immer verringert sich diese Wirkung sozialer Netze erst hinter der dritten Pfaddistanz deutlich auf ein relativ geringes Niveau.

Für die Übertragung in das Feld der kommunalen Jugendpolitik sind besonders Hinweise zur „Architektur des politischen Einflusses" interessant (ebd.: 261 ff.). Auf der Grundlage von Untersuchungen über Lobbynetzwerke betonen die Autoren, dass direkte Beziehungen zu hochrangigen Akteuren der Politik zwar nicht schädlich sind, der Erfolg aber vom Netzwerk als Ganzem abhänge. Es kommt also auf die Netzwerkstrategie an und weniger darauf, mit einzelnen Akteuren ins Gespräch zu kommen. In der Synthese kommen Christakis und Fowler (2010) zu der Schlussfolgerung, dass das traditionelle Modell des Homo oeconomicus, der rational, egoistisch und autonom handelt, keinen angemessenen Orientierungsrahmen bietet. Als Alternative entwickeln sie das Konstrukt des „Netzwerkmenschen" – des „Homo dictyos" (vom griechischen *diktyon* für Netzwerk): Sein Verhalten lässt sich nicht auf das Eigeninteresse reduzieren – alle Entscheidungen werden in Abhängigkeit vom Beziehungsgefüge getroffen, das heißt, die soziale Einbettung beeinflusst das Verhalten (ebd.: 285 f.).

Das Wissen um den beschriebenen Übertragungs- und Ansteckungsfluss in sozialen Netzwerken befähigt zu differenzierteren Strategien, durch die beispielsweise die Interessen der Kinder- und Jugendarbeit über eine Netzwerkkette wirkungsvoller in die kommunale Jugendpolitik vermittelt werden. Im Kern geht es darum, dass sich ein Aktionswillen über Kooperationspartner spürbar auf weitere Kooperationspartner überträgt und einflussreiche Zielpersonen in politischen und administrativen Feldern erreicht.

Anforderungen nach der Netzwerklogik an die Stakeholder von Kindern und Jugendlichen

Wenn Schlüsselpersonen der lokalen und regionalen Politik, der Verwaltung und der einschlägigen Institutionen erreicht werden sollen, um sie für die Interessen der Kinder und Jugendlichen zu gewinnen, kann die Netzwerklogik der Beziehungspfade genutzt werden. Wie beim Reiseantritt durch das Studieren der Straßenkarte können die Stakeholder das Netzwerk analysieren, um unterschiedliche Wege zu reflektieren, über die diese Zielakteure erreicht und angesteckt werden können. Zur Vorbereitung auf diese praktische Pfadanalyse ist es notwendig, sich einige Grundlagen zu vergegenwärtigen.

Abbildung 1: **Strukturelle Lücken durch Versäulung und Verinselung**

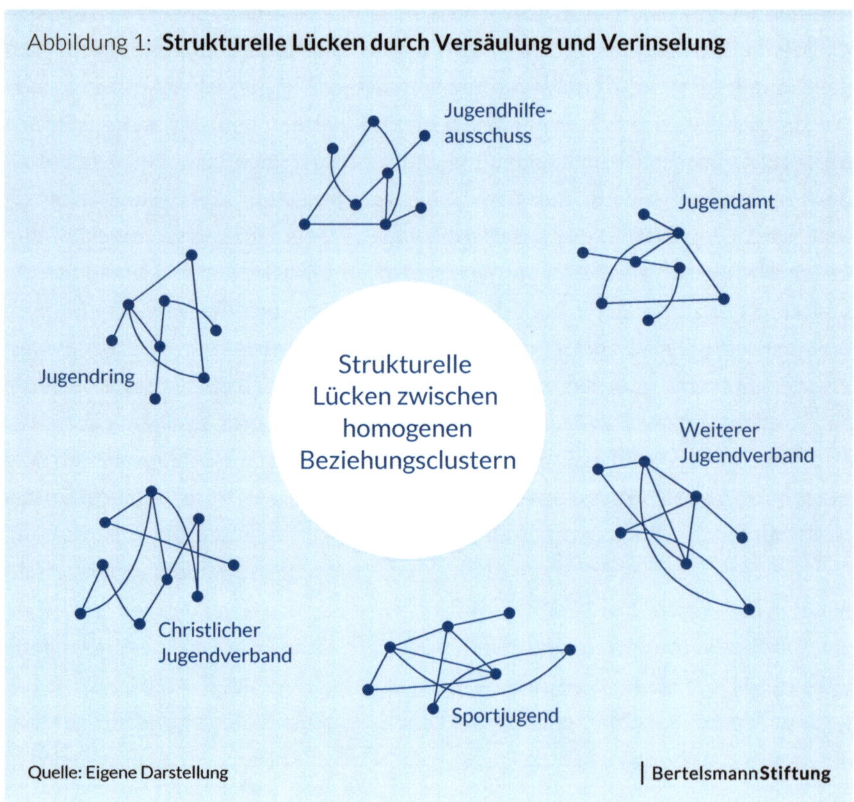

Quelle: Eigene Darstellung

| BertelsmannStiftung

Abbildung 2: **Analyse der (möglichen) Beziehungsbrücken über die strukturellen Lücken**

Quelle: Eigene Darstellung | BertelsmannStiftung

Unter der jugendpolitischen Perspektive stellen die schwachen Verbindungen die Quelle für Pfade im lokalen oder regionalen Netzwerk dar, über die Stakeholder von Kindern und Jugendlichen meistens einen Weg zu schwer erreichbaren Schlüsselpersonen finden können. Zuerst ist deshalb ein Überblick über das Feld der organisationalen Akteure zu gewinnen. Oft haben sie die Gestalt von Beziehungsclustern, zwischen denen keine Verbindungen bestehen. Dann gibt es zwischen den vor allem intern vernetzten Beziehungsclustern strukturelle Lücken (Abbildung 1). In diesen Fällen kann es einerseits sinnvoll sein, bereits bestehende schwache Beziehungspfade zu nutzen. Andererseits kann es angebracht sein, neue Beziehungspfade aufzubauen, über die Übertragungseffekte erzeugt werden sollen.

Folglich sind die Knoten zu identifizieren, über die bereits schwache Verbindungen zwischen den Beziehungsclustern verlaufen oder über die sich neue Verbindungen herstellen lassen (Abbildung 2). Dazu sind folgende Fragen zu beantworten: (1) Welche Akteure spielen im Feld – in diesem Fall der Jugendpolitik – eine Rolle, (2) welche Beziehungen bestehen zwischen ihnen und (3) wie konfiguriert sich die Summe dieser bilateralen Verflechtungen zu einem Netzwerk? Wie der Reisende, der zur Vorbereitung einer Autofahrt die Straßenkarte studiert, gewinnt auch die Fachkraft der Jugendarbeit durch diese Herangehensweise zunehmend eine Vorstellung, welche verschiedenen Wege sie nutzen könnte, um Verbündete zu gewinnen oder Informationen erfolgreich bestimmten Schlüsselpersonen zukommen zu lassen.

Auf dieser Grundlage sind darüber hinaus die gangbaren Beziehungspfade zu identifizieren, über die bestimmte Schlüsselpersonen in Institutionen, die für die kommunale Jugendpolitik von Bedeutung sind, nicht nur erreicht werden können, sondern die vor allem einen hohen Übertragungs- und Ansteckungseffekt versprechen (Abbildung 3). Ein Pfad darf dabei nicht als Linie wahrgenommen, sondern muss als Kette im Netz verstanden werden, über die zu übertragende Ansteckungsinhalte – im Sinn eines jugendpolitischen Überzeugungsstroms – fließen können. Die Entscheidung für einen der möglichen Pfade kann nach quantitativen oder qualitativen Gesichtspunkten getroffen werden: Unter einem quantitativen Blickwinkel wird beispielsweise der kürzeste – das heißt effizienteste – Weg gewählt, bei dem also die geringste Zahl von Vermittlern zwischen dem Ausgangs- und dem Zielpunkt liegt. Beim qualitativen Blick wird eher auf die Effektivität geschaut – also darauf, welche der vermittelnden Akteure auf dem Pfad dem jugendpolitischen Anliegen besonders wohlgesonnen sind oder über welche Personen ein besonders starker Einfluss der Übertragung erzeugt werden kann. Im Ergebnis kann das zu einer Strategie führen, fehlende Zwischenverbindungen durch die Konstruktion neuer Beziehungspfade zu überbrücken (Abbildung 4).

Abbildung 3: **Identifizierung der (möglichen) Pfade zur Erreichbarkeit von Schlüsselakteuren**

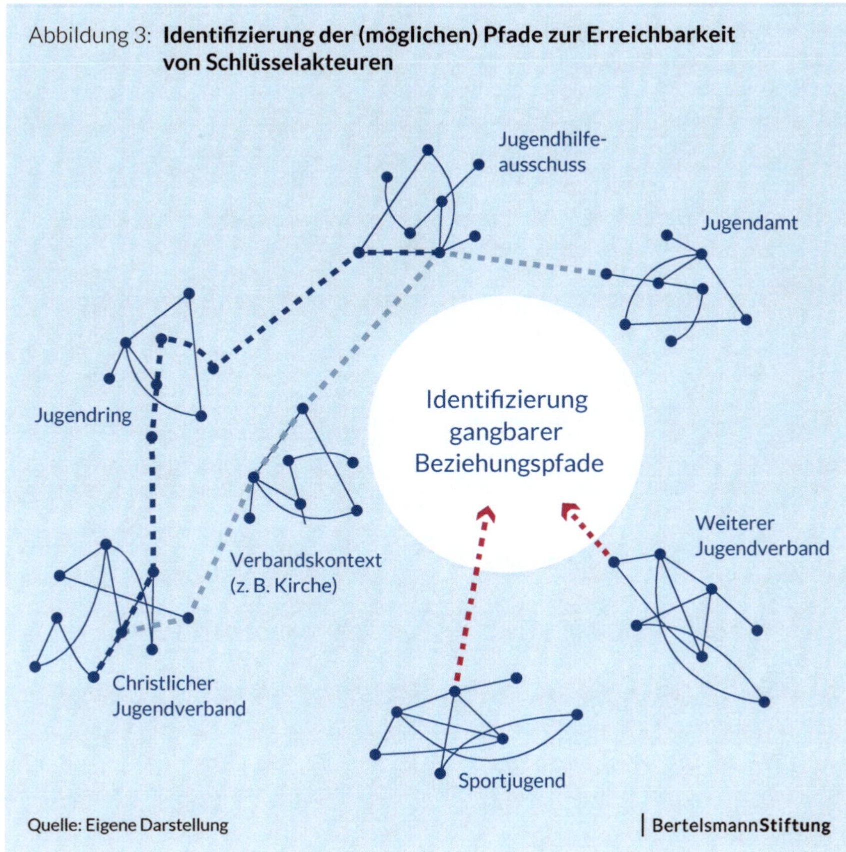

Quelle: Eigene Darstellung | BertelsmannStiftung

Damit wird die Analysephase verlassen und in die Strategiephase gewechselt: Denn das erlangte Wissen über die regionale Netzwerk-Landschaft muss nun reflektiert werden, damit eine Entscheidung getroffen werden kann, über wen welche Zielperson erreicht werden soll, was über den Pfad zu transportieren ist (zum Beispiel Information, Ansteckungs-Idee), wie dabei kommunikativ vorgegangen werden kann und welches Ergebnis erwartet beziehungsweise als Erfolg gewertet werden kann.

Unter einer strategischen Perspektive besteht oft auch die Möglichkeit, Akteure einzubeziehen, zu denen eine latente Konkurrenz besteht. Es muss dann eine Balance zwischen der Loyalität mit der eigenen Organisation und mit einer möglichen Allianz für die Jugendarbeit – als übergreifendem Interessenverbund –

Abbildung 4: **Entwurf und Ausbau neuer Pfade zur Erreichbarkeit von Schlüsselakteuren**

Quelle: Eigene Darstellung

| BertelsmannStiftung

gefunden werden. Die Konkurrenz zwischen den beteiligten Organisationen und die vereinbarte Kooperation zwischen den Personen verschmelzen dabei zu einem ambivalenten Verhältnis, das Nalebuff und Brandenburger (1995) als „coopetition" (im Deutschen „Koopkurrenz") bezeichnet haben. Die Allianz basiert auf Koalitionen von zwei oder mehreren aktuellen oder potenziellen konkurrierenden Verbänden oder Organisationen, die in einer gemeinsamen Netzwerkstrategie zur Profilierung gegenüber Schlüsselpersonen im administrativen und normativen Raum der Jugendpolitik sachlich zusammenarbeiten. Im Einzelfall kann die Kooperation nur temporär sein. Durch die Allianzbildung werden Stärken und Schwächen im Netzwerkgefüge kompensiert und der Übertragungseffekt kann verstärkt werden (Abbildung 5).

Abbildung 5: **Entwurf und Ausbau neuer Pfade zur Bildung von Allianzen**

Quelle: Eigene Darstellung | BertelsmannStiftung

Abschließende Empfehlungen

Für die Netzwerkarbeit in der kommunalen Jugendpolitik wird die folgende Checkliste empfohlen (Abbildung 6):

1. Das Netzwerk der Akteure in der Jugendpolitik und in ihrem weit verzweigten Interessengefüge, in dem sich die Stakeholder für die Interessen der Kinder und Jugendlichen engagieren möchten, ist kontinuierlich zu analysieren und zu reflektieren.
2. Dabei ist die Verbundenheit der Akteure zu recherchieren, die aus der Stakeholder-Perspektive in die Vertretung von Interessen der Kinder und Jugendlichen einbezogen werden sollen.
3. Es ist zu identifizieren, welche dieser Verbindungen zwischen Akteuren bevorzugt als übertragungsreiche Pfade genutzt werden können.
4. Zu reflektieren ist auch, welche Performance bei der Nutzung dieser Wege notwendig ist (wen anstecken, wie auftreten, wie argumentieren und so weiter).
5. Dabei ist zu begründen, welche Ressourcen den Kontaktpartnern und Zielpersonen als Tauschwert angeboten werden können. Nach dem traditionellen Motto „eine Hand wäscht die andere“ muss für den Nutzen, der aus der Stakeholder-Perspektive erwartet wird, als Gegenwert ein Nutzen erbracht werden, den die Kontakt- beziehungsweise Zielpersonen in der Übertragungskette erwarten.
6. Wenn bestehende Verbindungen nicht geeignet scheinen oder nicht gangbar sind, bleibt nur der Ausweg, kreativ neue Verbindungen zu konstruieren.
7. Auch dabei werden Verbündete gebraucht, mit denen zusammen der Ansteckungseffekt um drei Ecken herum erbracht werden kann. So können insbesondere Führungspersonen aus der eigenen Organisation einbezogen und als Türöffner gewonnen werden.
8. Sie haben oftmals Verbindungen zu externen Potenzialen, die als neue Brücke genutzt werden können.

Abbildung 6: **Bausteine erfolgreicher Netzwerkarbeit**

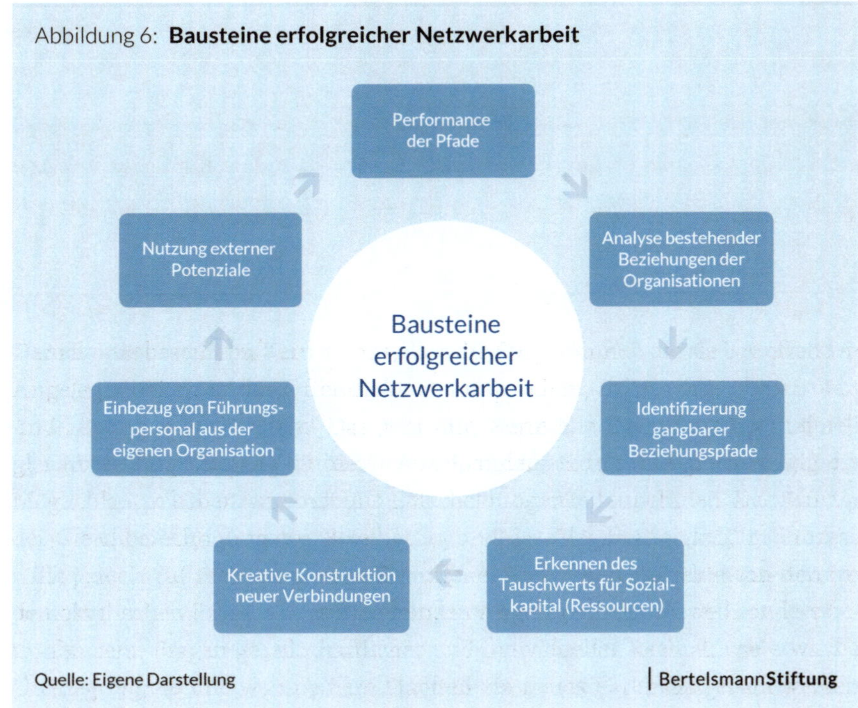

Quelle: Eigene Darstellung | BertelsmannStiftung

Zusammenfassend sind es vier Aspekte, die eine Netzwerkstrategie in der Jugendarbeit erfolgreich machen: (1) die Identifikation der Zielakteure, die zur Profilierung und verbesserten Institutionalisierung von Interessen der Kinder und Jugendlichen in der kommunalen Jugendpolitik gewonnen werden sollen; (2) die Suche nach vermittelnden Pfaden, also nach unterstützenden Beziehungsketten, über die der Zugang zu den Schlüsselpersonen ermöglicht wird; (3) die Klärung, was der eigene Beitrag sein kann, um die Zielpersonen zu gewinnen (Aufbau von Sozialkapital durch den Austausch von Ressourcen, an denen die jeweils andere Seite interessiert ist). (4) Die Profilierung in der Jugendpolitik gelingt, wenn systematisch analysiert wird und die Ergebnisse in eine Handlungsstrategie transformiert werden, über wen bei wem mit welchen gegenseitigen Erwartungen die Jugendarbeit profiliert werden kann.

Dieser Text ist die leicht bearbeitete Fassung aus: Lindner, Werner, und Winfried Pletzer (Hrsg.) (2017). *Kommunale Jugendpolitik*. Weinheim. 285–297.

Literatur

Burt, Ronald S. (2001). „Structural Holes versus Network Closure as Social Capital“. *Social Capital – Theory and Research.* Hrsg. Nan Lin, Karen S. Cook und Ronald S. Burt. Pre-print. URL: snap.stanford.edu/class/cs224w-readings/burt00capital.pdf (Download 20.9.2019).

Burt, Ronald S., und Jennifer Merluzzi (2013). „Embedded Brokerage: Hubs versus Locals“. *Research in the Sociology of Organizations.* Hrsg. Stephen P. Borgatti, Daniel J. Brass, Daniel S. Halgin, Giuseppe Labianca und Ajay Mehra. Pre-print. URL: faculty.chicagobooth.edu/ronald.burt/research/files/EB.pdf (Download 20.9.2019). Cambridge.

Christakis, Nicholas A., und James H. Fowler (2010). *Connected! Die Macht sozialer Netzwerke und warum Glück ansteckend ist.* Frankfurt am Main.

Fuhse, Jan Arendt (2016). *Soziale Netzwerke. Konzepte und Forschungsmethoden.* Konstanz und München.

Granovetter, Mark (1973). „The Strength of Weak Ties“. *American Journal of Sociology* 78. 1360–1380.

Holzer, Boris (2006). *Netzwerke.* Bielefeld.

Horn, Eva, und Lucas Marco Gisi (2009). *Schwärme – Kollektive ohne Zentrum. Eine Wissensgeschichte.* Bielefeld.

Nalebuff, Barry, und Adam Brandenburger (1995). *Coopetition – Kooperativ konkurrieren. Mit der Spieltheorie zum Unternehmenserfolg.* Frankfurt am Main und New York.

Schubert, Herbert (2008). „Netzwerkkooperation. Organisation und Koordination von professionellen Vernetzungen“. *Netzwerkmanagement. Koordination von professionellen Vernetzungen – Grundlagen und Beispiele.* Hrsg. Herbert Schubert. Wiesbaden. 7–105.

Schubert, Herbert (2015). *Planung, Steuerung und Qualitätsentwicklung in Netzwerken Frühe Hilfen.* www.fruehehilfen.de/bundesinitiative-fruehe-hilfen/transfer/impulse-zur-netzwerkarbeit-fruehe-hilfen/prof-dr-dr-herbert-schubert/ (Download 20.5.2016).

Differenz und Demokratie im Partizipationsalltag der Kinder- und Jugendhilfe

Melanie Plößer, Benedikt Sturzenhecker

Demokratie besteht im Kern daraus, dass die Bürger*innen die sie betreffenden Angelegenheiten in der Öffentlichkeit aussprechen, miteinander bearbeiten und Lösungen aushandeln. Das geht nur, wenn alle Betroffenen prinzipiell gleichberechtigt Zugang zu dieser Auseinandersetzung und gleichrangig die Möglichkeiten haben, an Streit und Entscheidungen teilzunehmen. Das Prinzip der Gleichberechtigung zur Beteiligung und der Gleichrangigkeit im Prozess trifft jedoch auf recht ungleiche Betroffene. So können Subjekte von den im demokratischen Prozess auszuhandelnden Angelegenheiten jeweils anders betroffen sein. Fragen gesellschaftlicher und individueller Realität, wie etwa die Überlegung, ob und wo in einem Stadtteil ein neues Parkhaus gebaut werden soll, stellen sich für die Betroffenen je nach ihren ökonomischen Verhältnissen unterschiedlich. Neben (fehlenden) ökonomischen Ressourcen erweisen sich sozial vermittelte Identitäts- und Zugehörigkeitskategorien wie Geschlecht, Alter oder sexuelle Orientierung – in ihren jeweiligen komplexen Verbindungen – für die Selbstverständnisse und Betroffenheiten von Menschen bedeutsam. So kann der Bau des Parkhauses für Jugendliche, denen die Brache, auf der das Gebäude entstehen soll, als Treffpunkt diente, andere Konsequenzen haben als für die Angestellten eines Betriebes, die durch ein Parkhaus Zeit bei der Suche nach einem Parkplatz sparen würden.

Wie sollen und können sich die Vielfältigen gleichberechtigt und gleichmächtig in den demokratischen Prozess einbringen? Wie kann ermöglicht werden, dass sie gleichermaßen mitsprechen, mitentscheiden und mitverantworten können? Dieses grundsätzliche Gleichheitsproblem von Demokratie stellt sich auch bei den Versuchen, in den pädagogischen Settings der Kinder- und Jugendhilfe demokratische Partizipation zu praktizieren. Einen solchen Versuch stellt das Konzept der Förderung des gesellschaftlich-demokratischen Engagements von Kindern und

Jugendlichen in sozialpädagogischen Einrichtungen dar, hier als GEBe-Methode bezeichnet. Diese Methode geht von der lebensweltlichen Klärung der Themen und Interessen der Kinder und Jugendlichen in den Organisationen der Kinder- und Jugendhilfe aus. Sie will ihnen ermöglichen, das Leben in den kleinen Gesellschaften der sozialpädagogischen Einrichtungen ebenso wie das in der großen Gesellschaft der Kommune und des gesamten Staates demokratisch mitzubestimmen. Bisher wurde in dieser methodischen Orientierung das Thema des Gleichheitsanspruchs und der realen Differenz der beteiligten Kinder und Jugendlichen noch gar nicht aufgegriffen. Daher wollen wir hier das Gleichheits- beziehungsweise Ungleichheitsproblem demokratischer Partizipation genauer beleuchten.

Zunächst analysieren wir die Schwierigkeit der Demokratie zwischen Gleichheitsanspruch und Ungleichheitsrealität. Dann zeigen wir, wie Differenzverhältnisse als Ungleichheitsverhältnisse die lebensweltlichen Selbstverständnisse und Beteiligungsmöglichkeiten von Kindern und Jugendlichen beeinflussen und wie auch bezogen auf sozialpädagogische Settings Differenzen (re-)produziert werden und damit zu Machtungleichheit führen. Für eine an Demokratiebildung orientierte Sozialpädagogik entwickeln wir dann reflexive Fragestellungen und entwickeln methodische Vorschläge, wie in den Einrichtungen der Kinder- und Jugendhilfe und im Übergang zur Kommunalpolitik mit Differenz so umgegangen werden kann, dass sie – statt einer Schwächung – eine Potenzierung von Demokratie darstellt.

Wer kann in der Demokratie wie mitmachen?

Diese Grundfrage soll zunächst mit Blick auf politikwissenschaftliche Positionen beleuchtet werden. Es geht darum, sich die idealen Prinzipien von Demokratie klarzumachen, die auch Orientierung für die Gestaltung demokratischer Partizipation in der Kinder- und Jugendhilfe sind. In den Fokus rücken somit zunächst Ansprüche der Realisierung von Demokratie, bevor der Frage ihrer Umsetzungsweisen nachgegangen wird.

Für den Politikwissenschaftler Emanuel Richter (2016: 23) liegt der Kern von Demokratie darin, dass alle Menschen gleichermaßen Zugang zu einer gleichrangigen Beteiligung an der öffentlichen Sphäre des Politischen haben. Das bedeutet, dass sie vor und mit den anderen Beteiligten – also öffentlich – ihre

Kritiken und Anliegen vorbringen können, die sich auf die kollektiv-kooperative Bewältigung des Lebens richten. Wenn alle ihre Betroffenheiten und Positionen einbringen können sollen, entstehen unvermeidlich Konflikte. Diese resultieren aus den unterschiedlichen Voraussetzungen, Lebensweisen, Perspektiven usw. der Beteiligten.

Demokratie ist ein Versuch, mit dieser Unterschiedlichkeit umzugehen, ohne dass alle gleich gültig sind oder dass Einzelne allein bestimmen dürften. Demokratie zielt darauf, dass gerade die Unterschiedlichen sich zu einer Entscheidungsgemeinschaft verbinden und im Blick auf die kollektive Lebensbewältigung gemeinsam vereinbarte Regeln und Handlungsmöglichkeiten entwickeln. Wie das geschehen soll, beschreibt die Position einer deliberativen, also einer verhandlungsorientierten Demokratie genauer. Die durch öffentliche Artikulation entstehenden Konflikte sollen von den Betroffenen zusammen diskutiert, auf Lösungsmöglichkeiten geprüft und schließlich durch gemeinsame Entscheidungen geregelt werden. Gemeinsame Entscheidungen gelten dann für die Beteiligten, können aber auch hinterfragt und wieder verändert werden.

Damit entstehen zwei grundsätzliche Anforderungen an die Ermöglichung von Beteiligung: Alle müssen gleichermaßen Zugang zur öffentlichen Artikulation bekommen und sie müssen gleichrangige Möglichkeiten haben, sich in die Aushandlungen einzubringen und damit gleichmächtig mitzuentscheiden. Demokratie verlangt als idealen Anspruch für alle gleiches Recht auf den Zugang zur Beteiligung *und* für alle Gleichheit der Möglichkeit, die Stimme zu erheben, also im demokratischen Prozess mitzusprechen und mitzu(be)stimmen.

Diese grundsätzliche Forderung stößt aber immer wieder auf konkrete Probleme ihrer Umsetzung. Das betrifft zunächst den gleichberechtigten Zugang für alle. Wer denn eigentlich alle sein sollen, wird in diversen (historischen) Realisierungsformen von Demokratie unterschiedlich beantwortet. So wird in den griechischen Stadtstaaten um 500 v. Chr. der Begriff „Demokratie" entwickelt, zusammengesetzt aus „demos" (Volk) und „kratia" (Herrschaft): Demokratie bedeutet also Volksherrschaft. Wer aber ist das Volk der Mitherrschenden? Wer hat gleichberechtigt Zugang und darf gleichrangig mitentscheiden? In den klassischen Demokratien in Griechenland waren weite Teile der Bevölkerung vom Entscheidungsvolk, dem „demos", ausgeschlossen: Frauen, Kinder, Zugewanderte, Sklaven und Fremde. Diese Gruppen hatten kein gleiches Recht auf Teilnahme an Diskussions- und Entscheidungsprozessen. In den seither folgenden Versuchen,

Demokratie und damit ihre Voraussetzung Gleichheit zu realisieren, gibt es immer wieder solche Anteilslosen, wie sie der politische Philosoph Jacques Rancière (zum Beispiel 2002: 27) nennt. Für ihn besteht Demokratie geradezu (nur) dann, wenn Anteilslose dafür streiten, als Gleiche anerkannt und beteiligt zu werden.

Schauen wir auf die Rechte gleicher Beteiligung an der Demokratie in Deutschland, ist klar erkennbar, dass es auch hierzulande große Gruppen gibt, die davon ausgeschlossen werden. Das gilt zunächst für das Wahlrecht, das im Bund und in einigen Ländern erst ab 18 Jahren wahrgenommen werden kann, in einigen Bundesländern ab 16. Zudem haben nur deutsche Staatsangehörige das Wahlrecht. Die Bevölkerung umfasst aber viel mehr Gruppen, etwa Kinder und Jugendliche unter 16 beziehungsweise 18 Jahren, Menschen, die in Deutschland leben, aber nicht die deutsche Staatsangehörigkeit haben, wie auch Geflüchtete oder/und Illegalisierte. Diese haben keinen formalen, gleichberechtigten Anteil am gesellschaftlichen Leben, zumindest nicht am demokratischen Grundrecht, an Wahlen teilzunehmen.

Dass man über dieses Recht verfügt, heißt aber noch lange nicht, öffentlich sicht- und hörbar werden zu können. Es gibt große Gruppen Nicht-Wahlberechtigter, aber auch Wahlberechtigter, die in der öffentlichen Auseinandersetzung nicht präsent sind. Und es fällt auf, dass die politische Diskussion manche Gruppen sehr wohl thematisiert, diese jedoch selbst nicht an der Diskussion teilnehmen (können). Sie sind Objekte der öffentlichen Debatte, aber beteiligen sich daran nicht als Subjekte. So gibt es sehr wenige öffentlich wirksame Positionierungen von Geflüchteten. Doch machen sich diese Anteilslosen immerhin gelegentlich sichtbar und fordern Gleichheit und Gleichberechtigung – siehe zum Beispiel 2012 die Refugee Camp Action in verschiedenen Städten und den Protestmarsch der Geflüchteten nach Berlin, 2013 die Lampedusa-Gruppe in Hamburg sowie 2016 und 2017 Proteste gegen Abschiebungen.

Ein Ausschluss aus dem gleichberechtigten Zugang zur öffentlichen Sphäre des Politischen geschieht oft darüber, dass die Menschen und Gruppen, die ihre Ungleichbehandlung anprangern, noch weiter diskriminiert, also ausgegrenzt werden. Besonders problematisch wird es, wenn nicht beteiligten, unsichtbaren Gruppen noch kriminelles Handeln angelastet werden kann. Das macht ihr Recht auf gleiche Beteiligung am öffentlichen Diskurs meistens zunichte. Rancière (2002) kritisiert die Strategie der Herrschenden gegenüber solchen Protestierenden: Statt deren grundsätzliche Gleichheit als menschliche sprechende Wesen anzuerkennen, wird ihre Artikulation als Lärm abgewertet und ausgegrenzt. Wem aber die grundsätzliche Gleichheit von Mitsprachefähigkeit und Mitspracherecht aberkannt wird, dem wird auch die gleichberechtigte Beteiligung an der Sphäre des politischen Streits in der Öffentlichkeit genommen. Damit wird die Umsetzung der Ansprüche von Demokratie auf Gleichheit (hier des Zugangs) behindert, vermindert oder gar verhindert. Das geschieht besonders augenfällig bei Menschen und Gruppen, die als unfähig, unmündig, krank, kriminell usw. stigmatisiert werden. Eine solche Behandlung widerfährt manchen formal als anteilsberechtigt definierten wie auch ohnehin ausgeschlossenen Gruppierungen.

Ein gemischtes Bild der Beteiligungschancen zeigt sich ebenfalls für Kinder und Jugendliche. Auch wenn diese Gruppe meistens kein Wahlrecht hat, haben doch manche Bundesländer (zum Beispiel Schleswig-Holstein und Hamburg) in ihren Gemeindeverfassungen festgelegt, dass Kinder und Jugendliche an allen kommunalen Entscheidungen, die sie betreffen, zu beteiligen sind. Sobald man sich fragt, welche Entscheidungen Kinder und Jugendliche wohl nicht betreffen, wird deutlich, wie wenig diese Beteiligungsverpflichtung in den Kommunalverfassungen wirkt. Denn angesichts ihrer breiten – um nicht zu sagen vollen – Betroffenheit von kommunalen Entscheidungen gibt es kaum eine öffentliche politische Artikulation und Entscheidungsbeteiligung von Kindern und Jugendlichen. Dagegen gibt es jedoch immer wieder Protestaktionen und Initiativen, in denen die Kinder und Jugendlichen selbst die Stimme erheben, etwa in Bezug auf Schulpolitik, marode Schulen und Schulklos, gegen Flüchtlingsfeindlichkeit in ihren Stadtteilen, für Europa und so weiter.

Die hier beschriebenen Probleme eines fehlenden oder behinderten Zugangs zur gleichberechtigten Teilnahme in der öffentlichen Sphäre des Politischen gehen schon über in die Problematik der Grenzen gleichrangiger Beteiligung am politischen Prozess in der Demokratie.

Diese Debatte beginnt bei dem oben thematisierten Zugang durch Artikulation, wenn also Einzelne oder Gruppierungen ihre Stimme erheben und ihre Kritiken und Positionen öffentlich vorbringen. Die ideale Vorstellung von einer deliberativen Demokratie sieht dann einen weitergehenden Prozess vor: Aus der Artikulation folgt ein öffentlicher Streit über den Konflikt. Es geht dabei nicht mehr nur darum, überhaupt gesehen und gehört zu werden, sondern im Weiteren die eigenen Standpunkte und Argumente mit anderen zu diskutieren, zu verteidigen, aber auch verändern zu können. Hier stellt sich bereits die Frage, ob Gleichrangigkeit in der Debatte erhalten bleibt. So können ungleich verteilte Chancen, finanzielle Mittel einzusetzen, um die eigene Position vorzubringen, die Gleichrangigkeit gefährden, wenn anderen Beteiligten diese Ressourcen fehlen.[17] Neben der ungleichen Verteilung von Ressourcen, die die Möglichkeiten beeinflussen, die eigene Position einzubringen, werden die Artikulationen auch ungleich bewertet. So führen also neben den ökonomischen Ungleichheiten auch symbolische Ordnungen dazu, dass die Möglichkeiten der Betroffenen, gleichrangig mitzusprechen, ungleich verteilt und bewertet werden.

Im idealen Konzept der Demokratie folgen aus öffentlichen Diskursen Entscheidungen, bei denen die Beteiligten gemeinsam zu einer Regelung des Konflikts kommen. Das geschieht üblicherweise durch Abstimmungen, die ein erneutes Risiko der Erzeugung von Ungleichheit beinhalten. Tocqueville zeigte bereits 1835 in seiner Studie über die Demokratie in Amerika die Gefahr der „Tyrannei der Mehrheit" auf. Nicht zuletzt aufgrund der ungleichen Ressourcenverteilungen und der ungleichen Bewertungen von Artikulationen kann es dazu kommen, dass immer wieder dieselben Gruppierungen Mehrheit durchsetzen können und dass die Positionen von Minderheiten untergehen – damit wird die Gleichrangigkeit gestört oder zerstört. Ganz grundsätzlich ist auch zu fragen, ob gerade in der repräsentativen Demokratie die Mitentscheidungsmacht der Bürger*innen nicht zu stark an Parlamente und Regierungen abgegeben wird. So mag es dabei noch möglich sein, sich an öffentlichen Debatten zu beteiligen, aber die Chance von Einzelnen und Gruppierungen, gleichrangig auf Entscheidungen einzuwirken, ist geschwächt. Das Problem stellt sich aktuell nicht nur hinsichtlich der Mitentscheidungsmöglichkeit in den Systemen des Staates, der Europäischen Union und einer globalisierten politischen Welt, sondern auch dort, wo noch viel mehr Möglichkeiten der Mitbestimmung bei konkreten Fragen der gemeinsamen Lebensbewältigung gegeben wären, nämlich auf der Ebene der Dörfer, Stadtteile und Kommunen.

Im nächsten idealen Prozessschritt geht es um die Mitverantwortung. Denn gleichrangig müssen die an der Demokratie Beteiligten auch in der Mitverantwortung für die Umsetzung ihrer Entscheidungen sein. Das, was gemeinsam beschlossen wurde, muss auch für alle gleichermaßen gelten. In der Demokratie sind idealerweise die Beteiligten gleichzeitig „Urheber und Adressaten" (Ha-

17 So charakterisierte etwa der ehemalige amerikanische Präsident Jimmy Carter (Kreps 2015) das angeblich demokratische politische System der USA als „an oligarchy with unlimited political bribery", als eine Oligarchie, also eine „Herrschaft von wenigen" mit unbegrenzter politischer Bestechlichkeit.

bermas 1992: 52) der Entscheidungen und der getroffenen Regelungen. Anders gesagt, besteht Demokratie darin, dass diejenigen, die die Folgen tragen müssen (die Adressat*innen), auch selbst (als Urheber*innen) entscheiden können. Damit müssen sie auch die Folgen der gemeinsamen Entscheidungen tragen und niemand darf die Gleichheit in dieser Mitverantwortung brechen – was zum Beispiel aktuell durch Steuerflucht geschieht: Die Steuerflüchtlinge nehmen zwar die Gleichberechtigung zur Mitentscheidung für sich in Anspruch, stehlen sich aber aus der Mitverantwortung für die Finanzierung der Entscheidungen. Ein anderes Beispiel sind die Entwicklungen in der demokratischen Kultur, dass Bürger*innen die Verantwortung für die Umsetzung von Entscheidungen ausschließlich auf Staat und Kommune schieben. Vielleicht gerade weil sie sich nicht mehr als Beteiligte an den Entscheidungen erfahren, nehmen sie auch die Mitverantwortung weniger wahr und sehen sich als eine Art Kundschaft, die gegenüber dem Staat das Recht auf Dienstleistungen hat. In diesem Modell fordern Bürger*innen Leistungen ein, beteiligen sich aber weder an Entscheidungen darüber noch an der gleichermaßen zu teilenden Verantwortung der Umsetzung.

Der ideale demokratische Prozess sieht als nächsten Schritt die Möglichkeit der Revision von Entscheidungen vor. Betroffene sollen ihre Kritik an der Umsetzung von Entscheidungen gleichberechtigt und gleichrangig artikulieren können und deren Aufhebung beziehungsweise Veränderung öffentlich einklagen können. Auch hier fragt sich, ob alle Betroffenen gleichermaßen die Chance haben, ihre Kritik zu erheben und sie so stark zu machen, dass (zumindest längerfristig) Entscheidungen revidiert werden.

Schaut man auf diese idealen Forderungen an Gleichberechtigung und Gleichrangigkeit im demokratischen Prozess, wird an den Krisenerscheinungen zweierlei deutlich: Erstens gibt es keine feststehende und erfolgreiche Form des gleichen Zugangs zu Demokratie. Schon der Anspruch auf gleichen Zugang von allen wird immer wieder nicht erfüllt. Große Gruppierungen der Bevölkerung sind formal von der Beteiligung ausgeschlossen, aber auch spezifische Gruppierungen formaler Anteilseigner*innen haben kaum Chancen, sich öffentlich so zu artikulieren, dass ihre Stimme hörbar wird und beantwortet werden muss. Wer das Entscheidungsvolk „demos“ ist und damit die Herrschaft, die „kratia“ wahrnehmen kann, wird immer wieder in neuen politischen Kämpfen problematisiert und neu geregelt.

Zweitens gibt es keine feststehende und auf Dauer funktionierende Gleichheit der Beteiligung im demokratischen Prozess. Die Chancen, gleichermaßen mitzusprechen, mitzuentscheiden, mitzuverantworten und mitzurevidieren, sind ungleich verteilt und die Artikulationsweisen selbst werden ungleich bewertet. Das verweist darauf, dass der Gleichheitsanspruch der Demokratie auf die unendliche Ungleichheit der Menschen stößt. Ungleichheitsverhältnisse und Differenzordnungen haben somit Folgen für die Möglichkeiten, sich gleich und als Gleiche in den demokratischen Prozess einzubringen. Der Anspruch der Demokratie, den Ungleichen ein gleiches Recht und gleiche Möglichkeit auf Mitsprache und Mitentscheidung zuzusichern, wird praktisch immer wieder verfehlt.

Diese Grenzen der Realisierung von Gleichheit in der Demokratie müssen nun weder dazu führen, Demokratie als ungeeignete Form geteilter Herrschaft abzuqualifizieren, noch Gleichberechtigung durch Gleichmacherei zu erzwingen. Stattdessen geht es darum, die Unvollkommenheit von Demokratie einerseits anzuerkennen und andererseits als ständigen Anspruch an ihre angemessenere Realisierung aufrechtzuerhalten: Demokratie kann also nie ein für alle Mal gleichheitsgerechte Formen annehmen und trotzdem muss man weiter darum kämpfen. Das bedeutet, dass Demokratie „im Kommen bleibt" (Derrida 2003: 123), „dass sie sich also niemals eine endgültige, durch einen Rekurs auf universelle Prinzipien verbindlich abgesicherte Gestalt geben *kann* und *sollte*. (...) Die demokratische Auseinandersetzung – auch über die Möglichkeitsbedingungen der Demokratie – *kann* und *sollte* nie zu einem Ende kommen" (Heil und Hetzel o. J.: 2; Hervorheb. i. Orig.).

Um diese Anstrengung auf Umsetzung der Gleichheitsansprüche von Demokratie und der von ihr angestrebten Zugänge zu gleichrangiger Mitsprache und Mitentscheidung auch in der Kinder- und Jugendhilfe zu realisieren, analysieren wir zunächst die Formen und Erzeugungsweisen von Ungleichheit und deren Wirkungen als Machtungleichheit und Diskriminierung. Erst wenn man weiß, wie auch in der Kinder- und Jugendhilfe Differenz immer schon bestanden hat und weiter entsteht, kann man bei den Versuchen, Kindern und Jugendlichen demokratische Partizipation zu eröffnen, bewusster mit den entstehenden Ungleichheitsproblemen umgehen.

Differenz und Ungleichheit als zentrale Perspektiven in der Kinder- und Jugendhilfe

Wie oben gezeigt, können Kinder und Jugendliche in unterschiedlicher Weise von den in demokratischen Prozessen auszuhandelnden Themen betroffen sein. Zugleich zeigen sich Unterschiede in den Artikulationsweisen und Ausdrucksformen, mit denen sie sich beteiligen. Welche Rolle diese Unterschiede spielen (können), wie soziale Differenzen hergestellt werden und wie und warum diese so wirkmächtig sind, soll im Folgenden mit Rekurs auf ein Fallbeispiel gezeigt werden. In einem weiteren Schritt wird reflektiert, wie auch die Kinder- und Jugendhilfe an der (Re-)Produktion dieser Differenzen und Ungleichheiten beteiligt sein kann und welche Konsequenzen daraus für die praktische Arbeit gezogen werden können. Im Anschluss werden Maxime des Umgangs mit Differenz und Ungleichheit vorgestellt.

Fallbeispiel: In einer Einrichtung der Jugendhilfe hatten sich Jugendliche bei den Sozialarbeiter*innen beklagt, dass es bei ihnen in der Schule nur noch um das Thema „Zukunftsplanung" gehe. Sie seien davon völlig genervt. Zitat: *„Das kotzt einen voll an. Immer nur Zukunft hier, Planung da, mach was, streng dich an, denk an deine Zukunft. Das ist doch scheiße"*. Die Sozialarbeiter*innen würden das Thema gern aufgreifen und daraus eine Aktion gestalten. Im Gespräch nach einem gemeinsamen Essen soll das Thema noch mal angesprochen werden.

Sozialarbeiterin: *Was denkt ihr denn so, wenn ihr von den Erwachsenen oder Lehrern hört, ihr sollt an eure Zukunft denken?*

Leon: *Gar nichts denk ich, Mann. Gar nichts.*

Sozialarbeiter: *Wisst ihr denn schon, was ihr später mal werden wollt?*

Leon: *Ich werd´ Zuhälter.*

Timo: *Ja sicher, Alter. Du bist doch voll der Zwerg. Hallo? Wer soll dich denn da ernst nehmen?*

Ismail (leise): *In der Zukunft bin ich vielleicht schon gar nicht mehr in Deutschland, sondern wieder in Marokko.*

Kemal: *Fußballer, ganz klar Fußballer.*

Leon: *Ehrlich, Mann?*

Sozialarbeiterin: *Vielleicht könntet ihr die Mädchen auch mal was sagen lassen?*

Was sind denn eure Wünsche?
Anna: *Ich würde gerne was machen, wo ich unterwegs bin. Bloß nicht den ganzen Tag im Büro vorm Computer sitzen.*
Fatima: *Altenheim. Wo man Leuten hilft, das fände ich auch gut.*
Sozialarbeiterin: *Und was Technisches, wäre das was für euch?*
Lynn: *Also, ich kenn so ´ne Frau, die so Kfz-Mechaniker geworden ist. Die hat voll den Stiernacken. Das ist so für mich nicht mehr richtig weiblich. So will ich echt nicht aussehen.*
Elsa: *Das wäre mir echt egal, aber die meisten Betriebe nehmen dich ja nicht mal als Mädchen.*
Nurî: *Krankenpflege fände ich auch gar nicht schlecht, aber da verdient man nicht viel.*
Leon: *Krankenpflege – das ist doch voll schwul.*
Kemal: *Musst du ja auch erst mal überall ´nen Ausbildungsplatz kriegen als Türke. Ich kenne einen, Mehmet, der war voll gut in der Schule, der Beste. Der wollte eine Ausbildung als Industriekaufmann machen und hat nur Absagen gekriegt. Er hat dann noch mal wo angerufen wegen Praktikum und hat ´nen anderen, so eher deutschen Namen gesagt und da waren sie dann voll interessiert.*
Leon: *Ist aber auch so, wenn du Hartz IV bist oder Kevin heißt oder so.*

Bei genauerer Analyse dieser Aussagen lassen sich mindestens drei zentrale Merkmale von Differenzverhältnissen ableiten: Differenzen sind Ergebnisse sozialer Praxen, sie werden sozial konstruiert (1). Differenzen sind wirkmächtig, mit ihnen gehen Ungleichheiten und Diskriminierungen einher (2). Menschen sind „ungleich verschieden“ (Lutz und Wenning 2001); Erfahrungen von Menschen sind durch vielfältige Differenzen in ihren Verwobenheiten beeinflusst (3).

Differenz als soziale Praxis

Das Fallbeispiel macht zunächst deutlich, dass Differenzen in sozialen Interaktionen – und das heißt auch in Situationen der Kinder- und Jugendhilfe – erzeugt und reproduziert werden. So wird gleich in der Eingangsfrage der Sozialarbeiterin die Differenz des Alters zum Thema gemacht: *„Was denkt ihr denn so, wenn ihr von den Erwachsenen oder Lehrern hört, ihr sollt an eure Zukunft denken?“* Damit werden die Besucher*innen des Jugendtreffs explizit als Gruppe angesprochen, die sich von Erwachsenen, Lehrer*innen, aber eben auch von den anwesenden

Pädagog*innen unterscheidet und über einen anderen Erfahrungshorizont zu verfügen scheint. Entsprechend können die Antworten von Leon als Abgrenzungen zu den Sozialarbeiter*innen verstanden und als Formen der Inszenierung von Jugendlichkeit gedeutet werden. Neben der Kategorie „Alter" werden hier aber auch Geschlechterdifferenzen (re-)produziert. So kann die Antwort von Leon: „Ich werd´ Zuhälter" nicht nur als Möglichkeit der Darstellung von Jugend, sondern auch als Herstellung von Männlichkeit verstanden werden. Und die Sozialarbeiterin ist ebenfalls aktiv an der Konstruktion und Reproduktion von Geschlechterdifferenzen beteiligt, etwa wenn sie die Jungen anweist, die Mädchen auch was sagen zu lassen, oder die Mädchen fragt, ob Technik etwas für sie sei. Ebenso greift Lynn im Rahmen ihrer Begründung, warum ein technischer Beruf für sie nichts sei, auf die Kategorie „Geschlecht" zurück, indem sie bestimmte Berufe als Gefährdung der (körperlichen) Darstellungsmöglichkeiten von Weiblichkeit versteht.

Das Fallbeispiel macht damit ein zentrales Merkmal von Differenzen deutlich: Differenzen als Kategorien wie alt/jung, erwachsen/jugendlich, männlich/weiblich, heterosexuell/homosexuell sind keine feststehenden Eigenschaften oder Merkmale von Menschen, sondern Differenzen sind Ergebnisse sozialer Interaktionen, Anrufungen und Übereinkünfte. Sie sind nicht natürlich da, sondern werden in sozialen Interaktionen von den Akteur*innen immer wieder inszeniert und (re-)produziert. Für diese soziale Verfasstheit von Differenzkategorien kann hier beispielhaft das Zitat von Simone de Beauvoir (1951): „Man wird nicht als Frau geboren, man wird es" angeführt und auf weitere Differenzkategorien ausgeweitet werden: So wird man auch nicht als Mann, Migrantin, Lesbe, Heterosexueller, Hartz-IV-Empfängerin und so weiter geboren, sondern Menschen werden dazu.

Die These, dass Differenzen nicht sind, sondern sozial gemacht werden, ist eine zentrale Erkenntnis sogenannter konstruktivistischer Differenztheorien. Insbesondere in der sozialkonstruktivistischen Genderforschung sind die Mechanismen und Effekte der Herstellung von Differenzen im Rahmen sozialer Interaktionen genauer analysiert und weiterentwickelt worden. Bereits Ende der 1960er-Jahre arbeitete der amerikanische Soziologe Harold Garfinkel (2008 [1967]) heraus, dass die Herstellung der Geschlechterdifferenz ein unabschließbarer und dabei auch aufwendiger Vorgang, mithin Arbeit ist. Candace West und Don Zimmerman (1987) sprechen daher auch von „Doing Gender".

Diese Praxis der Herstellung sozialer Unterschiede wird dann von Candace West und Sarah Fenstermaker (1995) später allgemein als „Doing Difference“ verstanden: als Prozess, in dem Menschen sich durch Rückgriff auf unterschiedliche Kategorien wie Geschlecht, Klasse, Kultur, Alter, Körper oder Sexualität als Subjekte darstellen beziehungsweise entlang dieser Kategorien Zuschreibungen erfahren. „Doing Difference“ meint damit die aufwendige Tätigkeit der Herstellung und Zuschreibung von Identitäten mittels sozialer Praxen und Ressourcen. Wie Stefan Hirschauer (1993) für die Geschlechterdifferenz zeigt, erweisen sich neben den sozialen Beziehungen der Akteur*innen untereinander gerade auch materielle und symbolische Ressourcen als bedeutsam, um Identitäten darstellen und zuschreiben zu können. So können der Kauf einer pinkfarbenen Haarbürste, die Entscheidung, Erzieherin werden zu wollen, oder auch die Praxis des Schminkens aktuell als mögliche Ausdrucksformen des „Doing Feminity“ verstanden werden. Umgekehrt können die Wahl der Ausbildungsstelle zum Mechatroniker oder ein riskantes Trinkverhalten im Rahmen aktueller Geschlechterverhältnisse als der Sicherung von Männlichkeit dienend erklärt werden. Allerdings wird mittels der „Doing Difference“-Praxis nicht nur die eigene Identität etwa als männlich, dänisch, als Schülerin, als Mutter, als Pädagoge und so weiter inszeniert. Vielmehr wird in und mit diesen Differenzpraxen immer auch ein Wissen über die Differenz, etwa über Weiblichkeit, über Heterosexualität erzeugt und werden Unterschiede – wie im Fall der sozialpädagogischen Adressierung der Jungen, die Mädchen auch mal was sagen zu lassen – zugeschrieben und verstärkt.

Für die Kinder- und Jugendhilfe zeigt sich die Einsicht in das Konzept des „Doing Difference“ als bedeutsam, weil damit erkenn- und verstehbar wird, dass Menschen sich in sozialen Interaktionen als männlich oder weiblich, als heterosexuell, als jugendlich darstellen und von ihren Interaktionspartner*innen Zuschreibungen erfahren. Differenzpositionen wie männlich, behindert, heterosexuell oder ausländisch können damit nicht mehr als natürliche und hinterfragbare Wesensmerkmale der Adressat*innen oder der Mitarbeiter*innen verstanden werden. Vielmehr sind diese Positionen Ergebnisse von Zuschreibungs- und Darstellungspraxen. Welche Machtwirkungen, Normierungen und Ausschlüsse mit der sozialen Konstruktion von Differenzen einhergehen können, zeigt der folgende Abschnitt.

Differenz als Ausdruck von Macht und Ungleichheit

Das Fallbeispiel zeigt ebenfalls, dass mit den Differenzverhältnissen Macht- und Ungleichheitsverhältnisse einhergehen. So wird deutlich, dass – wie Fenstermaker, West und Zimmerman (1991) herausstellen – „Doing Difference“ immer auch „Doing Inequality“ bedeutet. Diese (Re-)Produktion von Ungleichheit kann als auf mindestens zwei zentralen Ebenen erfolgend verstanden werden: auf struktureller und institutioneller Ebene sowie auf der symbolischen Ebene.

Ungleichheiten auf struktureller und institutioneller Ebene

Das Wissen der Kinder und Jugendlichen um die Wirkmacht von Differenzverhältnissen und damit einhergehende Erfahrungen der Diskriminierung wird beispielhaft deutlich in den Aussagen von Kemal, Elsa, Ismail und Leon. Die Jugendlichen zeigen mit Bezug auf eigene Erfahrungen oder die Berichte anderer, dass sie um Benachteiligungen entlang der Differenzkategorien „Ethnizität“, „Gender“, „Class“ oder „Bildung“ wissen. Handlungsmöglichkeiten, etwa hinsichtlich der Zukunft und des Berufs, erweisen sich – so ließe sich das entfaltete Wissen der Jugendlichen hier zusammenfassend deuten – neben individuell-biografischen Aspekten durch differenzbedingte Ungleichheitsverhältnisse geprägt und begrenzt.

Während Kemal sein Wissen um rassistische Diskriminierungen einbringt, verweist Elsa auf die nach wie vor bestehende Segregation des Arbeitsmarktes in vermeintliche Frauen- und Männerberufe. Leon hingegen bringt Wissen um Klassismus, also um die Benachteiligungen von Menschen aufgrund ihres (vermuteten) sozialen oder bildungspolitischen Status in die Diskussion ein. Dagegen deutet der von den Sozialarbeiter*innen zunächst nicht weiter aufgegriffene Einwurf von Ismail möglicherweise darauf hin, dass dessen Möglichkeiten, eine berufliche Perspektive entwickeln zu können, durch einen unsicheren Aufenthaltsstatus und eine fehlende Anerkennung als deutscher Staatsbürger beschränkt sind. Die Jugendlichen verweisen hier explizit auf mit Differenzverhältnissen einhergehende Ungleichheiten, Ausschlüsse und Diskriminierungen, die deshalb nicht als individuelle Schicksale, sondern als Effekte gesellschaftlicher Strukturen und Ordnungen erkannt werden müssen.

Wie Rudolf Leiprecht (2008: 435) aufzeigt, haben nun „nicht alle möglichen Diversitäten (...) eine vergleichbare Relevanz“. Die Unterscheidung von Jugendlichen in Sportler*innen oder Nichtsportler*innen kann für die Kinder- und Jugendhilfe in spezifischen Kontexten relevant werden, doch eine solche Differenzierung stellt keine grundlegende Diskriminierungskategorie dar. Mechthild Gomolla (2016: 73) versteht unter Diskriminierung daher „mehr als das Unterscheiden von Objekten“: Sie definiert soziale Diskriminierung als „Praktiken der Herabsetzung, Benachteiligung und Ausgrenzung (...), die gegen Angehörige bestimmter Gruppen beziehungsweise ganze Gruppen gerichtet sind. Dadurch werden Vorteile und Privilegien dominanter Gruppen und ihrer Mitglieder beim Zugang zu gesellschaftlichen Positionen und Möglichkeiten in der Gestaltung von Lebensbedingungen geschaffen, erhalten und verstärkt“ (ebd.). Dass Diskriminierungserfahrungen Teil des jugendlichen Alltags sind, macht Birgit Jagusch mit ihrem Forschungsprojekt zur interkulturellen Öffnung der Offenen Jugendarbeit deutlich: Während „20 % der befragten Jugendlichen (die durchschnittlich 16 Jahre alt und zu mehr als zwei Drittel männlich sind)“ angaben, „schon einmal diskriminiert worden zu sein“ (Jagusch 2014: 428), und diese Erfahrung für sich vor allem mit Verweis auf die sozioökonomische Lage oder den Bildungsstatus begründeten, gaben „jedoch über die Hälfte der befragten Jugendlichen mit Migrationshintergrund an, dass sie von anderen als ‚Ausländer/in‘ behandelt werden beziehungsweise sich selber als Ausländer fühlen“ (ebd.).

Gegen die in Teilen der Sozialen Arbeit vorherrschende Annahme, dass jede*r ja irgendwie anders sei und dieser Unterschiedlichkeit der Adressat*innen am besten über eine individuelle Zuwendung zu begegnen sei, kann also eingewandt werden, dass es Differenzverhältnisse gibt, die für bestimmte Gruppen oder deren Angehörige zu Benachteiligungen, Diskriminierungserfahrungen und Ausschlüssen führen und durch eine individuelle beziehungsweise individualisierende Perspektivierung nicht erkannt und auch nicht verändert werden könnten.

Im Allgemeinen Gleichstellungsgesetz, das 2006 in Deutschland verabschiedet wurde, werden erste Hinweise auf solche grundlegenden Differenz- und Diskriminierungsverhältnisse gegeben. So zielt das Gesetz darauf ab, „Benachteiligungen aus Gründen der Rasse oder wegen der ethnischen Herkunft, des Geschlechts, der Religion oder Weltanschauung, einer Behinderung, des Alters oder der sexuellen Identität zu verhindern oder zu beseitigen“ (§ 1 AGG) – und blendet damit bestimmte Kategorien, wie etwa Klasse, aus. In ihrem Social-Justice-Ansatz erweitern Leah Czollek, Gudrun Perko und Heike Weinbach (2009: 59 f.) die Kategorien noch einmal. Den Autorinnen geht es darum, Ungleichheitsverhältnisse entlang der „Kategorien Gender (...), sexuelle Orientierung,

Hautfarbe, kulturelle Herkunft, Migrant_innen/Nicht-Migrant_innen, Sprache, Religion, Alter, Stadt/Land, soziale Klasse, ‚Behinderung'/Nicht-‚Behinderung'" zu thematisieren.

Um die mit Differenzverhältnissen einhergehenden Ungleichheiten genauer bestimmen und auch ändern zu können, „wird zwischen individueller, interaktionaler, institutioneller und struktureller Diskriminierung wie auch zwischen direkter und indirekter Diskriminierung unterschieden" (Gomolla 2016: 74). Während bei der individuellen Diskriminierung, wie Mechthild Gomolla (ebd.: 75) ausführt, „die Rolle von Individuen und zwischenmenschlichen Interaktionen bei der Entstehung und Aufrechterhaltung von Diskriminierung" in den Fokus gerückt wird, geht es bei der institutionellen Diskriminierung um Mechanismen und Effekte der Benachteiligung von Personengruppen in unterschiedlichen Institutionen, wie etwa im Bildungssystem, bei der Polizei oder auch in Einrichtungen der Sozialen Arbeit.

Wie institutionelle Diskriminierung erfolgt und welche Effekte sie für die Betroffenen zeitigen kann, machen Mechthild Gomolla und Frank-Olaf Radtke (2009) mit ihrer Studie zur institutionellen Schlechterstellung von Schüler*innen aus Familien mit Migrationshintergrund durch die Organisationsform Schule deutlich. Mit Bezug auf das Fallbeispiel kann hingegen der Hinweis von Elsa, dass „die meisten Betriebe" keine Mädchen nehmen, als Hinweis auf eine vermutete Form der institutionellen Diskriminierung verstanden werden. Unter struktureller Diskriminierung wird dann „die historische und sozialstrukturelle Verdichtung von Diskriminierungen bezeichnet" (Gomolla 2016: 79). Rassismus, Sexismus, Heteronormativität und Ableismus sind Beispiele von Diskriminierungen entlang von Differenzen, die in den Strukturen westlicher Gesellschaften tief verankert sind und beispielsweise zur Her- und Schlechterstellung von „Migrationsanderen" (Mecheril 2010: 17), zu dem sogenannten Gender Pay Gap beziehungsweise der geringeren Entlohnung von Frauen, zur Segregation von Menschen mit Behinderung, zu häuslicher Gewalt gegen Frauen oder zu Gewalt gegen Geflüchtete führen. Auch der Verweis von Kemal auf die Erfahrungen seines Freundes Mehmet kann als Hinweis auf rassistische Strukturen gedeutet werden, die sich dann aber auch institutionell oder ebenfalls auf interaktionaler Ebene äußern können.

Deutlich wird, dass Differenzverhältnisse entlang der Kategorien „Gender", „Race", „Class" oder „Body" (Winker und Degele 2009) mit individuellen, institutionellen und strukturellen Diskriminierungen und Benachteiligungen einhergehen und als solche die lebensweltlichen Zusammenhänge der Subjekte beeinflussen. Die Kinder- und Jugendhilfe kann folglich als Ort verstanden werden, an dem gesellschaftliche Differenzverhältnisse, wie etwa Geschlechter-, Migrations- oder Armuts- und Reichtumsverhältnisse, zu unterschiedlichen lebensweltlichen Themen, Erfahrungen und Positionierungen führen, aber auch zu unterschiedlichen Beteiligungsmöglichkeiten der Kinder und Jugendlichen.

Ungleichheiten auf symbolischer Ebene

Eine weitere Ebene der Diskriminierung ist die symbolische. So können Diskriminierungen und Ausschlüsse nicht nur als Folgen ungleicher Bewertungen und Behandlungen von Gruppen und Gruppenmitgliedern verstanden werden, sondern auch als Folge davon, dass Differenzen in Ordnungen eingelassen sind, die binär, hierarchisch und normativ sind. Was das bedeutet, soll zunächst über die Aussage der Sozialarbeiterin verdeutlicht werden. Diese unterteilt die Gruppe der anwesenden Jugendlichen in Jungen und Mädchen. Dabei ruft sie die Jungen an, die Mädchen auch mal etwas sagen zu lassen. Und sie spricht die Mädchen direkt an, nun auch mal – als Mädchen – von den eigenen Berufsperspektiven zu berichten. Die Aufforderung der Pädagogin erfolgt damit in einer klaren binären Geschlechterordnung, in der es entweder Jungen oder Mädchen gibt. Erkennbar wird damit: Zugleich sind die Vorstellungen davon, was Männlichkeit oder Weiblichkeit ist, normativ verfasst.

Wie insbesondere Judith Butler (1991, 2009) zeigt, erweisen sich Differenzen als durch machtvolle Diskurse geprägt – etwa über „richtige Weiblichkeit“, über „normale Sexualität“, wer ein „Flüchtling ist“ oder darüber, „wie ein Deutscher aussieht“, usw. Differenzen sind normative Konstrukte sozialer Ungleichheit, die von den Subjekten aufgenommen und identitätsbildend umgesetzt werden. Und: Differenzordnungen sind hierarchisch organisiert, insofern in diesen normativ verfassten Ordnungen „bestimmte Zugehörigkeiten und Identitätspositionen politisch und kulturell gegenüber anderen privilegiert sind“ (Mecheril 2008: 79).

Diese Hierarchie der Differenzen zeigen auch Helma Lutz und Norbert Wenning (2001: 20) anhand der mit zentralen Differenzkategorien einhergehenden Grunddualismen von beispielsweise männlich und weiblich, heterosexuell und homosexuell, weiß und schwarz. Lutz und Wenning verdeutlichen, dass das Verhältnis der jeweiligen Pole zueinander nicht neutral ist, sondern sich die

Differenzlinien in eine dominante und eine untergeordnete Position scheiden. Im Rahmen binärer Differenzordnungen gibt es folglich eine als normal geltende Position (zum Beispiel „the West“, Heterosexualität, Männlichkeit) und eine andere Position („the Rest“, Homosexualität, Weiblichkeit). „Mit anderen Worten: Einer der Pole ist immer dominant im Verhältnis zu seinem Gegenüber. Dieses schließt er bereits im Feld seiner Opposition mit ein. Das geht einher mit dem Vorgang der Benennung der *einen* Seite, während die andere Seite von der ersten abgeleitet wird und unbenannt bleibt“ (ebd.: 17).

Für Christiane Thompson (2016: 62) macht dieses Wissen um hierarchische Differenzordnungen „Macht- und Herrschaftsverhältnisse als Effekte einer Signifizierungspraxis lesbar, die Menschen, Dinge und Sachverhalte in sozial-kulturellen Ordnungen der Zugehörigkeit beziehungsweise Nicht-Zugehörigkeit verortet.“ Das heißt, dass die mit den Differenzkategorien einhergehenden Unterteilungen in männlich versus weiblich, nicht behindert versus behindert, heterosexuell versus homosexuell, gesund versus krank bereits Einteilungen in (an-)erkennbare und nicht (an-)erkennbare Identitätspositionen beinhalten.

Binär strukturierte Differenzordnungen implizieren also normative Vorstellungen von Zugehörigkeiten und Nichtzugehörigkeiten, von „wir“ und „den anderen“, von „normal“ und „besonders“ (Mecheril 2008; Mecheril und Plößer 2009). Entsprechend erfolgt das „zum Jungen werden“ oder das „zum Migranten werden“ immer auch entlang normativer Vorstellungen, die vorgeben, was „ein richtiger Junge“ beziehungsweise was ein „Migrant“ ist. Differenzordnungen führen somit dazu, dass Menschen beispielsweise als Männer und Frauen, als Arbeitslose oder Behinderte angesprochen und sozialisiert werden und dabei den entsprechenden normativen Vorstellungen unterworfen sind.

Die Folgen einer solchen binären und normativen Differenzordnung werden im Fallbeispiel in den Äußerungen von Lynn und Leon deutlich: Mit ihrer Aussage: „Also, ich kenn so ´ne Frau, die so KFZ-Mechaniker geworden ist. Die hat voll den Stiernacken. Das ist so für mich nicht mehr richtig weiblich. So will ich echt nicht aussehen“ nimmt Lynn eine Bewertung von Körpern entlang der Frage vor, ob diese aktuellen Weiblichkeitsnormen entsprechen, sodass der Ausschluss eines bestimmten Berufs damit begründet wird, dass damit nicht der körperlichen Norm von Weiblichkeit entsprochen würde. Auch Nurîs Berufswunsch Krankenpflege wird von Leon innerhalb einer Differenzordnung von weiblich–männlich, heterosexuell–homosexuell wahrgenommen und bewertet.

Leon bezeichnet Nurîs Berufswunsch als „schwul" und markiert diesen damit als anders, als nicht den gängigen Normen von Männlichkeit oder Heterosexualität entsprechend.

Somit können Jugendliche, die sich den jeweiligen Differenzordnungen nicht klar zuordnen lassen – weil sie sich in der Kultur der Zweigeschlechtlichkeit nicht eindeutig genug als vermeintlich männlich oder weiblich inszenieren (können) oder weil sie bestehende natio-ethno-kulturelle Ordnungen durchkreuzen (Mecheril und Plößer 2012) –, Sanktionen, Abwehr oder Abwertungen erfahren. Darüber hinaus sind die Interaktionen, in denen Identitäten dargestellt und zugeschrieben werden, immer auch von Macht und von Ungleichheit gekennzeichnet, weil die kulturellen Ressourcen zur Darstellung von Geschlecht zum einen ungleich verteilt sind und zum anderen auch ungleich bewertet werden. Während beispielsweise die kulturelle Praxis von Jugendlichen, Gitarre in einer Band zu spielen, eher männlich codiert ist und als solche Wertschätzung erfährt, drohen weiblich codierte kulturelle Praxen von Mädchen und jungen Frauen, wie etwa „Schminken" (Spyra und Hoffarth 2014) oder Fan einer Popband zu sein (Fritzsche 2003), eher abgewertet zu werden.

İnci Dirim (2016: 323) verdeutlicht in ihren Arbeiten zudem, dass „über das Differenzmerkmal Sprache gesellschaftliche Verhältnisse der Über- und Unterordnung (re-)produziert werden", mit dem Effekt, dass bestimmte Sprachen gegenüber anderen abgewertet werden. Wie wirkmächtig die symbolische Ebene bei der (Re-)Produktion von Ungleichheiten und Diskriminierungen ist, macht auch der Hinweis Leons deutlich, dass Menschen aufgrund ihres Namens benachteiligt zu werden drohen. Dass die Reflexion normativer Vorstellungen über Differenzen wichtig ist, um Praxen und Verhaltensweisen von Jugendlichen verstehen zu können, zeigen etwa Anne Phoenix und Stephen Frosh (2005). So machen die Forscher*innen deutlich, dass die aktuellen normativen männlichen Orientierungsmuster und Männlichkeitsbilder (zum Beispiel das des toughen, coolen Jungen) als mitverantwortlich für das schlechtere schulische Abschneiden von Jungen verstanden werden, da diese einem schulischen Engagement widersprechen beziehungsweise ein solches Engagement als weiblich markieren.

Die Hinweise darauf, dass Bezüge auf Differenzen in hierarchischen Differenzordnungen erfolgen, rücken damit eine neue Ebene der Ausgrenzung und des Ausschlusses in den Fokus. Es wird deutlich, dass Menschen entlang normativer und binärer Differenzlinien eingeordnet, damit normativen Vorstellungen und

Anforderungen unterworfen und ihre Identitätspositionen als normal oder anders, als zugehörig oder nicht zugehörig kategorisiert werden. Sie werden damit nicht nur durch fehlende Anerkennung oder die mangelnde Ausstattung mit Ressourcen oder Rechten diskriminiert, sondern bereits die Differenzsetzung selbst erweist sich als Ungleichheiten erzeugend, da diese dazu führt, dass Menschen als anders oder nicht zugehörig wahrgenommen werden können.

Benachteiligungen und daraus möglicherweise resultierende Unterstützungsbedarfe ergeben sich also – so die Konsequenz dieser Differenzperspektive – nicht nur beziehungsweise nicht erst daraus, dass Menschen beispielsweise als Frauen schlechter bezahlt oder als Migrant*innen im Bildungssystem schlechter gestellt werden. Benachteiligungen ergeben sich auch daraus, dass Menschen überhaupt entlang dieser Kategorien differenziert und eingeordnet werden, dass sie als Frauen oder Migrant*innen von Männern und Nichtmigrant*innen unterschieden werden und sich normativen Vorstellungen über die jeweilige Differenz ausgesetzt sehen.

Differenzen sind miteinander verwoben

Die bisherige Analyse des Fallbeispiels hat gezeigt, dass Differenzen wirkmächtig und mit Ungleichheiten verbunden sind. Und sie hat gezeigt, dass Differenzen durch Anrufungen in sozialen Interaktionen (re-)produziert werden. Allerdings – auch das wird bei der näheren Beschäftigung mit dem Beispiel deutlich – existieren Differenzlinien nicht im Singular und nicht isoliert. Die Adressat*innen der Jugendeinrichtung sind beispielsweise jugendlich und männlich. Sie wohnen in einem bestimmten Stadtteil, ihre Eltern haben ein bestimmtes ökonomisches Kapital (nicht) zur Verfügung. Die von den männlichen Jugendlichen Leon, Nurî, Ismail und Kemal eingebrachten Hinweise zu den Berufsvorstellungen (Zuhälter, Fußballer, unklare Perspektive, Altenpfleger) lassen sich mithin nicht nur als durch die Differenz „Jugend“, aber eben auch nicht nur allein entlang der Differenzlinie „Gender“ verstehen. Stattdessen spielen auch Fragen von Klasse, Bildung und nationaler (Nicht-)Zugehörigkeit eine wichtige Rolle.

Deutlich wird damit, dass die Erfahrungen und Positionierungen von Menschen niemals nur durch eine Differenz (zum Beispiel Geschlecht) geprägt, sondern diese als durch vielfältige miteinander verwobene Differenzlinien beeinflusst verstanden werden können. Eine analytische Möglichkeit, die Verwobenheiten von Differenzlinien unter einer macht- und ungleichheitskritischen

Perspektive wahrzunehmen, eröffnet das Konzept der Intersektionalität. Mit diesem Begriff verweist die Juristin Kimberlé Crenshaw auf die Wechselwirkungen zwischen den unterschiedlichen Differenzkategorien. Sie zeigt, dass die Diskriminierungserfahrungen von Menschen nur dann verstanden und erklärbar gemacht werden können, wenn diese als „intersections", als Kreuzungen mehrerer sozialer Ungleichheitskategorien begriffen werden. Crenshaw (1994) will mit ihrem Konzept dafür sensibilisieren, dass und wie sich in spezifischen Situationen verschiedene Differenzkategorien überschneiden und mit spezifischen Diskriminierungserfahrungen verbunden sein können.

Berichtet beispielsweise eine Jugendliche den Mitarbeiter*innen eines Jugendtreffs von ihrer Erfahrung, aufgrund des von ihr getragenen Kopftuchs als unemanzipiert und rückständig beschimpft worden zu sein, so kann diese Erfahrung als Schnittstelle unterschiedlicher Differenzkategorien verstanden werden, die jeweils spezifische Diskriminierungsformen und -erfahrungen bedingen. Intersektionalität kann also als Perspektive beschrieben werden, mittels derer die Bedeutungen sozialer Differenzkategorien wie Gender, Ethnizität, Klasse usw. in ihren Wechselwirkungen und Verwobenheiten bedacht werden können (Riegel 2011). Damit grenzt sich die intersektionale Perspektive von eindimensional und binär angelegten Analysen von Differenzverhältnissen ab, die beispielsweise nur Geschlecht oder nur Ethnizität als relevante Ungleichheitskategorien betrachten. Intersektionalität kann als Versuch gelesen werden, einem verkürzenden oder allein additiven Verständnis von Differenz zu entgehen und stattdessen die mit Differenzverhältnissen einhergehenden und oben beschriebenen Ungleichheiten auf struktureller, institutioneller und symbolischer Ebene in ihrer Komplexität wahrzunehmen.

Bedeutungen von Differenz- und Ungleichheitsverhältnissen für die Kinder- und Jugendhilfe

Aus der Einsicht in die soziale Produziertheit von Differenzverhältnissen und die mit den vielfältigen Differenzlinien einhergehenden Macht- und Ungleichheitsverhältnisse lassen sich Perspektiven, Fragen und auch Orientierungen für eine an Demokratiebildung und Partizipation ausgerichtete Kinder- und Jugendhilfe entwickeln. So wird zunächst erkennbar, dass und wie die Adressat*innen und Sozialpädagog*innen, aber auch Wissenschaftler*innen aktiv an der Konstruktion von Differenz beteiligt sind. Denn schließlich wird ja nicht nur durch die Jugendlichen und Pädagog*innen in dem Fallbeispiel, sondern auch durch unseren Bezug darauf Differenz reproduziert. Das heißt, dass beispielsweise durch die Konstruktion des Fallbeispiels auch wieder ein differenzierendes Wissen über Weiblichkeit, Männlichkeit, über Jugendliche, Pädagog*innen, über Ethnizität und Sexualität (re-)produziert wird – und mithin „Doing Difference" stattfindet.

Für Pädagog*innen ist daher – so Christiane Micus-Loos (2013) – ein Bewusstsein für die alltägliche Mitkonstruktion von Differenz unabdingbar. Für eine solche sich des „Doing Difference" bewusste Kinder- und Jugendhilfepraxis gilt es dann zu untersuchen, wie in der täglichen Arbeit durch Zuordnungen, Diagnosen oder räumliche Settings Differenzen (re-)produziert werden. Die Einsicht in die soziale Produziertheit von Differenzen verweist somit zugleich auf „die große Verantwortung der professionell Tätigen, insofern sie in die Interaktion involviert und daher stets Teil der Zuschreibungs-, Wahrnehmungs- und Darstellungspraxis sind" (Micus-Loos 2013: 185).

Um sich dieser Verantwortung zu stellen, können Mitarbeiter*innen der Kinder- und Jugendhilfe sich Folgendes fragen:

- Welche Differenzen stellen wir wie dar?
- Welche Zuschreibungen tätigen wir?
- Wie wird durch unsere Institution, durch die jeweiligen Regeln, Routinen und Interaktionen Gender, Ethnizität oder Klasse und so weiter getan?
- Welche Darstellungen erwarten wir von den Adressat*innen? Welche Differenzen werden von den Kindern und Jugendlichen (re-)produziert?
- Welche Ressourcen benötigen die Adressat*innen für ihre Inszenierungen?
- Wie können wir alternative Inszenierungen ermöglichen und Beteiligungsmöglichkeiten eröffnen?

Die Praxen der Herstellung und Reproduktion von Unterschieden können mit diesen Reflexionsfragen nicht ausgehebelt oder umgangen werden, doch können die Reflexionen helfen, sich der Konstruktionen, ihrer Regeln, ihrer Funktionen und Effekte bewusst(er) zu werden. Sie regen auch an, den Jugendlichen Unterstützung in diesen unhintergehbaren Inszenierungen anzubieten oder alternative Inszenierungen zu ermöglichen. Die Kinder- und Jugendhilfe könnte sich damit als Ort verstehen, an dem die Inszenierungen und Performances der Jugendlichen reflexiv begleitet und unterstützt werden (Scherr 2010; Schulz 2013).

Auch kann sie ihre Adressat*innen ermutigen, andere, bisher ungewohnte Darstellungen zu erproben und stigmatisierende oder einengende Zuschreibungen zu überdenken. Zudem sind die von Professionellen angelegten Maßstäbe und Annahmen darüber, welche Differenzkategorien für Kinder und Jugendliche relevant sind, immer auch kritisch zu reflektieren beziehungsweise an die Wahrnehmungen und Artikulationen der Kinder und Jugendlichen rückzubinden. So könnte es „für die Positionierung auf der *peer-to-peer*-Ebene teilweise im Zweifel doch entscheidender sein, ob ich genug Geld habe, um am Wochenende mit ins Kino und anschließend in die Kneipe zu gehen, als die Frage, ob meine Eltern in der Ukraine aufgewachsen sind“ (Jagusch 2014: 429; kursiv i. O.).

Da „Doing Difference“ aber auch wie gezeigt „Doing Inequality“ (Fenstermaker, West und Zimmerman 1991) bedeutet, gilt es ebenfalls, genauer zu bedenken, wie die mit dem Bezug auf Differenzkategorien einhergehenden Diskriminierungen, Benachteiligungen und Ausschlüsse gemindert werden können. Dazu müssen vor allem die Ebenen struktureller und symbolischer Diskriminierungen in den Blick genommen werden. Schließlich erweist sich der öffentliche Raum – in den die Subjekte ihre Angelegenheiten einbringen sollen –, zeigen sich die Settings – in denen miteinander gestritten und Lösungen verhandelt werden sollen – und sind auch die lebensweltlichen Erfahrungen der Subjekte immer schon durch strukturelle und symbolische Differenz- und Ungleichheitsverhältnisse geprägt.

Ob Ismail eine berufliche Perspektive in Deutschland entwickeln kann, ob Elsa eine Ausbildungsstelle als KFZ-Mechanikerin finden würde und ob Nurî Altenpfleger wird, hängt also nicht allein vom individuellen Vermögen der Subjekte ab. Ganz im Gegenteil erweisen sich strukturelle Benachteiligungen und Ausschlüsse (zum Beispiel die Kategorie „nationale Zugehörigkeit“ bei Ismail) wie auch normative Anforderungen entlang von Differenzkategorien (zum Beispiel die Anforderung an Nurî: Wähl einen Job, der Muster heterosexueller Männlichkeit nicht infrage stellt) für die lebensweltlichen Erfahrungen, die Identitätskonstruktionen und Handlungsmöglichkeiten der Kinder und Jugendlichen als hoch relevant. Da also die Ausstattung mit materiellen und symbolischen Ressourcen, die Möglichkeiten der Teilhabe und Partizipation wie auch die soziale Anerkennung entlang von Differenzkategorien erfolgen, müssen die lebensweltlichen Zusammenhänge der Kinder und Jugendlichen ebenfalls als durch Ungleichheitsverhältnisse geprägt verstanden werden.

Differenzkategorien wie Gender oder Ethnizität beeinflussen die Lebenswelten von Kindern und Jugendlichen und über Differenzierungen entlang dieser Kategorien werden ihnen unterschiedliche Handlungsmöglichkeiten und Ressourcen eröffnet oder verwehrt. Sie können damit zu unterschiedlichen Problemlagen und Betroffenheiten, aber auch zu unterschiedlichen Deutungsmustern, Handlungsstrategien und Artikulationsformen führen. Folglich sind auch Äußerungen von Kindern und Jugendlichen, ihre kulturellen Praxen und Ausdrucksformen nicht nur als spielerische Performances des „Doing Difference" zu verstehen; sondern in den lebensweltlichen Themen, Diskursen und Inszenierungen zeigen sich immer auch individuell, institutionell oder strukturell wirksame Ungleichheitsverhältnisse, die die Beteiligungs- und Partizipationsmöglichkeiten der Subjekte einschränken können. Für Kinder und Jugendliche können Erfahrungen von Benachteiligung und Diskriminierung somit alltäglicher Bestandteil ihrer Lebenswelt sein; umgekehrt können für andere Kinder und Jugendliche oder Pädagog*innen aus bestimmten institutionellen oder strukturellen Verhältnissen Vorteile erwachsen.

Wenn Kinder und Jugendliche angeregt werden, ihre Betroffenheit, ihre lebensweltlichen Positionierungen zum Thema und ihre Angelegenheiten öffentlich zu machen – das zeigt auch das oben angeführte Fallbeispiel –, kommen immer auch Differenz- und Ungleichheitsverhältnisse ins Spiel und zeigen sich unterschiedliche Betroffenheiten. Die von den Jugendlichen angeführten Erfahrungen von und Kenntnisse über Diskriminierungen gilt es daher wahrzunehmen und anzuerkennen – und nicht etwa auszublenden, zu individualisieren oder als Problem einer vermeintlichen Minderheitenposition abzutun. Für Birgit Jagusch (2014: 428) „sind die Förderung von Empowerment und Strategien des Umgangs mit Rassismus- und Diskriminierungserfahrungen" daher zentrale Bestandteile einer diversitätsbewussten Jugendarbeit. So könne beispielsweise gerade „die Offene Jugendarbeit ein besonders geeigneter Ort sein, da in den OTs die Jugendlichen sich selber Räume aneignen beziehungsweise schaffen und ohne direkte oder hierarchisierende Abhängigkeiten zu Erwachsenen oder Personen aus der weißen Dominanzgesellschaft agieren können" (ebd.). Für die Kinder- und Jugendhilfe kann daraus zunächst die Aufgabe resultieren, den mit Differenzverhältnissen einhergehenden lebensweltlichen Erfahrungen der Benachteiligung oder des Ausschlusses Raum zu geben.

Dieser Raum muss nicht per se gleich ein öffentlicher Raum sein und er muss auch nicht genutzt oder angenommen werden. Gerade weil bei der Thematisierung von Alltagserfahrungen auch Erfahrungen von Gewalt, von Marginalisierung oder Benachteiligung eine Rolle spielen können, sollten Kindern und Jugendlichen immer Möglichkeiten des Rückzugs und auch der Verweigerung von Themen eröffnet werden.

Schließlich ist auch die Kinder- und Jugendhilfe als Ort zu verstehen, an dem Macht- und Ungleichheitsstrukturen (re-)produziert werden – und zwar auch gerade dann, wenn Subjekte im Sinne von Demokratiebildung und Partizipation dazu aufgefordert werden, ihre Themen, ihre Sichtweise einzubringen und lebensweltliche Erfahrungen zum Thema zu machen. Denn zum einen sind diese eingebrachten Erfahrungen per se durch Ungleichheiten geprägt und mit bestimmten Strukturen und institutionellen Regelungen sind Benachteiligungen, Ausschlüsse und Diskriminierungen einiger, aber auch Vorteile und Privilegien für andere verbunden.

Zum anderen können die Artikulationen der Subjekte selbst diskriminierend sein, können in und mit diesen rassistische, homophobe, sexistische oder ableistische Diskurse (re-)produziert werden. Das bedeutet, dass in den sozialen Interaktionen mit den Jugendlichen und Kindern selbst wieder „Doing Inequality" passieren kann, etwa indem im Sprechen Stereotype (re-)produziert oder bestimmte Artikulationen als „Lärmen" (Rancière 2002) abgewertet werden, wenn Jugendliche nicht zu Wort kommen, ihnen nicht zugehört oder nicht geantwortet wird. „Doing Demokratiebildung" kann somit folglich leider auch „Doing Rassismus" oder „Doing Sexismus" heißen.

Folgende Fragen könnten sich damit für die Kinder- und Jugendhilfe ergeben:

- Inwieweit erweisen sich die Lebenswelten der Adressat*innen als von komplexen und miteinander verwobenen Differenzverhältnissen bedingte Lebenswelten?
- Wie können – durch fehlende Ressourcen, Abwertungen oder Gewalt bedingte – Ausschlüsse und Benachteiligungen der Kinder und Jugendlichen verhindert oder begrenzt werden?
- Wie müssen die Angebote, Ansprachen und Strukturen verändert werden, damit sie den unterschiedlichen Ansprüchen, Bedürfnissen und Problemlagen der Adressat*innen entsprechen?
- Wie gehen wir damit um, dass Differenzkategorien wie Gender, Klasse, Ethnizität die Lebensrealitäten der Adressat*innen beeinflussen? Wie und mit welchen Effekten wird durch unsere Einrichtung, unsere Wahrnehmungen, unsere Deutungen, Bewertungen und Ansprachen „Doing Inequality" getan?

Ob Artikulationen als „Lärmen" wahrgenommen oder überhaupt gehört und ob Subjekterfahrungen und -positionen als erkennbar und anerkennbar verstanden werden, hängt aber – wie oben gezeigt – nicht nur von den Ressourcen und Handlungsmöglichkeiten ab, die Menschen (nicht) zur Verfügung haben, sondern auch von den jeweiligen normativen Vorstellungen: welche Identitätspositionen als anerkennenswert gelten und welche nicht, und wessen Artikulationen als wohlklingend oder angemessen gelten beziehungsweise welche nicht. Da Differenzkategorien in einer hierarchischen und normativen Ordnung organisiert sind, werden bestimmte Identitäten, bestimmte Artikulationen, bestimmte Handlungsstrategien und bestimmte Interessen privilegiert und andere abgewertet und diskriminiert. So beeinflussen Differenznormen immer auch, ob Menschen überhaupt als in den demokratischen Prozess einzubeziehende Subjekte erkannt und (an-)erkannt werden. Für die Kinder- und Jugendhilfe könnte das bedeuten, sich folgende Fragen zu stellen:

- Welche Normen und Differenzordnungen spielen in den lebensweltlichen Zusammenhängen der Kinder und Jugendlichen eine Rolle und wie werden durch diese Normen Ausschlüsse produziert und legitimiert?
- Welche (rassistischen, geschlechtlichen, klassistischen oder sexuellen) Normen werden institutionell, etwa durch die in Flyern verwendeten Bilder oder Sprachen, wie auch in konkreten Interaktionen (re-)produziert?
- Wie werden die Adressat*innen angesprochen und mit welchen Begriffen? Handelt es sich dabei um Begriffe der Kinder und Jugendlichen oder um die der Pädagog*innen? Und wie werden durch die Sprache der Fachkräfte, etwa durch Diagnosen und Fachbegriffe, die Erfahrungen und Deutungen der Kinder und Jugendlichen zugedeckt und zum Verstummen gebracht?
- Was wird als „Lärm" verstanden? Welche Sprachen müssen gesprochen werden, damit diese Gehör finden? Welche Sprachen werden abgewertet oder gar nicht erst gehört?
- Wie müssen Jugendliche heißen, aus welchen Stadtteilen müssen sie kommen, welche sexuelle Orientierung sollten sie haben, auf welche Schulen müssen sie gehen usw., damit ihre Ausdrucksformen als relevant und anerkennbar wahrgenommen werden? Und welche Erfahrungen werden in den bestehenden Ordnungen damit nicht wahrgenommen oder als weniger wichtig erachtet?
- Welche Kinder und Jugendlichen werden gar nicht erst wahrgenommen, weil sie in den bestehenden Entweder-oder-Ordnungen keinen Platz haben oder gar

nicht erst als Adressat*in erkennbar sind (weil sie zum Beispiel als Geflüchtete keinen Zugang zu bestimmten Angeboten haben oder als Menschen mit Handicap die Einrichtung gar nicht erreichen können)?

Diese Fragen können den Pädagog*innen helfen wahrzunehmen, inwiefern die Lebenswelten der Kinder und Jugendlichen neben strukturellen Ungleichheiten auch durch normative Vorstellungen und Ordnungen geprägt und eingeschränkt sind. Zugleich können sie helfen, solcher Normen und Leerstellen gewahr zu werden, die auch im Alltag der Kinder- und Jugendhilfe produziert werden.

Maxime im Umgang mit Differenzen

Eine mögliche Orientierung, wie die Kinder- und Jugendhilfe mit Differenzkategorien und damit einhergehenden Ungleichheitsverhältnissen umgehen kann, bietet das Konzept des Social Justice. Das vor allem mit Bezug auf die Arbeiten von Nancy Fraser und Iris Marion Young entwickelte Konzept versucht, Fragen von Gleichheit und Verteilungsgerechtigkeit mit Fragen der Anerkennung von Unterschieden zusammenzudenken (Czollek, Perko und Weinbach 2011, 2012; Perko 2013). So beschreibt Iris Marion Young Gerechtigkeit im Sinne von Social Justice als „das Vorhandensein von institutionellen Voraussetzungen, die es allen ermöglichen, befriedigende Fähigkeiten in sozial anerkannten Umfeldern zu erlernen und auszuüben, an Entscheidungsprozessen beteiligt zu sein und ihre Gefühle, Erfahrungen und Perspektiven, die sie auf das gesellschaftliche Leben und mit ihm haben, in Kontexten artikulieren zu können, wo andere ihnen zuhören können" (Young 1994: 91 [Übers. Heike Weinbach]; zitiert nach Czollek, Perko und Weinbach 2011: 264).

Für Leah Czollek, Gudrun Perko und Heike Weinbach (2012), die das Konzept im deutschsprachigen Raum für die Pädagogik und die Soziale Arbeit aufgegriffen und zu einem Trainingsansatz weiterentwickelt haben, eröffnet Social Justice die Möglichkeit, Anerkennungs- und Verteilungsgerechtigkeit zusammenzudenken und dadurch komplexe Formen der Diskriminierungen und Ungleichheiten zu mindern. So geht es mit Social Justice darum, „dass alle Menschen den gleichen Zugang zu allen gesellschaftlichen Ressourcen haben: Zugang also zu materiellen, kulturellen, sozialen, institutionellen, politischen Bereichen und so weiter. Und das ungeachtet ihrer ‚Nützlichkeit' in dieser Gesellschaft; ungeachtet ihrer Hautfarbe, ihres Alters, ihrer sozialen und kulturellen Herkunft, ihres Geschlechtes, ihrer sexuellen Orientierung, ihrer körperlichen oder geistigen Verfasstheit usw." (Institut Social Justice und Diversity o. J.).

Während bei der Dimension der Verteilungsgerechtigkeit eine gerechte Verteilung von Ressourcen und Gütern in den Fokus rückt, geht es bei dem Prinzip der Anerkennungsgerechtigkeit darum, Diskriminierungen und Benachteiligungen zu beseitigen oder zumindest zu verringern, indem den Unterschieden von Menschen Rechnung getragen wird und diese in ihren jeweiligen Besonderheiten, ihren je unterschiedlichen Dispositionen, Fähigkeiten und sozialen Merkmalen anerkannt werden. Schließlich ist mit einer gleichen Verteilung von Gütern, etwa von Fahrrädern, solchen Jugendlichen nicht geholfen, die beispielsweise aufgrund einer Behinderung nicht Fahrrad fahren können. Und der gleiche Zugang zu Bildung hilft nicht notwendigerweise Jugendlichen, die aufgrund ihrer sexuellen Orientierung Stigmatisierungen und Diskriminierungen im Schulalltag erfahren. Und mit Bezug auf das Fallbeispiel lässt sich feststellen, dass allgemeine Fragen der Berufsplanung oder einer gerechten Bezahlung bei Ismail möglicherweise zunächst von der Anerkennung seines Fluchtstatus abhängen.

Wie wichtig eine Anerkennung von Differenz und das Erkennen differenzbedingter Ungleichheitsverhältnisse sind, wurde der Kinder- und Jugendhilfe vor allem durch feministische, rassismuskritische oder inklusive Ansätze aufgezeigt. So weist die feministische Pädagogik die Kinder- und Jugendhilfe seit Ende der 1970er-Jahre auf die Bedeutsamkeit der Kategorie „Geschlecht" hin. Durch die Anerkennung von Geschlechterdifferenzen sollen weiterhin bestehende Geschlechterungleichheiten und Benachteiligungen auf institutioneller Ebene (zum Beispiel die Ausrichtung der Angebote der Offenen Jugendarbeit an den Interessen von Jungen) oder auf struktureller Ebene (zum Beispiel Formen sexualisierter Gewalt gegenüber Mädchen und Frauen) skandalisiert und verringert werden (zum Beispiel Heiliger und Kuhne 1993; Busche et al. 2010). Dementsprechend kann auch der Einwurf der Sozialarbeiterin, „die Mädchen auch mal was sagen [zu] lassen", verstanden werden als Ausdruck einer Anerkennung der Geschlechterdifferenz wie auch als Versuch, die Stimmen und Sichtweisen der Mädchen in die Debatte einzubringen, um so Ungleichheiten (der Artikulation) zu verringern.

Da genau diese Anerkennung der Differenz aber auch das Risiko birgt, dadurch wieder binäre und hierarchische Differenzordnungen und Homogenisierungen zu (re-)produzieren (*die* stillen, pädagogischer Hilfe bedürftigen Mädchen versus *die* lauten, nicht der Hilfe bedürftigen Jungen), braucht es neben den Maximen der Verteilungsgerechtigkeit und Anerkennung auch eine kritische Infragestellung von Differenzordnungen und -normen. So ist der anerkennende Bezug auf soziale Differenzkategorien auf der einen Seite notwendig und unhintergehbar, um Ungleichheiten erkennen und fehlende Anerkennung thematisieren und skandalisieren zu können (Maurer 2001). Zugleich droht dadurch auf der anderen Seite aber, dass Vorstellungen einer wesenhaften, binären Differenz verfestigt und Vorstellungen einer homogenen Gruppe – der Mädchen, der Kinder, der Geflüchteten – reproduziert werden. Das heißt: „Die ‚Arbeit an der Differenz' als Umgang mit sozialer Ungleichheit und Individualität bleibt ambivalent" (ebd.: 125).

Folglich bedarf es also einer weiteren Perspektive, mit der die Ordnungen selbst wieder hinterfragt werden. Zu folgen wäre hier dem Vorschlag Carol Hagemann-Whites (1993: 75), die für ein Vorgehen plädiert, das „die Differenzperspektive abwechselnd ernst nimmt und außer Kraft setzt". So muss sich die Kinder- und Jugendhilfe weiterhin auf die erlebte Realität ihrer Kinder und Jugendlichen als Mädchen oder Jungen, als Geflüchtete, als Behinderte und so weiter beziehen, kann aber auch die vermeintlichen Selbstverständlichkeiten von Differenzkonstruktionen hinterfragen, Differenzordnungen dekonstruieren, Differenznormen kritisieren und auch Differenzen innerhalb der jeweiligen Gruppen in den Blick rücken.

Das Gerechtigkeitsmodell des Social Justice schließt an die zu Anfang des Textes formulierten Kernaspekte der Beteiligung an Demokratie an: Es geht um Zugang zur Beteiligung und um die Möglichkeit, eigene Positionen zu entwickeln, zu artikulieren und damit gehört zu werden, also darum, Resonanz zu bekommen. Das gilt auch für die Phasen des weiteren demokratischen Prozesses. Young sieht hier besonders die Aufgabe der Institutionen, diese Voraussetzungen zu sichern, indem sie gleiche Rechte gewährleisten, Zugänge eröffnen und versuchen, der Differenz gerecht zu werden. Diese in und durch Demokratie inkludierenden Institutionen sind in unserem Fall vorrangig die pädagogischen Einrichtungen, die zivilgesellschaftlichen Organisationen – besonders die Vereine –, die (lokalen) Organisationen der Ermöglichung von Öffentlichkeit (wie Medien, politische Organisationen) und die verfassten Gremien und demokratischen Verwaltungen, zentral auf Ebene der Kommune. Für die sozialpädagogischen Institutionen der Kinder- und Jugendhilfe, die sich als Projekt zur Stärkung von Demokratie und sozialer Gerechtigkeit verstehen, ist also zu klären, wie sie die genannten Voraussetzungen gewährleisten können.

Literatur

AGG – Allgemeines Gleichstellungsgesetz (2006). www.gesetze-im-internet.de/bundesrecht/agg/gesamt.pdf (Download 29.8.2019).

Beauvoir, Simone de (1951). *Das andere Geschlecht. Sitte und Sexus der Frau.* Hamburg.

Busche, Mart, Laura Maikowski, Ines Pohlkamp und Ellen Wesemüller (2010). *Feministische Mädchenarbeit weiterdenken. Zur Aktualität einer bildungspolitischen Praxis.* Bielefeld.

Butler, Judith (1991). *Das Unbehagen der Geschlechter.* Frankfurt am Main.

Butler, Judith (2009). *Die Macht der Geschlechternormen.* Frankfurt am Main.

Crenshaw, Kimberlé (1994). „Mapping the Margins: Intersectionality, Identity Politics, and Violence Against Women of Color". *The Public Nature of Private Violence.* Hrsg. Martha Fineman und Roxanne Mykitiuk. New York. 93–118.

Czollek, Leah C., Gudrun Perko und Heike Weinbach (2009). *Lehrbuch Gender und Queer. Grundlagen, Methoden und Praxisfelder.* Weinheim.

Czollek, Leah C., Gudrun Perko und Heike Weinbach (2011). „‚Radical Diversity' im Zeichen von Social Justice. Philosophische Grundlagen und praktische Umsetzung von Diversity in Institutionen". *Soziale (Un)Gerechtigkeit. Kritische Perspektiven auf Diversity, Intersektionalität und Antidiskriminierung.* Hrsg. Maria Castro Varela und Nikita Dhawan. Berlin. 260–277.

Czollek, Leah C., Gudrun Perko und Heike Weinbach (2012). *Praxishandbuch Social Justice und Diversity. Theorien, Training, Methoden, Übungen.* München und Weinheim.

Derrida, Jacques (2003). *Schurken. Zwei Essays über die Vernunft.* Frankfurt am Main.

Dirim, İnci (2016). „Sprachverhältnisse". *Handbuch Migrationspädagogik.* Hrsg. Paul Mecheril, unter Mitarbeit von Matthias Rangger und Veronika Kourabas. Weinheim und Basel. 311–325.

Fenstermaker, Sarah, Candace West und Don H. Zimmerman (1991). „Gender Inequality: New Conceptual Terrain". *Gender, Family and Economy: The Triple Overlap.* Hrsg. Rae Lesser-Blumberg. Newbury Park, CA. 289–307.

Fritzsche, Bettina (2003). *Pop-Fans. Studie einer Mädchenkultur.* Opladen.

Garfinkel, Harold (2008 [1967]). *Studies in Ethnomethodology.* Oxford.

Gomolla, Mechthild (2016). „Diskriminierung". *Handbuch Migrationspädagogik.* Hrsg. Paul Mecheril, unter Mitarbeit von Matthias Rangger und Veronika Kourabas. Weinheim und Basel. 73–89.

Gomolla, Mechthild, und Frank-Olaf Radtke (2009). *Institutionelle Diskriminierung. Die Herstellung ethnischer Differenz in der Schule.* 3. Aufl. Wiesbaden.

Habermas, Jürgen (1992). *Faktizität und Geltung. Beiträge zur Diskurstheorie des Rechts und des demokratischen Rechtsstaats.* Frankfurt am Main.

Hagemann-White, Carol (1993). *„Die Konstrukteure des Geschlechts auf frischer Tat ertappen? Methodische Konsequenzen einer theoretischen Einsicht". Feministische Studien 2* (11). 68–78.

Heil, Reinhard, und Andreas Hetzel (o. J.): *„Radikale Demokratie".* www.radikaldemokratie.de/wp-content/uploads/2010/05/radikaldemokratie1.pdf (Download 18.8.2019).

Heiliger, Anita, und Tina Kuhne (1993). *Feministische Mädchenpolitik.* München.

Hirschauer, Stefan (1993). *Die soziale Konstruktion der Transsexualität. Über die Medizin und den Geschlechtswechsel.* Frankfurt am Main.

Institut Social Justice und Diversity (o. J.). www.social-justice.eu/socialjustice.html (Download 28.8.2019).

Jagusch, Birgit (2014). „‚Dieses Haus ist cool, kommt doch vorbei'. Diversitätsbewusste Offene Jugendarbeit". *deutsche jugend* 10 2014. 423–432.

Kreps, Daniel (2015). „Jimmy Carter: U.S. Is an ‚Oligarchy With Unlimited Political Bribery'". *Rolling Stone* July 31. www.rollingstone.com/politics/politics-news/jimmy-carter-u-s-is-an-oligarchy-with-unlimited-political-bribery-63262/ (Download 19.9.2019).

Leiprecht, Rudolf (2008). „Eine diversitätsbewusste und subjektorientierte Sozialpädagogik". *neue praxis* 4. 427–439.

Lutz, Helma, und Norbert Wenning (2001). „Differenzen über Differenz. Einführung in die Debatten". *Unterschiedlich verschieden. Differenz in der Erziehungswissenschaft.* Hrsg. Helma Lutz und Norbert Wenning. Opladen. 11–24.

Maurer, Susanne (2001). „Das Soziale und die Differenz. Zur (De-)Thematisierung von Differenz in der Sozialpädagogik". *Unterschiedlich verschieden. Differenz in der Erziehungswissenschaft.* Hrsg. Helma Lutz und Norbert Wenning. Opladen. 125–142.

Mecheril, Paul (2008). „‚Diversity'. Differenzordnungen und Verknüpfungen". *Politics of Diversity. Dossier.* Hrsg. Heinrich-Böll-Stiftung. 77–84.

Mecheril, Paul (2010). „Migrationspädagogik. Hinführung zu einer Perspektive". *Migrationspädagogik.* Hrsg. Paul Mecheril, Maria Castro Varela, İnci Dirim, Anita Kalpaka und Claus Melter. Weinheim. 7–22.

Mecheril, Paul, und Melanie Plößer (2009). „Differenz". *Handwörterbuch Erziehungswissenschaft.* Hrsg. Sabine Andresen, Rita Casale, Thomas Gabriel, Rita Horlacher, Sabine Larcher Klee und Jürgen Oelkers. Weinheim und Basel. 194–208.

Mecheril, Paul, und Melanie Plößer (2012). „Neglect – Recognition – Deconstruction. Approaches to Otherness in Social Work". *International Journal of Social Work.* London. 794–808.

Micus-Loos, Christiane (2013). „Herausforderungen genderbezogener Arbeit". *Gendertheorien und Theorien Sozialer Arbeit. Bezüge, Lücken und Herausforderungen.* Hrsg. Kim-Patrick Sabla und Melanie Plößer. Opladen, Berlin und Toronto. 179–197.

Perko, Gudrun (2013). „Social Justice – eine (Re)Politisierung der Sozialen Arbeit". *Perspektiven kritischer Sozialer Arbeit. Kritik der Moralisierung. Theoretische Grundlagen – Diskurskritik – Klärungsvorschläge für die berufliche Praxis.* Hrsg. Ruth Großmaß und Roland Anhorn. Wiesbaden. 227–241.

Phoenix, Anne, und Stephen Frosh (2005). „Hegemoniale Männlichkeit: Männlichkeitsvorstellungen und -ideale in der Adoleszenz. Londoner Schüler zum Thema Identität". *Männliche Adoleszenz: Sozialisation und Bildungsprozesse zwischen Kindheit und Erwachsensein.* Hrsg. Vera King und Karin Flaake. Frankfurt am Main. 19–35.

Rancière, Jacques (2002). *Das Unvernehmen.* Frankfurt am Main.

Richter, Emanuel (2016). *Demokratischer Symbolismus. Eine Theorie der Demokratie.* Berlin.

Riegel, Christine (2011). „Intersektionalität – auch ein Ansatz für die Praxis? Perspektiven für Reflexion, Kritik und Veränderung". *„Nichts ist praktischer als eine gute Theorie". Theorie, Forschung und Praxis im Kontext von politischer Kultur, Bildungsarbeit und Partizipation in der Migrationsgesellschaft.* Hrsg. Seddik Bibouche und Rudolf Leiprecht. Oldenburg. 169–196.

Scherr, Albert (2010). „Für eine strukturtheoretisch fundierte kritisch-reflexive Jugendforschung – Konturen einer transdisziplinären Perspektive". *Transdisziplinäre Jugendforschung. Grundlagen und Forschungskonzepte.* Hrsg. Christine Riegel, Albert Scherr und Barbara Stauber. Wiesbaden. 47–63.

Schulz, Marc (2013). „Was machen Jugendliche in und mit der Jugendarbeit? Jugendliche Akteurinnen und Akteure und ihre Performances". *Handbuch Offene Kinder- und Jugendarbeit.* 4., überarbeitete und aktualisierte Aufl. Hrsg. Ulrich Deinet und Benedikt Sturzenhecker. Wiesbaden. 51–60.

Spyra, Svenja, und Britta Hoffarth (2014). „Pretty in pink. Mädchen und Kosmetik". *Betrifft Mädchen* 1/2014. 17–24.

Thompson, Christiane (2016). „Differenz". *Handbuch Migrationspädagogik.* Hrsg. Paul Mecheril, unter Mitarbeit von Matthias Rangger und Veronika Kourabas. Weinheim und Basel. 59–62.

West, Candace, und Don H. Zimmerman (1987). „Doing Gender". *Gender und Society* 1 (2). 125–137.

West, Candace, und Sarah Fenstermaker (1995). „Doing Difference". *Gender und Society* 1 (2). 8–37.

Winker, Gabriele, und Nina Degele (2009). *Intersektionalität: zur Analyse sozialer Ungleichheiten.* Bielefeld.

Methodische Orientierungen von Demokratiebildung in der Kinder- und Jugendhilfe im Umgang mit Ungleichheit

Benedikt Sturzenhecker

Bringt man die zwei Perspektiven „Demokratie“ und „Differenz“ zusammen, wird deutlich, dass es eine grundlegende Gemeinsamkeit gibt: Aus beiden Perspektiven geht es darum, gerade angesichts von Differenz allen gleichermaßen ihre spezifischen Zugänge zur demokratischen Beteiligung, also zum demokratischen Mitsprechen, Mitdiskutieren, Mitentscheiden, Mithandeln und Mitverantworten zu eröffnen.

Das gleiche Recht auf demokratische Partizipation muss für die Unterschiedlichen unterschiedlich gesichert werden, jedoch ohne damit wieder die Unterschiedlichkeit zum einzig relevanten Kriterium der Streit- und Entscheidungsprozesse zu machen. Man muss etwa für Mädchen und Jungen, Katholiken, Sehbehinderte und so weiter Zugänge schaffen, die ihrer Differenz gerecht werden, muss also den ihnen eigenen und machbaren Stil des Mittuns an der Demokratie anerkennen und aufnehmen. Aber sie sollen nicht nur als Katholiken oder Sehbehinderte sprechen und mitentscheiden (und auch nicht immer so angesprochen werden), sondern sie sind zu thematisieren als Mitentscheidungsberechtigte, die von den für die Entscheidungscommunity anstehenden Fragen der gemeinsamen Lebensführung allgemein betroffen sind. Als solche müssen sie Argumente erheben und prüfen sowie Lösungen finden dürfen, die dann auch wieder unterschiedsgerecht sein müssen. Identität und Betroffenheit als Differenzgruppierung müssen ebenso berücksichtigt werden wie die Identitäten und Betroffenheiten einer aus vielfältigsten Identitäten und Differenzen zusammengesetzten Entscheidungscommunity in einer Einrichtung und einer Kommune.

Ein Beispiel: In einer Kita gibt es die unterschiedlichsten Beteiligten und Betroffenen, die das gemeinsame Leben dort regeln müssen: Kinder, Fachkräfte, Eltern, technisches Personal, Mädchen/Frauen, Jungen/Männer und andere Geschlechter, unterschiedliche soziokulturelle und ökonomische Schichten, Religionszugehörigkeiten, ethnische Gruppierungen (zum Beispiel Westfalen und Rheinländerinnen), politische Parteigänger*innen, unterschiedlichste (Erwerbs-) Arbeitsformen, unterschiedlichste Vernetzungsgrade usw. Diese Differenzaspekte kreuzen und überlagern sich (Intersektionalität) und werden individuell noch mal auf eigensinnige Weise kombiniert, gelebt beziehungsweise präsentiert und genutzt – ebenso wie ihnen die Differenzkategorien von anderen unterschiedlich zugeschrieben werden.

In der gemeinsamen Lebensführung in der Kita gibt es Probleme, die alle betreffen (Ernährung, Raum, Wärme, Handlungsmöglichkeiten, Regeln und so weiter), und Themen, die besonders einzelne Differenzbetroffenheiten hervorheben: Die Rampe für Rollis ist wichtig für Rollifahrende, aber dabei ist es egal, ob sie Mädchen oder katholisch sind. Alle wollen gutes Essen, aber manche wollen besondere Speisevorschriften berücksichtigt sehen (Katholik*innen freitags kein Fleisch, Veganer*innen überhaupt keins; Möhrenhasser*innen wollen niemals untergemischte Möhrenstücke). Die Beteiligten sind gleichzeitig allgemeine, gleiche Mitbestimmer*innen *und* spezielle Differenzbetroffene. Allerdings wechseln die Differenzbetroffenheiten (in Häufigkeit und Stärke), während das Recht auf gleiche Beteiligung gleich bleibt.

Alle müssen immer das Recht auf Beteiligung wahrnehmen können, auch wenn ein oder mehrere Differenzaspekte dies erschweren. Und alle müssen von ihren eigenen Differenzcharakteristika absehen und sich dem allgemeinen Streitdiskurs und der Lösungsfindung öffnen. Denn nicht immer sind es die Differenzaspekte, aus denen Betroffenheit und Konflikte entstehen, sodass sie Thema der demokratischen Auseinandersetzung werden müssen. Es gibt darüber hinaus viele Fragen der gemeinsamen Lebensgestaltung, die nichts mit der (selbst oder fremd zugeschriebenen) Differenz einzelner Personen und Gruppen zu tun haben. Der demokratische Prozess wird erheblich erschwert, wenn alle Fragen nur durch die Brille der eigenen Differenz betrachtet beziehungsweise auch beantwortet werden. Differente Gruppen müssen die Möglichkeit haben, ihre Teilinteressen in die demokratische Debatte und Entscheidungsfindung einzubringen, aber gleichzeitig müssen sie sich auch an der Herstellung des Gemeinwohls beteiligen, also im gewissen Sinne wieder von ihrer Besonderung absehen.

Das hier verwendete starke Müssen bezeichnet eine ideale Anforderung an eine gleichheitssichernde und differenzgerechte Demokratie in den Einrichtungen der Kinder- und Jugendhilfe und von ihnen ausgehend auch in der Kommune.

In der Praxis ist das kaum umfassend zu erreichen. Aber statt daraus zu folgern, dass Anstrengungen für dieses Ziel egal seien, weil ohnehin nicht alles erreicht werden könne, geht es darum, sich die fachlichen Ansprüche zu Demokratie und Differenz immer wieder klarzumachen und nicht aufzugeben. Die Anforderung besteht zunächst nur darin, sich im Team oder allein regelmäßig reflexive Situationen zu schaffen, in denen man 1) auswählt, auf was man einen Fokus der Reflexion richten will – denn man kann nicht immer alles bedenken –, und 2) erkannte Probleme oder Fehler bestimmt, die man vorrangig angehen und verbessern möchte.

Es wurde bereits die grundsätzliche Erkenntnis genannt, dass zwischen Differenz und Gleichberechtigung in der Demokratiebildung in pädagogischen Einrichtungen nicht einfach technisch vermittelt werden kann. Man kann nicht einfach eine Methode vorschlagen und sagen: „So erzeugt ihr Inklusion unterschiedlicher Teilnehmer*innen in die Demokratie in eurer Einrichtung." Denn dazu sind die Unterschiede zu unterschiedlich – ebenso wie die Einrichtungen. Es ist daher die Aufgabe der Fachkräfte, die Differenzverhältnisse und ihre Folgen für demokratische Teilnahme immer wieder genau zu reflektieren. Auf der Basis lassen sich dann methodische Schritte entwickeln, die genau für die Differenz und die Gleichheitsfragen der eigenen Einrichtung und der eigenen Teilnehmer*innen angepasst sind.

Im Folgenden werden zwei wichtige Schritte methodisch genauer entworfen: Wie macht man reflexive Teamsitzungen, die die oben aufgezeigten Fragen bearbeiten? Und wie schafft man es, angesichts immer wieder neu und anders auftretender Differenzprobleme nicht aufzugeben?

Als Erstes und immer wieder: Reflexive Teamsitzungen schaffen

Beteiligte/Zielgruppe

Fachkräfte

Felder der Kinder- und Jugendhilfe

Alle

Thema

Differenz und Demokratie zu realisieren, benötigt Zeit und Methoden für reflexive Teamsitzungen.

Ziel

- Die Probleme der Vermittlung von Differenz, Ungleichheit und Intersektionalität in Bezug auf das demokratische Gleichheitsgebot für die beteiligten Kinder, Jugendlichen und Fachkräfte in der eigenen Einrichtung reflektieren können
- Sich nicht mit fachlichen Reflexionsanforderungen überlasten, aber sie auch nicht ignorieren
- Balance finden zwischen selbstkritischer Reflexion und alltäglichen Handlungszwängen

Theoretischer Hintergrund

Die oben in diesem Text erarbeiteten Anforderungen einer fachlichen Reflexion und Gestaltung von Differenzbedingungen hinsichtlich der Ermöglichung von Demokratie sind komplex und weitgehend. Sie in den alltäglichen Interaktionen immer präsent zu haben und sich stets differenzgerecht zu verhalten, scheint kaum möglich. Dazu ist man auch selbst zu sehr in die Herstellung von Differenz und damit verbundenen Ungleichheiten und Ungerechtigkeiten verstrickt. Professionelles Handeln besteht allerdings grundsätzlich immer darin, sich von alltäglichen Routinen und Automatismen des Handelns zu distanzieren und diese reflexiv einzuholen.

Die Kurzformel für Professionalität lautet „Wissen, was man tut“ (Klatetzki). Das ist doppelt gemeint: Zum einen benötigt man grundsätzlich reflexive Situationen, die den Handlungszwang und Handlungsfluss unterbrechen und erlauben, sich ein Wissen darüber zu verschaffen, was man denn da so eifrig tut; zum anderen geht es darum, das eigene Handeln mithilfe wissenschaftlichen Wissens planen, begründen und selbstkritisch hinterfragen und auswerten zu können. Deshalb kann ein reflexives Setting als Kern der Herstellung und Sicherung von Professionalität in der Sozialpädagogik betrachtet werden. Im alltäglichen Handeln kann alles Mögliche schiefgehen, aber nur wenn man eine vom aktuellen Handlungszwang entlastete reflexive Situation hat, kann man den Anspruch des bewussten und wissensfundierten Handelns wieder einholen.

In unseren Modellprojekten und Forschungen zur Umsetzung der GEBe-Methode in der Praxis der Offenen Kinder- und Jugendarbeit haben uns die Fachkräfte vielfach berichtet, sie fänden dafür keine Zeit. Zugespitzt formuliert bedeutet das: Sie finden keine Zeit, professionelle Sozialpädagog*innen zu sein. Diesen Vorwurf möchte man eigentlich nicht auf sich sitzen lassen. Die Frage ist also, wie trotz vieler Handlungsanforderungen und Belastungen reflexive Situationen erzeugt und gestaltet werden können.

Bezug zu demokratischem Engagement

Gerade die fachlichen Anforderungen eines reflexiven Umgangs mit Differenzverhältnissen und der Ermöglichung von Demokratie in der Kinder- und Jugendhilfe machen reflexive Settings unbedingt nötig. Das liegt daran, dass die Differenzpraxen oft unbewusst und unbemerkt geschehen und nur selbstreflexiv (Schritt für Schritt) aufgeklärt und geändert werden können. Außerdem ist ein demokratisches Handeln in der Community der Betroffenen in pädagogischen Einrichtungen selten die wesentlichste Handlungsleitlinie für die Fachkräfte. Beide Perspektiven sind ungewohnt und verlangen umso mehr an Reflexion und gemeinsamer Entwicklung von neuen Handlungswegen.

Vorgehensweise

- Reservieren Sie pro Woche mindestens zwei Stunden für ein reflexives Setting, eine Teamsitzung. Für Fachkräfte, die allein in Einrichtungen sind, gilt es, sich mit anderen Betroffenen gemeinsame Beratungssettings zu schaffen. Dazu brauchen sie auch Unterstützung ihrer Träger.
- Reservieren Sie mindestens eine Stunde dieser Teamsitzung für die Planung und Überprüfung Ihres Handelns zur Ermöglichung von Demokratie, immer wieder auch in Bezug auf das Differenzproblem.
- Ernennen Sie eine*n oder einige Zeitverantwortliche, die (im Wechsel) die Aufgabe hat, diese reflexive Zeit einzuhalten, auch wenn andere Besprechungsinhalte (zum Beispiel Organisatorisches) noch nicht abgearbeitet wurden.
- Ernennen Sie einen Methodenverantwortlichen, die beziehungsweise der für jede Sitzung aus diesem Buch und den anderen GEBe-Büchern (beziehungsweise anderen konzeptionellen und wissenschaftlichen Vorschlägen zum Umgang mit Differenz und Demokratie) eine Methode als Grundlage der gemeinsamen Arbeit vorschlägt und anleitet. Ernennen Sie eine*n „Schlunzweiser*in“, die beziehungsweise der darauf aufmerksam macht, wenn Sie sich nicht mehr an die Anregungen zur Ermöglichung von Reflexivität in der Teamsitzung halten. Vielleicht gestalten Sie dazu ein einfaches grafisches Symbol, das man nur hochheben muss, um auf das Schlunzproblem hinzuweisen.

„Wieder versuchen. Wieder scheitern. Besser scheitern." (Samuel Beckett) Zum Umgang mit dem riesigen Ziel von Differenzgerechtigkeit und demokratischer Gleichberechtigung

Beteiligte/Zielgruppe

Fachkräfte

Felder der Kinder- und Jugendhilfe

Alle

Thema

Wie kann man sich und andere in einer selbstkritischen Reflexion halten, ohne sich runterzumachen beziehungsweise runterzuziehen? Wie kann man das Ziel von Gerechtigkeit und Gleichberechtigung aufrechterhalten, ohne angesichts seiner Größe aufzugeben?

Ziel

- Sich nicht mit fachlichen Reflexionsanforderungen überlasten, aber sie auch nicht ignorieren
- Sich selbst und im Team gegenseitig ermutigen, mit kritischer Selbstreflexion der Herstellung von Ungerechtigkeit und Ungleichheit weiterzumachen

Theoretischer Hintergrund

Mit Differenz und Ungleichheit müht sich die Menschheit schon seit ihrer Existenz ab. Das zeigt, wie schwer Gleichberechtigung und Gerechtigkeit herzustellen sind, aber auch, dass sie als Ziel nie aufgegeben wurden. Vieles von dem, was wir heute in unserer Gesellschaft an Rechten und Gleichheiten für selbstverständlich halten, wurde in langen und schweren politischen Kämpfen erstritten. So ist beispielsweise die Strafbarkeit von Homosexualität in Deutschland erst 1994 abgeschafft worden (der Bundestag hat das Gesetz zur Aufhebung der früher ergangenen Urteile erst 2017 verabschiedet) und das Recht der Frau, selbst über ihre Berufstätigkeit zu bestimmen, wurde erst 1977 gesichert.

Die Rückschläge in diesen Kämpfen waren oft brutal und vieles hat Jahrzehnte gedauert. Daraus folgt einerseits, dass man in einzelnen Einrichtungen der Kinder- und Jugendhilfe kaum sofort paradiesische Inseln von Gerechtigkeit und Gleichheit schaffen wird; anderseits sollten wir die Anstrengungen in der Gestaltung des gemeinsamen Alltags in Einrichtung und Kommune weiter an solchen Zielen ausrichten. Wie geht man damit um, dass man weitreichende Ziele hat und es doch schwer bleibt, sie im Alltag zu erreichen?

Ein weiterer Aspekt ist, dass die Erzeugung von Differenz(ungerechtigkeit) und Ungleichheit von den Fachkräften selbst mitbetrieben wird. Wir alle erzeugen in unserem täglichen Handeln Ungleichheit. Wir handeln ungerecht, vorurteilsvoll, vorteilsbedacht, ignorant usw. Wir sind Mit-Täter*innen, aber auch Beeinflusste von gesellschaftlichen Verhältnissen, Ungerechtigkeiten, Vorurteilen usw. Letztere sind oft so stark, dass wir solche Sicht- und Handlungsmuster, die Ungleichheit erzeugen und erhalten, für völlig selbstverständlich halten. Wir merken gar nicht, wenn wir Personen oder Gruppen ungerecht behandeln, schwächen, ausgrenzen. Oder wir wollen gute Menschen und gerechte Fachkräfte sein und erschrecken oder sind beleidigt, wenn man uns vorhält, dass wir diese Selbstbilder wieder einmal gar nicht realisieren konnten.

Bei der Thematisierung von Ungleichheit und Ungerechtigkeit kann man Moral und Ethik nicht ausklammern. Es geht darum, welche Prinzipien richtig sind (Moral) und welche Folgen sie für unser Handeln haben (Ethik). Normative Positionen zu erheben und zu begründen, kann eine Kritik an Zuständen und problematischem Handeln ermöglichen. Moralische Prinzipien und ethische Handlungsweisen müssen gemeinsam diskutiert und aushandelnd errungen werden. Solche Kommunikationen bergen aber oft das Risiko, andere zu moralisieren, ihr Handeln abzuwerten, sie schuldig zu sprechen, sie zum Schweigen zu bringen und neue Tabus zu errichten. Niemand möchte so behandelt werden, doch vielleicht gehört man selbst gelegentlich zu solchen Besserwisser*innen und Abstrafer*innen.

Praktiziert man selbst oder zusammen im Team eine solche Haltung der Moralisierung und Zurechtweisung, erschwert man sich und anderen, kleine Schritte zu mehr Gerechtigkeit und Gleichberechtigung zu machen. Denn man hat dann zwei Probleme: nicht nur die große Aufgabe, Ungerechtigkeit und Ungleichheit zu erkennen und anzugehen, sondern auch noch die Bewältigung eigener Schuldgefühle, Abwehr- und Wutreaktionen sowie der Konflikte, die das im Team auslösen kann.

Wie also kann man anerkennen, dass man weiter unperfekt, weiter ungerecht sein, weiter Fehler machen wird – und gleichzeitig doch nicht aufgeben, machbare Verbesserungen in Differenzgerechtigkeit und demokratischer Gleichberechtigung zu erreichen?

Dazu braucht man die Bereitschaft, die Probleme und Fehler der Berücksichtigung von Differenz und Ermöglichung gleichberechtigter Teilhabe und Teilnahme zu erkennen und selbstkritisch zu reflektieren. Man braucht eine Überlastungsbremse, die verhindert, dass man an zu vielen und zu hohen Ansprüchen scheitert. Man braucht eine Prioritätensetzung, um zu entscheiden, was man angehen will und was unerledigt bleiben muss. Man braucht die Arbeit an kleinen, machbaren und konkreten Veränderungen. Man braucht einen verzeihenden Humor, der die unvermeidbaren Fehler freundlich bezeichnet und sich (gegenseitig) Lernchancen eröffnet. Und man braucht eine Balance zwischen ernsthafter und kleinschrittiger Veränderungsarbeit und einem humorvollen Umgang mit Scheitern.

Bezug zu demokratischem Engagement

„Gingen wir doch, öfter als die Schuhe die Länder wechselnd
Durch die Kriege der Klassen, verzweifelt
Wenn da nur Unrecht war und keine Empörung.
Dabei wissen wir ja:
Auch der Haß gegen die Niedrigkeit
Verzerrt die Züge.
Auch der Zorn über das Unrecht
Macht die Stimme heiser. Ach, wir
Die wir den Boden bereiten wollten für Freundlichkeit
Konnten selber nicht freundlich sein."

Auszug aus „An die Nachgeborenen" von Bertolt Brecht
(entstanden 1934–1938)

Brecht weist darauf hin, dass der Kampf gegen Unrecht die Freundlichkeit sich selbst und anderen gegenüber verhindern kann. Demokratie hat es ebenso wenig wie der Brecht vorschwebende Sozialismus bisher geschafft, Unrecht aufzuheben und Gerechtigkeit zu ermöglichen. Vielleicht kann man aus

Brechts Gedicht lernen, dass man die Aufgabe, gegen Unrecht zu kämpfen und dabei gleichzeitig sich und anderen gegenüber freundlich zu sein, nicht an die Nachgeborenen delegieren kann. Das hieße, dass sich diese Aufgabe immer jetzt schon stellen würde. Demokratie ist immer unperfekt und im Kommen und in der Anstrengung für ihre Verbesserung muss man mit eigenem Ungenügen, eigenen Fehlern und Rückschritten umgehen können. Die Demokratiepraxis sollte für ihre Beteiligten immer auch Freundlichkeit, Fehlerfreundlichkeit und gemeinsames Lernen eröffnen, statt verzerrt, heiser und unfreundlich die bestehenden Unzulänglichkeiten anzuklagen – das wird sie attraktiver und realisierbarer machen.

Vorgehensweise

- **Wie man sich selbst auf problematisches Handeln hinweist, ohne sich runterzumachen**

Der sozialpädagogische Alltag ist anstrengend und anforderungsreich. Die Fachkräfte wollen alles richtig machen, alle Menschen und Bedürfnisse berücksichtigen, ihnen helfen und sie unterstützen. Die beteiligten Kinder und Jugendlichen haben zudem das Recht, Probleme zu haben und zu machen. Angesichts der hohen Erwartungen an sich selbst, die dann auf heftige Gegenüber und schwierige Bedingungen treffen, kann man als Fachkraft in Überlastungsgefühle, in Ärger und Wut geraten. Und man merkt, dass man selbst die Ansprüche nicht immer erfüllen kann, dass man Fehler macht und ungerecht ist. In solchen Situationen neigt man dazu, die Gefühle auf andere zu projizieren und deren Handeln dafür verantwortlich zu machen. Dann sind die Kids nervig, durchgedreht, beschädigt, destruktiv, untragbar und so weiter. Manchmal wird das an Einzelpersonen festgemacht, manchmal geraten ganze Gruppen in den Zugriff der Wut. Die sind dann mal wieder typisch immer so und so weiter. Wenn man dann auch noch die innere Anforderung hat, solche Gefühle weder haben noch ausdrücken zu dürfen, müssen diese Emotionen unterdrückt werden, entfalten so aber möglicherweise noch mehr Macht. Wie kann man es schaffen, im ersten Schritt solche Gefühle anzuerkennen und auszudrücken und sie im zweiten Schritt zu hinterfragen und für Veränderungen zu öffnen?

Übung: Dazu schlage ich die „Abkotzrunde“ vor. Sie darf allerdings nur gespielt werden, wenn auch der zweite Schritt folgt. In dieser ersten Runde darf jedes Teammitglied über Kinder und Jugendliche, Gruppierungen und so weiter „abkotzen“, das heißt, seine negativen Emotionen äußern, ohne sich dafür schämen zu müssen, ohne kritisiert oder bestraft zu werden. Dies muss gebunden sein an konkrete Situationen, die man nachträglich noch gemeinsam anschauen und reflektieren kann. Wenn man keinen Bezug mehr zu konkreten Beteiligten und Prozessen herstellen kann, sind die negativen Urteile oft schon verdichtet und ein generalisierendes „Abkotzen“ geriete in Gefahr, sie noch weiter zu verhärten. Stattdessen muss es um nacherzählbare Situationen in der möglichst nahen Vergangenheit gehen.

Schämen müsste man sich nur, wenn man dabei stehen bliebe, und daher folgt eine zweite reflexive Runde: Jetzt stellt man sich selbst in den Fokus. Wodurch kam es zu Belastungen? Welche (hohen) inneren Anforderungen an gutes fachliches und persönliches Handeln traten auf? Welche Fehler und Fehlschläge sind passiert? Welche Enttäuschungen kamen auf? Was brachte es in dieser Situation, das Gegenüber abzuurteilen, welche Funktion hatten die negativen Gefühle? Welche klassischen Differenzzuschreibungen (Vorurteile) haben sich der eigenen Person bemächtigt? Es geht darum, sich und die eigene Gefühlsverstrickung in belastenden Situationen mit durchaus schwierigen Kindern und Jugendlichen zu reflektieren, und nicht darum, sich selbst oder sich gegenseitig runterzumachen. Humor und Fehlerfreundlichkeit sind daher hier notwendig.

Eine solche Reflexion soll zunächst die jeweiligen Kolleg*innen entlasten: Es soll eine befreiende Distanz entstehen, zu sich selbst, seinen emotionalen Reaktionen, den angeblich problematischen Gegenübern und der belastenden Gesamtsituation. Das heißt aber auch, sich und die negativ beschriebenen anderen aus diesen Gefühlen und aus den daraus folgenden Handlungen zu entlassen, sich selbst also wieder frei zu machen für andere Gefühle und Handlungsalternativen. Und es bedeutet, sich und die anderen aus diesen Zuschreibungen zu entlassen. Das tut man, indem man die problematischen Zuschreibungen als eigene Gefühlsreaktionen anerkennt und verantwortet. Man sucht die Schwierigkeit bei sich und nicht bei den anderen. Man öffnet sich aber auch für eigene andere Gefühle und Handlungsmöglichkeiten und sucht damit auch, die anderen immer wieder neu und anders zu entdecken – jenseits der Zuschreibungen und negativen Emotionen.

- **Ignorierte Differenz des Monats**

Im pädagogischen Alltag werden wahrscheinlich dauernd riskante Differenzzuschreibungen und Ungleichheiten hergestellt und stillschweigend toleriert. All diese sich ja auch noch überkreuzenden Aspekte zu berücksichtigen, ist unter dem Handlungsdruck von Praxis kaum möglich. Man könnte allerdings einmal im Monat im Team überlegen, welchen Differenzaspekt und welche daraus folgende Ungleichheit und Ungerechtigkeit auch in Bezug auf den Zugang zu und die Teilnahme an demokratischen Entscheidungen es in den letzten Wochen gegeben hat.

Wo hat man nicht hingeschaut und wo hat man selbst mitgewirkt? In einer sich selbst freundlich ironisierenden Weise könnte man einen dieser Ignoranzaspekte aufgreifen und damit nach dem Muster „Mitarbeiter*in des Monats" ein Plakat anlegen. Dies könnte ein kleiner Hinweis sein, zumindest im nächsten Monat die benannte Gruppierung oder Person beziehungsweise Differenzkategorie demokratischer und inklusiver zu thematisieren.

- **Bewusst wahrgenommene Differenz des Monats**

Anstatt der Ignoranz widmet man sich hier den Fällen, in denen Differenz deutlich geworden ist. Folgende Fragen können dabei helfen: Welche Differenzen waren Thema und warum? Wer hat sie thematisiert? Die Mitarbeiter*innen oder die Kinder und Jugendlichen? Aus welchen Gründen, mit welchen Funktionen? Welche Entlastungen, aber auch welche Probleme sind mit den Thematisierungen für wen verbunden? Wer profitiert von der Thematisierung, wer nicht? Mit welchen Bewertungen (Normen) gingen die Thematisierungen einher?

Kreuztabelle zur reflexiven Verbindung von Differenz- und Demokratieperspektive

Als weitere methodische Orientierung soll eine Tabelle dienen, die die im Text oben aufgeführten vier Differenzperspektiven mit der Perspektive auf den Zugang zum demokratischen Prozess (A) und zur Umsetzung der Phasen des demokratischen Prozesses (B) kombiniert. Daraus entstehen in jedem Schnittfeld grundsätzliche Fragen der methodischen Herstellung von Differenzgerechtigkeit in Verbindung mit demokratischer Gleichberechtigung und Mitentscheidung. Diese Schnittfelder können wieder in reflexiven Situationen und Teamsitzungen von Fachkräften genutzt werden, um zu prüfen, inwieweit die beiden Sichtweisen von Differenz und Demokratie angemessen zu verbinden sind. Daraus lassen sich dann Handlungsprinzipien und Methoden zur Unterstützung der Verbindung dieser beiden Sicht- und Handlungsweisen entwickeln.

Differenzbewusste Unterstützung der Phasen des demokratischen Prozesses

Differenzperspektive	**Demokratieperspektive**	
	A) Zugang zum demokratischen Prozess	*B) Umsetzung der Phasen des demokratischen Prozesses*
1) Erzeugung von Unterschieden	(A1) Wer ist (nicht) Teil des „demos“, der Entscheidungsgemeinschaft? Wie wird Zugang beziehungsweise Exklusion hergestellt?	(B1) Wer darf beziehungsweise kann an welchen Phasen aktiv teilnehmen? Wer wird wie, warum, aus welchen Phasen exkludiert? Wie kann eine breite Beteiligung in allen Phasen ermöglicht werden?
2) Erzeugung von Ungleichheit	(A2) Welche Ungleichheit (be-)hindert wessen Zugang? Wer benötigt was, um auf eigene Weise Zugang nutzen zu können?	(B2) Wer benötigt was in welcher Phase, um angesichts von Ungleichheit gleichberechtigt teilnehmen zu können?

Differenzperspektive	Demokratieperspektive	
3) Erzeugung von Hierarchie	(A3) Wer bekommt wie privilegierteren Zugang? Wie könnte ein „gleicherer“ Zugang eröffnet werden?	(B3) Wer wird wie und warum „gleicher“ als andere? Wie kann das vermindert oder verhindert werden?
4) Kreuzungen/Überlagerungen (Intersektionalität) der Differenzaspekte	(A4) Welche Differenzkategorien führen in Kombination zu welchen Ausschlüssen? Wie könnte das vermindert oder vermieden werden?	(A4) Welche Kombination von Differenzaspekten hat in welcher Phase welche Folgen für Teilnahmechancen? Wie kann das vermindert oder verhindert werden?

In der rechten Spalte (B) der Tabelle wird nur grob auf die Phasen des demokratischen Prozesses eingegangen. Daher sollen diese im Folgenden noch einmal detailliert deutlich gemacht werden. Zudem wird beschrieben, welche unterschiedlichen Fragen sich aus der Sichtweise der Differenzgerechtigkeit in der jeweiligen Demokratiephase ergeben und welche pädagogischen Unterstützungsmöglichkeiten sich daraus ableiten lassen. Anders als in der gesamtgesellschaftlichen Demokratie können die Fachkräfte sozialpädagogischer Einrichtungen der Kinder- und Jugendhilfe genau reflektieren, wer wann welche Unterstützung braucht, um weiter gleichberechtigt am demokratischen Prozess teilnehmen zu können.

Ein Beispiel aus der Praxisberatung: In einem Jugendzentrum mit gleichzeitiger Öffnungszeit für 8- bis 18-jährige Kinder und Jugendliche kam es wiederholt zu Konflikten am Billardtisch. Die Jüngeren beschwerten sich beim Team, dass die Älteren sie immer wieder vom Billardtisch vertreiben, sie beschimpfen oder gar mit dem Queue stoßen oder in den Schwitzkasten nehmen würden. Die Kinder forderten, dass die Fachkräfte das abstellten. Statt sich nun anwaltschaftlich für die Kleinen einzusetzen und die Großen zu bestrafen und zu verregeln, beschlossen die Fachkräfte, die Betroffenen aufzufordern, aber auch zu unterstützen, ihren Konflikt zusammen auszuhandeln. Im Team gab es jedoch Bedenken, die ungleichen Gruppen sofort in eine direkte Konfliktbesprechung zu bringen. Man fürchtete, die Kleinen könnten in der Diskussion eingeschüchtert oder gar bedroht werden.

Das Team folgerte daraus, dass die Jüngeren Unterstützung benötigten, um sich zu artikulieren und in einer Diskussion zu bestehen, und dass man gemeinsame Regeln einer gewaltfreien und anerkennenden Debatte und Lösungssuche vereinbaren müsse. Es galt also zunächst, mit beiden Gruppen in getrennten Situationen eine Konfliktaushandlung vorzubereiten. Zunächst ermutigten die Fachkräfte die Kinder, ihre Kritik klar zu formulieren und auf Plakaten im Billardraum auszustellen. Sie halfen ihnen, die Plakate zu malen: „Stopp Kinderquälen am Billardtisch!“, „Wir haben auch Recht auf Billard!“, „Keine Gewalt gegen Kinder!“. Diese wurden im Billardraum aufgehängt und führten zu großer Aufregung bei den Älteren. Diese beschwerten sich ihrerseits über die Kinder, die „immer im Weg stehen“, „mit ihrem Gequengel nerven“ und „überhaupt in unserem Billardraum nichts zu suchen haben“. Auch die Jugendlichen wurden aufgefordert, ihre Position auf Plakaten darzustellen.

Bei den Kindern und den Jugendlichen kam es während des Anfertigens der Plakate zu vertieften Diskussionen über die Konflikte am Billardtisch. Beide Seiten bemängelten die fehlende Regelung des Zugriffs auf den Tisch. In jeder Gruppe gab es auch Beiträge mit Verständnis für die Interessen der anderen Gruppe. Die Fachkräfte schlugen beiden Seiten ein moderiertes Konfliktgespräch vor und wiesen immer wieder darauf hin, dass alle Beteiligten berechtigte Mitglieder des Jugendhauses seien und man zusammen eine Lösung finden müsse. Diese solle aber nicht von den Sozialpädagog*innen, sondern von den Betroffenen selbst gefunden werden und die Kinder und Jugendlichen sollten die Möglichkeit haben, ihre Interessen einzubringen und eine auch für ihre Gruppe gute Lösung zu finden.

Die Fachkräfte schlugen eine Strukturierung der gemeinsamen Diskussion vor mit folgenden – im Prinzip der Methode der Zukunftswerkstatt entlehnten – Fragen: Was läuft alles schief im Billardraum (Kritikphase)? Was wären die allerbesten ausdenkbaren Verhältnisse im Billardraum (Fantasiephase)? Was könnten wir konkret tun, wie entscheiden wir das und wie setzen wir es um (Realisierungsphase)? Zudem wurde verabredet, in einer gemeinsamen Konfliktbesprechung den beiden Gruppen immer wieder die Gelegenheit zu geben, sich untereinander mithilfe der Fachkräfte zu besprechen.

Dieses Beispiel zeigt, wie die Fachkräfte nicht einfach die Konfliktbearbeitung an die Kinder und Jugendlichen abschieben und sich selbst raushalten, sondern wie sie aktiv gleichberechtigten Zugang zur demokratischen Debatte sichern, indem sie die Ungleichheiten der Gruppen nicht zum Nachteil oder Ausschluss werden lassen. Sie helfen den potenziell unterlegenen Kindern, ihre Position zunächst zu stärken, aber zeigen auch den Jugendlichen Anerkennung für deren Interessen und Beteiligungsrechte an der Lösungssuche. Sie geben methodische Hilfen, sichern die Rahmenbedingungen und moderieren, ohne inhaltliche Lösungen vorzugeben.

Solche Unterstützungsweisen müssen vermeiden, Differenz als Defizit zu definieren und den Betroffenen paternalistisch – also wohlmeinend aus einer Machtposition fremdbestimmend – Hilfe aufzudrücken. Pädagogische Unterstützungsweisen müssen immer mit den Betroffenen und Beteiligten so ausgehandelt werden, dass diese damit einverstanden sind und sie auf ihre eigene Weise zu ihrem Empowerment nutzen können. In unserem Beispiel wurde den Kindern zugetraut, selbst sich mit ihrem Gegenüber zu konfrontieren und zu argumentieren. Beiden Seiten wurde die Fähigkeit zum Interessenausgleich, zur gewaltfreien Diskussion und zur Findung von vernünftigen Lösungsalternativen unterstellt: Weder wurden die Kinder zu schwachen und schutzbedürftigen Objekten pädagogischer Hilfe gemacht, noch wurden die Älteren mithilfe pädagogischer Macht zurechtgewiesen und bestraft. Die pädagogischen Interventionen wurden den beteiligten Gruppen vorgeschlagen und von diesen angenommen. Die pädagogische Macht wurde genutzt, um den beiden unterschiedlichen Gruppen einen gleichberechtigten Zugang zur demokratischen Debatte und Lösungsfindung zu eröffnen – und nicht, um den Konflikt selbst zu lösen und Entscheidungen aufzudrücken.

Diese Handlungsprinzipien finden sich auch in der folgenden Tabelle. Sie soll dazu dienen, sich in der professionellen Reflexion von Phasen des demokratischen Prozesses mit Kindern und Jugendlichen zu vergewissern, in welcher Phase man sich befindet und welche Grundfragen darin jeweils bearbeitet werden müssen. Die Tabelle kann in konkreten Interessenartikulationen und Konfliktsituationen genutzt werden, um die anstehenden Unterstützungsschritte zu planen.

Handlungsprinzipien für die professionelle Reflexion

Phasen des demokratischen Prozesses	Reflexive Fragen zur Berücksichtigung von Differenz	Aufgaben differenzbewusster pädagogischer Demokratieförderung
Mitgliedschaft Demokratie verlangt Klarheit darüber, wer das Volk (Demos) ist, wer also Mitglied der Entscheidungsgemeinschaft ist und das Recht hat, mitzuentscheiden und die Herrschaft (Kratia) mit den anderen zu teilen.	Wer wird überhaupt nicht als potenzielles Mitglied der Demokratie in der Einrichtung gesehen? Wem wird warum und wie Zugang zur Mitgliedschaft verweigert (aktiv oder passiv; erkennbar oder unterschwellig)? Welche Strukturen und Handlungsbedingungen in der Einrichtung verunklaren, wer Mitglied ist und welche Rechte damit verbunden sind?	• Unterschiedlichste Gruppen von Adressat*innen kennen, die im Einzugsgebiet der Einrichtung leben • Versuchen, die eigene Blindheit gegenüber bestimmten Personen und Adressat*innengruppen zu reflektieren • Bewusst entscheiden und begründen, warum wer (nicht) eingeladen und einbezogen wird • Zugangsbarrieren für einzelne Personen und Zielgruppen reflektieren • Mitgliedsstatus klären: Wer wird wie Mitglied? Welche Rechte und Pflichten sind damit verbunden?
Entstehung Themen und Probleme gemeinsamer demokratischer Entscheidungen müssen aus dem geteilten Leben der Mitglieder der Demokratie (in einer Einrichtung) entstehen. Sie ergeben sich aus der Betroffenheit von Einzelnen und Gruppierungen zu Fragen der gemeinsamen Lebensführung. Solche Betroffenheit kann, muss sich aber nicht in Konflikten mit anderen zeigen.	Wer wird trotz formaler Mitgliedschaft nie gesehen und gehört? Wessen alltägliche Handlungsweisen werden von anderen nicht als bedeutungsvoll registriert, anerkannt und beantwortet? Wessen Handlungsprobleme und Betroffenheiten gehen warum wie unter?	Alle Beteiligten mit Blick auf ihre Handlungsweisen im Alltag der Einrichtung reflexiv wahrnehmen: Wer hat welche Themen? Wessen Betroffenheiten zeigen sich auf welche unterschiedliche Weise im alltäglichen Handeln? Wem kann wie Resonanz auf die jeweilige eigene Betroffenheit gegeben werden? Wem kann wie vermittelt werden, dass sie/er/es berechtigt von etwas betroffen ist?

Phasen des demokratischen Prozesses	Reflexive Fragen zur Berücksichtigung von Differenz	Aufgaben differenzbewusster pädagogischer Demokratieförderung
Problem- beziehungsweise Interessenklärung Aus einer anfänglich noch diffusen Betroffenheit oder Konfliktentstehung müssen die Betroffenen zu einer Klärung ihres Themas, ihres Problems oder ihrer Interessen kommen können, um diese im nächsten Schritt an die Öffentlichkeit der anderen Mitbeteiligten richten zu können.	Wessen Betroffenheit, wessen Problem oder Konflikt wird wie schnell zum Verschwinden gebracht? Wer wird wie zum Schweigen gebracht? Welche Themen oder Problemstellungen sind angeblich „verboten“, „peinlich“, „abweichend“, „zu unverschämt“, „zu teuer“ ...? Wer wird verwirrt, statt Unterstützung zur eigenen Klärung zu erhalten?	• Einzelne und Gruppierungen methodisch unterstützen, ihre Themen und Interessen zu klären • Dialoge und Antworten finden, die den Betroffenen helfen, die eigene Position deutlicher herauszuarbeiten • Ermutigen, es zu wagen, die eigene Position und das eigene Interesse zu klären und einzubringen.
Öffentliche Artikulation Der Kern des demokratischen Diskussions- und Entscheidungsprozesses beginnt damit, dass Betroffene ihr Thema, ihr Problem oder ihren Konflikt zu Fragen der gemeinsamen Lebensgestaltung den anderen Beteiligten vorstellen und eine gemeinsame Befassung fordern.	Können die Betroffenen Medien der Artikulation nutzen, die ihr Anliegen für die anderen sichtbar und hörbar machen? Können sie sich in der ihnen gemäßen Weise beziehungsweise Sprache ausdrücken und wird diese von den anderen aufgenommen? Gibt es Möglichkeiten der Übersetzung zwischen unterschiedlichen Sprechweisen und Sichtweisen der Beteiligten? Hat die Artikulation genug Macht, andere auch wirklich zu erreichen? Wodurch wird wer wie von wem an der öffentlichen Artikulation gehindert oder dabei behindert?	• Geeignete Medien klären und bereitstellen, die zur typischen Artikulationsweise der Einzelnen oder ihrer Gruppierungen passen • Für die Betroffenen gut nutzbare Formen von Öffentlichkeit klären und schaffen • Kontakt und Kommunikation mit anderen Beteiligten eröffnen, aber auch vor Überforderung und Überwältigung schützen • Formen der Übersetzung zwischen unterschiedlichen Ausdrucksweisen beziehungsweise Sprachen der Beteiligten anbieten.

Phasen des demokratischen Prozesses	**Reflexive Fragen zur Berücksichtigung von Differenz**	**Aufgaben differenzbewusster pädagogischer Demokratieförderung**
Verhandlung und Verständigung Ist ein Thema in der Öffentlichkeit artikuliert, müssen es die Beteiligten diskursiv verhandeln und sich über die Geltung von Argumenten verständigen. Schließlich geht es dabei auch um die Suche nach Lösungs- beziehungsweise Umgangsalternativen zu/mit dem Thema. Diese Phase ist zunächst vom Handlungszwang entlastet.	Können die Betroffenen im Diskurs ihre Argumente entfalten, erhalten sie Antwort und können sie selbst wieder antworten? Gelten Argumente unterschiedlicher Beteiligter gleichermaßen? Erlangen nur die Argumente Geltung, die alle überzeugen können? Oder werden andere Hierarchien und Machtprozesse dominant?	• Handlungszwangsentlastete Foren des Austauschs und der Aushandlung bereitstellen • Argumentative Verständigung moderieren • Unterschiedliche Argumente herausarbeiten • Kommunikationsregeln klären und sichern • Die gleichmäßige Beteiligung der Unterschiedlichen sichern • Lösungsmöglichkeiten und Alternativen vervielfältigen • Einzelne oder Gruppierungen unterstützen und stärken, um wieder selbst streiten zu können.

Phasen des demokratischen Prozesses	**Reflexive Fragen zur Berücksichtigung von Differenz**	**Aufgaben differenzbewusster pädagogischer Demokratieförderung**
Entscheidung Auf der Basis der gemeinsamen Argumentation und Entwicklung von Lösungsvarianten muss schließlich der Handlungszwang beantwortet und müssen Entscheidungen herbeigeführt werden.	Haben alle Betroffenen und Beteiligten nicht nur Verhandlungs-, sondern auch Entscheidungsmacht? Kennen sie die Entscheidungsverfahren und haben sie dort gleichmächtigen Zugang? Sind die Entscheidungsalternativen klar und von allen Beteiligten als solche anerkannt? Das heißt: Sind die Folgen der Entscheidung für alle Beteiligten und Betroffenen so gut es geht geklärt? Wird der Übergang von der Verhandlung zur Entscheidung von allen Beteiligten als angemessen und gerecht erfahren? Anders gefragt: Sind alle Beteiligten jetzt bereit und fähig, sich dem Handlungszwang zu stellen und zu entscheiden?	• Zur Entscheidung anstehende Alternativen klären • Angemessene Varianten der Abstimmungsverfahren vorschlagen • Quoten klären: Welche Entscheidungsverhältnisse gelten als Mehrheit? Welche Rechte für Minderheiten sind vor der Abstimmung geklärt und vereinbart? • Durchführung des Verfahrens unterstützen.

Phasen des demokratischen Prozesses	**Reflexive Fragen zur Berücksichtigung von Differenz**	**Aufgaben differenzbewusster pädagogischer Demokratieförderung**
Umsetzung, Mithandeln Betrachtet man Demokratie als Lebensform (gerade in pädagogischen Einrichtungen), kann die Umsetzung von Entscheidungen nicht an Regierende delegiert werden, sondern die Beteiligten müssen sich selbst für die Realisierung ihrer Entscheidungen engagieren.	Wird allen Beteiligten Engagement und Mithandeln eröffnet? Können alle Beteiligten unterschiedsgerecht auf ihre eigene Weise die Entscheidung mit umsetzen? Werden alle unterschiedlichen Engagementweisen gleichermaßen anerkannt?	• Unterschiedliche Möglichkeiten für unterschiedliche Beteiligte zur aktiven Umsetzung von Entscheidungen bereitstellen • Klarheit der Handlungsaufträge, der unterschiedlichen Rollen und Verantwortungen unterstützen • Unterschiedliche Engagements und Beteiligungsweisen differenter Einzelner und Gruppierungen transparent machen • Anerkennung unterschiedlicher Beteiligungsweisen bei der Umsetzung von Entscheidungen sichern.

Phasen des demokratischen Prozesses	Reflexive Fragen zur Berücksichtigung von Differenz	Aufgaben differenzbewusster pädagogischer Demokratieförderung
Prüfung, Mitverantwortung Die Nützlichkeit und die Angemessenheit der gemeinsamen Entscheidung und ihrer Umsetzung müssen von allen Beteiligten geprüft werden können. Gemeinsame Entscheidungen gelten für alle und müssen von allen verantwortet werden. Aber sie werden auch der Prüfung, der Auswertung und Kritik unterzogen.	Gelten die gemeinsamen Entscheidungen auf gleiche Weise für alle und berücksichtigen sie doch angemessen und gerecht die Differenz der Beteiligten? Sind alle gleichermaßen in die Umsetzung der Entscheidung involviert und über Folgen informiert? Können alle Beteiligten die Entscheidung und ihre Umsetzung gleichermaßen prüfen und kritisieren? Werden die Reflexionen und Kritiken aller gleichermaßen öffentlich publiziert und wieder neu diskutiert?	• Methoden und Medien für die Dokumentation und Reflexion der Folgen von Entscheidungen und ihrer Umsetzungsweise bereitstellen • Unterschiedliche Reflexions- und Kritikmethoden für unterschiedliche Beteiligte einbringen • Öffentlichkeit/Transparenz von Entscheidungsfolgen und Kritiken für alle Beteiligten herstellen, das heißt Reflexionen und Kritiken auf differenzgerechte Weise öffentlich machen • Neue diskursive Foren zur Prüfung der Entscheidung und ihrer Folgen für unterschiedliche Beteiligte schaffen • Fehlerfreundlichkeit und Selbstverständlichkeit des gemeinsamen Lernens sichern.

Phasen des demokratischen Prozesses	**Reflexive Fragen zur Berücksichtigung von Differenz**	**Aufgaben differenzbewusster pädagogischer Demokratieförderung**
Revision Entstehen aus der Entscheidung und ihrer Umsetzung für alle, für bestimmte Gruppierungen oder Einzelne negative Folgen, ergeben sich neue Betroffenheiten und Konflikte, die wiederum artikuliert und zu einer neuen gemeinsamen öffentlichen Problematisierung und Verhandlung führen müssen. Der demokratische Prozess startet von vorn.	Werden die unterschiedlichen Folgen für unterschiedliche Betroffene von allen anerkannt? Können unterschiedliche Betroffene gleichermaßen eine Revision der Entscheidung fordern? Können alle gleichmächtig erneut ihre Position öffentlich artikulieren? Entsteht eine neue gemeinsame diskursive Verständigung und Verhandlung?	• Anerkennung unterschiedlicher Betroffenheiten der gemeinsamen Entscheidungen sichern • Unterstützungsformen vom Start des Prozesses oben wiederholen.

Gewaltfreie Kommunikation als Voraussetzung für das Gelingen der GEBe-Methode

Jenka Doris Bühler, Anja Henatsch

Als Diplom-Pädagogin beziehungsweise Sozialpädagogin und Musiktherapeutinnen leiten wir die Kifrie Musiketage, die zum Träger Nachbarschaftsheim Schöneberg e. V. gehört. In der Einrichtung der Offenen Kinder- und Jugendarbeit beziehungsweise Jugendkulturarbeit unterstützen wir die Kinder und Jugendlichen, sich über Musik – besonders auch öffentlich – auszudrücken. Als wir anfingen, uns die GEBe-Methode anzueignen, nahmen wir parallel an einer Grundausbildung zur wertschätzenden/gewaltfreien Kommunikation (GfK) bei Tamara Rohloff und Ludger Seidel teil. Wir erkannten Schnittmengen zwischen den beiden Ansätzen und stellten fest, dass es bei GEBe und bei GfK um die Erlangung einer inneren Haltung geht, aus der heraus dann die sozialpädagogischen Handlungen folgen.

GfK ist für uns grundsätzliche Voraussetzung für einen gelingenden zwischenmenschlichen Kontakt. Ein gelingender Kontakt zu Kindern und Jugendlichen ist nur möglich, wenn wir mit ihnen eine Verbindung eingehen. Diese Verbindung kann durch die GfK ermöglicht werden. Nur wenn eine Verbindung entsteht, können die Themen der Kinder und Jugendlichen im Sinne der GEBe-Methode von den Fachkräften wahrgenommen und kann diese Methode erfolgreich umgesetzt werden.

Die Anwendung der Methode in unserem Arbeitsalltag brachte uns zu der Erkenntnis, dass sich die Wirkung von GEBe im Zusammenwirken mit der GfK erst richtig entfaltet. Deshalb stellen wir hier die GfK-Methode an praktischen Beispielen aus unserem Arbeitsalltag vor.

Was ist gewaltfreie Kommunikation (GfK)?

Die gewaltfreie Kommunikation (GfK) wurde von dem US-amerikanischen Psychologen Marshall B. Rosenberg entwickelt und publik gemacht. Er hat diese Methode sowohl in Kriegs- und Krisengebieten als auch in Schulen, Kliniken und im Management erfolgreich vermittelt und angewendet. Der Fokus liegt darauf, miteinander in Kontakt zu kommen, Verantwortung für das eigene Handeln zu übernehmen und das Handeln des Gegenübers zu verstehen – ohne zwangsläufig damit einverstanden zu sein. Mit dieser Methode hat Rosenberg einen gewaltfreien Dialog entwickelt, der in vielfältigen Konfliktsituationen zwischenmenschlicher Begegnungen angewendet werden kann. Sie bildet eine Grundlage für Konfliktmanagement in der direkten Auseinandersetzung von Mensch zu Mensch.

Rosenberg beschreibt seine Motivation so: „In der Psychologie habe ich gelernt, dass die Menschen, die gewalttätig sind, eine Störung haben. Ich glaube, dass es eine vereinfachende und gefährliche Perspektive ist, zu meinen, dass Gewalttätigkeit eine Krankheit ist. Ich wünschte, es wäre so einfach. Mittlerweile bin ich davon überzeugt, dass es um Sprache und Kommunikation geht" (Rosenberg und Seil 2004: 11).

Gewaltfreie Kommunikation basiert auf einem wertschätzenden Umgang miteinander und mit sich selbst, weshalb sie auch häufig „Wertschätzende Kommunikation" genannt wird. Voraussetzung für die Wertschätzung anderer Personen ist immer die Selbstachtung. Laut Wikipedia bezeichnet Wertschätzung die positive Bewertung eines anderen Menschen. Sie gründet auf einer inneren allgemeinen Haltung anderen gegenüber. Wertschätzung betrifft einen Menschen als Ganzes, sein Wesen. Sie ist eher unabhängig von Taten oder Leistung, auch wenn diese die subjektive Einschätzung einer Person und damit die Wertschätzung beeinflussen. Der Duden erklärt den Begriff der Wertschätzung mit „Achtung, Ansehen, Anerkennung".

In der gewaltfreien Kommunikation achten wir also unsere Kommunikationspartner*innen und stehen ihnen wohlwollend gegenüber. Damit wir uns überhaupt wohlwollend und anerkennend gegenüber anderen verhalten können, ist es wichtig, dass wir uns selbst wohlwollend und wertschätzend betrachten. Mithilfe von Selbstempathie und dem Erkennen, Akzeptieren und Formulieren der eigenen Gefühle und Bedürfnisse können wir eine Haltung einnehmen, die anderen Menschen Wertschätzung entgegenbringt.

Marshall Rosenberg formuliert das so: „Die Grundidee der Methode ist ganz einfach. Erstens: beobachte dich selbst – was ist lebendig in dir? Und zweitens: Wodurch würde sich deine Lebensqualität verbessern? Lerne diese zwei Dinge zu kommunizieren, ehrlich, ohne jegliche Kritik. Es sind nur diese beiden Fragen“ (ebd.: 12). Er entwickelte zur Anwendung der gewaltfreien Kommunikation das Vier-Schritte-Modell:

1. Beobachten – wertfreie Beschreibung der Situation
2. Befinden – Gefühle beschreiben ohne Analyse
3. Bedürfnisse – nicht an bestimmte Personen oder Objekte gebunden: Welches Bedürfnis kommt im Moment zu kurz und will respektiert oder erfüllt werden?
4. Bitten oder konkrete Handlungsstrategien – an bestimmte Personen gebunden: Was willst du jetzt konkret tun, um dein Bedürfnis zu erfüllen?

Ziel der GfK ist die wertschätzende Verbindung zwischen den Kommunikationspartner*innen. Diese funktioniert, indem ich die andere Person wahrnehme, ihr empathisch zuhöre und bei Unstimmigkeiten diese vier Schritte durchlaufe und meiner Gesprächspartnerin[18] so meine Befindlichkeit und Bitte als Ich-Botschaft mitteile. Die Voraussetzung dafür ist, dass ich mich selbst wahrnehme und mich aufrichtig ausdrücke. Auch für die Selbstempathie durchlaufe ich die vier Schritte. Um mit mir und der anderen Person in eine wertschätzende Verbindung zu kommen, kann ich diesen Prozess mehrmals durchlaufen.

Trennende Kommunikation

Wenn wir an einer anregenden Diskussion beteiligt sind, neue Aspekte zum Thema erfahren, darauf warten, endlich wieder etwas zum Thema sagen zu können, wenn auf unsere Beiträge eingegangen wird und wir auf die Anregungen der anderen reagieren und andere auf unsere Beiträge reagieren, fühlen wir uns wohl und wertgeschätzt – selbst wenn unsere Gegenüber nicht die gleiche Meinung vertreten wie wir selbst.

In Kontakt und in Austausch mit der Kommunikationspartnerin zu treten, setzt die allseitige Bereitschaft voraus, sich mit der Lebenswelt und den Werten der anderen Person vertraut zu machen. Wir nutzen unterschiedliche Kommunikationsmuster, von denen uns viele nicht bewusst sind – einige davon trennen

18 Der Einfachheit halber benutzen wir im Singular nur die weibliche Form – natürlich sollen sich Männer gleichermaßen angesprochen fühlen.

uns von unserer Kommunikationspartnerin, obwohl wir das gar nicht beabsichtigen. Trennende Muster können Vorwürfe, Ratschläge, Belehrungen, Verallgemeinerungen, Rechtfertigungen und vieles mehr sein. Beispiele für trennende Kommunikationsmuster:
Der 14-jährige Deniz: „Die blöden Flüchtlinge! Die sollen doch nach Hause gehen. Die nehmen uns nur unsere Arbeit und unsere Wohnungen weg. Die sollen zurück, wo sie herkommen! Die kriegen ja alles in den Arsch geschoben."
Fachkraft: „Sprich lieber nicht so über andere, denn du möchtest ja auch nicht, dass jemand über dich so spricht." (Rat)
oder:
„Wie redest du denn über diese Menschen?! Du weißt doch, was die durchgemacht haben!" (Vorwurf)
oder:
„Stell dir mal vor, du kommst aus einem Kriegsgebiet und dein Haus ist kaputt – von deinen Freunden weißt du nichts und deine Eltern haben die Möglichkeit zu fliehen ..." (Vergleich)

In allen drei Beispielen gibt die Fachkraft Deniz keine Empathie. Sie fragt weder nach seinen Gefühlen noch nach seinen Bedürfnissen. Sie versucht auch nicht, die Beweggründe seiner Aussage zu erfahren. Stattdessen versucht sie, ihn von seiner Meinung abzubringen, und vermittelt ihm indirekt, dass das, was er denkt beziehungsweise sagt – ihrer Meinung nach – falsch ist. So kann keine konstruktive Verbindung zwischen Deniz und der Fachkraft entstehen. Es wäre sehr erstaunlich, würde Deniz nach einer dieser Reaktionen sagen: „Ja, stimmt. Eigentlich nehmen sie uns die Arbeit gar nicht weg." Deniz wird auch die Situation der Flüchtlinge nicht verstehen oder anerkennen wollen, wenn nicht zuvor seine Situation und sein Statement anerkannt und wertgeschätzt werden.

Verhält die Fachkraft sich empathisch zu Deniz, besteht die Möglichkeit, dass er sich anschließend ihre Einstellung und Meinung anhört und seine reflektiert. Diese Möglichkeit wird unwahrscheinlich, wenn die Fachkraft trennende Kommunikationsmuster anwendet. Um auf Deniz eingehen zu können, muss die Fachkraft zuerst sich selbst empathisch begegnen, denn Deniz' Aussage kollidiert mit den Wertvorstellungen der Fachkraft. Sie muss sich von ihren Wertvorstellungen für einen Moment lösen, um offen und ohne Beurteilung andere Vorstellungen und Ansichten hören zu können.

Empathie und Selbstempathie

Der Begriff kommt vom griechischen Wort *empátheia* (Einfühlung) und steht sowohl für das Einfühlen in die Emotionen als auch für das Einfühlen in das Handeln anderer Menschen (Rohloff und Seidel 2016). Wenn wir uns selbst in einer Situation unwohl fühlen, weil wir uns ärgern, uns schämen, traurig sind oder uns ungerecht behandelt fühlen, suchen wir häufig den Auslöser für unser Gefühl bei den anderen: Wir machen unsere Umwelt für unsere Gefühle verantwortlich und sind dabei nicht im Kontakt mit uns selbst. Mittels Selbstempathie können wir erkennen, dass wir selbst für unsere Gefühle verantwortlich sind. Wir können uns selbst Empathie geben, indem wir unsere Gefühle und Bedürfnisse wahrnehmen, (an-)erkennen, akzeptieren und wohlwollend auf uns selbst reagieren. Das ist nicht immer leicht, denn oft befinden wir uns in einem Gewirr von Gefühlen, die wir selbst nicht so schnell bestimmen können. In diesen Augenblicken hilft es, innezuhalten – „stopp!" zu sich selbst zu sagen, um abzuwarten, bis sich der Strudel von Gefühlen gelegt hat. Dann haben wir die Möglichkeit, die Situation neu zu betrachten und unsere Bedürfnisse zu artikulieren.

Auch die GEBe-Methode kennt das Innehalten und „nicht sofort reagieren" – diese Methode heißt dort Hoppla: Die Fachkraft folgt nicht sofort ihrem Handlungsimpuls, sondern wartet einen Moment, um dann reflektiert – und nicht impulsiv oder gewohnheitsbedingt – zu handeln (Sturzenhecker und Schwerthelm 2015: 7).

Reagieren wir empathisch, sollten wir in der Lage sein, unsere Gefühle von denen der Gegenüber abzugrenzen und differenziert zu betrachten. Um auf eine andere Person empathisch zu reagieren, muss ich nicht mit ihr einer Meinung sein. Empathie zu geben, bedeutet vielmehr, die Gefühle und Bedürfnisse der anderen Person in ihrer Situation mit ihrem Hintergrund zu erkennen und anzunehmen. Wenn wir auf eine Person empathisch reagieren, kommen wir in Kontakt mit ihr – es entsteht für den Moment eine emotionale Bindung und Verständigung. Dieser Kontakt ermöglicht eine Vertrauensbasis, auf der eine gelingende Kommunikation aufgebaut werden kann.

Noch einmal zu dem oben genannten Beispiel: Die Fachkraft reagiert still nach innen mit der Haltung: „Das macht mich wirklich wütend und traurig, dass ich immer wieder gegen diese fremdenfeindlichen Aussagen anreden muss.

Ich habe schon so oft versucht, mit Deniz darüber zu sprechen. Ich komme an meine Grenzen und habe Schwierigkeiten, ihn mit seiner fremdenfeindlichen Art wertzuschätzen ... Deniz ist aber nicht verantwortlich dafür, dass ich von seiner Einstellung genervt oder gar wütend bin, auch wenn diese mich momentan wütend macht."

Dann versucht sie empathisch auf Deniz einzugehen: „Wichtig ist, was hinter seiner Aussage steckt. Ich vermute, dass Deniz weiß, dass seine Aussage mit meinen Wertvorstellungen kollidiert. Wenn ich mir Deniz' Aussage genau ansehe, dann sagt er, dass er die Flüchtlinge blöd findet, weil ‚sie uns unsere Arbeit und Wohnungen wegnehmen'. Hat Deniz vielleicht etwas Konkretes erlebt, was ihn zu dieser Aussage bringt? Ich versuche, ihm zuzuhören, ohne ihn zu bewerten und ohne mich in meinen Wertvorstellungen angegriffen zu fühlen. Das bedeutet nicht, dass ich diese Wertvorstellungen nicht weiterhin habe, sondern ich stelle sie einen Moment hintan, um mit Deniz überhaupt in ein Gespräch zu kommen."
In den vier Schritten – still nach innen – ausgedrückt:

1. Situation:
   „Deniz erzählt mir, dass er will, dass die Flüchtlinge wieder gehen. Er findet, sie nehmen uns die Arbeit weg; er findet, sie nehmen unsere Wohnungen weg."
2. Gefühl:
   „Ich bin total sauer und wütend. Ständig muss ich mit den Jugendlichen über Fremdenfeindlichkeit reden. Sie kapieren überhaupt nicht den Ernst der Lage und denken nur an sich. Das macht mich total traurig und hilflos; dieser ganze rechtspopulistische Ruck in Deutschland macht mich ganz fertig, dabei ist er doch selbst Migrant und müsste doch Verständnis für die Geflüchteten haben ..."
3. Bedürfnis:
   „Ich wünsche mir, eine Methode zu finden, wie ich Deniz von seiner Fremdenfeindlichkeit abbringen kann: Ich möchte wirksam sein."
4. Bitte:
   „Ich bitte mich selbst, geduldig mit mir zu sein. Ich weiß, dass ich professionelle Arbeit mache, und es gibt keinen Grund, mich unwirksam zu fühlen. Ich werde mal nachspüren, was Deniz dazu bewegt, diese Aussagen zu treffen."

Die vier Schritte – empathisch für Deniz:

1. Deniz' Situation:
   „Deniz' Vater ist aus Rom, die Mutter ist Italienerin. Deniz ist in Deutschland geboren. Er besucht eine Oberschule mit dem Förderschwerpunkt Lernen und kommt regelmäßig in das Jugendzentrum, in dem ich arbeite, um Musik zu machen – er möchte rappen. Er besitzt so viel Vertrauen zu mir, dass er mit mir über seine Befindlichkeit spricht. Er sagt, dass er findet, dass die Flüchtlinge gehen sollen, weil sie ‚uns Arbeit und Wohnungen wegnehmen und alles in den Arsch geschoben kriegen'."
2. Deniz' Gefühl:
   „Deniz fühlt sich hilflos, verloren und frustriert."
3. Deniz' Bedürfnis:
   „Deniz möchte sich zugehörig fühlen. Er möchte wertgeschätzt und in Deutschland anerkannt werden."
4. Deniz' Bitte könnte sein:
   „Bitte akzeptier mich als den, der ich bin, und nimm mich ernst als Deutschen!"

Die Fachkraft sagt zu Deniz (ist empathisch mit ihm, nachdem sie sich selbst Empathie gegeben hat): „Fühlst du dich von den Flüchtlingen bedroht?"
Deniz antwortet: „Ja, na klar, die kriegen Geld und 'ne Wohnung und müssen gar nichts dafür tun! Elendes Pack ..."
Auch hier gibt sich die Fachkraft erst einmal selbst Empathie. Sie versucht, sich zu leeren und ihre Werte nicht in den Vordergrund rutschen zu lassen.
Fachkraft: „Fühlst du dich ungerecht behandelt? Du hast den Eindruck, deine Familie muss sich wirklich um Arbeit und Wohnung bemühen und andere müssen das nicht. Dabei gehst du hier schon so lange zur Schule ..."
Deniz: „Ja, ich wohne schon immer hier und spreche Deutsch und die können noch nicht mal nach dem Weg fragen und kriegen alles in den Arsch geschoben. Und jetzt sprechen mich die Leute auf der Straße schon an, als ob ich kein Deutsch kann ..."
Fachkraft: „Ach so, du bist angesprochen worden und die Person hat mit dir gesprochen, als ob du nicht gut Deutsch sprechen kannst – sie hat dich für einen Flüchtling gehalten. Du fühlst dich total verkannt und darüber ärgerst du dich jetzt, oder?"
Deniz: „Ja genau, wegen denen! Ich bin hier geboren, ich bin Deutscher!"

Fachkraft: „Ja, ich kann gut verstehen, dass du dich ärgerst, wenn du für jemanden gehalten wirst, der du gar nicht bist ...“

Auf diese Weise ist eine Verbindung zwischen Deniz und der Fachkraft entstanden. Die Fachkraft hat Deniz gezeigt, dass sie seine Gefühle ernst nimmt, ohne seine Äußerungen zu bewerten. Sie war dazu in der Lage, weil sie sich nicht von ihrem Handlungsimpuls, Deniz von seiner falschen Meinung abzubringen, hat leiten lassen. Sie konnte Deniz' fremdenfeindliche Äußerungen ertragen und ergründen, weil sie sich zunächst empathisch zu sich selbst und dann zu ihm verhalten hat. So standen seine Äußerungen nicht mehr im Mittelpunkt, sondern seine Gefühle und Bedürfnisse: sein Ärger darüber, für jemand anderen gehalten zu werden, als er ist.

Da die Fachkraft erst ihre Aufmerksamkeit nach innen richtet und sich von dem Einfluss ihrer eigenen Wertvorstellungen befreit, kann sie ihre Aufmerksamkeit dann nach außen richten. Hier wird deutlich, dass der Prozess der Empathie nicht linear ist, sondern dass es sich um ein Wechselspiel von Empathie und Selbstempathie handelt. In dem Moment, in dem die Fachkraft einen gelungenen Kontakt zu Deniz hergestellt und ihm signalisiert hat, dass sie seine Situation versteht, kann sie nun auch mit ihm über seine fremdenfeindlichen Äußerungen diskutieren. Er wird ihr jetzt eher zuhören, eventuell seine Meinung hinterfragen und im besten Fall sogar ändern. Ein pädagogisches Arbeiten mit Deniz ist möglich geworden. Er fühlt sich, auch wenn die Fachkraft seine Äußerungen nicht teilt, nicht als Person abgewertet.

Das Problem, dass Deniz sich der deutschen Gesellschaft nicht zugehörig fühlt, wird natürlich nicht in einem einzigen Gespräch gelöst. Trotzdem gilt: Wer sich wertgeschätzt fühlt, ist eher in der Lage, sich zu reflektieren, da er seine Meinung nicht verteidigen muss.

Da die Fachkraft sowohl GfK anwendet als auch in GEBe geschult ist, hat sie die oben dargestellte Situation als Deniz' gesellschaftliches Thema erkannt. Mit der Vorgehensweise der GEBe-Methode würde das so aussehen:

- Die Beobachtung: Deniz macht fremdenfeindliche Sprüche.
- Die Auswertung: Deniz fühlt sich verkannt, möchte dazugehören. Er möchte gehört werden.
- Die Resonanz und dialogische Klärung: Deniz möchte nicht verwechselt werden.

- Das Projekt: zum Beispiel visuelle, filmische oder auditive Darstellung der Identitäten: „Das bin ich – so will ich sein"; Verwirklichung der Projektidee in einem selbst geschriebenen Rap-Text.

Deniz hat sich nach diesem Gespräch einen Rap-Text ausgedacht, in dem er zunächst auf viele Menschen in seiner Umgebung schimpfte und sie abwertete. Als die Fachkraft ihm den Text auf seine Bitte hin vorlas, meinte er, er würde den nicht so singen wollen. Die Fachkraft sollte den Text mehrmals vorlesen – immer wieder Resonanz geben – und Deniz änderte seinen Text im Laufe der Lesungen. Er sprach über sich und wie er sich in Bezug auf sein Umfeld sieht und er zeigte eine Offenheit gegenüber der Fachkraft, die es vorher noch nicht gegeben hatte.

Dieses Rap-Projekt konnte verwirklicht werden, weil die Fachkraft sich selbst und Deniz gegenüber empathisch verhielt. Bekanntlich müssen sich viele Fachkräfte in der Offenen Kinder- und Jugendarbeit, aber auch in Ganztagsbetreuungen täglich mit Beleidigungen, Fäkalsprache, Grenzüberschreitungen und fremdenfeindlichen Sprüchen auseinandersetzen und diese ertragen. Wir sind der Meinung, dass den innerpsychischen Prozessen der Fachkräfte (nicht nur) in der GEBe-Methode nicht genug Aufmerksamkeit zukommt. Es ist schwer zu ertragen, wenn Kinder und Jugendliche allein durch ihren Sprachgebrauch permanent gegen die Wertvorstellungen und Grenzen der Fachkräfte verstoßen, wenn sie sich immer wieder „fick deine Mutter", „Fotze", „scheiß Ausländer" und „du schwule Sau" anhören müssen – gerade wenn sie im Sinne der GEBe-Methode beobachten.

In den Kommunikationsformen der Kinder und Jugendlichen kann auch ein Angebot an Kontakt und gesellschaftlicher Beteiligung liegen – wie die GEBe-Methode annimmt. Doch um dieses zu erkennen, benötigt die Fachkraft eine Methode, in der sie zunächst sich selbst wertschätzen und empathisch begegnen kann. Nach unserer Auffassung ist die Anwendung der gewaltfreien Kommunikation notwendig für den Erhalt der psychischen Stabilität und der daraus folgenden Handlungsfähigkeit der Fachkraft – die wiederum eine Voraussetzung der erfolgreichen Anwendung der GEBe-Methode ist.

Wenn sich die Fachkraft ihrer Gefühle und Bedürfnisse in den jeweiligen Situationen bewusst ist, wenn sie eine Vermutung über die Gefühle und Bedürfnisse ihrer Gesprächspartnerin anstellen kann, ohne diese zu bewerten, wenn sie ihrer Gesprächspartnerin eine positive Motivation unterstellen kann, obwohl diese gegen ihre Wertvorstellungen spricht, kann die Fachkraft die GEBe-Methode erfolgreich anwenden. Sie bekommt eine Ahnung von den Themen der Kinder und Jugendlichen, kann ihre Beobachtungen auswerten, mit den Kindern und Jugendlichen klären, ob ihre Wahrnehmung richtig ist, und diese in ihrem Projekt unterstützen (Kreislauf der GEBe-Methode).

So zeigt sich, dass es starke Parallelen zwischen den beiden Methoden gibt. Denn auch die GfK will letztlich nicht nur die psychische Stabilität der einen Seite (in unserem Fall der Fachkräfte) stützen, sondern eine gegenseitige Kommunikation schaffen, die ermöglicht, dass beide Seiten sich für eine Realisierung ihrer Bedürfnisse und Problemstellungen einsetzen – aus GEBe-Sicht: sich gesellschaftlich-demokratisch engagieren. Beide Methoden sind dialogisch orientiert, sie versuchen, über Empathie und Selbstreflexion eine Öffnung für gegenseitige Aushandlungen zu erzeugen, um so tiefer an die eigentlichen Bedürfnisse, Wünsche, Problemstellungen und Perspektiven der gesellschaftlichen Lebensgestaltung der Beteiligten heranzukommen. Es geht ihnen darum, konstruktive Kommunikation und gesellschaftliches Handeln zu ermöglichen.

Literatur

Rohloff, Tamara, und Ludger Seidel (2016). *Handout Rohloff/Seidelseminare – Wertschätzende Kommunikation. Grundausbildung 2016*. Berlin.

Rosenberg, Marshall B., Gabriele Seil (2004). *Konflikte lösen durch gewaltfreie Kommunikation*. Freiburg.

Sturzenhecker, Benedikt, und Moritz Schwerthelm (2015). *Gesellschaftliches Engagement von Benachteiligten fördern – Band 2. Methodische Anregungen und Praxisbeispiele für die Offene Kinder- und Jugendarbeit*. Gütersloh.

Potenziale der GEBe-Methode für Lernprozesse der pädagogischen Fachkräfte aus der Perspektive erfahrungsbasierten Lernens

Alicia Picker

Wie gesellschaftliches Handeln geschieht und wie Kinder und Jugendliche sich ihre Umwelt aneignen und auch verändern, sind Fragen, mit denen sich die GEBe-Methode befasst – Umwelt wird in diesem Text als all das verstanden, was außerhalb der eigenen Person liegt. Die GEBe-Methode ist eine Arbeitsweise zur Umsetzung demokratischer Verhältnisse in der Kinder- und Jugendhilfe, vielleicht sogar der Sozialen Arbeit allgemein. Demokratie wird hier nach Dewey (Jörke 2003: 9 f.) als Lebensform verstanden. Pädagogische Einrichtungen der Kinder- und Jugendhilfe seien dabei im Sinne Deweys „embryonic societies", also Gesellschaften im Kleinen, in denen die pädagogischen Fachkräfte mit den Kindern und Jugendlichen deren Interessen, Konflikte und Themen öffentlich aufgreifen, dialogisch debattieren und dazu Entscheidungen fällen können.

Die theoretische Rahmung thematisiert ausführlich die Ziele der GEBe-Methode im Hinblick auf gesellschaftliches Engagement als Demokratiebildung der Kinder und Jugendlichen (Sturzenhecker 2015: 152–165). Doch sie birgt auch für pädagogische Fachkräfte Potenziale, um Lernprozesse zu durchlaufen. Durch die Kombination von In- und Exteriorisationsprozessen in der Methode kann sie aus psychologischer Perspektive des Erfahrungslernens Lernprozesse nicht nur anregen, sondern sie bietet vielmehr allen Teilprozessen des Lernens eine Grundlage – auch und gerade für die pädagogischen Fachkräfte.

Welche Potenziale birgt die GEBe-Methode besonders im Hinblick auf Lernprozesse der pädagogischen Fachkräfte? Dieser Beitrag soll auf Grundlage der erfahrungsbasierten Lerntheorie von Kolb (1984) eine Antwort geben. Dabei werden vor allem die Arbeitsschritte der Methode unter der Perspektive der Lern- und Entwicklungsprozesse der nach GEBe arbeitenden Fachkräfte thematisiert. Es ist das Ziel, die Methode besonders mit entwicklungspsychologischen (Lern-) Theorien wie der von Kolb und Piaget zu vergleichen und Chancen und Hürden zu beschreiben, die in Lernprozessen (von Fachkräften) auftauchen können.

Im ersten Teil des Beitrags wird das Verhältnis von Subjekt und Umwelt im Hinblick auf Lernen als Interiorisations- und Exteriorisationsprozesse beschrieben. Interiorisation ist nach Kolb die Reflexion über Umwelt innerhalb des Subjekts, während Exteriorisation die aktive Veränderung externer Objekte meint, ausgehend von dem durch Interiorisation Verinnerlichten (Staemmler 2006: 49 f.). Die GEBe-Methode, die diese Prozesse miteinbezieht, wird in ihren vier Arbeitsschritten erläutert. Auf Grundlage dessen wird dann das Konzept des Lernens als Interiorisation mit Prozessen der Assimilation und Akkommodation (nach Piaget) verglichen, um anschließend aus kognitionspsychologischer Perspektive Wissensaneignung in Form von Schemata zu beschreiben. Diese Perspektive wird mit gesellschaftstheoretischen Überlegungen verbunden. Daran knüpft die Ausführung des Lernzirkels nach Kolb an, mit dem die Arbeitsschritte der GEBe-Methode untersucht werden. Nach einer Kurzdarstellung möglicher Hürden der Methode wird abschließend ein Fazit des Vergleichs von GEBe mit lernpsychologischen Positionen gezogen.

GEBe – Lernen als Interiorisation und Exteriorisation

Menschliches Handeln wird im GEBe-Konzept immer als gesellschaftlich verstanden; von Geburt an ist man in soziale, interaktive Kontexte eingebunden (Sturzenhecker 2015: 28). Wie diese Interaktion realisiert wird, ist kulturspezifisch. Der Aspekt der gesellschaftlichen Einwirkung auf das Subjekt wird im GEBe-Ansatz mitgedacht: Der Prozess, in dem Äußeres durch aneignendes Handeln eines Menschen in dessen Inneres gelangt, wird – mit Bezug auf Leontiew – Interiorisation genannt (ebd.: 48 f.), während der Prozess des Handelns, in dem Inneres sich entäußert und erkennbar wird, Exteriorisation genannt wird. Diese Prozesse sind in ihrer Abfolge nicht festgelegt und stehen stets in einem dynamischen Verhältnis zueinander.

Menschen unterscheiden sich darin, wie ihre Interiorisations- und Exteriorisationsprozesse ablaufen, wie sie sich also Umwelt aneignen und sich selbst ausdrücken und sich zu dieser positionieren. Das Subjekt kann sich durch sein Handeln an Vorgefundenes anpassen, kann es aber auch verändern. Dafür, wie Pädagog*innen mit Heranwachsenden deren Aneignung der Umwelt als (eher passive) Aufnahme und (eher aktiven) Ausdruck fördern können und sollten, bietet die GEBe-Methode einen stark demokratischen Ansatz, was sich insbesondere aus den Teilschritten der Methode deduzieren lässt. Diese werden im Folgenden – bevor sie in Bezug zu Kolb gesetzt werden – zusammenfassend und mit besonderem Fokus auf Lernmomente erläutert.

Die GEBe-Teilprozesse

1. Beobachtung

Im ersten Schritt beobachten die pädagogischen Fachkräfte die Kinder und Jugendlichen. Dies setzt zeitweilig den Handlungszwang aus – die Fachkräfte sollen während der Beobachtung nicht in die beobachteten Prozesse einschreiten. Das ist möglich, solange keine konkrete Gefahr, etwa die Verletzung eines Heranwachsenden, besteht. Die zu beobachtenden Situationen sind nicht nur konfliktgeladene, sondern auch alltägliche Situationen in der Offenen Kinder- und Jugendarbeit, aber auch in der Kinder- und Jugendhilfe allgemein. Grundsätzlich gilt, dass in jeder Situation Themen der Jugendlichen vorkommen und als Angebote gedeutet werden können. Die Fachkraft sollte der Beobachtung nicht die eigene normative Wertung entziehen und nicht intentional auf eine möglichst deskriptive Beschreibung achten, damit auch ihre eigenen Wahrnehmungsverzerrungen selbstkritisch reflektiert werden können.

2. Auswertung

In der Auswertung werden die von den Fachkräften dokumentierten Beobachtungen in einem fachlichen Auswertungsprozess besprochen. Dazu ist die Klärung der eigenen Wahrnehmungsverzerrungen relevant – die Methode nennt diese Zacks und Hopplas. Als Zacks werden die normativen Wertungen in den Beobachtungen bezeichnet, es sind „schnelle pädagogische Einordnungen und verzerrte Wahrnehmungen“ (Sturzenhecker und Schwerthelm 2015: 92). Die Bestimmung der Zacks könnte als Bewusstmachung unbewusster oder bewusster Assimilationsprozesse der Pädagog*innen verstanden werden, die das Verhalten der Jugendlichen sofort in bestehende Schemata einordnen. Die Klärung der Hopplas hat das Ziel wahrzunehmen, wie stark der Handlungsdruck und der Wille zum eigenen Einschreiten sind. Anhand dessen kann der Handlungsdruck reduziert werden, was der Fachkraft mehr Freiraum gibt, sich der offenen Auswertung von Beobachtungen zu widmen (ebd.: 78).

In der Auswertung werden zudem im gemeinsamen Gespräch der Fachkräfte mögliche Themen und Interessen der Kinder und Jugendlichen aus den Beobachtungen abgeleitet, die dann im Hinblick auf die Bearbeitbarkeit priorisiert werden. Außerdem sollen die vermuteten Themen der Heranwachsenden mit bestehenden fachlich-theoretischen Kenntnissen in Verbindung gebracht werden. Anschließend werden Möglichkeiten und Methoden erörtert, wie man die als relevant gedeuteten lebensweltlichen Themen den Kindern und Jugendlichen mithilfe einer passenden medialen Vermittlung spiegeln kann.

3. Dialogische Klärung

In der dialogischen Klärung werden die Themen, die die Pädagog*innen im Handeln der Heranwachsenden entdeckt haben, diesen mit unterschiedlichen medialen Methoden (zum Beispiel Plakat, Video, App) gespiegelt. Das geschieht, weil die Deutungen der Themen nur Hypothesen darstellen und erst durch eine dialogische Klärung mit den Kindern und Jugendlichen entschieden werden kann, was für sie wie bedeutsam ist. Dabei handelt es sich um einen diskursiven Verständigungsprozess, in dem nur das gilt, was gemeinsam ausgehandelt wurde.

4. Gestaltung eines Projekts gesellschaftlichen Engagements

Abhängig von den Ergebnissen des Dialogs mit den Heranwachsenden kann aus Schritt 3 ein gemeinsames Projekt entstehen. Dies soll im Rahmen einer Öffentlichkeit in den Einrichtungen und darüber hinaus auch im Stadtteil beziehungsweise in der Kommune erfolgen und durch Mitentscheiden und Mithandeln der Kinder und Jugendlichen gestaltet werden.

Die Schritte der GEBe-Methode lassen sich in einem zirkulären Schaubild darstellen (Abbildung 1).

Abbildung 1: **Arbeitsschritte der GEBe-Methode**

1. Beobachtung

Zeitweiliges Aussetzen des Handlungszwangs

Das Handeln von Kindern und Jugendlichen im Jugendhaus wahrnehmen und gesellschaftliche und politische Themen entdecken

2. Auswertung

Im beobachteten Handeln Angebote und Themen der Jugendlichen erkennen

Hypothesen von Engagementthemen bilden und Prioritätensetzung aufgrund fachlicher Entscheidungen treffen

3. Dialogische Klärung

Resonanz geben und die Themen gesellschaftlichen Engagements mit den Jugendlichen aushandeln

Eigene Interpretationen mit Jugendlichen verifizieren/falsifizieren

4. Gestaltung eines Projekts gesellschaftlichen Engagements

Sich und seine Anliegen öffentlich in die Gesellschaft einbringen

Sukzessiv Öffentlichkeit(en) herstellen, in der beteiligte Kinder und Jugendliche sich engagieren und sich als aktive Mitglieder der Gesellschaft erfahren

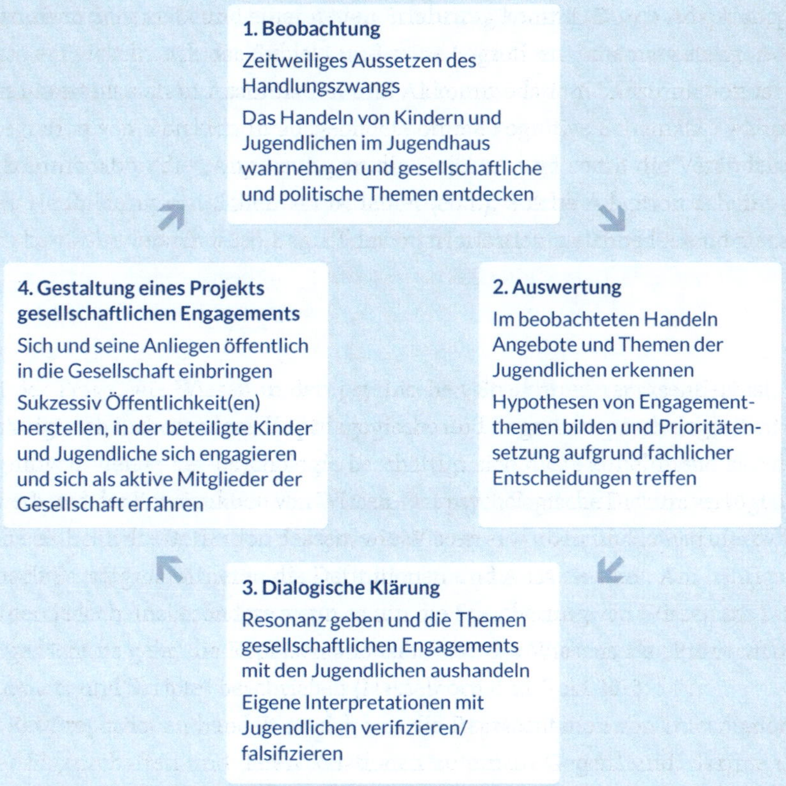

Quelle: Eigene Darstellung, angelehnt an Schwerthelm 2015: 58 | BertelsmannStiftung

Lernweisen in GEBe: Assimilation und Akkommodation als Interiorisation

Alle Menschen sind in gesellschaftliche Kontexte eingebunden, mit denen sie in Interaktion stehen: „Das Subjekt gibt es nicht als frei schwebendes, sich selbst erzeugendes Individuum, sondern es entwickelt und entfaltet sich nur in Zusammenhang mit anderen, im Rahmen der Gesellschaft" (Sturzenhecker 2015: 28). Der Mensch bedarf zur Entfaltung also eines sozialen Kontextes. Subjektwerdung vollzieht sich immer zwischen Person, sozialen Gegenübern, Gesellschaft und Kultur (ebd.: 49). Wenn dieser soziale Kontext dem Subjekt die Mitbestimmung bei der Gestaltung seiner Lebensführung weitgehend verunmöglicht, kommt es zu Benachteiligungen und Diskriminierungen. Obwohl der Anspruch des SGB VIII auf eine Entwicklung individueller Selbstbestimmung in einem gesellschaftlichen Rahmen abzielt, ist zu beobachten, dass es (angelehnt zum Beispiel an Bourdieu 1987/2018) dieser gesellschaftliche Rahmen sein kann, der Ungleichheiten erzeugt (Sturzenhecker 2015: 50 ff.).

In der Praxis ist festzustellen, dass zwar die strukturellen Ungleichheitsproblematiken der Gesellschaft bekannt sind, doch Probleme der Heranwachsenden oft auf den einzelnen Jugendlichen, der sich nicht der Norm entsprechend verhält, reduziert und sanktioniert werden (Sturzenhecker und Schwerthelm 2015: 118). Kinder und Jugendliche, die als benachteiligt gelten, haben häufig Lebenswege geprägt von Armut, Diskriminierung, Bildungsferne und einem Mangel an sozialem und kulturellem Kapital, der ihnen eine volle gesellschaftliche Mitbestimmung erschwert (Sturzenhecker 2015: 26). Umso wichtiger ist es, diesen Heranwachsenden einen Raum zu bieten, in dem sie demokratische Prozesse miterleben und mitgestalten können. Ziel ist dabei nicht nur eine (Re-)Integration in die Gesellschaft, sondern auch das anerkennende Wahrnehmen und gemeinsame Bearbeiten der Interessen und Themen dieser Kinder und Jugendlichen – auch im Hinblick auf die benachteiligenden gesellschaftlichen Umstände.

GEBe zielt dabei nicht nur auf eine gelingende Interiorisation, also eine gelingende Aufnahme und Verinnerlichung schon bestehender und historisch und kulturell entwickelter gesellschaftlicher Verhältnisse, in die das Subjekt hineingeboren ist, sondern vor allem auf eine Exteriorisation, also das gelingende Einbringen eigener, innerer Vorstellungen und Gestaltungsideen in das soziale Umfeld und die Gesellschaft allgemein.

Der Prozess der Interiorisation erinnert an Piagets Modell der kognitiven Entwicklung. Piaget bezeichnet mit dem Konzept der Äquilibration „den Aufbau von immer komplexeren kognitiven Strukturen, welche aus der Erfahrung eines Ungleichgewichts resultieren" (Staemmler 2006: 50). Ungleichgewichte können entstehen, wenn es zu Konflikten oder Inkongruenz zwischen den bestehenden kognitiven Schemata und einer neuen Erfahrung kommt. Durch Adaptionsprozesse entwickeln sich das Subjekt und seine kognitiven Schemata stetig. Adaption unterteilt sich in Assimilation und Akkommodation. „Assimilation ist die Integration von Objekten in ausgebildete offene kognitive Schemata", während Akkommodation die „Anpassung an die Objekte" und somit die Veränderung oder Neubildung von Schemata bedeutet (ebd.). Solche Adaption scheint mit dem bei GEBe verwendeten Begriff der Interiorisation gleichbedeutend zu sein.

Schemata der Selbst- und Weltwahrnehmung

Mit der Frage, wie Wissen in den psychischen Strukturen repräsentiert ist, beschäftigt sich insbesondere die pädagogische und Kognitionspsychologie. Seit der kognitiven Wende der Psychologie beschäftigt sich diese zunehmend mit dem Erwerb und der Konstruktion von Wissen. Der psychologische Diskurs verfügt über keine einheitliche Definition dessen, wie Wissen erworben und konstruiert wird; je nach Paradigma variieren die Definitionen und Ansätze stark. Am häufigsten werden jedoch, insbesondere wenn es um die Speicherung von Wissen im Langzeitgedächtnis geht, die Repräsentationsformate des Wissens als „Proportionen, Schemata und Skripte" beschrieben (Hasselhorn und Gold 2013: 54).

Bei Proportionen handelt es sich um die Repräsentation von Informationen oder Eigenschaften und deren Relationen zu einem Gegenstand. Skripte und Schemata sind komplexer und beinhalten bildhafte und automatisierte Tätigkeiten. Schemata sind hierarchisch angeordnet und können sowohl im impliziten als auch im deklarativen Langzeitgedächtnis angelegt sein, wodurch die flexible und bewusste Abrufung durch das Arbeitsgedächtnis variieren kann. Schemata können durch den Prozess der Assimilation gefestigt und durch den Prozess der Akkommodation verändert und erweitert werden (ebd.).

Nach der Schematatheorie von Bartlett (1954) ist unter einem Schema „die aktive Organisation vergangener Reaktionen oder Erfahrungen zu verstehen, die dem Organismus eine gute Anpassung ermöglicht" (Bartlett 1954: 201). Diese

Definition impliziert, dass Wissen in Form von Schemata vom Subjekt in einer Form repräsentiert wird, die ihm eine gute Anpassung ermöglicht. Insofern scheint der Prozess der Akkommodation sich nur dann zu vollziehen, wenn Assimilationsversuche entweder für die Anpassung an den sozialen Kontext oder das Gegenüber nicht förderlich oder nicht möglich sind. Bartlett (ebd.: 83 ff.) fand in seinen Studien Hinweise dafür, dass Menschen beispielsweise dazu tendieren, sich von vorgelesenen Geschichten nur die Aspekte zu merken, die in ihre schon vorhandenen Schemata passen, Elemente, die ihre subjektive Theorie zu der Geschichte stützten, aber nicht genannt wurden, zu erfinden, und andere, die ihren kulturellen Werten widersprachen, nicht zu erinnern. Andere Studien geben ähnliche Indizien für eine derartige Tendenz der Wissenskonstruktion in Kategorien und/oder Schemata (zum Beispiel Scheich 2003: 105 f.). Insofern scheint die Konstruktion von Wissen durch Erfahrungen und die Reproduktion des Erlebten subjektiv.

Das ließe sich auch mit dem Habituskonzept von Bourdieu übereinbringen. Bourdieu (1987) fokussiert in seiner Gesellschaftstheorie das Phänomen der sozialen Ungleichheit, die der ungleichen Verteilung von Macht entspringe (Koller 2014: 139). Der milieuspezifische Habitus, der durch die Habitualisierung, die auch als Sozialisationsprozess aufgefasst werden kann, entsteht, „geht dem Subjekt voraus, bringt es hervor und wird gleichsam von ihm inkorporiert" (Münte-Goussar, Spieker und Wischmann 2009: 140). Der Habitus determiniere einen Großteil der Lebensbereiche wie Vorlieben, Sprechweise, Aussehen und führe durch die den Gesellschaftsmitgliedern bekannten gruppenspezifischen Unterschiede der Habitualisierung dazu, dass ein Mensch (von anderen) einer Gruppe „quasi instinktiv" zugeordnet werden könne (ebd.).

Es kann davon ausgegangen werden, dass der Habitus durch einen stetigen bewussten und unbewussten Lernprozess entsteht, der mit der Geburt eines Menschen in ein bestehendes System, in dem und in dessen Wechselwirkung er sich entfaltet, beginnt. Mit der Geburt beginnen damit also Assimilationsprozesse und das Subjekt generiert Schemata, die es durch die Einflüsse seines Umfelds ausdifferenziert – durch Assimilation von Gedanken, Eigenschaften und Strukturen eines bestimmten sozialen Umfelds wird das Subjekt also in seinem Denken und seiner Wertung der Umwelt stark beeinflusst. Ein Umfeld, das bereits von Benachteiligung geprägt ist und in dem wenig Raum für (politische) Partizipation besteht, läuft Gefahr, von neuen Subjekten, also Heranwachsenden hingenommen zu werden, weil sie kein alternatives Handeln assimilieren und ihre Schemata nicht entsprechend differenzieren können.

Davon ausgehend entzieht sich auch die Beobachtung der pädagogischen Fachkraft nicht der Subjektivität und Perspektive, die sie durch gesellschaftliche Erfahrungen und den daraus resultierenden individuellen Wissenserwerb erworben hat. Sturzenhecker (2015) greift diese Subjektivität auf: Beobachtungen seien „letztendlich immer nur individuelle und gar verzerrte Konstruktionen der Wirklichkeit (...). Wahrnehmungen sind ‚Falsch-Nehmungen' beziehungsweise ‚Falsch-Gebungen' (Delhees 1994: 95 f. nach Sturzenhecker und Schwerthelm 2015: 87).

Die pädagogische Arbeit läuft Gefahr, aus diesen „Falsch-Nehmungen", oben beschrieben als subjektive Schemata, welche die Aufnahme und Speicherung von Informationen sowohl fördern als auch behindern, Handlungsweisen abzuleiten. Sturzenhecker bezieht sich hier auf Schürmann, der davon ausgeht, dass die Sichtweise und Perspektive bestimme, welche Handlungsweisen aus ihnen in der Wirklichkeit folgten (Schürmann 2008 nach Sturzenhecker und Schwerthelm 2015: 87 f.). Gesellschafts- und ausbildungsbedingt entwickelte Schemata (auch) von Pädagog*innen können Handlungen und Handlungsflüsse aufrufen, die „als Routine abgespult werden können" (ebd.: 79).

Sturzenhecker meint, der Grund für solche Rückgriffe auf Routinen liege darin, dass Handlungen nicht immer bewusst analysiert und entschieden werden müssen, sondern die pädagogische Fachkraft schnell handlungsfähig sei. Aus den oben genannten Perspektiven betrachtet, kann es somit zur Verfestigung vorhandener Schemata kommen und an Reflexion mangeln. Geht man des Weiteren davon aus, dass Pädagog*innen, etwa in der Kinder- und Jugendhilfe, mit benachteiligten Kindern und Jugendlichen konfrontiert sind, deren Handeln nicht immer normkonform ist, kann eine vorschnelle Einordnung solcher Kinder und Jugendlichen als abweichend und defizitär nicht nur für die Arbeit mit den Heranwachsenden, sondern auch für Lernprozesse der Pädagog*innen hinderlich sein. Die GEBe-Methode möchte die Fachkräfte für die Risiken schneller, schematischer Deutungen des Handelns der Kinder und Jugendlichen sensibilisieren und selbstreflexive Lernerfahrungen ermöglichen.

Betrachtet man die Methode aus dem Blickwinkel der erfahrungsbasierten Lerntheorie von Kolb, werden ihre Besonderheiten vor allem im Hinblick auf die Lernprozesse der Pädagog*innen ersichtlich.

Der Kolb'sche Lernzirkel und die GEBe-Methode

Wie erläutert, scheinen sich aus der Literatur zu GEBe im Hinblick auf die Eingebundenheit und Interaktion zwischen Subjekt und Umwelt Parallelen zu Piagets Entwicklungsmodell ziehen zu lassen. Dieses Modell ist aber insofern einschränkend, als dass die durch Adaption erreichte Äquilibration (als psychisches Ausbalancieren) als immer innerhalb des lernenden Subjekts ablaufend konzipiert wird und Änderungen der Umwelt durch das Subjekt nicht mitgedacht werden. Kolb entwickelte 1984 aus dem Entwicklungsmodell Piagets, aus Deweys Theorie zur engen Verknüpfung von Theorie und Praxis sowie aus Lewins Theorien zur Integration von Theorie und Praxis die Experiential Learning Theory (ELT).

Lernen versteht Kolb als holistischen Prozess, der auf Erfahrung basiert und konflikt- und spannungsreich ist. Das Subjekt konstruiere sein Wissen in Wechselwirkung zwischen sich und der Umwelt. Lernen sei „the result of the transaction between the social knowledge and the personal knowledge" (Kolb 1984: 36), also das Ergebnis von Übertragungsprozessen zwischen sozialem und personalem Wissen. Das Subjekt muss in diesen Transaktionen zwischen sich und der Umwelt zur Bewältigung eines Konfliktes oder einer Spannung eine der dialektisch aufeinander bezogenen Fähigkeiten auswählen. Diese Fähigkeiten basieren auf den Prozessen der konkreten Erfahrung (KE), des reflektierenden Beobachtens (RB), der abstrakten Begriffsbildung/Konzeptualisierung (AB) und des aktiven Experimentierens (AE). Kolb beschreibt sie durch ein Kreislaufmodell, den Kolb'schen Zirkel (Abbildung 2).

Der Schritt der konkreten Erfahrung bezieht sich auf eine Situation, die das Subjekt nicht ohne Weiteres regelgeleitet oder mit Vorkenntnissen routinemäßig bewältigen kann. Das reflektierende Beobachten stellt die Reflexion des Erfahrenen dar, in der die aufgenommenen Informationen verinnerlicht werden – es kommt damit zur Transformation äußerer Elemente durch Intension (vgl. Interiorisation). In dem darauf folgenden Schritt der abstrakten Begriffsbildung (AB) vollziehen sich die oben beschriebenen Adaptionsprozesse, in denen die neuen Erfahrungen und Informationen entweder schon in bestehende Schemata eingeordnet werden oder Schemata erneuert oder verändert werden. Die spezifischen Erfahrungen einer konkreten Situation werden also zu einem Muster

Abbildung 2: **Der Kolb'sche Zirkel**

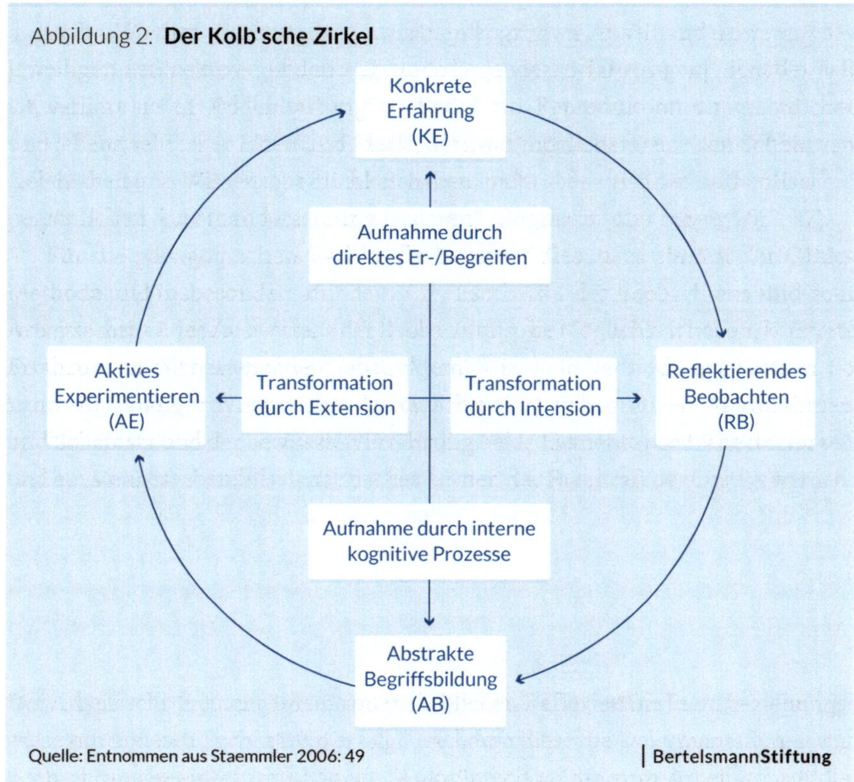

Quelle: Entnommen aus Staemmler 2006: 49

oder einer Regel verallgemeinert; im Schema entsteht ein abstrakter Begriff beziehungsweise eine Zuordnung. Zu diesem Schritt gehört auch das abstrakte Konzipieren neuer Theorien und Handlungsweisen (als Kombination einzelner Begriffe), die zusammen mit dem veränderten kognitiven Schema im nächsten Schritt, dem aktiven Experimentieren, erprobt und so für die Umwelt durch Extension transformiert werden.

Kolb geht davon aus, dass eine effizient lernende Person die Fähigkeit hat, in allen Teilprozessen des Zirkels lernen zu können, und dass es je nach genetischen, situations- und sozialisationsbedingten Faktoren zu einer Präferenz des Lernens in einem bestimmten Modus[19], etwa nach dem Trial-and-Error-Prinzip, kommen kann, in dem das Subjekt ohne Handlungs- oder Vorwissen etwas ausprobiert

19 Lernmodi bewegen sich zwischen den vier Teilprozessen des Kolb'schen Zirkels und beinhalten schwerpunktmäßig jeweils zwei davon, also KE&RO, RO&AB, AB&AE, AE&KE.

(KE) und reflektiert (RO). Deshalb ist es sinnvoll, Lernsituationen so zu gestalten, dass alle vier Schritte durchlaufen werden (Fuchs 2011). Vergleicht man diesen Lernzirkel mit den Arbeitsschritten der GEBe-Methode, lassen sich Parallelen finden, die im folgenden Abschnitt erläutert werden.

Beobachtung als konkrete Erfahrung

Die pädagogischen Fachkräfte befinden sich zunächst in einer konkreten Situation in der pädagogischen Praxis und beobachten diese. Diesen Prozess könnte man der konkreten Erfahrung (KE) zuordnen. Die Fachkräfte verfügen zwar über Wahrnehmungsschemata und daraus routiniert abgeleitete Handlungsstrategien, doch sollen sie diese nicht einsetzen und die Situation zunächst nur beobachtend registrieren. Die GEBe-Methode versucht, diese konkrete Erfahrung in der Situation bewusst wahrnehmbar zu machen, damit eine schlichte Adaption – die in Gefahr gerät, nur als beiläufiger und unbewusster Deutungsprozess abzulaufen – vermieden werden kann. Stattdessen soll, akkommodationsfördernd, eine bewusste Reflexion des eigenen Wahrnehmungsprozesses und der eigenen Deutungsschemata eingeleitet werden. Das ist ein zentraler Aspekt der GEBe-Methode und kognitionspsychologisch könnte man ihn als das Erleben von Situationen mit bewusster Zurückhaltung kognitiver Schemata und routinisierter Strategien für das Handeln einordnen.

Dass die GEBe-Methode beim Schritt des Beobachtens einsetzt, hat gegenüber anderen Methoden, die bei pädagogischen Vorüberlegungen und Zielen der Fachkräfte einsetzen und dann nach dem Top-down-Prinzip versuchen, diese in Lernprojekte für die Kinder und Jugendlichen umzuwandeln (zum Beispiel Wahl 2002: 237 f.), entscheidende Vorteile, so John Dewey: „Sie [die Schule; oder es, das Jugendhaus] hat die Chance, sich mit dem Leben zu verbinden, der Lebensraum des Kindes zu werden, an dem es durch direkte Lebenspraxis lernt, anstatt nur ein Platz zu sein, an dem Lektionen gelernt werden, die nur einen abstrakten und fernen Bezug zu irgendeinem möglichen Leben haben, das in der Zukunft umgesetzt wird. Sie [es, das Jugendhaus] bekommt die Chance, ein Miniaturgemeinwesen, eine embryonische Gesellschaft zu sein“ (Dewey 1907: 31 f. nach Sturzenhecker 2015: 84).

Ein Lernen der Pädagog*innen, das reflexiv statt routinisiert die konkrete Erfahrung (KE) einbezieht, verhindert eine abstrakte und lebensweltferne Pädagogik. „Wo dies [Verknüpfung zwischen kognitiver Auseinandersetzung der jeweiligen Perspektive mit den zugrunde liegenden Erfahrungen] nicht der Fall ist, verliert sie an ‚Bodenhaftung' und wird zur Reproduktion unpersönlicher und lebensweltferner Ideen und Ideale, die zwar möglicherweise den Schein von Gelehrtheit und Wissenschaftlichkeit haben, nicht aber auf einer ‚authentischen' persönlichen Auseinandersetzung basieren" (Rogmann und Meyer 2013: 47).

Für die pädagogischen Fachkräfte bedeutet dies, dass sie mit der GEBe-Methode und insbesondere mit dem Arbeitsschritt 1 des Beobachtens und dem Arbeitsschritt 2 des Auswertens der Beobachtung die Möglichkeit haben, konkrete Erfahrungen mit bestehendem (abstraktem) Wissen in Verbindung zu setzen. So kann ein ständiger dynamischer Austausch zwischen kognitiven Vorannahmen und Schemata und der bewussten Erfahrung beide Elemente positiv beeinflussen und ein stetiges, ebenfalls dynamisches Lernen der Fachkraft begünstigt werden.

Auswertung als reflektierende Beobachtung und abstrakte Begriffsbildung

Der Arbeitsschritt einer gemeinsamen fachlichen Reflexion im Team beziehungsweise mit anderen Fachkräften erfolgt, nachdem diese die Dokumentationen von Beobachtungen einbringen können. Anknüpfend an die zum Arbeitsschritt der Beobachtung erläuterten Vorteile der Reflexion auf Basis der konkreten Erfahrung in den beobachteten Situationen, findet im folgenden Schritt der Auswertung eine Transformation der Beobachtungen statt. Hierfür ist es zentral, die eigenen Aufzeichnungen der beobachteten Situation zu analysieren.

Die GEBe- Methode schlägt, wie oben erwähnt, eine Untersuchung auf Zacks und Hopplas – also auf Wahrnehmungsverzerrungen und Interventionsabsichten – vor. Aus der Perspektive des Lernzirkels betrachtet, vollziehen sich hier zwei Prozesse simultan: Zum einen werden aus den Zacks und Hopplas Indizien für bestehende kognitive Schemata deutlich, also der abstrakten Begriffsbildung/Konzeptualisierung, die der pädagogischen Fachkraft in der Situation des Beobachtens zugrunde lag und die für die Bewertung des Geschehens verantwortlich ist. Zum anderen wird gleichzeitig im Auswertungsdiskurs deutlich, wie andere Fachkräfte die Situation bewerten – und welche Handlungskonsequenzen aus welchen Bewertungen folgen würden.

Dieser Prozess des Austauschs über die Wahrnehmungsmuster der Zacks und die Handlungsabsichten der Hopplas hat aus kognitionspsychologischer Sicht also enormes Potenzial, die Pädagog*innen auf ihre bestehenden Schemata und Kategorien hinzuweisen, diese reflexiv einzuholen und potenziell zu verändern und zu erweitern. Menschen neigen dazu – wie unter anderem die Forschung von Bartlett (1954) zeigt –, das wahrzunehmen, was vorhandene eigene Kategorien bestätigt. Wahrnehmung und Lernen tendieren also zunächst zur Assimilation – Neues wird den schon vorhandenen Schemata untergeordnet. Das gemeinsame Gespräch und die Bewusstwerdung über vorschnelle oder unbewusste Assimilationsprozesse, die sich besonders in den Zacks wiederfinden, können darüber hinaus eine Akkommodation fördern. Im Prozess der gemeinsamen und bewussten Transformation entstehen Chancen, die abstrakte Begriffsbildung/Konzeptualisierung der beteiligten pädagogischen Fachkräfte zu verändern. Die Gefahr der routinisierten und automatisierten Handlungsabläufe, die pädagogische Fachkräfte situationsabhängig abrufen, wird also durch die reflexiven Elemente der GEBe-Methode verringert beziehungsweise unterbunden. Für die pädagogischen Fachkräfte bedeutet dies, dass sie durch eine gemeinsame RB (reflektierende Beobachtung) ihrer KE (konkreten Erfahrungen) ihre jeweiligen AB (abstrakten Begriffsbildungen/Konzeptualisierungen – Schemata) verändern und erweitern können.

Auf Basis dieser gemeinsam im demokratischen Gespräch veränderten AB werden nach der Methode im nächsten Schritt Themen und Interessen der Jugendlichen abgeleitet. Die normativen Wertungen oder die angenommenen Handlungszwänge, die sich durch das Bewusstwerden und gemeinsame Reflektieren verändert oder aufgehoben haben, werden für neue Perspektiven geöffnet. Wie in Arbeitsschritt 1 erläutert, findet diese Ableitung von hypothetischen Themen und Interessen der Kinder und Jugendlichen in Anknüpfung an die Beobachtung, also die lebensweltliche Erfahrung (KE), statt und verliert so nicht an Bodenhaftung (siehe oben).

Die Methode befürwortet eine Verknüpfung der herausgearbeiteten möglichen Themen mit theoretischen und fachlichen Vorkenntnissen, denn im gemeinsamen Diskurs soll das Fachwissen der Pädagog*innen zur Analyse der hypothetischen Themen der Kinder und Jugendlichen genutzt werden. Es kommt also zum Austausch zwischen einem fachlich-theoretischen Vorwissen (AB) und den aus den Beobachtungen (KE) abgeleiteten (RB) Themen. Dadurch, dass dieser Prozess sich im Austausch unter den Fachkräften vollzieht, ist anzunehmen, dass es auch unterschiedliche Vorkenntnisse gibt und die Fachkräfte dadurch ihr fachliches

Wissen (AB) erweitern oder verändern können. Darin liegt ein weiteres Potenzial für die Fachkräfte, ihre vorhandenen Schemata zu erweitern oder zu verändern.

Zu den ausgewählten, zunächst als hypothetisch angenommenen Themen wird dann eine an der Lebenswelt der Kinder und Jugendlichen orientierte Methode gewählt, mit der ihnen die möglichen Themen zurückgespiegelt werden können. Ob daraus jedoch ein Projekt entsteht, ist nach der GEBe-Methode nicht festgelegt, wie der nächste Arbeitsschritt zeigt.

Dialogische Klärung als aktives Experimentieren und konkrete Erfahrung

Die dialogische Klärung beginnt mit einer Resonanz der Fachkräfte auf die möglichen Themen der Kinder und Jugendlichen. Diese bekommen eine Antwort auf ihr Handeln, die wiederum Antworten bei ihnen herausfordern soll. So soll eine dialogische Klärung beziehungsweise Aushandlung entstehen, ob die Fachkräfte die Themen der Heranwachsenden richtig verstanden haben. Durch die Vorüberlegungen der Fachkräfte und die Methode der Rückspiegelung ist diese Klärung im ersten Schritt nicht planlos, sondern seitens der Pädagog*innen beeinflusst durch die – aus den vorangegangenen Arbeitsschritten – entstehenden Ideen, akkommodierten Schemata und eröffneten Handlungsmöglichkeiten.

Somit kann das Herantragen der potenziellen Themen an die Heranwachsenden als aktives Experimentieren gewertet werden, denn die AE ist die Lernphase, in der auf Basis der – hier durch die GEBe-Methode veränderten – abstrakten Begriffsbildungen/Konzeptualisierungen neue, experimentelle Handlungen erfolgen. Es handelt sich hierbei um eine Transformation durch Extension und – in Bezug auf den theoretischen Rahmen der Methode – um eine Exteriorisation des bisherigen Lernprozesses der Fachkräfte. Die Fachkräfte haben ihre bisherigen Schemata reflexiv revidiert oder geöffnet und können auf dieser Basis den Kindern und Jugendlichen experimentell neue Themen und Handlungsmöglichkeiten anbieten.

Die GEBe-Methode sieht aber auch vor, dass die Antwort der Kinder und Jugendlichen auf die Resonanz der Fachkräfte einen Dialog erzeugt, durch den die Themen verifiziert oder falsifiziert werden können. Was den Kindern und Jugendlichen experimentell angeboten wurde, wird erst durch eine gegenseitige

Aushandlung gültig. Die Themen sind dann stimmig oder falsch oder werden gemeinsam so eingerichtet, dass sie für die Beteiligten passen. Insofern finden auch im Schritt der dialogischen Klärung für die Pädagog*innen zwei Lernprozesse simultan statt: Einerseits befinden sie sich durch das Resonanzgeben im Prozess des AE, in dem sie, wie oben erklärt, ihre reflexiv geöffneten Vorüberlegungen und Beschlüsse in Handlungen (Resonanzen) umsetzen; andererseits befinden sie sich im Hinblick auf die Antworten der Kinder und Jugendlichen in einer neuen konkreten Erfahrung, deren Facetten sie nicht antizipieren können. Insofern verlangt und ermöglicht die GEBe-Methode, dass die Fachkräfte erstens ihre erarbeitete reflexive Öffnung in Handlung als Resonanz transformieren und zweitens die Antworten der Kinder und Jugendlichen diese Angebote noch einmal hinterfragen, verändern oder gar als irrelevant qualifizieren können. Vorhandene Schemata der Fachkräfte müssen also zwei Lernprozessen ausgesetzt werden.

Gestaltung eines Projekts gesellschaftlichen Engagements als konkrete Erfahrung (KE&RB&AB&AE)

In diesem Arbeitsschritt soll nach positivem Ergebnis des Dialogs mit den Kindern und Jugendlichen in Schritt 4 ein Projekt in einer (Teil-)Öffentlichkeit der Einrichtung entwickelt werden. Zu diesem Schritt ist grundsätzlich anzumerken, dass dadurch, dass ihm die Arbeitsschritte 1 bis 3 vorausgehen, in der Realisierung eines Projekts auf die Kinder und Jugendlichen ganz anders eingegangen werden kann als ohne die vorherigen Arbeitsschritte. Denn es konnte gezeigt werden, dass die vorangegangenen Arbeitsschritte die kognitiven Schemata der Fachkräfte im Austausch und in Bezug auf ihre konkreten Erfahrungen und theoretischen Vorkenntnisse verändern können. Somit können sie im letzten Schritt auf die dialogisch erarbeiteten Themen der Kinder und Jugendlichen eingehen und mit diesen kooperieren, ohne habituelle, vorgeprägte Wertungen und Handlungsmuster abzuspulen, oder für diese zumindest ein stärker reflexives Bewusstsein entwickelt haben.

Die pädagogischen Fachkräfte erlangen mit der Gestaltung eines Projekts eine neue Erfahrung, die im Kolb'schen Zirkel der konkreten Erfahrung zugeordnet werden könnte. Die Zuordnung dieses Schrittes ist jedoch schwierig, da ein gemeinsames Projekt auch wieder den gesamten Zirkel durchlaufen kann und dabei die Abfolge der Teilprozesse nicht festgelegt ist. Entwickeln die Jugendlichen beispielsweise zunächst eine gemeinsame Durchführungsidee, handelt es sich in der Umsetzung um aktives Experimentieren (AE). Außerdem können bei einem Projekt verschiedene Prozesse des Zirkels gleichzeitig ablaufen. Dass Lernprozesse simultan verlaufen und die Prozesse nicht trennscharf sind, sind Hauptkritikpunkte am Kolbschen Zirkel (Forrest 2004; Jeffs und Smith 2014; Weinstein Webb 2003). Dieser Arbeitsschritt und seine Einordnung in den Kolb'schen Zirkel können hier nicht weiter vertieft werden, doch für weitere Arbeiten wäre diese Thematisierung interessant.

Lernhürden

Eine zentrale Schwierigkeit bei der Realisierung der GEBe-Methode und somit beim Durchlaufen eines Lernprozesses könnte sein, dass die Fachkräfte bereit sein müssen, sich ihrer eigenen Schemata mit ihren Wertungen bewusst zu werden und diese nicht sofort in Handlungsstrategien abzuleiten. Denn wenn die kognitionspsychologischen Erkenntnisse zum Lernen auch in der pädagogischen Praxis wiederzufinden sind und Menschen zur Assimilation tendieren und wahrnehmen, was sie aufgrund ihrer Schemata wahrnehmen wollen, stellt die Methode den vorerst holprigeren Weg dar: Sie erwartet von den Professionellen, es sich bewusst schwer zu machen, also sich von gewohnten und nützlichen Schemata der Wahrnehmungsweisen und Handlungsentwürfe zu distanzieren. Die Funktionalität solcher Schemata, nämlich möglichst einfaches und sicheres Handeln zu ermöglichen, soll damit absichtlich unterbrochen werden. Der eigenen Handlungsfähigkeit quasi Steine in den Weg zu legen und sich ohne Not kritisch zu hinterfragen, widerspricht der kognitionspsychologischen Erkenntnis der Priorität von Assimilation, also dem vorrangigen Versuch, aktuelle Erfahrungen in Schemata des Bekannten einzuordnen und sie so bewältigen zu können.

Die reflexive Forderung der Methode reicht sogar so weit, dass die Fachkräfte „aus passiven oder gar aggressiven Äußerungen [der Kinder und Jugendlichen, A. P.] doch relevante Artikulationen an die Gesellschaft“ (Sturzenhecker und Schwerthelm 2015: 170) erkennen sollen. Hier kann vermutet werden, dass solche Beobachtungen eher auf starke, habituelle Wertungen der Professionellen treffen, die nicht ohne Weiteres das Potenzial solcher Positionierung der Kinder und Jugendlichen erkennen, sondern ihnen eher kritisch gegenüberstehen. Es geht bei der Methode also nicht nur um eine reflexive Öffnung der Professionellen, sondern geradezu um die Bereitschaft, in – unter Umständen spontan als problematisch empfundenen und bewerteten – Handlungen der Kinder und Jugendlichen konstruktive Chancen auf Dialog, Selbst- und Mitbestimmung zu entdecken. Das verlangt hohe Fähigkeiten der Selbstreflexion und bewussten Distanzierung von schnellen Einordnungen.

Damit aber nicht genug der Lernhindernisse: Haben die Fachkräfte es geschafft, Deutungen des Handelns der Kinder und Jugendlichen nicht allzu schnell eigenen Mustern anzupassen, sondern sich für Neuinterpretationen von Interessen und Themen zu öffnen, bedeutet das noch lange nicht, dass solche rückgespiegelten Wahrnehmungen selbstverständlich auf eine positive Resonanz bei den Kindern und Jugendlichen stoßen. Die beobachteten, selbstreflexiv diskutierten und medial gespiegelten Themen könnten bei den Kindern und Jugendlichen eine negative Resonanz auslösen. Und das wiederum könnte gerade angesichts der Anstrengungen einer Vermeidung allzu schneller Assimilation zu Frustrationen bei den Fachkräften führen. Dabei würden also die Selbstwirksamkeitserwartungen der Fachkräfte, eben durch Öffnung und Veränderung eigener Schemata und Handlungsmuster auch neue Handlungsmöglichkeiten mit den Kindern und Jugendlichen zu erzielen, enttäuscht werden. Dadurch könnte ihre Bereitschaft sinken, den methodischen Kreislauf der Selbstreflexion und des erneuten experimentellen Lernens und Handelns nochmals auszuprobieren. Der in der Praxis von Fachkräften immer wieder gehörte Satz: „Wir haben es ja probiert, aber mit unseren Jugendlichen klappt es nicht“, könnte hier seine Ursache haben.

Fazit

Das Durchlaufen der GEBe-Arbeitsschritte und damit des Kolb‘schen Lernzirkels birgt auch für die pädagogischen Fachkräfte großes Potenzial, da sie einen Lernprozess durchlaufen, der nach Kolbs Theorie alle Lernteilprozesse und somit auch Lernmodi miteinbezieht. Ihre bestehenden und auch in Interaktion mit der Umwelt entstandenen Schemata können durch gemeinsames Reflektieren erweitert oder verändert werden und der Handlungsdrang, der aus den bestehenden Schemata resultiert, kann sich reduzieren.

Das ist besonders im Hinblick auf die Arbeit mit benachteiligten Kindern und Jugendlichen bedeutsam, da diese Methode durch ihren selbstkritischen Lernprozess verhindern kann, dass die Kinder und Jugendlichen als problematisch, defizitär, abweichend, unmotiviert und so weiter stigmatisiert werden. Deren Handlungsweisen sind schließlich selbst an Schemata gebunden, entstanden aus ihren gesellschaftlichen Erfahrungen. „Ihre wiederholten Erfahrungen von Scheitern, von Stigmatisierung als unfähig, von gesellschaftlicher Randständigkeit haben sich oft verdichtet zu Unsicherheit und Scham" (Sturzenhecker und Schwerthelm 2015: 167). Will man diesen Kreislauf gegenseitiger Verharrung in negativen Wahrnehmungsmustern pädagogisch durchbrechen, bietet die GEBe-Methode an, mithilfe experimentellen Lernens sich neuen Interaktionen beziehungsweise Dialogen und gemeinsam bestimmten Projekten zu öffnen.

Der GEBe-Prozess soll für die pädagogischen Fachkräfte Möglichkeiten neuer Exteriorisation eröffnen: zum einen durch die Resonanzgebung und die mediale Vermittlung der Themen und zum anderen durch die Gestaltung eines gemeinsamen Projekts mit den (benachteiligten) Kindern und Jugendlichen. Die pädagogischen Fachkräfte können also durch die Methode Lernprozesse durchlaufen, die mit geöffneten und veränderten kognitiven Schemata und den aus ihnen entstehenden Handlungen zu sehr individuellen und situationsspezifischen neuen Perspektiven führen können. „Dem Rezept genau zu folgen, erzeugt allein kein gutes Ergebnis. Stattdessen muss man das Rezept in die eigenen (Koch-)Erfahrungen und -Kompetenzen einfügen, es variieren und auf die eigene Weise realisieren" (ebd.: 128). Die Methode verlangt eben nicht, alte schematische Rezepte durch neue Schemata zu ersetzen, sondern sich immer wieder neu den Erfahrungen mit Kindern und Jugendlichen zu stellen und auf der Basis eigener Lernprozesse Routinisierungen zu vermeiden.

Die Anstrengung, die eigenen Schemata der Wahrnehmung und Handlungsmuster zu erkennen, zu hinterfragen und zu öffnen, ist eine typische Anforderung an professionelles Handeln. Professionelle Deutungen und Interventionen sollen sich von alltäglichen Assimilationen unterscheiden und mit ihren Adressat*innen zu für beide Seiten neuen und praktikablen Alternativen der Lebensführung und der demokratischen Beteiligung an Gesellschaft führen (vgl. dazu das Konzept der reflexiven Professionalität nach Dewe und Otto 2010).

Wer solche Professionalität praktizieren will, wird sich der Anstrengung selbstreflexiver, experimenteller Lernprozesse kaum entziehen können. Wenn

Sozialpädagog*innen ihren Adressat*innen, besonders den benachteiligten Kindern und Jugendlichen, die für sie neue Erfahrung eröffnen wollen, dass ihre Stimme zählt und wirksam sein kann, setzt das einen stetigen Lernprozess der Fachkräfte selbst voraus. Die GEBe-Methode bietet dazu detaillierte Anregungen. Mit ihrer Hilfe können Fachkräfte *und* Kinder und Jugendliche zusammen in neue Wahrnehmungen und Handlungsweisen kommen.

Literatur

Bartlett, Frederic C. (1954). *Remembering. A study in experimental and social psychology*. 3. Aufl. Cambridge.

Bourdieu, Pierre (1987/2018). *Die feinen Unterschiede. Kritik der gesellschaftlichen Urteilskraft*. 26. Aufl. 2018. Frankfurt am Main.

Dewe, Bernd, und Hans-Uwe Otto (2010). „Reflexive Sozialpädagogik. Grundstrukturen eines neuen Typs dienstleistungsorientierten Professionshandelns". *Grundriss Soziale Arbeit. Ein einführendes Handbuch*. Hrsg. Werner Thole. 3. Aufl. Wiesbaden. 197–218.

Forrest, Claire (2004). *Kolb's Learning Cycle*. http://reviewing.co.uk/research/experiential.learning.htm#training (Download 14.10.2017).

Fuchs, Wiebke (2011). *Erfahrungsbasiertes Lernen in der hochschulischen Erwachsenenbildung. Ein Modell für eine theoriegeleitete Schlüsselkompetenzvermittlung und dessen Implikationen für die Praxis*. Bachelorarbeit. Hrsg. Universität Hamburg. Unveröffentlicht.

Hasselhorn, Marcus, und Andreas Gold (2013). *Pädagogische Psychologie. Erfolgreiches Lernen und Lehren*. Stuttgart.

Jeffs, Tony, und Mark Smith (2014). *Learning from Experience*. www.infed.org/foundations/f-explrn.htm (Download 30.9.2014).

Jörke, Dirk (2003). *Demokratie als Erfahrung. John Dewey und die politische Philosophie der Gegenwart*. Wiesbaden.

Kolb, David A. (1984). *Experiential Learning: Experience as the source of learning and development*. New Jersey.

Koller, Hans-Christoph (2014). *Grundbegriffe, Theorien und Methoden der Erziehungswissenschaft. Eine Einführung.* 7., durchges. Aufl. Stuttgart.

Münte-Goussar, Stephan, Susanne Spieker und Anke Wischmann (2009). „Chancen durch Bildung? Eine Diskurskritik“. *Bachelor bolognese. Erfahrungen mit der neuen Studienstruktur.* Hrsg. Andrea Liesner und Ingrid Lohmann. Opladen. 133–164.

Rogmann, Jens Joachim, und Moritz Meyer (2013). „Affirmatives Kompetenztraining oder reflexive Bildungserfahrung: Ist die Förderung von Schlüsselkompetenzen an deutschen Universitäten am Scheidepunkt?“. *Schlüsselqualifikationen in Lehre, Forschung und Praxis* 1. 41–62.

Scheich, Henning (2003). „Was möchte das Gehirn lernen? Biologische Randbedingungen der Langzeitgedächtnisbildung“. *Neue Chancen für die Bildung.* Hrsg. Stefan Appel und Cristina Allemann-Ghionda. Schwalbach. 101–106. www.pedocs.de/volltexte/2009/2048/pdf/Scheich_2003_Was_moechte_das_Gehirn_lernen_D_A.pdf (Download 20.9.2019).

Staemmler, Daniel (2006). *Lernstile und interaktive Lernprogramme. Kognitive Komponenten des Lernerfolges in virtuellen Lernumgebungen.* Wiesbaden.

Sturzenhecker, Benedikt (2015). *Gesellschaftliches Engagement von Benachteiligten fördern – Band 1: Konzeptionelle Grundlagen für die Offene Kinder- und Jugendarbeit.* Gütersloh.

Sturzenhecker, Benedikt, und Moritz Schwerthelm (2015). *Gesellschaftliches Engagement von Benachteiligten fördern – Band 2: Methodische Anregungen und Praxisbeispiele für die Offene Kinder- und Jugendarbeit.* Gütersloh.

Wahl, Dietrich (2002). „Mit Training vom trägen Wissen zum kompetenten Handeln?“. *Zeitschrift für Pädagogik* 48 (2). 227–241.

Weinstein Webb, Miriam (2003). *A definitive critique of experiential learning theory.* http://reviewing.co.uk/research/experiential.learning.theory.critique.htm (Download 20.9.2019).

Zur Förderung der GEBe-Methode in der Offenen Kinder- und Jugendarbeit durch die Jugendpflege eines Landkreises

Annalena Uhlenbrock

Im Kreis Gütersloh wurde in den letzten Jahren die GEBe-Methode umgesetzt und in die Offene Kinder- und Jugendarbeit eingeführt. In diesem Beitrag geht es darum, wie erfolgreich diese Umsetzung gelungen ist und welche Schwierigkeiten es noch gibt. Dazu habe ich im Herbst 2017 mit den beiden Kreisjugendpflegern Michael Trödel und Thorsten Grüter ein Interview geführt.

Jugendarbeit im Kreis Gütersloh in Berührung mit der GEBe-Methode

Die Aufgabe der Jugendpfleger wird im Kreis Gütersloh von drei Personen übernommen, zwei davon sind Michael Trödel und Thorsten Grüter. Jeder von ihnen bearbeitet im Kreis drei Regionen, zu denen jeweils drei bis vier Kommunen gehören. Jeder Jugendpfleger unterstützt somit neun bis zwölf kommunale Jugendhäuser. Die Kreisjugendpfleger arbeiten nicht im Alltag mit Jugendlichen, sondern sind hauptsächlich zuständig für die fachliche Beratung und den Austausch mit den Fachkräften in den Einrichtungen. Aufgrund der GEBe-Methode findet dieser Austausch zwischen den Fachkräften und der Jugendpflege nun als Dialog statt, in dem primär über die Themen der Kinder und Jugendlichen debattiert wird.

„Und so die Themen der Kinder und Jugendlichen bekommen wir dann halt eben über die Fachkräfte sozusagen, die die tatsächliche Jugendarbeit vor Ort auch machen, mit. Also wenn wir mit diesen Fachkräften im Austausch sind, im Dialog sind, da geht es dann auch sehr viel, auch angeregt und ausgelöst durch die GEBe-Methode, geht es halt sehr viel in dem Gespräch um die Themen der Kinder und Jugendlichen.“ (Interviewauszug)

Michael Trödel, der seit 19 Jahren als Jugendpfleger arbeitet, ist zuständig für die Jugendarbeit in einem Teil des Kreises Gütersloh: für die Beratung, die Finanzierung, die fachliche Weiterbildung des Feldes sowie für die Zusammenarbeit mit Fachkräften, Trägern und Politik. Er hat immer wieder Kontakt zu Kindern und Jugendlichen, wenn er im Alltagsbetrieb einer Einrichtung mitarbeitet, um einen Einblick zu bekommen, wie dort die Praxis aussieht. Darauf aufbauend kann er die Fachberatung zielgerichteter durchführen. Als Fortbildner hat Michael Trödel die Weiterbildung des Landesjugendamtes Westfalen-Lippe zur GEBe-Methode mitgestaltet, deren Arbeitsansätze ihm sehr wichtig sind.

Vor über drei Jahren war Thorsten Grüter in der Praxis der Jugendarbeit tätig. Vom Praktiker aus der Jugendarbeit ist er während der mehrmoduligen GEBe-Weiterbildung zum Jugendpfleger gewechselt und hat so Erfahrung in beiden Bereichen. Thorsten Grüter besuchte die Fortbildung, die das Landesjugendamt auch zusammen mit Michael Trödel durchgeführt hat, und beide stellten fest, dass sie diesen methodischen Ansatz als Jugendpfleger voranbringen wollen.

Die erste GEBe-Weiterbildungsreihe begann vor über drei Jahren. Unter dem Titel „Mehr Demokratie wagen in der Offenen Kinder- und Jugendarbeit" bot das Landesjugendamt Westfalen-Lippe die Weiterbildungsreihe den Fachkräften und den dazugehörigen Trägervertretern der Offenen Kinder- und Jugendarbeit an. Im Kreisgebiet Gütersloh nahmen damals vier Einrichtungen teil: drei aus der Trägerschaft der AWO, eine aus evangelischer Trägerschaft. Zu dem Zeitpunkt der Weiterbildung begann der Einsatz der GEBe-Methode im Kreis Gütersloh. Die beiden Jugendpfleger wollten dazu auch für andere Fachkräfte im Kreis ein ImpulsGEBer-Treffen organisieren. Dieses sollte dreimal im Jahr stattfinden und die bisher fortgebildeten Einrichtungen zusammenbringen, um weiteren Input zu geben und die Motivation zur Arbeit mit der Methode aufrechtzuhalten.

„ [...] das fand ich nach wie vor ein cooles Wortspiel, diese regelmäßigen ImpulsGEBer-Treffen zu machen, also wie das so häufig ist bei Fortbildungen, da kommt man beseelt aus der Fortbildung raus und denkt sich ‚Oh super, ich muss meine Arbeit mal leben, den ganzen Alltag ändern', und dann kommt aber der normale Alltag und dann gehen bestimmte Dinge wieder verloren. Und die Idee von diesem ImpulsGEBer-Treffen war die, weiß ich nicht, dreimal im Jahr round about, die zu verabreden und erst mal diese vier Einrichtungen zusammenzutrommeln und ein bisschen Input noch mal

zu geben, wiederum ‚was gibt es an neuen Entwicklungen bei GEBe', aber vor allem darauf zu setzen, auf den fachlichen Austausch der vier Einrichtungen untereinander, also ein bisschen Impuls geben, jetzt nicht einen kompletten Fachtag organisieren." (Interviewauszug)

Im Laufe der Zeit gab es Interesse von weiteren 14 Einrichtungen, die zu den ImpulsGEBer-Treffen eingeladen wurden, welche sich nun zu einer stetig wachsenden Gruppe entwickelt haben. Inhaltlich geht es bei den Treffen primär um die Themen der Kinder und Jugendlichen, die die Fachkräfte in ihrem Alltag beobachtet haben und die debattiert und interpretiert werden. Der regelmäßige Dialog sorgt bei den Fachkräften immer wieder für Aha-Erlebnisse und bringt auch gemeinsame interessante Erkenntnisse zum versteckten Verständnis der im Fokus stehenden Bildungsthemen der Kinder und Jugendlichen.

Meine Interviewpartner erklären, es sei wichtig für die Arbeit mit Kindern und Jugendlichen, dass man jeden Tag einen wachen und aufmerksamen Blick auf diese hat. Solche Beobachtungen sorgen dafür, dass man als Fachkraft die Themen der Kinder und Jugendlichen aufnehmen und bearbeiten kann. Die Themen kann man nicht vorherbestimmen oder krampfhaft herbeireden – das wäre kein Arbeiten nach der GEBe-Methode, denn man würde den Jugendlichen damit etwas aufdrücken, was sie möglicherweise gar nicht selbst wirklich beschäftigt. Die Methode fordert daher von den Fachkräften, das Handeln der Kinder und Jugendlichen genau zu beobachten. Damit sorgt sie dafür, dass die Themen der Kids für die Fachkräfte erkennbar werden und somit auch besprechbar.

Unabhängig davon, wie abschreckend, absurd oder eigenartig ein beobachtetes Handeln zunächst sein mag, schlägt die Methode den Fachkräften vor, dennoch nicht sofort in einen Handlungszwang zu verfallen und zu intervenieren. Erst wenn man sich selbst eine reflexive Handlungsfreiheit eröffnet, kann erfasst werden, welche möglichen Bedeutungen hinter einer beobachteten Situation stecken, und die Fachkraft kann eine andere als eine nur negative Perspektive einnehmen. Thorsten Grüter und Michael Trödel sind überzeugt, dass die GEBe-Methode sonst typische pädagogische Denkweisen verändert. „Ich weiß, was für andere gut ist, und ich dränge denen meine Perspektive auf, ohne die andere Perspektive einzunehmen" – darin zeigt sich eine besserwisserische Haltung, die es verpasst, sich auf die Sichtweisen und Betroffenheiten der Jugendlichen selbst einzustellen. Wenn man allerdings pädagogisch so denkt und handelt, kann man die Selbstbildungsprozesse der Kinder und Jugendlichen nicht genügend aufgreifen und unterstützen. Damit verfehlt man dann aber den fachlichen Auftrag der Kinder- und Jugendarbeit.

Aus Sicht der Jugendpfleger hilft die Methode, stattdessen immer wieder neu bei den Handlungsweisen und Themen der Kinder und Jugendlichen anzusetzen und dann dialogisch mit den Beteiligten dazu weiterzuarbeiten. Die beiden sehen es als ihre Aufgabe an, eine solche bildungs- und partizipationsorientierte Offene Kinder- und Jugendarbeit zu stärken, und geben ihr Herzblut in die Methode, deren Verbreitung sie auf unterschiedlichste Weise unterstützen.

Die positive Entwicklung mithilfe der GEBe-Methode – und verbleibende Probleme

Um den methodischen Ansatz zu verbreiten, haben die Jugendpfleger einen jährlichen Fachtag eingeführt. Damit wollen sie (auch neuen) Fachkräften die Methode in der Offenen Kinder- und Jugendarbeit vorstellen. Beim ersten Fachtag 2015 präsentierte Prof. Dr. Benedikt Sturzenhecker in einem Impulsvortrag die methodischen Prinzipien von GEBe. Anschließend diskutierten Michael Trödel und Thorsten Grüter die Methode mit den Fachkräften und suchten zusammen nach Möglichkeiten, wie sie in die Praxis übernommen werden könnte, besprachen allerdings auch die bestehenden Vorbehalte.

Der Kontakt mit der Methode sorgte für eine angeregte Diskussionsbasis. Fachkräfte empfanden den methodischen Vorschlag ungewohnt, sich zunächst nur beobachtend hinzusetzen, nichts zu tun und lediglich die Situation schriftlich festzuhalten. Bei GEBe geht es darum, erst einmal keine Angebote zu fahren, die eigenen Angebote zurückzustellen, vorerst die Situation zu beobachten und den Kern hinter dem Handeln der Kinder und Jugendlichen zu erfassen. Einigen Fachkräften war von Anfang an bewusst, dass sich die Jugendarbeit ausschließlich an den Themen der Kinder und Jugendlichen orientieren solle. Andere gingen mit der Einstellung an die Arbeit, kontinuierlich Angebote gestalten zu wollen, die einen guten Eindruck in der Öffentlichkeit vermitteln sollten. Angebote dieser Art beziehen sich jedoch auf die von Fachkräften festgelegten Erwachsenenthemen und versuchen, die Kinder und Jugendlichen erzieherisch zu lenken.

Wollen Fachkräfte andere Denkanstöße oder Impulse der Methode nutzen, muss sich die Einrichtung intensiv mit dem Thema GEBe auseinandersetzen. Die Methode und die eigene fachliche Weiterentwicklung brauchen Raum und Zeit. Im Laufe der gemeinsamen Arbeit der Kreisjugendpfleger im Dialog mit den Fachkräften entwickelte sich diese Herangehensweise weiter.

Die Dialoge haben deutlich gezeigt, dass man die Methode nicht eins zu eins übernehmen und einfach verstetigen kann. Bevor sie in den Alltag integriert werden kann und eine gewisse Struktur und Sicherheit im GEBe-Ablauf wiederzufinden ist, gilt es, viel Zeit aufzuwenden. Man muss immer wieder beobachten, die beobachteten Themen auswerten, sie den Kindern und Jugendlichen als Resonanz spiegeln und mit ihnen zusammen projekthafte Arbeitsweisen entwickeln. Im Verlauf der Umsetzung der Methode werden Fachkräfte damit konfrontiert, – bisher funktionierende – pädagogische Handlungsmuster abzulegen, was teilweise Schwierigkeiten bereitet. Als Fachkraft ist man oft überzeugt davon, genau das Richtige mit den Kindern und Jugendlichen zu machen. Problematisch wird es, wenn man die Kontrolle abgeben soll und sich mit der Vorstellung vertraut machen muss, die Bildungsthemen der Kinder und Jugendlichen zunächst nur über Beobachten und Auswerten zu erkennen, ohne sich schon einzumischen. Immer wieder wollen die Fachkräfte das Handeln der Kinder und Jugendlichen bewerten und es erzieherisch verändern beziehungsweise verbessern. Die GEBe-Methode schlägt den Fachkräften jedoch vor, die Bildungsprozesse der Kinder und Jugendlichen aufzugreifen und zu begleiten, statt erzieherische Vorgaben zu machen. Ein Beispiel aus einem Jugendhaus:

„ [...] ich meine, es erfordert einfach einen Blick ... also ein praktisches Beispiel aus einem meiner Jugendhäuser, wo es zwei Fachkräfte gibt, die Leiterin und eine Kollegin, die haben, weil das von den Mädchen am Mädchentag nachgefragt wurde, öfter mal shoppen zu fahren nach Bielefeld, also der benachbarten Großstadt, haben die das halt gemacht. Also dieses Thema war jetzt nicht in erster Linie Shoppen, sondern das war, was sie sagten: Oh, wir würden gerne shoppen gehen, und das ist ja eine Perspektive oder ein Blick, den Fachkräfte in der Jugendarbeit oft haben, fragen: Was wollt ihr machen, ne? Was wünscht ihr euch? Und dann machen wir das. Okay, das ist halt die eine Ebene, dann sind die halt zum Shoppen gefahren nach Bielefeld und da haben die beiden dann noch mal so wahrgenommen, wie viel es um Marken geht, um ... wie teuer ist das? Und das war gerade deshalb so bedeutsam für sie, weil die Mädchen selber aus 'nem ... oder weil das Jugendhaus auch in 'nem Wohngebiet

ist, wo eher ja finanziell ... ja benachteiligte Menschen leben. Und die Bedeutung, wie wichtig das aber ist, sich mit bestimmten Marken auszukennen, die zu haben. Und dann haben sie halt eben das versucht zu thematisieren, indem sie nicht gefragt haben: Geht's ... wie viel ... ist es euch wichtig, wie die äußere ne, also die Marke? Sondern sie haben sozusagen zurückgespiegelt, das mit einem ... ja wie ... wie gesagt mit einer medialen Resonanz. Beim nächsten Öffnungstag sind sie mit alten Jogginghosen, alten Latschen in den Jugendtreff gekommen, also haben das sozusagen aufgegriffen: Wir sehen es, es geht ums Outfit, das war bei den Mädchen, um dann zu gucken ... stößt das bei denen auf Interesse? Also ist das irgendwie ein Thema für sie? Und das war halt auch relativ schnell klar, weil als sie das Haus aufgemacht haben, die Mädchen stürmten rein und die kamen fünf Minuten lang überhaupt gar nicht zu Wort, weil die Mädchen dann: Oh! Wie seht ihr denn aus? Geht ja gar nicht! Und ihr seid ja voll assi! Und letztendlich war das dann so ein Ausspruch: Da passt ihr ja jetzt, so, wie ihr jetzt ausseht, genau hier in das Wohngebiet. Ja, und da war dieses Thema, was sie darin dann entdeckt haben... ja, soziale Anerkennung, was brauch ich hier und wie ist es aufzuwachsen hier in diesem Wohngebiet, ja was brauch ich da, um anerkannt zu werden, ne? Das war greifbar im Raum." (Interviewauszug)

Eine große Hemmung, die GEBe-Methode umzusetzen, entsteht außerdem durch den Irrglauben, die Methode lasse keine pädagogische Konsequenz auf ein beliebiges, ja eigentlich problematisches Handeln von Kindern und Jugendlichen folgen. Viele Fachkräfte waren mit der Vorstellung in die Weiterbildung gegangen, dass hier Handwerkszeug verteilt wird, um besser in Konfliktsituationen zu agieren. Darunter verstanden die Fachkräfte, aus ihrer Sicht problematisches Handeln zu sanktionieren, Regeln zu setzen und bei Übertretung Konsequenzen folgen zu lassen. Dass man nach der Methode jedoch die Themen der Kinder und Jugendlichen erst mal wahrnimmt und zu verstehen versucht, was sich hinter diesen Situationen befinden könnte und welche Themen daraus abzuleiten wären, ist weiterhin ungewohnt. Denn damit wandelt sich der pädagogische Blick von einer negativen – und auf die eigene, auf Machtdurchsetzung bezogene – Perspektive zu einem positiven Blick auf das Handeln der Kinder und Jugendlichen.

Alles, was sie tun, wird als Angebot wahrgenommen, an dem man konstruktiv ansetzen kann. Auch wenn man das in einem ersten Schritt getan hat, sollte man nicht darin verfallen, ein entdecktes Thema, das Anklang bei den Kindern und Jugendlichen gefunden hat, sofort als ein durchstrukturiertes Jahresprojekt zu gestalten. Statt sofort machbare Projekte zu erfinden – wie die Fachkräfte es gern tun –, geht es bei GEBe darum zu beobachten, die Beobachtungen zu verschriftlichen, sie auszuwerten und erst über einen Dialog mit den Jugendlichen Handlungsformen neu zu entwickeln. Schon diesem Teil des GEBe-Handelns bringen die Fachkräfte oft Widerstand entgegen.

Aus Sicht der Kreisjugendpfleger ist das Arbeiten nach der Methode in der Regel eine große Umstellung für die Jugendhäuser. Nach der Weiterbildung sind die meisten Fachkräfte euphorisiert, die Methode umzusetzen. Die Euphorie lässt jedoch nach einiger Zeit nach, da der Prozess des Einübens und Verstetigens viel Zeit braucht. Die Fachkräfte können sich meist nicht überwinden oder motivieren, diese Zeit zu investieren, und scheitern somit bereits am ersten Schritt der Beobachtung und Auswertung. Je weiter die Einrichtung entfernt ist von der Einstellung, die die GEBe-Methode vertritt, desto schwieriger wird es, zu dieser Einstellung zu gelangen. Die Jugendarbeit in Verbindung mit der GEBe-Methode ist ein anspruchsvolles Feld und erfordert einen wachen und reflektierten Blick auf die eigene Arbeit. Dass man die Methode nicht im Sinne einer routinierten Handlungstechnologie vollständig verstetigen kann, ist eine Art Prüfstand, wie erfolgreich die Methode umsetzbar und wie fragil der Auftrag von Jugendarbeit gestellt ist.

Welche Aspekte tragen zu einer positiven fachlichen Entwicklung des Handelns der Fachkräfte bei? Während der vielen Gruppendiskussionen mit den Kreisjugendpflegern wurde deutlich, dass sich die Ergebnisse umso wertvoller entwickelten, je größer die Gruppe der Fachkräfte war. Honorarkräfte sowie Praktikant*innen brachten dabei oft sehr tragende Ideen ein, was neue und andere Perspektiven geschaffen hat. Die Methode unterstützt bei den Fachkräften die Entwicklung von Professionalität und ein neues Verständnis für die Tätigkeit der Jugendarbeit. Die methodisch ausdifferenzierten Handlungsvorschläge schaffen förderliche Rahmenbedingungen und sind ein gutes Hilfsmittel, um neue pädagogische Haltungen zu entwickeln.

Die pädagogische Haltung der GEBe-Methode lässt Kinder und Jugendliche zu Wort kommen. Was sie tun und sagen, was sie betrifft und was ihnen wichtig ist – darum muss es in der Jugendarbeit gehen. Das zeigt sich beispielsweise stark in Konfliktsituationen, die die beteiligten Jugendlichen vorerst ausdiskutieren können, ohne dass die Situation sofort unterbrochen und von einer Fachkraft an sich gezogen wird. Als Fachkraft hat man hier stattdessen eine moderierende

Rolle: Es geht nicht darum, den Konflikt für die Kinder und Jugendlichen zu lösen und diese damit zu Objekten des pädagogischen Eingriffs zu machen, sondern sie sollten gestärkt werden, ihre Konflikte selbst konstruktiv zu bearbeiten.

Die GEBe-Übung „Tausendmal gesehen" erschien als sehr hilfreich, um den Fachkräften bewusst zu machen, dass in jeder Beobachtung etwas Neues erfasst werden kann. Nach dieser Methode konzentriert man sich auf die Alltagsszenen, die einem sonst als total normal, unauffällig, nebensächlich usw. vorkommen: Was die Fachkräfte vielleicht von den Kindern und Jugendlichen schon „tausendmal gesehen" haben, ist doch für die Kids selbst oft neu und besonders wichtig. Die Fachkräfte müssen ihre Routinen und gewohnten Blicke zurückstellen, um sich neu für die Bildungsweisen und Bildungsthemen der Kinder und Jugendlichen öffnen zu können. So schärft diese Methode den Blick für eine Jugendarbeit, die die Themen der jungen Menschen in den Mittelpunkt rückt – und nicht vorrangig die erwachsenen und pädagogischen Perspektiven. Ein Beispiel für die Übung von einem Interviewpartner:

„Es gibt ja eine Übung ... eine so eine Empfehlung sozusagen, dieses ‚Tausendmal gesehen', also bewusst mal das zu beobachten, wo man von ausgeht, da steckt nichts Neues mehr drin. Jeden Tag kenne ich das und da ist nichts mehr auszuwerten. Ja, und da haben wir mal gesagt, das machen wir mal mit FIFA spielenden Jungs, also das passiert ... jeden Abend sitzen die da und da kann nichts Neues mehr drinstecken, und es war das genaue Gegenteil, wenn man sich dahinsetzt und bewusst darauf guckt, was die da machen und worüber sie neben dem FIFA-Spiel reden, was da alles für Themen diskutiert und gewälzt werden, da hätten wir direkt ... keine Ahnung ... zehn bis zwölf Anschlussmöglichkeiten gehabt, um in den unterschiedlichsten Themen in den Dialog zu kommen. Das fand ich auch einer der bedeutenden Aha-Momente sozusagen." (Interviewauszug)

Im Kreis Gütersloh profitieren die Kinder und Jugendlichen von der GEBe-Methode und lernen, dass sie sich mit ihren eigenen Themen auseinandersetzen müssen, das dann aber auch auf eine selbstwirksame Weise können. Sie fühlen sich und ihre Interessen im Jugendhaus neu erkannt und anerkannt. Sie sind motivierter, sich einzubringen und mit den Fachkräften zusammen ihre eigenen Themen zu realisieren. Für die Fachkräfte wird es mit der Methode wesentlich einfacher, den fachlichen und gesetzlichen Auftrag der Jugendarbeit umzusetzen.

Sie arbeiten an den Interessen der Kinder und Jugendlichen und fördern deren Entwicklung zu mehr Selbstbestimmung und Mitverantwortung – wie es der § 11 SGB VIII von der Jugendarbeit fordert.

Eine weitere Erfahrung im Kreis Gütersloh besteht darin, dass die Jugendarbeit durch die Methode für die Fachkräfte selbst, aber auch gerade für Außenstehende anschaulicher wird. Das Handlungsfeld der Offenen Kinder- und Jugendarbeit wird oft von außen als Freizeitspaß gesehen, der eigentlich gar keine professionellen Fachkräfte benötigt. Durch die Methode werden nun die Leistungen hinter einer qualifizierten Jugendarbeit sichtbarer und für Außenstehende verständlicher. Die Fachkräfte können an Beispielgeschichten erklären, wie sie sich auf die Bildungsthemen der Kinder und Jugendlichen einlassen konnten und wie dadurch eine produktive Jugendarbeit entstanden ist. Die Klärung von Themen und deren prozessorientierte und projekthafte Umsetzung können genau dokumentiert und anderen berichtet werden. So kam es auch zusammen mit der zuständigen Politik, den Trägern, der Verwaltung und den Kooperationspartnern zu einem intensiveren Austausch über die Aufgaben und Leistungsfähigkeiten der Offenen Kinder- und Jugendarbeit. Es wurde deutlicher, wie professionelle Kinder- und Jugendarbeit aussehen kann und was sie leistet.

Kinder und Jugendliche sowie die Jugendarbeit in die kommunalpolitische Öffentlichkeit bringen

Die Jugendarbeit und die Kooperation mit der Politik haben sich im Kreis Gütersloh mit der GEBe-Methode positiv weiterentwickelt. Die Kreisjugendpfleger hatten vorher die Erfahrung gemacht, dass Kinder und Jugendliche sowie die Jugendarbeit insgesamt oft vorurteilsbehaftet wahrgenommen wurden. Das hatte Folgen für die Kinder und Jugendlichen, die sich missachtet fühlten und Hemmungen entwickelten, mit ihren Themen an die Öffentlichkeit zu gehen und auch politisch zu partizipieren. Will man jedoch, dass die jungen Menschen sich in die kommunale Politik einbringen, muss man sie auch bei ihren Themen unterstützen. Ihre Perspektiven sollen als Wert angesehen und dargestellt werden. Erst wenn ihre Themen in die Öffentlichkeit gebracht werden, können sie auch auf der politischen Ebene wahrgenommen werden und wird eine politische Teilhabe von Kindern und Jugendlichen möglich.

Im Kern der Demokratiebildungsaufgabe von Jugendarbeit geht es darum, die Kinder und Jugendlichen zu unterstützen, selbst mit ihren Themen die politische Öffentlichkeit zu betreten und sich mit ihren Anliegen dort einzubringen. Es geht nicht darum, die Jugendlichen so fit zu machen, damit sie mit ihren Themen und Artikulationsweisen unauffällig in die formellen Strukturen der Demokratie passen und sich kommunalpolitischen Ausschüssen angepasst präsentieren können. Daher ist es auch wichtig, dass die Kommunalpolitik weiß, um was es in der Demokratiebildung bei der Jugendarbeit geht, und dass sie sich offen für die Artikulation der Kinder und Jugendlichen zeigt. Einer meiner Gesprächspartner zum Thema „Demokratiebildungsaufgabe der Jugendarbeit“:

„[...] weswegen ich GEBe auch so sehr schätze, ist, dass man nicht die Verantwortung für Beteiligung und gesellschaftliches Engagement von den Jugendlichen wegholt und eben den Fachkräften gibt. Also, weil es auch gerade erst in 'nem lokalen sozialen Ausschuss eben gesagt würde: Ja, Jugendliche und Kinder können sich hier doch überall beteiligen, der Ausschuss steht doch offen, die können doch sagen, was sie wollen. Also Jugendliche müssen sich fit machen für die Demokratie und Beteiligung und so weiter, ist ja so die Denke dahinter. Oder aber auch aus der Jugendarbeit heraus immer so, aus ... so Formulierungen wie: Ja, mit denen geht das ja nicht, die müssen ja erst mal. Und dann schließen die an, was die da erst mal mal müssten, um mit ihnen Jugendarbeit machen zu können und sie beteiligen zu können. GEBe zeigt ganz klar: Nee, das ist falsch, also Kinder und Jugendliche können und müssen jetzt und hier beteiligt werden. Und das funktioniert auch, wenn man diese Methode halt eben nimmt und die Verantwortung, dass das funktioniert, liegt in der Hand der Fachkräfte. Und die Jugendlichen müssen keine Voraussetzungen mitbringen, das finde ich noch so einen ganz zentralen ... ganz zentrales Element.“ (Interviewauszug)

In der Shell-Studie hieß es 2015, dass rund 60 Prozent der 15- bis 25-Jährigen der Aussage zustimmen, dass Politiker*innen sich nicht für die Interessen der Kinder und Jugendlichen einsetzen (Albert, Quenzel und Hurrelmann 2015). Kinder und Jugendliche erwarten also eigentlich, dass sie berücksichtigt werden, haben jedoch wenig Vertrauen in die formellen Formen der Demokratie, der Parteien und Politiker*innen. Es muss eine Übersetzung oder Zusammenführung dieser beiden Seiten geben, damit eine Verständigung möglich werden kann – das ist die Aufgabe von Jugendarbeit und Jugendförderung durch die Jugendpflege.

Schafft man solche Plattformen des Kontakts und der Übersetzung, können Dialoge stattfinden und Veränderungen bewirkt werden. Aus Sicht der Kreisjugendpfleger ist es einer der wertvollen Effekte der GEBe-Methode im Kreis Gütersloh, dass auf ihrer Basis verstärkt Diskussionen zwischen Lokalpolitik (und ihren Ausschüssen) und Jugendlichen stattfinden konnten.

Fazit

In der Jugendarbeit im Kreis Gütersloh hat sich durch die GEBe-Methode vieles positiv verändert. Besonders hervorzuheben ist der vermehrte und intensive Austausch über die Jugendarbeit an und für sich. Der reflektierte Dialog sorgt für Aha-Erlebnisse und zeigt interessante Ergebnisse zu den Themen der Kinder und Jugendlichen. Zudem hat die Methode die pädagogische Haltung verändert: Es entsteht ein neuer, wacher und reflektierender Blick auf den Alltag und die Handlungsweisen der Kinder und Jugendlichen. Die Dominanz der pädagogischen Interventionen wird schwächer und so öffnet sich Freiraum für die eigentlichen Bildungsthemen der Kids. Die Kreisjugendpfleger erkennen, dass es den Fachkräften oft nicht leichtfällt, alte Muster und Routinen abzulegen und sich die pädagogische Position der Methode anzueignen. Schon der erste Schritt, das Beobachten und das Verschriftlichen dieser Beobachtungen, stellt für manche eine Barriere dar.

Die Fachkräfte entdecken aber auch, dass die GEBe-Methode sich gut eignet, um Außenstehenden zu erklären, was im Alltag der Jugendarbeit professionell getan wird und warum das wichtig ist. Die Methode schärft den Blick der Fachkräfte für die Themen der jungen Menschen und sorgt dafür, dass auch deren Stimmen gehört sowie ihre Interessen verfolgt werden. Das intensive Arbeiten an den Themen der Kinder und Jugendlichen kann auch deren politische Teilhabe stärken. So findet im Kreis Gütersloh ein zunehmender Austausch mit der kommunalen Politik statt, die aufgrund der GEBe-Arbeitsweise besser versteht, dass und wie es in der Jugendarbeit um Demokratiebildung geht.

Die Methode hat somit einerseits eine Haltung und Handlungsveränderung der Fachkräfte bewirkt und diese stärker an die Bildungsthemen der Kinder und Jugendlichen und deren politische Interessen herangeführt und andererseits einen intensiveren Dialog der Jugendarbeit mit der Kommunalpolitik eröffnet. So bewerten die Interviewpartner die GEBe-Methode sehr positiv und sehen einen deutlichen Nutzen für eine demokratiebildende Offene Kinder- und Jugendarbeit. Daher wollen sie sich weiterhin engagieren, um die noch bestehenden Schwierigkeiten zu bearbeiten und die Methode weiter zu realisieren.

Literatur

Albert, Mathias, Gudrun Quenzel und Klaus Hurrelmann (2015). *Jugend 2015. 17. Shell Jugendstudie.* Frankfurt am Main.

Die Autorinnen und Autoren

Marco Althaus,
Prof. Dr., Dipl.-Pol., Redaktionsleiter der *Alfelder Zeitung;* bis Februar 2019 Professor für Politische Kommunikation an der Hochschule für öffentliche Verwaltung und Finanzen in Ludwigsburg. Arbeitsgebiete: Politik-, Sozial- und Wirtschaftswissenschaften, politische Kommunikation.

Jenka Doris Bühler,
Diplom-Pädagogin, Musiktherapeutin in der Kifrie Musiketage. Arbeitsschwerpunkte: Offene Kinder- und Jugendarbeit, Musikpädagogik und Musiktherapie.

Thomas Glaw,
Sozialarbeiter (B. A.), derzeit Studium Soziale Arbeit (M. A.), Erzieher, Leiter der Abteilung Kinder- und Jugendhilfe beim Pestalozzi-Fröbel-Haus in Berlin. Freiberuflicher Referent mit den Schwerpunkten Partizipation in der Offenen Kinder- und Jugendarbeit, Organisationsentwicklung, Sozialraumorientierung, Institutionelle Netzwerkarbeit, Eröffnung demokratischen Engagements in der Kommune.

Anja Henatsch,
Diplom-Sozialpädagogin, Musiktherapeutin in der Kifrie Musiketage. Arbeitsschwerpunkte: Offene Kinder- und Jugendarbeit, Musikpädagogik und Musiktherapie.

Werner Lindner,
Diplom-Sozialarbeiter, Diplom-Pädagoge, Dr. phil., Fachbereich Sozialwesen an der Ernst-Abbe-Hochschule Jena. Arbeitsschwerpunkte: Soziale Arbeit mit den Schwerpunkten Jugendarbeit, Jugendpolitik und Demokratiebildung.

Stephan Maykus,
Prof. Dr. phil. habil., Diplom-Sozialpädagoge, lehrt Soziale Arbeit an der Hochschule Osnabrück; Privatdozent für Erziehungswissenschaft an der Universität Hamburg. Arbeitsschwerpunkte: Schul- und bildungsbezogene Kinder- und Jugendhilfe, Grundlegung einer kommunalen Sozialpädagogik.

Alicia Picker,
M. A. Erziehungs- und Bildungswissenschaft, Promotionsstudentin im Bereich der pädagogischen Psychologie und wissenschaftliche Mitarbeiterin im E-Learning-Bereich der Fakultät für Erziehungswissenschaft der Universität Hamburg.

Melanie Plößer,
Prof. Dr. phil., Diplom-Pädagogin, lehrte von 2007 bis 2012 am Fachbereich Soziale Arbeit und Gesundheit an der Fachhochschule Kiel, seit 2012 Professorin für Sozialarbeitswissenschaft an der Fachhochschule Bielefeld. Praxistätigkeiten als Pädagogin in der Offenen Jugendarbeit und in der Suchthilfe. Arbeitsschwerpunkte: Differenz und Soziale Arbeit, Beratung, genderreflexive und ungleichheitskritische Pädagogik.

Herbert Schubert,
Prof. Dr. phil. Dr. rer. hort. habil, Sozial- und Raumwissenschaftler, lehrte bis 2019 Soziologie und Sozialmanagement an der Fakultät für Angewandte Sozialwissenschaften der Technischen Hochschule Köln; wirkt als Apl. Prof. an der Fakultät Architektur und Landschaft der Leibniz Universität Hannover mit und betreibt das Forschungsprojekt- und Beratungsbüro „Sozial • Raum • Management". Arbeitsschwerpunkte: Netzwerkorganisation in Kommune und Sozialwirtschaft, integrierte Sozialplanung, soziale und räumliche Quartierentwicklung.

Moritz Schwerthelm,
M. A. Erziehungs- und Bildungswissenschaft, Universität Hamburg, Fakultät für Erziehungswissenschaft, Arbeitsbereich Sozialpädagogik. Arbeitsschwerpunkte: Offene Kinder- und Jugendarbeit, Jugendverbandsarbeit, demokratische Partizipation und Demokratiebildung von Kindern und Jugendlichen in der Kinder- und Jugendhilfe, insbesondere in der Kinder- und Jugendarbeit.

Benedikt Sturzenhecker,
Dr. phil., Diplom-Pädagoge, Professor für Erziehungswissenschaft unter besonderer Berücksichtigung der Sozialpädagogik und außerschulischen Bildung an der Universität Hamburg, Fakultät für Erziehungswissenschaft. Arbeitsschwerpunkte: Offene Kinder- und Jugendarbeit, Jugendverbandsarbeit, Demokratiebildung in der Kinder- und Jugendhilfe.

Annalena Uhlenbrock,
B. A. Erziehungs- und Bildungswissenschaften, studiert den gleichnamigen Masterstudiengang an der Fakultät für Erziehungswissenschaft der Universität Hamburg.

Nina Vormelchert,
Kindheitspädagogin (B. A.) und Erzieherin, stellvertretende Leiterin mit dem Schwerpunkt Netzwerkarbeit in einer Berliner Fröbel-Kita. Freiberufliche Referentin mit den Arbeitsschwerpunkten Partizipation in der Offenen Kinder- und Jugendarbeit, Eröffnung demokratischen Engagements in der Kommune.

Abstract

This publication provides evidence of the impact of the GEBe method – a method developed in Germany that aims to facilitate the social and democratic engagement of disadvanted children and youth in informal, voluntary child and youth work – and develops the model further. Our objective here is twofold: For one, we aim to show how the conditions for democratic participation within child and youth welfare institutions can be established. The publication also shows how the method helps children and young people develop the skills to publicly present their interests and concerns within the community, engage in debate with others and, ultimately, to participate both in the process of democratic decision-making and efforts to implement such decisions. The piloted concept is titled: "Enabling the democratic engagement of children and youth in the community through cooperation" (in German: KoKoDe). The project demonstrates how the various institutions responsible for child and youth welfare can work together with a community's policymakers and civil society actors in facilitating the democratic participation of children and young people. However, instead of taking an institutionally centric approach, this particular project was designed to focus on the interests and activities or behavior of young people in their daily lives. As a result, the project cultivates a bottom-up educational context.

The book targets professionals active in all areas of child and youth welfare as well as those who are involved with the sponsoring of such organizations. It therefore addresses a broad spectrum of areas, including nursery and daycare, informal child and youth work, all-day childcare, school social work, youth cultural work, family education and neighborhood-centered work.

The book is divided into two parts:

- The first part outlines the rationale, methodological concept and process experience derived from the pilot project "Cooperatively enabling the democratic

engagement of children and youth in the community" (KoKoDe).
- The second part examines more closely the GEBe method, which forms the basis of the pilot project.

The book's first section shows professionals and sponsors how they can identify the day-to-day issues relevant to children and youth in various institutions, while clarifying and addressing these issues in dialogue with children and youth together. The KoKoDe pilot project meets the long-standing demands of participatory models, neighborhood-centered approaches and educational networks to work with children and young people as citizens and agents of change in ways that allow them to democratically co-determine and participate in the affairs of an institution, society and their place of employment.

Benedikt Sturzenhecker introduces the conceptual rationale and methodological approach underlying the KoKoDe project. Thomas Glaw then describes the goals, methodological steps taken, and the specific experiences, successes and difficulties associated with the practical implementation of the KoKoDe project within the context of the Nachbarschaftsheim Schöneberg e.V. in Berlin, a Berlin-based neighborhood association targeting youth employment issues. As part of the KoKoDe pilot project, a project was conducted that brought together various child and youth welfare institutions in Berlin's Schöneberg district to test the extent to which a daycare center, informal youth work facilities, youth culture work efforts, all-day childcare and school social work actors can identify and take up the issues relevant to children and young people in consensus with them. Nina Vormelchert reports on her experiences with the process. The participating youth welfare institutions not only discovered issues affecting the children and youth they target, but also cooperated with other organizations within the district in taking action to address these issues.

Benedikt Sturzenhecker then provides a summary of the various methodological approaches taken by the projects. Drawing on this summary, he presents operational steps and courses of action to be taken in a cooperative manner that foster the democratic engagement of children and youth in a community.

Professionals from institutions participating in the Nachbarschaftsheim Schöneberg e.V. project were trained in the GEBe method prior to the project's launch and were provided support throughout the implamentation of the KoKoDe project. Moritz Schwerthelm, who co-trained participants and coached the projects, presents the methods and approaches applied in training the professionals involved.

Another section reflects on the challenges and successes associated with the implementation of the GEBe method among professionals aiming to build a consensus in promoting democratic engagement within the community. As part of three evaluations, Benedikt Sturzenhecker interviewed the professionals involved to discuss the details of implementation. The evaluation points to positive outcomes as well as some ongoing challenges.

At the end of the book's first section, educational networks expert Stefan Maykus provides a conceptual framework for the democratic design of such networks. Drawing on the Nachbarschaftsheim Schöneberg e.V. pilot project and the Bertelsmann Stiftung's work, he offers concrete suggestions for developing democratically informed educational networks. This once again provides a theoretical justification for cooperation efforts that focus on children and youth, their issues and interests, and their capacity to act in the community.

The book's latter half features contributions that show the validity and advantages of applying such a method to all other areas of child and youth welfare and their target groups. Werner Lindner details in his contribution how those engaged in child and youth work must – and can – influence local youth policy. Marco Althaus then explains the principles of political consultancy for the municipal youth lobby. He outlines what professionals in the field need to know and do in order to be able to advise and influence local politics on youth policy issues. Herbert Schubert, a proven expert on network design, provides insight on and methodological recommendations for identifying and designing networks within a municipality.

Earlier work on the GEBe method gave only marginal attention to the question of children's and youth participation in the welfare institutions targeting them: How can difference and diversity be reconciled with the goal of equality in democratic participation? This issue is relevant because children and young people differ from each other in different ways – which has consequences for how they might become involved in democratic and participatory processes of co-decision-making. Melanie Plößer and Benedikt Sturzenhecker describe in their contribution how difference and inequality are connected and the discriminatory effects they can have on different people. They show that a democracy targeting equality must demonstrate a reflective acknowledgment of inequality and incorporate this awareness into its socio-pedagogical efforts to promote democracy education.

The contributions that follow discuss experiences with the GEBe method and efforts to strengthen it. Jenka Bühler and Anka Henatsch, two professionals from the Nachbarschaftsheim Schöneberg e.V., discuss their efforts to link their method of non-violent communication with the GEBe method. Drawing on the models used in experience-driven learning theories in psychology, Alicia Picker sheds light on the learning processes of professionals that work with the GEBe method. Finally, Annalena Uhlenbrock offers a report of her research internship in which she interviewed two youth workers from the Gütersloh area on their experiences with the GEBe method. Her report demonstrates how a regional youth affairs office can advise professionals at youth facilities on how to implement the GEBe method while strengthening their methodological awareness of the actions they take as well as their reflective processes regarding their field over the long term.